O MISTÉRIO DA RELAÇÃO HUMANA

Dados Internacionais de Catalogação na Publicação (CIP)
(Câmara Brasileira do Livro, SP, Brasil)

Schwartz-Salant, Nathan
  O mistério da relação humana : a alquimia e a transformação do si-mesmo / Nathan Schwartz-Salant ; tradução de Karen Clavery Macedo. – Petrópolis, RJ : Vozes, 2024.

  Título original: The mystery of human relationship

  1ª reimpressão, 2025.

  ISBN 978-85-326-6847-9

  1. Alquimia – Aspectos psicológicos 2. Psicologia 3. Psicologia junguiana 4. Relações humanas I. Título.

24-207065   CDD-150.1954

Índices para catálogo sistemático:
1. Alquimia e psicologia junguiana   150.1954

Eliane de Freitas Leite - Bibliotecária - CRB 8/8415

Nathan Schwarz-Salant

O MISTÉRIO DA RELAÇÃO HUMANA

A alquimia e a transformação do si-mesmo

Tradução de Karen Clavery Macedo

EDITORA VOZES

Petrópolis

© 1998, Nathan Schwartz-Salant
Tradução autorizada da edição em língua inglesa, publicada pela Routledge, membro do Grupo Taylor & Francis.

Tradução do original em inglês intitulado
The mystery of human relationship – Alchemy and the transformation of the self

Direitos de publicação em língua portuguesa – Brasil:
2024, Editora Vozes Ltda.
Rua Frei Luís, 100
25689-900 Petrópolis, RJ
www.vozes.com.br
Brasil

Todos os direitos reservados. Nenhuma parte desta obra poderá ser reproduzida ou transmitida por qualquer forma e/ou quaisquer meios (eletrônico ou mecânico, incluindo fotocópia e gravação) ou arquivada em qualquer sistema ou banco de dados sem permissão escrita da editora.

CONSELHO EDITORIAL

Diretor
Volney J. Berkenbrock

Editores
Aline dos Santos Carneiro
Edrian Josué Pasini
Marilac Loraine Oleniki
Welder Lancieri Marchini

Conselheiros
Elói Dionísio Piva
Francisco Morás
Gilberto Gonçalves Garcia
Ludovico Garmus
Teobaldo Heidemann

Secretário executivo
Leonardo A.R.T. dos Santos

PRODUÇÃO EDITORIAL

Aline L.R. de Barros
Jailson Scota
Marcelo Telles
Mirela de Oliveira
Natália França
Otaviano M. Cunha
Priscilla A.F. Alves
Rafael de Oliveira
Samuel Rezende
Vanessa Luz
Verônica M. Guedes

Diagramação: Littera Comunicação e Design
Revisão gráfica: Alessandra Karl
Capa: Estúdio 483

ISBN 978-85-326-6847-9 (Brasil)
ISBN 978-0-415-15389-8 (Reino Unido)

Este livro foi composto e impresso pela Editora Vozes Ltda.

Apresentando o conceito de campo interativo, Nathan Schwartz-
-Salant mostra como os estados da mente, que podem minar
secretamente nossos relacionamentos, tanto privados quanto
públicos, conseguem se tornar fatores positivos na transformação
de um relacionamento quando trazidos à consciência.

Baseando-se nas percepções da antiga arte da alquimia, ele
explica como um processo transformador pode ser iniciado quando
os parceiros em um relacionamento aprendem a entrar no campo
interativo entre eles e descobrem os estados mentais "loucos" que
existem em cada um individualmente. Esse processo de exploração
aumenta a compreensão mútua, fortalece o relacionamento e
liberta a criatividade. Os indivíduos que se relacionam são capazes
de ir além da atribuição de culpa por "erros" que consideram ter
sido cometidos pelo outro e que são frequentemente a causa não
resolvida do conflito entre eles. Ao reconhecer a subjetividade
e os estados da mente que afetam suas reações no que se refere
ao outro e a existência de uma "terceira área" que afeta ambos, é
possível transformar um relacionamento bom o suficiente em uma
experiência apaixonante e emocionante.

Ilustrado por numerosos exemplos clínicos, *O mistério da
relação humana* baseia-se no trabalho de Jung para criar um texto
instigante e inspirador para qualquer pessoa que deseja envolver-se
no mistério do crescimento dentro de si mesmo e dentro de seus
relacionamentos.

Nathan Schwartz-Salant, analista junguiano formado em Zurique, dirige o Center for Analytical Perspectives em Nova York e
atua como psicoterapeuta na cidade de Nova York e em Princeton.

Sumário

Lista de figuras.. 9
Prefácio.. 11
Agradecimentos 15

1 Alquimia e transformação nas relações humanas 17
    Experimentar o mistério dentro dos relacionamentos 17
    O aparecimento e o declínio da antiga arte da alquimia 27
    O choque entre o pensamento alquímico e o pensamento científico....32
    Uma abordagem alquímica ao processo analítico 41

2 Ativar a experiência do campo......................................45
    O campo como objeto analítico...................................45
    Renovação do interesse intelectual pelo pensamento alquímico 49
    A fusão sujeito-objeto da alquimia 55
    A dimensão iniciática da experiência de campo 59
    A natureza da prima materia 65

3 Partes loucas de pessoas sãs 71
    A natureza da loucura 71
    Manifestações da parte psicótica 83
    Experiências da loucura 95
    Contenção de qualidades destrutivas e delirantes de partes loucas 102

4 A dinâmica do campo interativo 113
    Experiências do campo imaginário................................113
    Os perigos da experiência do campo interativo...................122
    Evitar a nigredo 123
    Não avaliar a qualidade estrutural do casal inconsciente.........123
    Confundir a *coniunctio* como o objetivo do trabalho.............124
    Falha em reconhecer estados de transe...........................126
    O campo conhecido por meio do inconsciente psíquico e somático ...127
    A transformação da forma na alquimia 134

5 O poder transformador do campo interativo. 139
   Imaginação e projeção dentro do campo 139
   O campo interativo como recipiente para estados mentais caóticos . . .143
   Mudar estruturas de personalidade por meio deexperiências do campo . . 152
   Mudar as estruturas de relacionamento por meio das
   experiências do campo 159

6 A visão alquímica da loucura. 167
   "Caos" e o caminho alquímico. 167
   A "fonte mercurial" e a dinâmica da serpente de duas cabeças. 174
   Dionísio e as águas inferiores da "fonte mercurial" 185
   A área psicótica e a fusão negativa dos opostos. 191
   Áreas de loucura e a mensagem de duplo vínculo 196

7 O mistério central do processo alquímico 205
   O lado obscuro da *coniunctio*. 205
   A dinâmica da fusão e da separação dentro do campo interativo. 210
   Abordagens heroicas aos estados de fusão destrutivos. 218
   Caos e a *coniunctio*. 225
   As implicações culturais da sequência *coniunctio-nigredo*. 235

8 A atitude alquímica na transformação do relacionamento 239
   A sabedoria subjacente à transformação alquímica 239
   As imagens do *Rosarium Philosophorum* 250
   A prima materia do processo de transformação 255
   Descoberta e resistência à experiência da díade inconsciente. 259
   Preparação para a *coniunctio* 264

9 União, morte e ressurreição do si-mesmo 273
   A sequência *coniunctio-nigredo* no *Rosarium Philosophorum*. 273
   Dinâmica união-morte na prática analítica 283
   Contenção do processo psicótico por meio da qualidade do
   campo da *coniunctio* 291
   Paixão e a transformação do campo interativo 300
   Transformação mútua da autoestrutura e do campo interativo 313

10 Apreciar o mistério da relação 325

Referências 345
Índice 351

Lista de figuras

Figura 1 – Primeira pintura do *Splendor Solis*, 171

Figura 2 – Primeira gravura do *Mutus Liber*, 172

Figura 3 – Gravura de Michel de Morolles do caos alquímico, 173

Figura 4 – "Fonte Mercurial": primeira xilogravura do *Rosarium Philosophorum*, 175

Figura 5 – Sisiutl, o deus do povo Kwakiutl, 177

Figura 6 – *Coniunctio* da *Turba Philosophorum*, 214

Figura 7 – Décima primeira pintura do *Splendor Solis*, 219

Figura 8 – Nona pintura do *Splendor Solis*, 230

Figura 9 – "Contato da mão esquerda": segunda xilogravura do *Rosarium Philosophorum*, 260

Figura 10 – "Verdade nua": terceira xilogravura do *Rosarium Philosophorum*, 265

Figura 11 "Imersão no banho": quarta xilogravura do *Rosarium Philosophorum*, 266

Figura 12 – "Conjunção": quinta xilogravura do *Rosarium Philosophorum*, 269

Figura 13 – Versão de Mylius da primeira xilogravura do *Rosarium Philosophorum*, 272

Figura 14 – "Caixão da concepção putrefata": sexta xilogravura do *Rosarium Philosophorum*, 276

Figura 15 – "Extração e impregnação da alma": sétima xilogravura do *Rosarium Philosophorum*, 277

Figura 16 – "Orvalho caindo": oitava xilogravura
do *Rosarium Philosophorum*, 279

Figura 17 – "Retorno da alma": nona xilogravura do *Rosarium
Philosophorum*, 282

Figura 18 – "Rebis": décima xilogravura do *Rosarium Philosophorum*, 283

Figura 19 – Sexta pintura do *Splendor Solis*, 303

Figura 20 – Décima pintura do *Splendor Solis*, 304

Figura 21 – "Fermentação": décima primeira xilogravura
do *Rosarium Philosophorum*, 305

Figura 22 – "Iluminação": décima segunda xilogravura
do *Rosarium Philosophorum*, 308

Figura 23 – "Nutrição": décima terceira xilogravura do *Rosarium
Philosophorum*, 310

Figura 24 – "Fixação": décima quarta xilogravura do Rosarium
Philosophorum, 313

Figura 25 – "Multiplicação": décima quinta xilogravura do *Rosarium
Philosophorum*, 314

Figura 26 – "Reavivamento": décima sexta xilogravura do *Rosarium
Philosophorum*, 315

Figura 27 – "Perfeição": décima sétima xilogravura do *Rosarium
Philosophorum*, 316

Figura 28 – "Mortificação do casamento celestial":
décima oitava xilogravura do *Rosarium Philosophorum*, 318

Figura 29 – "Assunção e coroação": décima
nona xilogravura do *Rosarium Philosophorum*, 321

Figura 30 – "Ressurreição": vigésima xilogravura do *Rosarium
Philosophorum*, 322

Figura 31 – Vigésima segunda pintura do *Splendor Solis*, 326

Prefácio

O mistério da relação humana analisa a transformação do si-mesmo – tanto individualmente quanto na interação com os outros – combinando uma compreensão científica da forma como a personalidade se desenvolve com a perspectiva oferecida pelas lentes antigas e imaginárias da alquimia. Uma vez que as atitudes alquímicas diferem tão radicalmente dos métodos científicos modernos que, com aparente sucesso, as ultrapassaram, é impossível evitar a questão de como um trabalho contemporâneo sobre relacionamentos poderia se beneficiar e, de fato, se basear nos misteriosos e aparentemente irracionais modelos de pensamento alquímico.

O mais anunciado e talvez até o processo definitivo da alquimia foi a tentativa de transformação de uma substância de base, como o chumbo ou o mercúrio, em um material precioso, como ouro ou prata. Sabemos menos sobre a forma como a tradição alquímica, que perdurou durante mais de dois milênios antes de ser desacreditada pela ciência moderna apenas nos últimos três séculos, se aplicou a áreas sutis da experiência humana situadas no âmbito entre a mente e a matéria, áreas que a ciência rejeitou ou descartou quase completamente.

De fato, o pensamento alquímico está repleto de metáforas estranhas e imagens complexas que fornecem uma visão esclarecedora precisamente sobre a maneira como um processo entre duas pessoas pode se desenvolver e se transformar. Em seu reconhecimento da interação vital entre ordem e desordem e o potencial transformador do caos, a alquimia pode nos ajudar a aceitar e apreciar áreas de intenso caos dentro da mente, áreas que chamei em trabalhos anteriores de "as partes loucas de pessoas sãs".

O pensamento alquímico difere das abordagens modernas em relação ao desenvolvimento da personalidade e relacionamentos que tendem a enfatizar a causalidade e basear a validade na replicabilidade das experiências e dos resultados. Por exemplo, enquanto as abordagens modernas podem se concentrar em questões como falhas de desenvolvimento ou a maneira como essas falhas são revisitadas no chamado processo de transferência e contratransferência, o pensamento alquímico oferece uma apreciação da profundidade e do mistério da relação que pode permitir que alguém experimente um espaço que é animado, que está vivo com significado e que contém seu próprio processo. Neste livro, quero usar o pensamento alquímico dentro do contexto da perspectiva científica da psicoterapia para obter uma compreensão do lado misterioso das relações, porque experimentar a profundidade da relação implica abraçar essas diferentes ordens de pensamento e percepção. Em particular, quero explorar a noção alquímica de um domínio do corpo sutil que existe como uma "terceira coisa" ou "terceira área" entre as pessoas.

C.G. Jung descobriu que o antigo simbolismo da alquimia era admiravelmente adequado para compreender as complexas interações criadas pelas psiques consciente e inconsciente do analista e do analisando. Usei o trabalho de Jung em minha tentativa de entender a natureza de uma "terceira área" que duas pessoas em uma relação criam e que, por sua vez, pode ter um efeito transformador na estrutura interna de cada pessoa. O verdadeiro mistério da relação reside menos na busca de compreender quem está projetando o que em quem e mais na exploração de "terceiras áreas", o campo "intermediário" que era o foco principal da ciência antiga em geral e da alquimia em especial.

Por meio de um estudo do simbolismo e das práticas da alquimia, passei a reconhecer e apreciar os estados de caos extremo (muitas vezes um caos que contém um tipo secreto de ordem) que não só vivem dentro de todas as pessoas, mas que também definem um aspecto importante de um processo interativo entre indivíduos em uma relação. Ao perceber que esse processo interativo tinha vida própria, percebi que o caos em seu cerne era verdadeiramente a vida do relacionamento. Em vez de ver uma relação como algo que duas pessoas fazem uma à outra, ou como uma espécie de parceria, comecei a ver uma relação como – para usar uma frase matemática – um campo em que ambas as pessoas se envolvem e que, muito misteriosamente, move e molda o seu processo, tanto individualmente quanto em conjunto, como se esses processos fossem meras ondas em um mar maior.

Nessa altura, entender o mistério da relação exigia uma forma de pensar diferente das abordagens científicas modernas. O mundo "intermediário" que as pessoas podem (consciente ou inconscientemente) experimentar requer uma abordagem que foi o alicerce das culturas anteriores ao novo paradigma de ciência e causalidade que começou a surgir nos séculos XVI e XVII. Foram precisamente essas áreas "intermediárias" – por exemplo, entre a mente e a matéria – que me chamaram a atenção para a alquimia como forma de compreender as relações. Não encontrei melhor guia para essa forma de lógica "primitiva" do que a antiga ciência da alquimia.

O meu interesse pela alquimia me ajudou a enfrentar os desafios de relacionamentos apresentados pelos numerosos analisandos em minha prática psicoterapêutica, pelo meu próprio casamento, pelos meus filhos e, de fato, pela própria vida. Certamente tudo o que este livro tem a oferecer sobre relacionamentos contemporâneos foi fundamentado pelo trabalho com os meus pacientes, cujo material clínico – muitas vezes com foco na complexidade e vulnerabilidade das mudanças entre a intimidade e a loucura, que, como um deus invasor de culturas antigas, sobrecarrega o pensamento e a coerência emocional – forma a substância de grande parte desta obra. Estou muito grato pela sua integridade, pelo seu engajamento e, sobretudo, pelos seus ensinamentos.

Quero também agradecer a participação dos alunos no "Alchemy Seminar" [Seminário de alquimia], oferecido no Center for Analytical Perspectives em Nova York. A natureza desafiadora das discussões nesses seminários conduziu a uma nova profundidade de compreensão e revelou importantes significados de imagens e textos alquímicos, alguns dos quais utilizei neste livro.

Além disso, fiquei profundamente emocionado com a ajuda editorial que recebi na preparação deste livro. Roger Riendeau, editor e escritor profissional, além de instrutor e consultor em redação acadêmica na Universidade de Toronto, teve de se tornar uma espécie de alquimista no processo de evolução deste livro. Ele aprendeu muito sobre os mistérios do caos ao lidar com o meu primeiro manuscrito. Beneficiei-me de inúmeras maneiras ao me engajar no campo interativo que sua incansável energia e inteligência ajudaram a construir entre nós. O processo editorial também foi generosa e vitalmente aprimorado por Geraldine Fogarty, cuja capacidade crítica de identificar e questionar a ambiguidade ou obscuridade de ideias, pressupostos e frases clareou significativamente a perspectiva e a estrutura deste livro. Estou muito grato pela sua amizade e pelo seu empenho ao longo deste processo. Tenho uma grande dívida de gratidão com o meu amigo James Haba pela sua leitura cuidadosa e releitura do manuscrito. A sua contribuição é algo que estimo profundamente, e seus esforços tornaram este livro muito melhor do que seria. Devo também expressar a minha gratidão à Fundação Van Waveren pelo subsídio que muito ajudou no financiamento da edição deste livro.

Em última análise, a relação tem um mistério que só pode ser conhecido pelo desafio da intimidade e pela sabedoria e visão da pessoa com quem se interage, repetidamente. Minha esposa, Lydia, contribuiu para este livro, muitas vezes encontrando uma maneira de expressar experiências inefáveis e ideias nascentes. Mas, mais do que isso, eu não seria hoje a pessoa que sou se não fosse pelo meu relacionamento com ela. Eu também não teria sido capaz de compreender os padrões apresentados nesta obra se não tivesse experimentado os desafios e as percepções que surgiram ao viver a dor e a alegria de nosso relacionamento. Ela tem sido minha principal guia nesse nosso processo contínuo e a ela dedico este livro.

Agradecimentos

Agradeço a Kantonsbibliotek, St. Gallen, Suíca, pela permissão para reproduzir as imagens de sua cópia do *Rosarium Philosophorum*, St. Gallen, Kantonsbibliotek (Vadiana), Vadianische Sammlung, manuscrito 394a.

Agradeço a Biblioteca Britânica pela permissão para reproduzir as fotos do *Splendor Solis* dos seus manuscritos Harley 3469 e 1582.

Agradeço a Press Gang Publishers pelo material de Daughters of Copper Woman, de Anne Cameron (Vancouver: Press Grand Publishers, 1981). Reimpresso com permissão do editor.

1
Alquimia e transformação nas relações humanas

Experimentar o mistério dentro dos relacionamentos

Todas as pessoas que vivem uma relação de compromisso experimentam inevitavelmente conflitos dentro de si e com o outro que perduram apesar de seus melhores esforços para resolvê-los. Quer sejam sutis ou flagrantes, a natureza e as fontes de tais conflitos estão geralmente escondidas dentro do equilíbrio que pode ser mantido dentro de um relacionamento normal, particularmente em suas fases iniciais. Uma pessoa não "causou" necessariamente à outra o sentimento de mágoa, raiva, desvalorização, falta de amor, culpa, entre inúmeras emoções negativas possíveis. E mesmo quando uma atribuição de causa ou culpa pode ter alguma validade, uma tentativa de determinar quem está certo e quem está errado ou quem está consciente e quem está inconsciente não consegue resolver o conflito, e certamente não consegue revelar o seu mistério.

Um exemplo comum da dinâmica desse conflito é a situação em que um marido está roncando satisfeito, dormindo o sono dos justos, enquanto sua esposa, exausta, deitada ao seu lado, continua ouvindo seu ronco e está tão longe do sono que se sente como se estivesse sendo torturada. Para além dos níveis das causas físicas e das soluções práticas que uma situação desse tipo traz imediatamente à mente, existe um campo em que vive uma espécie de conflito insano, pronto para entrar em erupção em um momento comum. A tendência natural é assumir que, de alguma forma, alguém é culpado. O marido está roncando alto deliberadamente para manter sua esposa sofredora acordada e em constante estado de desequilíbrio pessoal? A esposa é apenas uma pessoa de sono leve que não valoriza a necessidade vital de descanso de seu marido no fim de um dia extenuante? Se a resposta a essas questões é, de fato, negativa ou positiva, isso é, em última análise, irrelevante.

Em vez disso, essas duas pessoas devem penetrar em um nível mais profundo de seu relacionamento, em um domínio que ambas compartilham, no qual nenhuma está "fazendo" nada a outra. Na verdade, teriam de descobrir que compartilham não apenas uma relação consciente, mas também inconsciente. Essa relação inconsciente pode ser muito maior e mais abrangente do que a consciente. Se pudessem trabalhar juntas para explorar esse nível mais profundo de seu relacionamento, descobririam que o conflito entre elas era um mero fragmento de um padrão de interação maior, mais complexo e, em última instância, mais significativo.

Para a maioria dos casais, é muito mais fácil simplesmente evitar explorar tais conflitos em um nível mais profundo de seu relacionamento e tolerar transtornos emocionais contínuos enquanto tentam se comunicar e ter intimidade um com o outro da maneira habitual. Mas esses estados conflitantes afetam profundamente as relações de maneiras que podem facilmente passar despercebidas ou serem descartadas. O resultado é um abismo crescente entre as pessoas, um declínio na confiança e na intimidade, uma diminuição de uma vida sexual apaixonada e excitante e, acima de tudo, uma ausência de qualquer senso de que seu relacionamento contém o mistério do crescimento, individualmente e em conjunto. E sem esse mistério, o que eles têm? Eles podem desempenhar papéis mutuamente definidos ou, se forem psicologicamente sofisticados, podem ajudar um ao outro a lidar com projeções individuais. Mas não sentirão e não conhecerão o mistério da paixão e da mudança que pode ser explorado e descoberto por meio de sua relação. Dessa forma, o relacionamento diminui em termos de paixão e torna-se apenas comum. Amor, compaixão e carinho podem existir, mas uma sombra projetada pela ausência de paixão e significado permite que ambos saibam que estão escolhendo viver em águas rasas e se contentando com uma segurança aparente, o que, na verdade, os diminui.

Este livro é destinado a pessoas que querem lidar com essas áreas normalmente ocultas nos relacionamentos, que são capazes de ir além da atribuição de culpa ou da preocupação em estar "certo" ou "errado", e que desejam reconhecer e se envolver no mistério do crescimento dentro de si e nas suas relações.

As tentativas de dar um sentido racional crônico dentro de relacionamentos normais invariavelmente falham quando não sondam as profundezas da psique humana para descobrir a natureza subjacente e a fonte do conflito. Dentro desse domínio mais profundo, estados mentais totalmente contraditórios podem existir simultaneamente em cada pessoa e como uma qualidade do próprio relacionamento. Esses estados contraditórios que definem os aspectos "loucos" (cf. p. 70ss.) da psique na verdade aniquilam uns aos outros, de modo que a atenção a um estado destrói totalmente a consciência do estado anterior. Qualquer pessoa que se relacione com alguém que apresente tais estados contraditórios tenderá a sentir esse processo, a ficar confusa e a se retrair ou sentir uma raiva impotente. Mas, até certo ponto, essa área de loucura é parte integrante da existência de todos. Abraçar as áreas loucas da nossa psique e reconhecer como elas nos limitam é uma forma de descobrir o mistério do si-mesmo e do outro. Essa "loucura" sutil se torna uma espécie de margem caótica na qual o relacionamento está destinado a se chocar e a ser delimitado.

A loucura é um conceito assustador, uma vez que significa que a pessoa está fora de controle, distorce a realidade, é dominada por respostas compulsivas e emoções muito fortes e faz coisas que são destrutivas para os próprios interesses, enquanto afirma que está totalmente controlada. As partes loucas das pessoas são sempre perigosas; mas se forem reconhecidas e o seu poder for reconhecido, são potencialmente curativas. As áreas loucas continuamente nos confrontam com as fronteiras e limitações de nós mesmos e de nosso conhecimento, e nos levam a refletir e reformular nossas atitudes repetidas vezes. Sem abraçar nossa própria loucura, qualquer abordagem para entender os relacionamentos torna-se monótona e perigosamente repetitiva, tendendo a se tornar apenas uma questão de técnica e conhecimento. A loucura parece ser nossa melhor aliada para conter a tendência perigosa e desalmada do conhecimento usado para nos proteger do choque de novas experiências. Quando aceitamos essas áreas, não resolvemos necessariamente os problemas em nossos relacionamentos; em vez disso, transformamos a nós mesmos e as nossas relações.

A transformação é sempre um processo muito difícil de contemplar e abraçar, pois a psique tende a voltar às suas formas mais estáveis, tipicamente as mais antigas que foram experimentadas no cadinho do tempo. Novas formas são instáveis e, consequentemente, perigosas, pois podem nos levar a perder o senso de identidade, a nos sujeitar a emoções fortes e a nos tornarmos suscetíveis à vontade do outro de uma maneira que parece ameaçadora. Assim, em nossas formas estabelecidas de relacionamento, tendemos a funcionar dentro de uma estrutura confortável e escolhida. Podemos ser educados; podemos reconhecer certos papéis; ou podemos agir de maneira gentil ou cruel. Por exemplo, um casal pode continuamente, mas educadamente, zombar um do outro em um ambiente público e negar que esse comportamento possa indicar o desprezo subjacente um pelo outro e o desejo de se humilharem mutuamente, uma vez que tal admissão desestabilizaria o relacionamento. No entanto, uma análise mais profunda dessas interações revela que essa forma de comportamento educadamente hostil serve, na verdade, para proteger exatamente contra esses níveis de envolvimento mais profundos e perigosos. Nesses níveis mais profundos, as pessoas teriam de assumir a responsabilidade por áreas da sua psique nas quais não apenas guardavam ressentimentos e outros sentimentos negativos, mas em que também estavam verdadeiramente fora de controle, ou seja, loucas.

A transformação dentro de uma relação só pode começar com o reconhecimento de que estamos, inconscientemente, fazendo projeções na outra pessoa, distorcendo assim a realidade do outro e a nossa própria. Por meio do processo de projeção, tendemos a diminuir ou aumentar a identidade dos outros presumindo que realmente conhecemos a natureza e a motivação de suas interações conosco. A própria realidade da outra pessoa tem pouca credibilidade em nossa mente; porém mais importante –, a natureza insondável do outro nem sequer é considerada. Em outras palavras, por meio das projeções, "conhecemos" apenas fragmentos da verdade sobre o outro e, consequentemente, negamos a essência do ser espiritual do outro. Sendo assim, quanto mais conseguirmos retirar as nossas projeções e reconhecer a realidade da outra pessoa, mais cada um se sentirá capacitado e o relacionamento será fortalecido.

Entretanto, para sustentar e aprofundar o processo de transformação, é preciso ir além do reconhecimento e da constatação da dinâmica da projeção. Tal possibilidade pode ser difícil em grande parte porque o pensamento psicanalítico sobre as relações humanas se desenvolveu dentro de modelos científicos que consideram a projeção como um conceito-chave. Começando com o trabalho de Sigmund Freud no início do século XX, acreditava-se que o analisando projetava seus conteúdos internos no analista que, por meio do mecanismo de uma "atenção flutuante", podia perceber a natureza da projeção. Com essa estrutura causal, a interpretação da projeção parece desbloquear e resolver trânsitos de desenvolvimento malsucedidos que fizeram parte do início da vida do analisando. A natureza exata desse processo é controversa, uma vez que existem muitas ideias concorrentes sobre como as pessoas se desenvolvem de maneira bem-sucedida ou malsucedida, tendo em conta a natureza de suas experiências de infância.

Por exemplo, focar em certas "ausências" na primeira infância e/ou em invasões emocionais ou físicas no estado psíquico vulnerável da criança é uma abordagem válida e útil para entender o desenvolvimento pessoal. Os bebês podem sofrer especificamente com a ausência de uma presença materna que possa acalmar suas ansiedades ou geralmente com a ausência de uma figura paterna que possa ser resistente às invasões físicas e emocionais que invariavelmente deixam a criança sem senso de segurança ou integridade. Tais ausências e invasões impedem a criança de ter um "reservatório" para a sua angústia, e o adulto pode, por isso, sofrer de neuroses como transtornos dissociativos ou transtornos de personalidade narcisista, psicoide e síndrome de borderline ou, em casos extremos, transtornos psicóticos. O tratamento psicanalítico tenta criar um espaço de contenção para que a experiência de estados psíquicos seja possível. Idealmente, por meio da transferência, essas ausências e insultos ao desenvolvimento precoce podem ser recapitulados, compreendidos e, o que é mais significativo, sobrevividos sem regredir às defesas primitivas; e o desenvolvimento do indivíduo pode essencialmente encontrar seus caminhos naturais de expansão. O progresso nessa escala requer uma quantidade incomum de coragem do paciente e, muitas vezes, também do terapeuta.

O inconsciente pessoal, conforme definido por C.G. Jung, é um reservatório de conteúdos e processos rejeitados, os quais podem ser experimentados como partes separáveis no espaço e no tempo normais, e têm uma localização. No processo de projeção, as partes do inconsciente pessoal são experimentadas como existindo "na" pessoa, ou são projetadas "fora" da pessoa ou "dentro" de outra pessoa. A projeção tem um efeito, e por meio dele, alguém faz coisas para outra pessoa. Abordar as pessoas e suas relações a partir do ponto de vista de alguém que está "fazendo algo" para outra pessoa – por exemplo, uma pessoa está inconscientemente projetando em outra suas expectativas de abandono, perda e ódio, ou qualidades de grande valor, perfeição e plenitude – é uma lente poderosa para entender as relações. Muito do pensamento psicológico moderno foi dedicado ao entendimento de que as projeções afetam as pessoas, seja diminuindo a força do ego do projetor e distorcendo seu sentido de realidade, seja causando uma mudança emocional e cognitiva no objeto da projeção. A projeção pode ser usada para se livrar de sentimentos e ideias angustiantes. E a projeção também pode ser um estado que acompanha o surgimento da consciência: a pessoa sempre projeta antes de se tornar consciente da posse de conteúdos inconscientes. A projeção também pode ser uma forma de renegar a própria estrutura psíquica por meio de um processo imaginário no qual os conteúdos são sentidos para serem "colocados" na outra pessoa e sutilmente observados em uma espécie de transe, a fim de discernir o que o outro faz com esses conteúdos projetados. Esse último processo é conhecido como identificação projetiva, e um analista pode passar muitos anos se conscientizando de suas sutilezas, para que possa reconhecer sua existência em lugares onde almas menos treinadas ou menos sensíveis podem apenas representar os conteúdos que foram projetados nelas.

Freud e outros psicanalistas subsequentes reconheceram essencialmente que o modelo baseado na projeção de recapitular o conflito inicial e resolvê-lo era muito simplificado, uma vez que o analista também fazia projeções no analisando. A partir dessa noção de contraprojeção, desenvolveu-se grande parte do atual pensamento psicanalítico sobre a transferência e contratransferência, as projeções mútuas de ambas as pessoas. Ainda assim, os psicanalistas acreditavam que essas projeções, no espírito da investigação científica, poderiam se tornar dados objetivamente percebidos. Alguns até esperavam (e muitos ainda se esforçam na maioria dos setores do pensamento psicanalítico) fazer uso da contratransferência para entender objetivamente o funcionamento interno da psique do analisando.

Em um esforço para superar a dificuldade de separar projeções e contraprojeções e atender aos padrões de objetividade científica, alguns analistas começaram a pensar em termos de uma "terceira área" ou de um "campo" que era composto por uma espécie de mútua subjetividade. Criada por projeções mútuas, essa "terceira área" poderia então ser usada para obter uma compreensão objetiva do funcionamento interno do analista e do analisando. Quer seja por meio do trabalho dos psicólogos do self ou das contribuições de Thomas Ogden e da sua noção de "terceiro analítico", o analista toma consciência de que a subjetividade nunca pode ser negada na interação. E por meio do uso de suas percepções da natureza dessa "terceira área", o analista ainda pode criar interpretações, sentir empatia e efetuar intervenções para ajudar o analisando a reconhecer seu inconsciente e suas inadaptações.

A pesquisa de Jung lançou as sementes de um modelo alternativo de análise baseado na exploração de um domínio intermediário entre analista e analisando. Jung reconheceu que duas pessoas criam um relacionamento inconsciente composto de conteúdos psíquicos não apenas derivados de experiências pessoais no início da vida. Esses conteúdos psíquicos, que Jung chamou de "arquétipos", são as estruturas espontâneas auto-organizadas das camadas impessoais do inconsciente coletivo ou objetivo. Ao contrário dos conteúdos pessoais, tais aspectos arquetípicos do inconsciente coletivo não podem ser totalmente percebidos como tendo origem no interior de uma pessoa e direcionados para fora dessa pessoa, para outra pessoa. De fato, os processos arquetípicos criam uma "terceira área" entre as pessoas que não pode ser experimentada ou compreendida por meio da noção espacial de dentro e fora. O sentido de espaço criado em uma relação não pode ser entendido como um "espaço vazio" que caracteriza a área por meio da qual passam projeções (em grande parte) pessoais. Em vez disso, essa "terceira área" tem sua própria objetividade peculiar: uma qualidade subjetiva-objetiva. As projeções individuais não podem ser separadas das tendências transformadoras objetivas, uma vez que interagem dentro desse "domínio intermediário", e nenhuma delas causa a existência da outra. Quando Jung analisou essa terceira área amplamente inconsciente entre as pessoas, que era sua maneira de explicar o processo de transferência-contratransferência, também abordou os aspectos arquetípicos dentro do paradigma científico da projeção. De fato, o trabalho de Jung nos ajudou a ver que mais do que conteúdos psíquicos pessoais podiam ser projetados.

Além disso, os níveis arquetípicos criam uma "terceira área" que não pode ser entendida simplesmente como coisas, como partes projetadas que duas pessoas podem encontrar. Em vez disso, o arquétipo cria uma sensação paradoxal de espaço em que a pessoa está dentro e fora, como um observador, mas também contido no próprio espaço. Ademais, e em distinção à ênfase na subjetividade nas abordagens psicanalíticas da "terceira área", penso que uma concomitante objetividade do processo derivada da inclusão de dimensões arquetípicas também deve ser considerada.

De fato, temos de ultrapassar a noção de vida como consistindo em experiências externas e internas e entrar em uma espécie de "domínio intermediário" que a nossa cultura há muito perdeu de vista e no qual ocorre a maior parte da transformação. À medida que percebemos essa realidade compartilhada com outra pessoa, e quando realmente nos concentramos nela, permitindo que tenha vida própria, como uma "terceira coisa" na relação, algo novo pode acontecer. O espaço que ocupamos parece mudar, e em vez de sermos os sujeitos, observando essa "terceira coisa", começamos a sentir que estamos dentro dela e que somos movidos por ela. Nós nos tornamos o objeto, e o próprio espaço e seus estados emocionais são o sujeito.

Nessas experiências, as antigas formas de relacionamento morrem e se transformam. É como se percebêssemos uma presença muito maior em nosso relacionamento, na verdade uma dimensão sagrada. Tornamo-nos conscientes de um sentimento de "unidade" que permeia o estar sozinho e com o nosso parceiro. É uma "unidade" que parece infundir no relacionamento um sentimento de admiração e mistério. Quando essa experiência é intensa, o respeito toma o lugar do poder. O medo passa a ser aceito como um sinal de que se está no caminho certo, porque se caminha agora em direção ao desconhecido, em um caminho de expansão de horizontes e de vontade de se deixar mover pela verdade tal como ela existe na relação. E procuramos e refletimos sempre sobre as nossas projeções e a nossa história pessoal, como se constituíssem os limites que conferem à experiência interativa a sua própria singularidade e particularidade, impedindo assim que a experiência interativa se transforme em uma névoa da "nova era".

Assim como os conteúdos arquetípicos criam uma terceira área que não pode ser suficientemente apreendida por meio do modelo de projeção, o mesmo acontece com as partes loucas das pessoas sãs. Essas áreas arquetípicas nunca são redutíveis a uma soma de projeções individuais. Consequentemente, os aspectos loucos das pessoas sãs nunca foram integrados com êxito nas abordagens racionalmente orientadas para o desenvolvimento da personalidade. As tentativas de reduzir os aspectos loucos das pessoas sãs a algum fracasso no desenvolvimento que pode ser projetado não passarão de uma manobra repressiva. Os modelos psicológicos que adquirimos com o estudo do desenvolvimento infantil ou com a observação do desenvolvimento no tempo, isto é, desde a infância até a adolescência e daí em diante, não ajudam a compreender as estranhas qualidades do espaço que sustentam a profundidade dos relacionamentos. Nunca "conhecemos" a loucura como algo a ser "estudado" em um relacionamento; em vez disso, nós a experimentamos e devemos encontrar algum tipo de recipiente imaginário para contê-la. Pois a loucura é um fenômeno estranho que pode ser entendido não apenas como existente dentro de nós mesmos ou entre as pessoas, mas também como processos arquetípicos, como abrangendo e influenciando ambas as pessoas em um relacionamento dentro de seu domínio indefinível. De fato, se o relacionamento deve ser o lugar da transformação dos indivíduos e da cultura, devemos não apenas expor a loucura dentro do relacionamento, mas também descobrir o mistério dessa loucura.

O relacionamento pode ser visto como o recipiente para lidar com as forças arquetípicas e irracionais da loucura dentro de nossa cultura. Por essa razão, devemos pensar na relação como muito mais do que a interação de duas pessoas relativamente conscientes ou inconscientes. O relacionamento deve ser visto como repousando sobre um grande mar de vida emocional, uma dimensão que nunca é compreendida apenas por meios racionais. Esse fato foi observado por Freud e também amplamente utilizado por Jung em suas investigações sobre a profundidade do relacionamento na transferência.

Enquanto os modelos científicos modernos não nos ajudam muito a pensar sobre tais experiências de loucura e de "terceiras áreas" entre as pessoas, as tradições que precederam a descoberta científica e sua ênfase primária na causalidade podem nos permitir redescobrir e reformular ideias mais antigas que estavam precisamente preocupadas com essas áreas "intermediárias" e experiências. Para entender e apreciar o potencial transformador dessas "terceiras áreas", podemos recorrer com proveito às antigas ideias e práticas da alquimia. Jung utilizou o simbolismo alquímico para compreender a natureza da "terceira área", amplamente inconsciente, entre as pessoas. Ao fazer uso mais completo da pesquisa alquímica de Jung do que acredito que ele mesmo fez, pode-se aprender a experimentar a "terceira área" e ser mudado por essa experiência, em vez de depender de analisá-la em projeções componentes.

Estou conceituando e analisando o modo de pensar alquímico, conforme apresentado em seus mitos e histórias, como uma abordagem central à psicoterapia. Essa abordagem alquímica contrasta não apenas com aqueles que usam o simbolismo alquímico para amplificar processos de desenvolvimento ou de desenvolvimento falho, mas também com qualquer abordagem científica para entender a estrutura e as mudanças da psique que se baseie na causalidade. Uma abordagem alquímica, portanto, não está primariamente preocupada com o que as pessoas fazem umas às outras, como por meio de projeções umas nas outras, mas, em vez disso, com a experiência de um campo que ambas as pessoas ocupam.

A estrutura e a metodologia da alquimia são extremamente valiosas nas tentativas de sondar o mistério das relações. Quando a metodologia da alquimia é aplicada ao processo psicológico, surge um novo modelo de análise, um modelo baseado não na modificação do comportamento ou mudanças nas relações de objeto, mas na recuperação da alma. Chegar a esse novo modelo de análise exigiu, evidentemente, uma "tradução" de termos alquímicos em termos psicológicos, bem como um repensar da natureza da sessão analítica e do papel do analista. Em minha experiência ao trabalhar com a "terceira área", incluindo as partes loucas de pessoas normalmente sãs, o pensamento cartesiano se desfaz e surge outro tipo de lógica de opostos que é surpreendentemente semelhante àquela adotada ao longo de dois mil anos pelos alquimistas.

O aparecimento e o declínio da antiga arte da alquimia

A antiga arte da alquimia preocupava-se principalmente com as mudanças qualitativas de substâncias, nomeadamente a transformação de um metal em outra forma, mudança de cor de um material e estabilização dessa mudança ou a criação do elixir da vida ou do *Lapis Philosophorum*. Para além dessas generalidades, as origens, a natureza e o escopo da alquimia estão sujeitos a conjecturas e controvérsias. Como Raphael Patai observou em seu estudo abrangente, *The Jewish alchemists*, "quando se trata de decidir o que é (ou era) a alquimia, os estudiosos que escreveram sobre alquimia estão longe de estar em acordo" (1994, p. 4). O espectro de atitudes acadêmicas varia amplamente de uma visão da alquimia como um episódio tolo e embaraçoso do pensamento humano a uma perspectiva que a considera como a ciência espiritual mais sublime, cujo verdadeiro foco era a transformação da personalidade humana. Patai oferece algumas informações sobre a natureza ambígua e controversa da alquimia:

> A alquimia era tudo o que os seus praticantes afirmavam ser, e os seus objetivos incluíam tudo o que os historiadores lhe atribuíam. Eles incluíam a transmutação de metais comuns em prata e ouro, a duplicação ou o aumento do peso do ouro, a fabricação de pérolas e pedras preciosas, a produção de todos os tipos de tinturas e outras substâncias, a mistura de corantes, a confecção de todo tipo de remédio para curar todas as doenças que a humanidade sofria, a

criação da quintessência, o fabuloso elixir, que curava, rejuvenescia e prolongava a vida por séculos... tudo isso fazia parte do aspecto prático da alquimia (1994, p. 4).

Nesse processo, foram fabricados medicamentos, foram desenvolvidos recipientes para transformação química e teorias notáveis foram postuladas sobre o processo de mudança na forma ou estrutura interna da matéria.

Além disso, os esforços alquímicos em mudanças materiais "externas" correspondiam ao transformador "interno" na psique do alquimista. Essa mutualidade de transformação fascinou as melhores mentes de muitos séculos e muitas culturas. Assim, a prática alquímica está amplamente documentada em um corpo de literatura intercultural que abrange três milênios.

A alquimia baseava-se na crença da unidade fundamental de todos os processos da natureza. Toda a natureza – pedra, metais, madeira e minerais, juntamente com a mente e o corpo humanos – foi formada a partir de uma única substância. Essa essência, o *lapis*, era a base a partir da qual tudo crescia, e se alguém conseguisse obter um pouco dela, mesmo que uma gota minúscula, então poderia realizar uma cura e uma transformação consideráveis. Pode-se encontrar essa crença fundamental na Índia, na Europa, na China, no Oriente Próximo, no Oriente Médio (especialmente no mundo árabe) e em todos os outros lugares onde a alquimia floresceu (Patai, 1994).

Embora as origens da alquimia remontem à pré-história e à sabedoria dos xamãs, a tradição alquímica parece ter se cristalizado no Egito greco-romano durante os séculos III e IV a.C. Nessa ocasião, os pensamentos grego e estoico se combinaram para criar as estruturas teóricas básicas da alquimia que foram elaboradas e aperfeiçoadas nos 2.000 anos seguintes. A alquimia começou a emergir como um corpo coerente de pensamento a partir da obra de Bolo, o Pseudo-Demócrito [também conhecido como Bolo de Mendes], por volta de 200 a.C. O pensamento alquímico se desenvolveu a partir do nexo de ideias associadas à metalurgia, fabricação de cerveja, tingimento e fabricação de perfumes. No século III, as ideias alquímicas se espalharam e se tornaram ligadas a um grande número de desenvolvimentos semelhantes nas esferas religiosa e filosófica (Lindsay, 1970, p. 67). Antes dessa época, as práticas alquímicas costumavam ser secretas, escondidas por medo de perseguição devido a acusações de falsificação de ouro e metais preciosos. Os primeiros autores de textos alquímicos muitas vezes assumiram pseudônimos adotados de figuras míticas como Hermes ou Moisés ou de algum grande mestre. Essa tendência na alquimia não era apenas um ato de modéstia ou um desejo de se esconder da perseguição como forjador ou falsificador. Em vez disso, refletia o desejo da alquimia de vincular suas origens e seus praticantes a uma dimensão mítica, uma tendência também encontrada na prática mágica.

O lado esotérico ou extrovertido da prática alquímica foi amplamente informado pelo pensamento grego estabelecido, que era essencialmente aristotélico. De acordo com o estudioso da tradição alquímica esotérica, E. J. Holmyard, Aristóteles acreditava que o mundo era composto por uma matéria-prima que tinha apenas uma existência potencial. Para realmente se manifestar, tinha de ser impressionada pela "forma", que não significava apenas forma, mas também algo que dava ao corpo suas propriedades específicas. Na cosmologia aristotélica, a forma dá origem aos "quatro elementos": fogo, ar, água e terra. Cada um dos elementos é ainda caracterizado pelas "qualidades" de ser fluido (ou molhado), seco, quente ou frio. Cada elemento tem duas dessas qualidades. Quente e frio, molhado e seco, são pares de contrários e não podem ser acoplados. De acordo com Holmyard (1990), a ideia principal da teoria é que qualquer substância é composta por todos e cada um dos "elementos". A diferença entre uma substância e outra depende das proporções em que os elementos estão presentes. E como cada elemento, segundo a teoria, pode ser transformado em outro, qualquer substância pode ser transformada em qualquer outro tipo, alterando a proporção dos elementos que a compõem. Por exemplo, na teoria aristotélica, o elemento fogo é quente e seco, e o elemento água é frio e fluido. Se fosse possível combiná-los de forma a eliminar as qualidades secas e frias, teríamos um elemento quente e fluido, os atributos que a teoria atribui ao elemento ar. Por meio de tais processos, a forma das coisas muda. Assim, ao ser capaz de alterar as qualidades e, portanto, a forma das coisas, é possível transformar qualquer substância em outra: "Se o chumbo e o ouro são ambos constituídos por fogo, ar, água e terra, por que razão não podem as proporções dos elementos do metal comum e fosco ser ajustadas às do metal precioso e brilhante?" (Holmyard, 1990, p. 23). A busca alquímica pela forma correta da *prima materia* a ser trabalhada e os esforços laboratoriais incansáveis e muitas vezes inúteis, mas por vezes bem-sucedidos do alquimista, informados tanto quanto possível pela revelação divina e por momentos de graça, constituem a maior parte da história esotérica da alquimia.

Juntamente com essa teoria dos quatro elementos, uma base mais introvertida ou esotérica para a alquimia é encontrada em ideias relacionadas do pensamento grego que foram estabelecidas entre os séculos VI e IV a.C.: (1) a ideia de um processo unitário na natureza e de uma "substância última" a partir da qual todas as coisas são construídas; (2) a ideia de um "conflito de opostos", mantido pela unidade dominante, como a força que impulsiona o universo; (3) a ideia de uma "estrutura definida" nos componentes últimos da matéria, quer essa estrutura seja expressa por agregados variados de átomos (*atomon*, unidade indivisível) ou pela combinação de um conjunto de formas geométricas básicas no nível atômico (Lindsay, 1970, p. 4). A esse corpo de pensamento foi adicionada a posição estoica de que a "psique" era material, que havia uma penetração mútua de alma e corpo, de *physis* e do mundo das plantas, de *hexis* e do mundo da matéria inorgânica. A física estoica consistentemente via todos os elementos mais sólidos ou específicos como permeados e unidos na rede infinita de tensões pneumáticas (Lindsay, 1970, p. 22-23).

As ideias alquímicas prevaleceram na Europa após a Idade das Trevas, e novas formas foram criadas na cultura da imaginação, o que agraciou o Renascimento dos séculos XV e XVI. Essas novas formas de pensamento alquímico foram vividamente expressas em textos como *Rosarium Philosophorum* (1550) e *Splendor Solis* (1582). O *Rosarium* foi inicialmente um conjunto de imagens para meditar, como um rosário. Acredita-se que o *Rosarium* tenha se originado em uma fraternidade alemã no século XVI; ou possivelmente esse grupo foi responsável por adicionar o texto às imagens, de modo que o que existe atualmente é uma série de imagens e comentários sobre elas que datam de 1550. Existem várias coleções do *Rosarium* no mundo; algumas são coloridas, outras em preto e branco e algumas que foram parcialmente coloridas. A coleção mais bonita, encontrada na Stadtbibliothek [Biblioteca pública] de St. Gallen, tem uma qualidade lírica semelhante à de Picasso. Alguns desses comentários parecem fazer muito sentido, e outros parecem tão obscuros que nos fazem pensar se foram acrescentados aleatoriamente. Mas o mais importante é que esse conjunto de vinte xilogravuras aborda um dos principais problemas da alquimia, a união da mente e do corpo, tal como é conseguida por meio do processo de união de duas almas, a da união de dois aspectos de uma única personalidade. O *Splendor Solis*, geralmente datado de 1584, também é de origem desconhecida. Suas placas de cobre deram ao mundo as mais belas imagens da alquimia. O *Splendor Solis* aborda um problema complementar da alquimia, ou seja, a encarnação da vida espiritual na realidade material/corporal. Enquanto o *Rosarium* é baseado em um processo horizontal como um encontro face a face de duas pessoas, ou uma união de aspectos separados da vida psíquica de uma pessoa, o *Splendor Solis* diz respeito à dimensão vertical do espírito encarnado. Também tem diferentes variantes nas bibliotecas, mas a versão mais bonita é o manuscrito Harley encontrado na Biblioteca Britânica.

Obras como essas formaram a espinha dorsal da alquimia renascentista. O *Splendor Solis* é o exemplo mais importante de uma obra que combina a realidade externa e interna, concentrando-se tanto nas substâncias reais quanto no nível interno da alma (McLean, 1981). O *Rosarium* trata da outra grande questão da alquimia, a união dos opostos, como o masculino e o feminino, o corpo e a mente, o quente e o frio. Juntos, esses dois textos fornecem a base para a análise do simbolismo alquímico discutido mais adiante neste livro.

Embora seu auge tenha sido alcançado na cultura do Renascimento europeu, o fim da alquimia foi precipitado pelo surgimento da ciência e, especialmente, pelos ataques da Reforma ao papel da imaginação. O desaparecimento do pensamento alquímico foi causado principalmente pela necessidade de uma abordagem menos imaginativa e mais racionalmente concebida do mundo. Baseada no pensamento imaginal e no imaginário fantástico, a alquimia era totalmente inadequada para compreender a natureza em termos causais, fato postulado nos grandes avanços científicos dos séculos XVII e XVIII. A ciência via o mundo de maneira diferente, com a matéria não mais viva e ordenada na forma das equações do cientista, para ser aplicada a qualquer problema. A "filosofia mecânica" da Idade da Razão levou a alquimia para um canto distante do esforço humano. Sua sabedoria acabou sendo mantida secretamente, muitas vezes em grupos ocultos, e sua proeminência diminuiu rapidamente, assim como o respeito pela atividade oculta.

O choque entre o pensamento alquímico e o pensamento científico

Desde pelo menos o século XVII, a alquimia tem sido amplamente desprezada por seu processo baseado em metáforas, que entra fortemente em conflito tanto com as demandas científicas modernas por objetividade quanto com a premissa essencial de causalidade da ciência moderna. Em contraste com os métodos científicos modernos, a tradição alquímica é um testemunho do poder da subjetividade. Em vez de uma tentativa "objetiva" de situar cuidadosamente uma diferença entre os processos na matéria e a psicologia do experimentador, na alquimia a transformação espiritual e física do sujeito é parte integrante do trabalho de transformação da matéria. Essa fusão da realidade interna do alquimista e da realidade externa da matéria a ser transformada existe em uma área do discurso imaginário, que os antigos alquimistas chamavam de *imaginatio*, que não estava sujeita a noções de dentro e fora. A fusão do exterior e do interior ocorre em um espaço que os alquimistas chamavam de "corpo sutil", uma área estranha que não é material nem espiritual, mas mediadora entre eles. Juntamente com outros "imponderáveis" da ciência antiga que se mantiveram durante muitos séculos, esse domínio "intermediário" da existência há muito deixou de ser conhecido.

Como a alquimia é caracterizada por uma identificação peculiar entre o alquimista e o material com o qual trabalha, a transformação pessoal e material estão tão intimamente entrelaçadas que desafiam sua separação. Essa ligação faz parte da complexa metáfora da alquimia, que aceita a possibilidade de que as mudanças na personalidade do artesão produzam, de alguma forma, mudanças na matéria com a qual ele está trabalhando. Foi somente quando essa mistura entre o externo e o interno não pôde mais ser mantida que a alquimia se tornou objeto de escárnio e desprezo pela sua incapacidade de produzir ouro verdadeiro a partir de metais comuns. Os fornos alquímicos e a teoria obviamente não estavam à altura da tarefa, independentemente dos poderes de imaginação dos adeptos. De toda forma, a fabricação de ouro não era a principal preocupação da alquimia, mas fazia parte da metáfora alquímica da transformação da personalidade. A intenção de transformar metais brutos ou estruturas de personalidade inferiores ("chumbo" em "ouro", no sentido alquímico) não era diferente da ideia cristã da ressurreição dos mortos. Em essência, a alquimia era um sistema de transformação, e a sua genialidade residia na suposição de que a mudança fazia parte de uma interação entre sujeito e objeto em que ambos eram transformados.

Em última análise, a metáfora da mudança da alquimia vai diretamente contra a noção de que a essência de um indivíduo está separada dos outros e é estável e imutável em meio a todas as vicissitudes da vida. Antes dessa época, as pessoas tinham pouca noção de individualismo; em vez disso, consideravam-se parte de uma realidade coletiva e organizavam suas vidas por meio de mitos e costumes. O indivíduo era de pouca importância, exceto pelas mudanças heroicas que o "grande indivíduo" trazia para o coletivo. Enquanto as pessoas funcionassem segundo padrões amplos e míticos, o ego individual não tinha apelo ou valor de massa e, de fato, era considerado um perigo. A ciência tornou-se a grande catalisadora da mudança na consciência, na qual o ego emergiu como uma ordem criadora de entidades. Por essa razão, a Igreja inicialmente considerou a ciência emergente como obra do diabo.

Mas uma vez que a consciência individual se tornou o *summa bonum*, os caminhos da alquimia e a metáfora da transformação que ela representa tornaram-se um anátema para a mente científica ocidental em desenvolvimento. Por enquanto, o cientista, como observador de princípios e equações básicas, tentou ordenar o que de outra forma pareciam ser sistemas desordenados. De acordo com a lei inexorável do aumento da entropia, a própria ordem na natureza tende a diminuir e a se tornar menos ordenada, mas não se acredita que o cientista, como observador da ordem, sofra desse destino. Ele pode modificar a concepção de como criar a ordem, alterando o paradigma que a ciência adota. Mas ele ainda é considerado estruturalmente inabalável pelo que a ordem criou, exceto pelas possíveis consequências morais de suas realizações criativas e tecnológicas. Não se pensa que o envolvimento sério em uma experiência mude a personalidade do cientista, nem que a experiência funcione em maior ou menor grau como consequência dos esforços meditativos do cientista e da imaginação que o acompanha. Essa estabilidade e autossemelhança são qualidades centrais de um ego emergente que assume a tarefa de apreender a ordem do universo por meio de uma metáfora causal. Causa = efeito é o motivo da investigação científica; e é fundamental compreender que as épocas anteriores – as que precederam os grandes feitos de Galileu, Kepler e Newton, entre outros – não seguiram essa fórmula. A abordagem alquímica, enraizada como estava no pensamento grego e estoico, era essencialmente "desinteressada" na causalidade (Lindsay, 1970). Com efeito, os alquimistas não estavam exclusivamente interessados na forma como as partes de um sistema ou as etapas do desenvolvimento humano interagem entre si, quer no interior de um indivíduo, quer com outros no meio ambiente.

Portanto, não é que a lógica científica seja superior à chamada lógica "primitiva" da alquimia, mas que esses sistemas de pensamento são fundamentalmente diferentes (Lévi-Strauss, 1966, p. 1-34). Em essência, o pensamento alquímico e o pensamento científico atendem a objetivos diferentes e tentam resolver problemas diferentes. A alquimia é uma ciência da alma; a ciência é um estudo da mudança material ao longo de uma sequência irreversível de tempo. A extroversão da alquimia para a vida exterior, material, foi tão malsucedida quanto as tentativas da ciência de compreender o funcionamento interno da psique, reduzindo-o a uma premissa materialista.

Também deve ser entendido que a ciência não suplantou a alquimia. Na verdade, a alquimia era uma grande preocupação de Isaac Newton, que chegou à alquimia após um estudo aprofundado da química "racional". Para Newton, a alquimia não era uma aberração; de acordo com Richard Westfall, "o que ele considerou ser sua maior profundidade" era central em seu pensamento:

> Na filosofia mecânica, Newton encontrou uma abordagem da natureza que separava radicalmente corpo e espírito, eliminava o espírito das operações da natureza e explicava essas operações apenas pela necessidade mecânica de partículas de matéria em mo-

vimento. A alquimia, em contrapartida, oferecia a personificação por excelência de toda a filosofia mecânica rejeitada. Considerava a natureza como vida em vez de máquina, explicava os fenômenos pela ação ativadora do espírito e afirmava que todas as coisas são geradas pela cópula dos princípios masculino e feminino... enquanto a filosofia (mecânica) insistia na inércia da matéria, a alquimia afirmava a existência de princípios ativos na matéria como agentes primários dos fenômenos naturais (1980, p. 112, 116-117).

Newton realmente estava na encruzilhada de duas correntes: a de uma nova ciência que defende a causalidade, e a de uma ciência antiga que considera a causalidade limitada e incapaz de explicar como fenômenos, como os afetos da alma humana, surgiram sem nenhuma causa experimentada ou observável. Com o fim do século XVII e a plena adesão dos europeus cultos à Era do Racionalismo, a abordagem alquímica da natureza praticamente desapareceu; a filosofia mecânica e o mecanismo da causalidade dominaram, como acontece até hoje.

Essa dominação, no entanto, só foi realizada por meio da escolha de problemas diferentes e, de fato, muito mais simples do que aqueles que a alquimia abordava. Por exemplo, a ciência sabe pouco sobre o modo como a forma das coisas, como a forma de uma folha por exemplo, é criada e modificada. Na ciência, uma equação é aplicada a um sistema, e esse sistema pode mudar ao longo do tempo, mas não se sabe muito sobre sistemas cuja forma ou limites externos e natureza constitutiva interna também mudam como consequência de processos no sistema. A alquimia centrou-se precisamente nesses sistemas, nomeadamente no ser humano e nas formas como a estrutura psíquica se altera. Por que uma pessoa pode ter reações devastadoras em um período da vida, mas com uma crescente consciência e integração interna de experiências renegadas começa a reviver o trauma com muito menos perturbação? Como a estrutura interna se altera para permitir esse desenvolvimento? Quais são as leis dessa mudança, ou que propriedades metafóricas a governam?

A necessidade da ciência de se separar dos fatores espirituais – como enfatizado pela separação de Descartes da ciência terrena das preocupações espirituais, e também de sua finalidade – e a necessidade de objetividade da ciência, que pode ser tão obscurecida pela subjetividade – mistura objetiva da alquimia –, conduziu-a cada vez mais para a abstração. A base metafórica da alquimia, tal como a metáfora em geral, combina diferentes ordens de realidade, como a matéria e a psique. A ciência as divide e se torna a observadora da ordem, determinando a suposta desordem da matéria.

A insistência da alquimia na ligação entre sujeito e objeto decorre da sua preocupação com a alma, a vida interior que se move por si própria, independentemente da causa. Essa qualidade da alma é a razão pela qual as preocupações causais têm muito menos significado para a mente alquímica do que para as nossas próprias. Como a alma vive em relação, a qualidade da relação, caracterizada na ciência alquímica por uma preocupação com a relação em si, e não com as coisas relacionadas, define a alquimia.

Assim, um universo diferente de experiência é o objeto do esforço alquímico. É um mundo "intermediário" de "relações" ocorrendo em um espaço que não é cartesiano e, em vez disso, é caracterizado por uma relação paradoxal na qual "externo" e "interno" são alternadamente distintos e iguais. Dentro da geometria paradoxal desse espaço, conhecido como corpo sutil, que é um domínio "intermediário" entre a matéria e a psique, o alquimista acreditava que as "relações *per se*" poderiam ser transformadas.

Os alquimistas se preocupavam com esse domínio intermediário e esperavam que as "coisas relacionadas", como a matéria trabalhada, também pudessem ser transformadas. Essa magnífica tentativa não desapareceu simplesmente diante da óbvia superioridade da ciência em lidar com processos causais no mundo material. Em vez disso, a fantasia da objetividade que é central para a ciência e a invencibilidade heroica do ego, que se desenvolveu com essa fantasia, tornaram a metáfora alquímica e sua busca pela percepção imaginária das relações *per se* um domínio obscuro e perigoso. No entanto, dentro desse domínio, constroem-se egos que têm uma base imaginária e que sabem que suas percepções raramente são mais do que um lampejo da verdade de uma realidade mais vasta entrelaçada, por exemplo, entre o ego de uma pessoa e o seu inconsciente ou entre duas pessoas. O ego, tal como é desenvolvido no âmbito da abordagem científica da natureza, certamente corrige o uso indevido da subjetividade e da fantasia que a abordagem alquímica pode manifestar, assim como a Reforma não foi apenas repressiva, mas também um corretivo necessário para os excessos imaginários das práticas mágicas do Renascimento (Couliano, 1987).

Por causa de sua falta de interesse em medições quantitativas ou em conceber processos materiais em termos de seu propósito ou causa final, a compreensão e transformação da matéria pelos alquimistas era certamente muito inferior ao que foi realizado pela ciência moderna. De um modo geral, a alquimia é comumente mal-interpretada como uma pseudociência que deu lugar às descobertas esclarecidas da química. Embora grande parte do desenvolvimento inicial da química tenha sido uma extensão das ideias alquímicas, a história do destino da alquimia é muito mais complexa. Por um lado, a alquimia escolheu abordar problemas que são difíceis – questões relacionadas com as transformações qualitativas por meio das quais a substância adquire novas formas – que a ciência moderna ainda não explorou verdadeiramente nem domina. Por outro lado, os praticantes da alquimia dos séculos XV e XVI viviam em um mundo inteiramente animado, no qual a matéria não era morta ou caótica, mas tinha uma alma viva. Esse tipo de consciência vê a relação entre todos os níveis de existência, animados e inanimados, espirituais e profanos, mas não lida com distinção e entidades separáveis dentro de um processo causal. A abordagem alquímica do mundo deu prioridade a um sentido de unidade que a impediu de se separar com sucesso e avaliar adequadamente a sua ferramenta mais potente: a imaginação. Em um sentido forte, as ideias e práticas da alquimia, bem como as ideias subjacentes às transformações no Renascimento, tiveram de recuar para permitir o desenvolvimento do ego individual, um ego que podia acreditar que estava separado das outras pessoas, do mundo e de Deus, um ego que podia acreditar na utilidade de compreender a natureza como um processo no tempo histórico.

Durante a época do surgimento da alquimia no Renascimento, a consciência do ego mal havia se desenvolvido. Mas sem a discriminação cuidadosa do ego, o sentido do que é interno e externo, especialmente em situações de união entre as pessoas, rapidamente regride para uma confusão sem esperança de fusão que obscurece qualquer diferenciação sujeito-objeto. A mente no Renascimento, e antes, era caracterizada por uma imersão em imagens e por uma falta de reflexão crítica sobre a fantasia e o uso da fantasia para provar qualquer coisa de forma idiossincrática (Huizinga, 1954, p. 225). A objetividade científica, em qualquer sentido experimental, simplesmente não existia. Os problemas de relacionamento e os litígios eram resolvidos com base em precedentes míticos e filosóficos. Tudo se baseava em modelos prévios e não no discernimento do significado dos acontecimentos no momento histórico. Esse último desenvolvimento surgiu apenas com a separação, de Descartes, da mente e do corpo como duas entidades qualitativamente diferentes, e com a exclusão de Deus e da finalidade da teorização sobre a natureza. Essas rupturas foram radicais, mas necessárias.

Essa grande conquista da consciência – objetividade sobre a natureza e desenvolvimento da autoconsciência – que começou no século XVII (Whyte, 1960, p. 42-43), tornou possível a abordagem científica moderna. Com ela veio a atitude, que se tornaria habitual, de separar os processos em partes distintas e de concentrar a atenção nas partes, decompostas em unidades cada vez menores. Com o tempo, perdemos completamente de vista a integridade e um pano de fundo unitário para a existência, pilares do pensamento alquímico, resultando na fragmentação tão característica da vida das pessoas modernas. A ciência pode, portanto, ser vista como uma forma de libertar a alquimia da sua necessidade de ser competente na investigação de mudanças externas e materiais. Mas as abordagens alquímicas e um retorno à metáfora da subjetividade da alquimia podem ser um presente para a ciência e, por sua vez, libertá-la de suas tentativas destruidoras de compreender o mistério da psique e suas transformações.

A força duradoura da alquimia nos tempos antigos e medievais e sua fraqueza inata na era moderna se devem a sua tendência de relacionar toda atividade humana a uma consciência da essência ou unidade de toda a criação. A estrutura teórica da alquimia é baseada em uma conexão com a unidade do processo, em distinção das partes que são o ponto focal das descrições causais de acontecimentos no espaço e no tempo. A vida humana, as formas orgânicas e inorgânicas do processo natural e a vasta extensão do Cosmos e quaisquer poderes que ele detenha – "Deus" no sentido religioso do termo – estão todos ligados entre si. Esse sentido de Unidade permeia todo o pensamento alquímico. Dessa forma, o antigo pensamento alquímico estava em nítido contraste com o pensamento científico moderno, que tenta entender a vida humana orgânica e inorgânica sem referência à sua interação e sem referência a poderes "superiores" ou "espirituais". Dependendo do ponto de vista de cada um, a humanidade progrediu ou regrediu à medida que se distanciou do abraço da Unidade que permeou a ciência alquímica.

A crença do alquimista em uma unidade ou unicidade do processo é baseada na noção de uma "essência" que permeia toda a criação e que liga as qualidades como opostos. Todo o pensamento alquímico está relacionado com os opostos, estados que conhecemos em nosso ser psicológico como mente e corpo, amor e ódio, bem e mal, consciente e inconsciente, espírito e matéria, função do lado esquerdo e direito do cérebro, percepção imaginária e racional, pensamento discursivo (lunar e solar em termos alquímicos), amor e poder e empatia e dedução científica. De alguma forma, o alquimista teve de reconhecer os opostos inerentes a qualquer processo e depois uni-los. Um sentido espiritual de Unidade desempenha um papel vital, pois é frequentemente necessária uma espécie de iluminação para "ver" os opostos, um ato de descoberta da ordem no caos. A "visão" envolvida pode ser, como disse William Blake, "através" dos olhos de alguém, em vez de "com" eles, mas a "visão" é sempre não comum, uma espécie de percepção informada por uma realidade espiritual. É como se o ser de alguém devesse ser permeado por esse "outro", ou como se fosse necessário sentir a sua existência para retirar os opostos do caos. Nisso não é difícil discernir o ato bíblico da Criação, que é frequentemente um modelo de fundo para o processo criativo do alquimista.

A união dos opostos é uma noção que contrasta fortemente com as formas modernas de pensar, uma vez que o processo de união ocorre em um "*medium*", uma forma de pensar que há muito foi descartada pela ciência. O *medium* é conhecido como o corpo sutil na alquimia, ou como *pneuma* em suas origens no pensamento estoico, que também informou os primeiros fundamentos teóricos da alquimia. Não há conceito mais importante para compreender o pensamento alquímico. O *pneuma* é uma substância mais grosseira que a matéria comum e menos espiritual ou fina que o espírito. Está "no meio" dos dois e é composto por ambos. Permeia toda a criação e liga todas as qualidades – humanas, orgânicas e espirituais – entre si. O *pneuma* forma uma vasta rede de caminhos que transporta informações e, por meio desses caminhos, todos os aspectos da criação se influenciam mutuamente. A imaginação de uma pessoa pode, se ela estiver ativamente ligada a outra pessoa, ser transmitida a essa pessoa. Em outras palavras, postula-se um nível de transmissão substancial, algo que seria um anátema tanto para a ciência quanto para a psicanálise. No entanto, essa é a natureza da teoria e da crença alquímica: dentro e por meio do *pneuma* ou corpo sutil, a experiência de união acontece. Muitos desenhos alquímicos indicam esse nível de uma "terceira área" com a sua própria vida, da qual duas pessoas podem participar e pela qual podem ser transformadas.

O envolvimento espiritual e moral do alquimista na sua experiência era uma parte essencial do processo. A abordagem alquímica acredita na existência de uma realidade transcendente como um fato contínuo, e toda teorização e prática inclui esse nível transcendente de Unidade. Na verdade, o alquimista acredita que, à medida que seus materiais se transformam, à medida que são mortos e renascem em um recipiente, ele enquanto pessoa também morre e renasce. Muitas vezes, imagens de desmembramento e tortura são proeminentes ao longo do caminho para alcançar o objetivo de se tornar Um com o Cosmos. O alquimista estudou cuidadosamente o processo de atingir esse estado de perfeição e, o que é mais significativo, embora consciente da virtual impossibilidade de atingir esse objetivo durante a vida, acreditava que o caminho para esse objetivo era o único a seguir.

Grande parte da alquimia reflete um pensamento muito sólido que pode parecer confuso para as nossas mentes cientificamente aperfeiçoadas. Na alquimia, o corpo não é um pedaço de matéria inerte sujeito apenas à "lei natural", como pretendiam Descartes e as origens da ciência moderna. Nem a mente, e muito menos o cérebro, são sinônimos apenas de espírito. A alquimia abrange os grandes mistérios da matéria e do espírito e os vê no microcosmo do ser humano como as diferentes experiências de nossa Unidade que chamamos de mente e corpo.

A alquimia perdurou durante quase dois mil anos porque abordava questões como a relação de uma pessoa com a Unidade, o que toda alma conhece profundamente e esquece facilmente. Manteve também a sua notável estabilidade porque era particularmente humana, ligando as pessoas e o que elas faziam e como faziam aos processos nos quais se envolviam, à sua arte, à sua ciência e uns aos outros. Nem todos eram alquimistas, assim como nem todos são cientistas. Mas assim como um espírito científico permeia toda a nossa cultura, acreditando nas causas dos comportamentos humanos, econômicos e sociais, o espírito alquímico enfatiza as maneiras pelas quais as coisas se relacionam umas com as outras. Esse modelo mais antigo é imensamente apelativo para a vida interior, mas também não tem capacidade para criar novas tecnologias e materiais. Pode-se imaginar que a persistência da tradição alquímica refletiu a vida da alma na vida cotidiana e em todas as investigações da natureza, enquanto o fim da alquimia resultou da perda da consciência da alma ou da vida interior com seu próprio grau de autonomia. O retorno à consciência da alma na cultura moderna parece apelar novamente aos valores e à consciência da alquimia.

Uma abordagem alquímica ao processo analítico

Este livro baseia-se em uma apreciação do imaginário alquímico como sendo notavelmente abrangente em relação àqueles estados mentais que são frequentemente designados de loucos ou psicóticos. Esses estados mentais constituem um aspecto importante, perigoso, mas potencialmente criativo, não apenas de indivíduos loucos ou limítrofes, mas de todos. Essa loucura é uma característica central da *prima materia* alquímica.

Uma abordagem alquímica implica estabelecer a existência de um campo interativo entre duas pessoas, experimentando o conteúdo do campo como não pertencente exclusivamente a nenhuma das pessoas e, mais significativamente, reconhecendo que o campo tem sua própria autonomia orientada para o objetivo, alcançada por meio de processos dinâmicos que ligam ordem e desordem. A objetividade do processo distingue a abordagem de campo caracterizada por uma atitude alquímica de outras abordagens de campo totalmente subjetivas que agora surgem no pensamento psicanalítico.

Noções alquímicas que não são nem materiais nem mentais, mas que existem "entre" a mente e o corpo, ao mesmo tempo que englobam ambos –

como o "corpo sutil", ou as ideias da imaginação que podem ser desenvolvidas em uma forma penetrante e indispensável de conhecimento (visão imaginária), ou os mistérios da união, da morte e do caos – todos abrem os nossos olhos para uma nova forma de ver os relacionamentos. Em particular, uma abordagem alquímica se concentrará em um campo subjacente com sua própria dinâmica dentro de um relacionamento, ou em um campo entre o ego consciente de um indivíduo e o inconsciente. Esse enfoque facilita experiências que tendem a ser excluídas por abordagens científicas e sua orientação para partes separáveis em um processo e para o efeito das projeções das pessoas umas sobre as outras. A experiência consciente do campo com o seu próprio sentido de autonomia – uma experiência que se assemelha a uma visão ou a um sonho poderoso – é o principal fator de transformação. Uma pessoa pode ser mudada – muitas vezes gradualmente, mas por vezes de forma bastante repentina, por essas "experiências de campo".

Fora do simbolismo e dos textos alquímicos, penso ser possível definir uma "atitude alquímica". Em primeiro lugar, essa atitude contrasta com uma atitude científica, na medida em que seu principal objetivo não são as causas. Em vez disso, o foco está nas relações, na natureza do "terceiro domínio" entre as pessoas, e não no que as pessoas estão fazendo umas com as outras. Por conseguinte, um princípio importante da atitude alquímica é o fato de não ser hierárquica. Não importa o quanto uma pessoa pareça estar fazendo algo negativo ou censurável para outra, ela ainda procura o "casal inconsciente" que as duas pessoas compartilham. Outra característica importante da atitude alquímica é o respeito pelo caos. Em certo sentido, o pensamento alquímico é paralelo às recentes descobertas da Teoria do Caos na ciência. Embora o caos tenha sido ignorado pela ciência e esteja agora, de forma limitada, sendo redescoberto, o caos sempre foi central para a alquimia. A atitude alquímica aprende a acolher e sofrer o caos sem recorrer à razão para dissipá-lo ou dissociá-lo. Além disso, a atitude alquímica reconhece uma dimensão transcendente da existência sem a qual o processo de transformação não pode prosseguir. Em outras palavras, sem um certo grau de iluminação, nenhuma transformação pode ocorrer. Assim, a atitude alquímica é fortemente transpessoal, sem nunca deixar a realidade do aqui-e-agora do relacionamento pessoal.

De um modo geral, as atitudes alquímicas e científicas têm um foco diferente uma da outra e apresentam pontos fortes e fracos complementares. É possível compreender muita coisa a partir de um ponto de vista causal e é, no mínimo, insensato subestimar a importância do caminho científico. Por exemplo, entender uma pessoa em termos de um processo de desenvolvimento causal que começa na sua infância é um enfoque necessário. Funciona como uma espécie de condição limite que mantém a abordagem imaginária da alquimia fundamentada e real. Mas o caminho alquímico oferece outra compreensão complementar baseada não no que uma pessoa "faz" a outra, mas sim em como as pessoas ocupam um domínio intermediário de relações *per se* e em como essas relações são afetadas pelas subjetividades individuais de ambas as pessoas e também por correntes mais profundas e maiores do nível arquetípico do inconsciente coletivo. Muito pode ser alcançado por meio dessa abordagem que pode ser superior a uma abordagem científica de desenvolvimento, especialmente no domínio da dissolução de estruturas rígidas de personalidade e no tratamento de áreas loucas de pessoas sãs.

Por estar limitada à realidade explícita do "intermediário" ou das "terceiras áreas" que não obedecem às leis causais, a alquimia falhou como um esforço causal para criar ouro a partir de metais comuns de uma maneira linear, confiável e repetível. A metáfora da alquimia não é adequada para tais projetos, assim como a metáfora científica da causa e efeito tem graves inconvenientes para a compreensão e o respeito da vida da alma. Precisamos de ambos os pontos de vista. Embora este livro contraste essas abordagens e, por vezes, utilize ambas, enfatiza essencialmente o valor de uma abordagem alquímica para o domínio "intermediário", o estado geralmente invisível das relações *per se*.

Hoje, devemos reconhecer o lado sombrio do grande desenvolvimento da consciência do ego, ou seja, a criação de defesas que permitem a separação em excesso do ego do inconsciente e das emoções do corpo. O pensamento alquímico oferece uma forma de regressar à totalidade sem abandonar a separação e a distinção do processo. De certa forma, é chegado o tempo da alquimia. Talvez agora possamos retornar àqueles domínios misteriosos ou "terceiras áreas" que não são nem físicos nem psíquicos, domínios cuja existência deve ser reconhecida se quisermos voltar a ligar ordens divididas da realidade, como mente e corpo. Acredito que essas "terceiras áreas", uma preocupação importante da alquimia, mas abandonada pelo pensamento científico, terão de ser reintroduzidas se quisermos ter uma verdadeira noção do que é a alma em uma relação, especialmente sob o olhar da psicoterapia (Schwartz-Salant, 1989, 1995a).

De certa forma, estou voltando àquela conjuntura da história em que Newton tentou abraçar tanto a abordagem mecânica da natureza quanto o caminho alquímico. Não subestimo de maneira alguma o poder das abordagens científicas e especialmente causais para a compreensão, mas a abordagem alquímica é frequentemente mais útil para conter os estados mentais complexos geralmente referidos como as partes loucas ou psicóticas de uma pessoa sã, e oferece uma visão especial sobre as complexidades dos aspectos normalmente inconscientes das relações.

2

Ativar a experiência do campo

O campo como objeto analítico

Em sua obra *Recomendações aos médicos que exercem a psicanálise*, Sigmund Freud dá conselhos que são tão pertinentes hoje como eram em 1912, embora o seu otimismo pareça agora quase antiquado:

> O primeiro problema com que se defronta o analista que está tratando mais de um paciente por dia lhe parecerá o mais árduo. Trata-se da tarefa de lembrar-se de todos os inumeráveis nomes, datas, lembranças pormenorizadas e produtos patológicos que cada paciente comunica no decurso de meses e anos de tratamento, e de não os confundir com material semelhante produzido por outros pacientes... Se nos é exigido analisar seis, oito ou mesmo mais pacientes diariamente, o esforço de memória que isto implica provocará incredulidade, espanto... De qualquer modo, sentir-se-á curiosidade pela técnica que torna possível dominar tal abundância de material...
>
> A técnica, contudo, é muito simples... Ela rejeita o emprego de qualquer expediente especial (mesmo de tomar notas). Consiste simplesmente em não dirigir o reparo para algo específico e em manter a mesma "atenção uniformemente flutuante" ... em face de tudo o que se escuta. Desta maneira, poupamos de esforço violento nossa atenção, a qual, de qualquer modo, não poderia ser mantida por várias horas diariamente, e evitamos um perigo que é insepa-

rável do exercício da atenção deliberada. Pois assim que alguém deliberadamente concentra bastante a atenção, começa a selecionar o material que lhe é apresentado... Isto, contudo, é exatamente o que não deve ser feito...

O que se consegue desta maneira será suficiente para todas as exigências durante o tratamento. Aqueles elementos do material que já formam um texto coerente ficarão à disposição consciente do médico; o resto, ainda desconexo e em desordem caótica, parece a princípio estar submerso, mas vem rapidamente à lembrança assim que o paciente traz à baila algo de novo, a que se pode relacionar... (1958, p. 111-112).

Muitos médicos reconheceram que o conselho de Freud é difícil de seguir, pois quando áreas de falta de sentido, vazio, ansiedade esmagadora e fragmentadora, desespero intenso e inveja são consteladas, é quase impossível manter uma "atenção uniformemente flutuante". Em outras palavras, quando as partes psicóticas do analisando são ativadas, a capacidade do analista de manter uma atenção uniforme e flutuante é desafiada ao máximo. Um analista também pode tentar entrar em um estado profundo e tranquilo de meditação no metrô de Nova York na hora do *rush*.

A análise evoluiu muito desde Freud, mas os analistas devem ainda percorrer um caminho consideravelmente mais difícil se quiserem tratar com sucesso os pacientes que trazem material do tipo psicótico para os seus consultórios. O estado mental analítico defendido por Freud pode ser tipicamente alcançado se os analistas excluírem as partes "loucas" da psique de suas análises. Infelizmente, essa exclusão é um beco sem saída para muitas pessoas em tratamento. Em vez de excluir a loucura, os analistas devem buscar integrar a loucura (Schwartz-Salant, 1993), abrindo assim a possibilidade de tratar as partes psicóticas do analisando. De fato, alguns psicanalistas foram além da proposição de Freud de que a consciência e a consideração dos estados psíquicos tanto do analista quanto do analisando são suficientes para compreender a interação analítica e, portanto, os processos ativados no analisando. Para esse fim, alguns analistas postulam a existência de uma "terceira área" que tanto o analista quanto o analisando encontram e criam e que tem uma poderosa capacidade de contenção.

A noção de uma "terceira área" que existe entre o analista e o analisando rapidamente ganhou importância em muitas escolas de psicanálise. Vários analistas referem-se à "terceira área" em termos ligeiramente diferentes, refletindo sua compreensão particular do assunto: Donald Winnicott (1971) escreve sobre "transitório" ou "espaço potencial"; André Green (1975) usa o conceito de "objeto analítico"; vários psicólogos do self, nomeadamente Robert Stolorow (Stolorow *et al.*, 1987), faz referência a um "campo intrassubjetivo"; e Thomas Ogden (1994) refere-se ao "terceiro analítico". Essas abordagens são baseadas na percepção de formas e sentimentos criados pelas subjetividades combinadas do analista e do analisando, e excluem qualquer noção da existência de um processo objetivo independente e impessoal que, por si só, dá origem e, portanto, é responsável pela formação e estruturação das percepções.

Por exemplo, a posição de Ogden sobre uma "terceira área" entre analista e analisando demonstra os parâmetros de tal abordagem. Discutindo o "terceiro analítico" em seu livro *Subjects of analysis*, Ogden escreve:

> O processo analítico reflete a interação de três subjetividades: a subjetividade do analista, do analisando e do terceiro analítico. O terceiro analítico é a criação do analista e do analisando, e ao mesmo tempo o analista e o analisando (*qua* analista e analisando) são criados pelo terceiro analítico. (Não há analista, não há analisando, não há análise na ausência do terceiro.)
>
> Como o terceiro analítico é vivenciado por analista e analisando no contexto de seu próprio sistema de personalidade, história pessoal, composição psicossomática e assim por diante, a experiência do terceiro (embora criada em conjunto) não é idêntica para cada participante. Além disso, o terceiro analítico é uma construção assimétrica porque é gerado no contexto do cenário analítico, que é fortemente definido pelos papéis relacionais do analista e do analisando. Consequentemente, a experiência inconsciente do analisando é privilegiada de uma maneira específica, ou seja, é a experiência passada e presente do analisando que é tomada pelo par analítico como o sujeito principal (embora não exclusivo) do discurso analítico. A experiência do analista no e do terceiro analítico é (principalmente) utilizada como um veículo para a compreensão da experiência consciente e inconsciente do analisando (1994, p. 93-94).

Essa compreensão do "terceiro analítico" permite que as reflexões do analista sobre a experiência sejam muito mais amplas do que aquelas oferecidas pelo princípio da introjeção, no qual o analista internaliza o processo do analisando, reflete sobre a contratransferência induzida e então dá ao processo do analisando uma nova forma, possivelmente por meio de uma interpretação. Na abordagem de Ogden, o "terceiro" sempre funciona no processo, afetando tanto o analista quanto o analisando de uma forma que não é esgotada pela compreensão e, portanto, permite maior criatividade e busca mais intensa pela verdade do que os modelos anteriores de análise.

Uma outra maneira de ver o papel de um campo na prática analítica combina uma abordagem psicanalítica que lida com as subjetividades entre duas pessoas e a abordagem de Jung que lida com a interseção da subjetividade de um indivíduo e os processos arquetípicos do inconsciente coletivo. Assim, duas pessoas podem tomar consciência de como seus processos individuais participam e são afetados pela objetividade do inconsciente coletivo. Nessa concepção combinada de campo, as aquisições pessoais, históricas, que são o foco das relações objetais, misturam-se a um substrato objetivo, que Jung chamou de inconsciente coletivo. O substrato objetivo do inconsciente coletivo tem uma dinâmica própria, caracterizada por formas pré-existentes de natureza universal e impessoal, separadas e independentes dos indivíduos. No entanto, a descoberta dessas dinâmicas só é possível vivenciando-as por meio das subjetividades individuais e combinadas de ambas as pessoas. A experiência dessa tomada de consciência é, por si só, profundamente curativa. Refiro-me a essa noção de campo – e a compreensão que inclui ativamente as dimensões subjetiva e objetiva – como o "campo interativo". O campo interativo está "entre" o campo do inconsciente coletivo e o domínio da subjetividade, ao mesmo tempo que os intersecciona.

Marie-Louise von Franz ampliou a abordagem de Jung ao determinar que o inconsciente coletivo tem uma qualidade "semelhante a um campo", "cujos pontos de excitação são os arquétipos" (1974, p. 61). Em *Number and time*, ela afirma que o campo é a fonte latente da forma de todas as nossas percepções, comportamentos e pensamentos (1974, p. 154). Nessa abordagem, a natureza objetiva do inconsciente coletivo é dominante. Jung vê a subjetividade de um indivíduo envolvendo esse nível arquetípico para revelar o significado ou a qualidade de um determinado momento, o que significa que se pode experimentar aspectos das propriedades dinâmicas de um campo que transcendem a consciência individual de cada um.

A análise estrutural da transferência feita por Jung foi baseada em uma quaternidade de elementos constituídos pela posição consciente de ambas as pessoas e pelos seus componentes inconscientes e contrassexuais. O uso dos componentes contrassexuais, *anima* no homem e *animus* na mulher, para representar o inconsciente coletivo, é particularmente significativo para um conceito de campo, uma vez que o *anima* e o *animus* são, em essência, estruturas "intermediárias", mediadoras entre o consciente e o inconsciente. Esse elemento arquetípico, juntamente com o fato de que subjetividades de duas pessoas estão envolvidas, ainda que separada e individualmente, dá à análise estrutural de Jung uma qualidade de campo que está "entre" o domínio da subjetividade e da objetividade.

Embora Jung entendesse a natureza da dimensão arquetípica e, em muitos aspectos, o papel significativo que ela desempenhava na formação e transformação das percepções, ele acabou limitando o uso dessa "terceira área" a uma fonte de informação sobre as projeções do analisando. A análise de Jung da transferência concentrou-se em sua natureza arquetípica, em que as combinações inconscientes das psiques do analista e do analisando deveriam ser desacopladas por meio de uma análise das projeções do analisando e das contraprojeções do analista. As dinâmicas subjacentes ao campo não são consideradas úteis ou dignas de serem experimentadas por si mesmas, embora as referências frequentes de Jung ao simbolismo alquímico também mostrem que ele definitivamente tinha essa possibilidade em mente.

Renovação do interesse intelectual pelo pensamento alquímico

De fato, em seu estudo da transferência, Jung descobriu o valor das imagens alquímicas para compreender a "terceira área" de interação entre analista e analisando. Nomeadamente em *Psicologia e alquimia* ([1944] 1968), *Psychology of the transference* ([1946] 1954) e *Mysterium Coniunctionis*

([1955] 1963), Jung reconhece que certas imagens alquímicas podem representar o lado inconsciente de um relacionamento humano. Conforme observei em meu livro *Jung on alchemy* (1995b), Jung descobriu que o simbolismo alquímico era um espelho notável para o processo na psique humana que ele descobriu e chamou de individuação. Nesse processo, a forma da estrutura interna da psique muda. As pessoas podem se tornar mais sensíveis às suas vidas espirituais e à sabedoria e consciência em seus corpos. Fatores arquetípicos, chamados transpessoais, tornam-se reais e funcionais de forma criativa, e o sentido de significado e propósito é inerente à vida. Jung foi o grande pioneiro no reconhecimento de que o simbolismo alquímico aborda exatamente esses processos. Em um sentido muito real, o seu trabalho trouxe a alquimia de volta da obscuridade intelectual.

Quando eu era um estudante de psicologia analítica em Zurique, há quase trinta anos, o trabalho de Jung sobre alquimia foi claramente apresentado como o coração e a alma de sua *opus*. A alquimia era um espelho maravilhoso para as suas próprias visões de um processo na psique humana em que novas formas eram criadas e antigas destruídas. O processo de individuação orientado para o objetivo, coroado naquela forma suprema que Jung chamou de si-mesmo, foi visto nas mudanças qualitativas, bem como nos ciclos de morte e renascimento que caracterizam a alquimia. Com base em seu trabalho, surgiu um conjunto crescente de investigação e de pesquisas criativas, muitas das quais observei em *Jung on alchemy*.

Colaboradora de Jung, Marie-Louise von Franz, contribuiu com muitos livros que são especialmente importantes não apenas para esclarecer e complementar a própria pesquisa de Jung, mas também para trazer um tipo de coerência racional aos estudos alquímicos, o que é difícil alcançar. Por exemplo, ela escreveu um extenso comentário ao *Aurora Consurgens* (1966), um documento que ela e Jung atribuem a Tomás de Aquino e que foi publicado como um trabalho complementar ao *Mysterium Coniunctionis* (1963). Seu livro *Alchemy* (1980), um dos vários trabalhos sobre o assunto derivado de palestras que ela deu no Instituto Jung em Zurique, contém um amplo levantamento histórico das origens da alquimia e apresenta uma análise de textos alquímicos árabes, gregos e europeus. Seu *Alchemical active imagination*

(1979) é um excelente estudo sobre a atitude do alquimista Gérard Dorn em relação à imaginação e ao corpo.

A partir da década de 1980, Adam McLean disponibilizou vários textos alquímicos em inglês, além de oferecer comentários esclarecedores de um ponto de vista oculto. Da mesma forma, o historiador Johannes Fabricius, em sua obra seminal, *Alchemy* (1976), compila quase todas as imagens relevantes da alquimia, além de contribuir para a compreensão de muitas passagens alquímicas obscuras e oferecer críticas astutas às interpretações de outras.

No que diz respeito às contribuições de outros que estiveram intimamente ligados a Jung, deve ser mencionada uma antologia e introdução aos escritos de Paracelso compiladas por Jolande Jacobi (1951). E o analista junguiano de São Francisco, Joseph Henderson, dedicou uma atenção considerável ao texto alquímico *Splendor Solis*. Uma fita de vídeo com os frutos interessantes de sua pesquisa está disponível no Instituto Jung em São Francisco. James Hillman escreveu extensivamente sobre alquimia, oferecendo uma visão poética e inspiradora dos processos alquímicos em particular. Seu ensaio, "Silver and the white earth" (parte 1, 1980, parte 2, 1981), contribui significativamente para uma compreensão do significado do Sol, *Luna* e *Sulphur* alquímicos. Outra fonte importante para uma visão junguiana da alquimia é a obra *Anatomy of the psyche* (1985) de Edward Edinger, um estudo sistemático do significado para a psicoterapia das diferentes operações alquímicas, como a *solutio* e a *coagulatio*. Muitos ensaios de junguianos tentaram aproximar a amplificação alquímica da transferência de Jung à prática clínica. Em particular, *Jung's conception of the transference* (1974), de Michael Fordham, reflete sobre a fase crítica de *coniunctio* e *nigredo* em termos de identificação projetiva; Judith Hubback (1983) usou a imagem da *coniunctio* ao lidar com pacientes deprimidos; Andrew Samuels (1985) estudou o *Rosarium* de forma inovadora e útil em termos de imagens metafóricas de interações analíticas; *The analytic encounter* de Mario Jacoby é uma contribuição importante e de fácil leitura para a transferência refletida nas imagens alquímicas do *Rosarium*.

A minha própria jornada intelectual foi profundamente influenciada por muitos desses escritos sobre alquimia. Minha exposição inicial ao estudo da alquimia veio em palestras que assisti na década de 1960 sobre a matemática da mecânica de Newton. Nessa altura, a história da ciência era um projeto incipiente; apenas um pequeno número de pessoas que trabalhavam no domínio científico tinha consciência de que existia uma longa e valiosa história da ciência, e aqueles que não tinham essa formação científica pouco podiam fazer com os textos mais antigos. Mas quando meu professor, que se interessava por essa história, se deparou com uma referência aos estudos alquímicos de Newton, rapidamente os considerou uma aberração que deve ser atribuída ao talvez maior gênio científico que já existiu. Como muitos outros acadêmicos, esse professor associava a alquimia quase exclusivamente à "loucura" de tentar fazer ouro a partir do chumbo, em vez de vê-la como uma ciência espiritual da alma aplicada às transformações da matéria.

O meu livro *Narcissism and character transformation* (1982) mostra como a ênfase de Jung no uso de imagens alquímicas para ajudar a formar uma compreensão coesa do material de sonho e fantasia é uma abordagem inestimável. Demonstrei essa utilização do simbolismo alquímico para conter e compreender material muito caótico e explosivo que, em sua essência, se revela parte de um processo criativo. Em um livro posterior, *The borderline personality: vision and healing* (1989), empreguei as pesquisas simbólicas de Jung de maneira diferente, enfatizando como as imagens alquímicas poderiam ajudar a elucidar o que estava acontecendo no aqui e agora de uma sessão analítica. Em outras palavras, em vez de focar no material de sonho e fantasia refletido no simbolismo alquímico, me preocupei com a forma como a alquimia elucida as complexidades do processo de transferência/contratransferência. Argumentei que a visão imaginária costuma ser extremamente eficaz para ajudar tanto o analista quanto o analisando a reconhecer estruturas centrais da personalidade ocultas pela miríade de defesas que a personalidade limítrofe emprega. Ressaltei especialmente a necessidade de aprender a usar a imaginação para "ver" partes ocultas da personalidade, como se o analista pudesse perceber um sonho que o analisando está tendo, em meio aos ataques emocionais característicos que o analista frequentemente experimenta desses analisandos.

Utilizei a série alquímica de xilogravuras do *Rosarium Philosophorum*, que Jung usou para ampliar o processo de transferência e contratransferência (OC 16). Argumentei que a personalidade limítrofe está essencialmente presa no estágio que os alquimistas chamavam de *nigredo*, mas que ela ocupa essa condição angustiante, caracterizada pelo desespero e muitas vezes pela inconsciência, vazio e pânico do processo psicótico, sem atingir o estado de união de qualidades que os alquimistas chamavam de *coniunctio*. Dessa forma, as imagens alquímicas são capazes de fornecer uma base tanto para a "ausência" da qual o indivíduo limítrofe sofre quanto para um possível sentido de significado e até mesmo propósito para os estados desolados que assolam essa condição. Outros trabalhos aprofundaram essa abordagem: por exemplo, *"Anima and animus in Jung's alchemical mirror"* (1992) mostrou que o simbolismo da *coniunctio* alquímica é extremamente útil na compreensão do conceito de *anima* e *animus* de Jung.

Em *The borderline personality: vision and healing* (1989) e especialmente nos artigos *"Jung, madness and sexuality: reflections on psychotic transference and countertransference"* (1993) e *"The interactive field as the analytic object"* (1995a), apresento também o conceito de "campo", no qual analista e analisando interagem. Os campos foram postulados pela primeira vez na ciência pelo grande físico do século XIX James Clerk Maxwell, o descobridor do campo eletromagnético. Essa ideia de campo "clássico" em distinção à ideia de campo "quântico" defendia um domínio que estava sob o mundo manifesto dos objetos eletricamente carregados. O campo os movia; era possível observar as mudanças nos movimentos de objetos carregados. Após a sua descoberta, Maxwell tentou representar o campo em termos de ideias previamente conhecidas, como um fluido em movimento, apesar de existirem termos nas suas equações de campo que desafiavam a representação. Somente com muito esforço e com o passar do tempo o conceito de campo começou a ser aceito como algo essencialmente não representável. Na verdade, os campos foram então entendidos como existindo no espaço vazio, separados das partículas carregadas. Agora, com a teoria quântica, qualquer tentativa de representar um campo foi totalmente abandonada. Assim, com o conceito de campo, avançamos para o irrepresentável.

Em um estudo extremamente valioso, a noção de um campo interativo foi considerada por Marvin Spiegelman e Victor Mansfiel (1996) a partir de um ponto de vista da ligação entre física e psicologia. Eles classificam a psicoterapia em quatro níveis e consideram que o quarto nível tem a ver com fenômenos de campo análogos, ou seja, com os campos quânticos da física. Uma publicação anterior de Mansfield e Spiegelman (1989) relaciona a mecânica e a psicologia junguiana, enquanto Spiegelman (1988) se concentra no conceito de campo interativo. Do mesmo modo, em trabalhos seminais, Henry Reed (1996a, 1996b) investigou experimentalmente fenômenos de campo interativos, refletindo sobre maneiras pelas quais a Teoria do Caos pode ser útil na compreensão de certos aspectos da experiência de campo.

Considero que o conceito de campo é uma excelente representação, em termos modernos, da ideia-alquímica-chave do "corpo sutil" (Schwartz-Salant, 1982, 1986, 1989, 1995a, 1995b). Como um reino intermediário entre o espírito e a matéria, em que a visão imaginal é ativada em uma "unidade" de processo, o "campo interativo" destina-se a conter os processos que duas pessoas podem experimentar como sua díade inconsciente, e as maneiras pelas quais essa díade muda e as transforma. Inerente ao campo criado ou descoberto no processo analítico está uma combinação de objetividade e subjetividade, como sugerido por von Franz em *Number and time* (1974), pois não apenas as subjetividades de ambas as pessoas afetam o campo, mas também tem sua própria dinâmica objetiva. A alquimia nos informa sobre essas dinâmicas de uma forma que ultrapassa qualquer outro recurso à nossa disposição.

Certamente, a minha ideia de um campo interativo deve muito ao estudo de Jung. Seu modelo de quaternidade denota a mesma estrutura que os diagramas de energia na física, que indicam uma notável qualidade de transferência de informações entre moléculas que não estão em contato umas com as outras. Vários níveis de energia em uma molécula podem mudar e induzir mudanças em outra molécula. A implicação psicológica desse notável paralelo é que as mudanças no inconsciente do analista, por exemplo, têm um efeito não apenas na percepção consciente do analisando, mas também no estado inconsciente do analisando. A mesma consciência é evidente 400 anos antes no texto alquímico *Splendor Solis* (McLean, 1981), no qual estados aparentemente separáveis se afetam mutuamente em um padrão complexo de transferência de informação.

Assim, a análise de Jung contém implícita, mais do que explicitamente, um modelo de campo interativo, composto por subjetividades mútuas e pelo nível objetivo da psique. De certa forma, o seu estudo tem duas vertentes: uma amplificação alquímica que reflete o nível arquetípico e a interpretação psicológica dele. Considero minha formulação fiel às ampliações e reflexões de Jung sobre as imagens alquímicas que ele empregou, mas distinta da maneira como ele interpretou o material alquímico em termos da análise das projeções.

A fusão sujeito-objeto da alquimia

O envolvimento nos processos do campo interativo exige que o analista não se refugie em um modelo científico de objetividade que, em última análise, se limita a classificar as projeções mútuas do analisando e do analista. Em vez disso, o analista deve permitir a existência de uma área de "desconhecimento" essencial, uma área na qual nunca se sabe se o sentimento de medo, raiva, ódio ou amor vem do analisando ou do analista. O analista deve apenas assumir que tais emoções existem como uma qualidade do campo interativo caracterizado por uma fusão essencial de sujeito-objeto, um estado no qual a questão de "cujos conteúdos" estão sendo experimentados não pode ser determinada. E se o analista tentar diferenciar-se em estados de propriedade individual de conteúdos, o fato de se concentrar no próprio campo injeta uma qualidade de unidade na sua experiência que mostra que essa diferenciação é de natureza limitada e que depende de uma teoria de desenvolvimento de fundo que foi implicitamente trazida para o encontro.

A fusão sujeito-objeto foi uma parte essencial do processo alquímico. As muitas abordagens alquímicas para compreender a vida da alma e sua relação com o corpo e a matéria contrastam, assim, com as nossas abordagens modernas de maneiras significativas. Especialmente significativa é a insistência da alquimia no fato de que o indivíduo é uma parte inseparável de uma unidade maior. A alquimia não concebe um "ego observador" considerado como um ser separado e consciente que ordena a matéria. Em vez disso, o alquimista medita sobre seu experimento, vê seu processo por meio da imaginação e testa sua veracidade ou falsidade, acreditando que essa imaginação está ligada a uma unidade maior. E porque o alquimista faz parte dessa unidade, as mudanças químicas que ele tenta provocar serão influenciadas e, por sua vez, influenciarão o desenvolvimento de sua própria personalidade, pois ele faz parte da transformação dos seus metais. Se ele não pode atingir um estado em que tenha estruturas que transformem todas as variedades de caos que, de outra forma, destruiriam e degradariam sua vida espiritual, imaginação e consciência corporal, então como o alquimista pode criar mudanças que espera perdurar?

Essa aparente confusão entre os processos próprios e aqueles que a ciência insiste que são outros processos, seja no mundo material ou envolvendo outras pessoas, pode ser difícil de conceber como sendo útil para alcançar a transformação da estrutura. Mas se reconhecermos que o universo alquímico era um universo em que "terceiras áreas" normalmente invisíveis funcionavam, muitas vezes como intermediárias entre o experimentador e os seus objetos, e que essas áreas eram elas próprias os objetos de transformação, então essa confusão pode ser vista de uma forma muito mais interessante. O mundo alquímico "intermediário" era um domínio de corpos sutis, áreas que não eram materiais nem mentais, mas que participavam de ambos. O historiador da Antiguidade e do ocultismo, G. R. S. Mead, observou que a transformação do corpo sutil, e não da matéria comum como o chumbo ou o ouro, era o ponto principal da alquimia (1919, p. 1-2).

A mente alquímica foi imersa nas fusões sujeito-objeto que são a essência da relação e que operam no coração da psicoterapia. Quando duas pessoas se relacionam, elas o fazem em muitos níveis, tanto conscientes quanto inconscientes, e as interações significativas envolvem aqueles níveis nos quais suas psiques inconscientes se fundem de uma maneira que torna obscura a separação sujeito-objeto. Assim, o analista que luta com os sentimentos, imagens, afetos, pensamentos aleatórios e pressões misteriosas que fazem parte de seu trabalho com a analisando pode se beneficiar dos trabalhos daqueles que dedicaram suas vidas ao estudo das leis que regem esses fenômenos elusivos, mas penetrantes e poderosos. O analista ou o indivíduo interessado que consiga envolver-se nesses domínios intermediários pode começar a tomar as palavras e imagens dos alquimistas como tentativas sérias de descrever as lutas psíquicas contemporâneas e pode encontrar nessas palavras e imagens algumas ideias convincentes e análises úteis. Além disso, essa pessoa descobrirá que as forças com as quais lida não apenas transcendem as delimitações de seu próprio corpo e mente, mas também permeiam e organizam as percepções e pensamentos de toda a cultura.

A ligação entre o processo humano e o processo material, tão essencial para o alquimista, não era necessariamente o resultado de confusões sujeito-objeto baseadas na projeção inconsciente. Assim como alguém pode confundir uma experiência de campo em que ambas as pessoas compartilham dos mesmos conteúdos como uma confusão sujeito-objeto, um preconceito resultante de uma necessidade excessivamente zelosa de ter uma identidade de ego firme, também as atitudes alquímicas podem parecer primitivas e terrivelmente inconscientes.

O historiador da alquimia, Jack Lindsay, explica a natureza "intencional" do entrelaçamento do alquimista com a matéria sobre a qual trabalha:

> O alquimista tem de ser capaz de se identificar com os [processos em que trabalha]. Ele deve compreender a unidade do homem e da natureza – não como uma ideia geral, mas por meio da concentração de toda a sua mente, corpo e espírito no trabalho que está fazendo, de modo que se sinta verdadeiramente desintegrando-se, desfazendo-se e reunindo-se, renascido em uma nova forma. Essa identificação do cientista-artesão com os processos que está produzindo talvez seja o aspecto mais difícil da alquimia para alguém entender ou entrar em contato hoje em dia. Para os homens em que a alienação do intelecto do mundo da natureza foi levada muito mais longe do que entre os pensadores gregos clássicos, tudo isso parece fantástico e exagerado, irreal. Mas, de fato, era apaixonadamente real e, na minha opinião, continha um elemento de verdade que temos de nos esforçar para compreender e recapturar se nossa ciência quiser estar à altura das exigências da realidade (Lindsay, 1970, p. 150-151).

Essa atitude, anátema para a objetividade buscada pelas abordagens científicas, é aquela em que a experiência e a imaginação do adepto desempenham um papel significativo no resultado de seus experimentos físicos.

Os "princípios" da alquimia são apresentados sob a forma de metáforas como: "o axioma de Ostanes" (que diz respeito a alterações na forma ou na organização interna) ou "o axioma de Maria" (cuja envolvente série de números, entendida em sentido qualitativo, sustenta todo o processo de transformação), e como contos como "A história de Ísis para seu filho Hórus" (um mito iniciático que instrui sobre as atitudes básicas necessárias e os níveis de iluminação possíveis na "*opus*" alquímica). Todos esses "princípios" requerem criatividade e capacidade imaginária para a sua atualização. Os grandes textos alquímicos que sobreviveram até os dias de hoje, como *Rosarium Philosophorum* (1550), *Splendor Solis* (1582) e *Mutus Liber* ([1677] McLean 1991), retratam o processo de transformação em uma série complexa de imagens. As transformações retratadas nesses textos ocorrem tanto nos elementos materiais quanto na personalidade do alquimista.

A identificação do alquimista com o processo que ele está produzindo é refletida em um conto de um texto atribuído ao mítico alquimista iraniano, Ostanes (por volta do século III a.C.), que descreve suas aventuras em busca da panaceia alquímica:

> Enquanto examinava a parte que não consegui decifrar nesta placa, ouvi uma voz forte que me gritava: "Homem, saia daqui antes que todos os portões se fechem; pois o momento de encerramento é chegado".
>
> Tremendo e com medo de que fosse tarde demais para ir embora, saí. Depois de ter passado por todos os portões, encontrei um homem velho de beleza inigualável. "Aproxime-se", disse-me ele, "homem cujo coração tem sede desta ciência. Vou lhe fazer compreender muitas coisas que parecem obscuras e explicar o que permanece oculto".
>
> Aproximei-me do homem velho, que então pegou minha mão e levantou a sua para o céu… Louvei a Deus que me mostrou todos [os segredos da sabedoria] e que me revelou todos os segredos da ciência.
>
> Enquanto eu estava neste estado, o animal de três corpos, cujas partes se devoraram umas às outras, gritou com uma voz forte: "Toda

a ciência só pode ser aperfeiçoada por mim, e é em mim que se encontra a chave da ciência..."

Ao ouvir essas palavras, o velho disse-me: "Homem, vá e encontre aquele animal, dê a ele uma inteligência no lugar da sua, um espírito vital no lugar do seu, uma vida no lugar da sua; então ele se submeterá a você e lhe dará tudo o que precisa".

Enquanto eu me perguntava como poderia dar a alguém uma inteligência no lugar da minha, um espírito vital no lugar do meu... o velho disse: "Pegue o corpo que é como o seu, tire dele o que acabei de lhe dizer e entregue-o a ele".

Fiz o que o velho homem me disse e adquiri então toda a ciência, tão completa quanto a descrita por Hermes (*Apud* Lindsay, 1970, p. 150-151).

O enigmático "animal de três corpos" aqui referido é uma experiência conglomerada de mente, corpo e espírito e teria sido imaginariamente "visto" e experimentado por Ostanes em seu trabalho alquímico. O guia, aqui um velho de beleza incomparável, ensina que somente por meio da intensa concentração de sua atenção na transformação desses níveis, Ostanes pode esperar encontrar a chave para a ciência que ele abraçou. Mas as transformações que Ostanes buscava só poderiam ser alcançadas como resultado de uma entrega intencional da antiga personalidade. Essa entrega é precisamente a tarefa da qual a maioria das pessoas foge, pois a necessidade de segurança e o terror dos níveis caóticos da psique regularmente impedem a verdadeira submissão ao mistério da psique.

A dimensão iniciática da experiência de campo

Nas culturas em que a alquimia prosperou, a capacidade de visão e a consciência do mistério do caos foram derivadas de experiências de rituais de iniciação. Nos ritos de iniciação da puberdade ou nas religiões de mistério da Antiguidade, o ser humano se transformava pelo sucesso do ritual. Os iniciados conheceram e experimentaram outra realidade, diferente de qualquer coisa que eles já haviam acreditado ser possível, e muito menos existir. Essa outra realidade então os guiou e dirigiu. Sua vida emocional mudou e eles serviram a novos ideais. Para si mesmos e para aqueles que os conheciam, não eram mais quem eram antes: tinham sofrido uma mudança qualitativa.

A experiência de iniciação parece ser central para a formação de ideias alquímicas. Lindsay sugere que toda a abordagem dos alquimistas em relação à transformação de substância foi baseada no conceito de iniciação:

> O conceito de iniciação-ordenação e morte-renascimento é aplicado aos corpos alquímicos nas suas mudanças. Essa analogia não é feita por acaso; foi na experiência iniciática que os homens conseguiram expressar e desenvolver a ideia de movimento de um nível de vida para outro nível qualitativamente diferente – da infância, com seu mundo-mãe, à idade adulta, com seu conjunto totalmente diferente de relações e responsabilidades, seus novos saberes e compreensões e assim por diante. A alquimia representa sobretudo a aplicação científica dessas ideias iniciáticas de salto de um nível qualitativo para outro; e é por isso que os alquimistas continuam voltando à analogia das provações, testes, ressurreições. E não o fazem por simples razões de necessidade de uma analogia extraída da vida humana que ajude a fornecer um esquema de etapas e a tornar mais compreensível todo o misterioso processo de mudança química. Eles o fazem porque sentem genuinamente uma união entre o processo natural e o humano; eles afirmam uma relação orgânica vital com a natureza que a abordagem abstrata ou atemporal, com a sua ênfase no intelecto alienado dos homens, tinha negado (Lindsay, 1970, p. 142).

Muitos alquimistas passaram por essa iniciação e, em seu trabalho, projetaram a mudança dinâmica que experimentaram em si mesmos em suas relações com a matéria com a qual trabalhavam, por exemplo, em seus esforços para transmutar chumbo em ouro. Em um sentido simbólico, eles experimentaram a mudança de um estado de chumbo – dominado por uma depressão do espírito e uma compulsão do instinto – para o estado de prata e o início da iluminação, uma renovada paixão pela vida e a verdade das percepções imaginárias. Eles acreditavam que, talvez, com mais iniciações ou por meio do caminho constelado por aquilo que tinham visto e pelo qual tinham sido transformados, seriam ainda mais transformados no ouro de ter um si-mesmo interior que é estável no meio dos impactos tanto das contingências exteriores da vida quanto do mundo interior da turbulência instintiva e emocional. Em sua arte, os dois domínios – as mudanças externas nas substâncias e as mudanças psicológicas internas no corpo-mente – estavam interligados.

Um aspecto essencial da iniciação é o papel das emoções mais sombrias, das experiências de terror, medo e ansiedades profundas. Os alquimistas usavam essas "experiências de morte" como uma metáfora importante em sua busca por mudanças qualitativas. Assim, as substâncias eram "torturadas" e tinham de "apodrecer". Nos textos alquímicos, a putrefação e a *nigredo* eram o segredo da arte. Os alquimistas sabiam, pelas suas experiências iniciáticas, quer obtidas em uma sociedade secreta, quer por meio da iluminação pelo espírito na *unio mystica* e da sua inevitável descida a experiências caóticas, ou mesmo loucas, que qualquer mudança verdadeira dependia não apenas de uma nova visão, mas também da morte da antiga personalidade em conjunto com essa visão.

Embora as imagens alquímicas mais conhecidas datem dos séculos XV e XVI, as atitudes envolvidas são tão antigas quanto a própria arte. No tratado egípcio "Ísis para seu filho Hórus", datado do século I ou II, Ísis revela a Hórus o segredo da alquimia, que incluía a injunção suprema: "Eu sou você e você sou eu". Essa voz da iniciação serve para promover a consciência de uma outra realidade que o iniciado das religiões de mistério conhecia, pois "eu sou você e você sou eu" é um nível de consciência que não existe dentro de um mundo normal de espaço-tempo no qual um ego observador e consciente vê e pensa sobre objetos externos ou internos. Em vez disso, essa semelhança entre sujeito e objeto existe dentro de um espaço ou de uma "dimensão" que pode ser reconhecida pela sua consistência única e qualidade viva. O espaço não é um "recipiente vazio", uma abstração ou uma coordenada. Pelo contrário, esse espaço é cheio, um conceito essencial para o pensamento alquímico. Longe de ser uma fusão regressiva sujeito-objeto, esse sentido de igualdade era um estado de graça, bem como uma conquista da visão obtida por meio da tortura e das provações da iniciação.

Essa ênfase nos ritos de iniciação pode ser estendida de maneira útil por meio da análise do estudioso clássico Walter Burkert sobre a experiência de iniciação em seu livro *Ancient mystery cults*. A alquimia foi fundada em ritos de iniciação que estavam no centro dos mistérios conhecidos desde os tempos neolíticos, permitindo assim uma sobreposição para as experiências dos primeiros alquimistas e as experiências daqueles que foram iniciados nos antigos cultos de mistério (Burkert, 1987, p. 2). Burkert explica ainda que os mistérios antigos:

> Não são ritos de puberdade em nível tribal; não constituem sociedades secretas com fortes laços mútuos; a admissão é amplamente independente de sexo ou idade; e não há mudança visível de *status* externo para aqueles que passam por essas iniciações. Da perspectiva do participante, a mudança de *status* afeta sua relação com um deus ou uma deusa... uma nova mudança de mente por meio da experiência do sagrado. A experiência permanece fluida; em contraste com as iniciações típicas que provocam uma mudança irrevogável, os mistérios antigos, ou pelo menos partes de seu ritual, podiam ser repetidos (1987, p. 8).

Além disso, Burkert sublinha que entrar em um mistério é uma escolha muito pessoal e nada obrigatória. Muitos seguidores do culto não foram iniciados, assim como muitos seguidores de religiões hoje não têm uma experiência imediata do sagrado. Segundo Burkert, nem todos que foram iniciados mudaram, nem mudaram da mesma forma:

> O conhecido ditado que diz que "numerosos são os portadores de tirso, mas poucos os bacantes" parece indicar que... "ser levado por Deus" é um evento que acontecerá de maneira imprevisível e, provavelmente, apenas para alguns indivíduos especiais...
> Proclo escreve o seguinte sobre *teletai* (iniciações): "Provocam a simpatia das almas com o ritual [*dromena*] de uma forma ininteligível para nós, e divina, de tal modo que alguns dos iniciados são atingidos pelo pânico, ficando cheios de temor divino; outros assimilam-se aos símbolos sagrados, abandonam a sua própria identidade, tornam-se amigos dos deuses e experimentam a possessão divina". O próprio fato de as reações descritas não serem uniformes, mas variarem entre a perplexidade e a exaltação, indica que não se

trata de uma especulação livre baseada em postulados, mas de uma descrição do que foi observado: *sympatheia* de almas e de rituais, uma forma de ressonância que não se verifica em todos os casos, mas que, uma vez presente, irá aprofundar ou mesmo destruir as construções da realidade. Não conhecendo o ritual e sendo incapazes de o reproduzir, não podemos recriar essa experiência, mas podemos reconhecer que ela já existiu (Burkert, 1987, p. 112, 114).

De um modo geral, os mistérios eram rituais de iniciação de caráter voluntário, pessoal e secreto que visavam uma mudança de mente, corpo e alma por meio da experiência do sagrado. Esses mistérios foram certamente o foco das experiências dos primeiros alquimistas que então tentaram tratar seus "metais" como se eles também tivessem almas que pudessem ser mudadas pela provação da iniciação.

Burkert cita Aristóteles que "diz-se ter usado a antítese aguçada de que no estágio final dos mistérios não deveria haver mais "aprendizado" (*mathein*), mas "experiência" (*pathein*) e uma mudança no estado da mente (*diatethenia*)" (1987, p. 89). Burkert também cita Aristóteles como aconselhamento: "fique feliz por ter sofrido os sofrimentos que nunca sofreu antes" (1987, p. 89, nota 2). Essa frase-chave sugere a possibilidade de que uma pessoa experimente, de fato sofra, muito mais do que uma cópia de alguma angústia inicial, como é defendido pela psicologia do desenvolvimento; e, em vez disso, encontre uma nova criação no mundo adulto da experiência.

Os iniciados que foram transformados falam de uma mudança fundamental na consciência. Um iniciado em Elêusis disse: "Saí do salão misterioso sentindo-me um estranho para mim mesmo" (Burkert, 1987, p. 90). O papel que o medo, o terror, a desorganização e a loucura desempenham na mudança é muito marcante. Os alquimistas, assim como os iniciados nos mistérios, sabiam que o terror extremo era um fator inevitável que acompanhava a mudança. Em Elêusis, foi dito: "Brimo dá à luz Brimos". O nascimento divino de "Brimos", uma forma de Dionísio, vem de "Brimo", que significa "terror" (Kerenyi, 1949, p. 143). Os iniciados em Elêusis provavelmente viram uma luz incrível, como é frequentemente descrito na *unio mystica*, e como foi descrito no Fedro de Platão: "A beleza resplandecente era visível quando, juntamente com o coro abençoado... tiveram uma visão alegre" (Burkert 1987, p. 98), mas houve "acontecimentos exaustivos e aterrorizantes que precederam a incrível luz". Um texto diz que se as divindades de Elêusis aparecem em um sonho, isso significa "que para os não iniciados elas trazem primeiro algum tipo de terror e perigo..." Geralmente, os iniciados "veem" algo divino, e essa visão é acompanhada de terror (Burkert, 1987, p. 92-93).

Aparentemente, parte dos mistérios eleusinos tinha como objetivo superar esse terror, como quando um iniciado toca em uma cobra sem medo. Nas iniciações dionisíacas, o iniciado exclamava: "Escapei do mal, encontrei o melhor"; e depois, na procissão dionisíaca, alguns carregavam cobras, indicando que tinham aprendido a dominar o terror (Burkert, 1987, p. 96).

As experiências de terror eram frequentemente comparadas a uma experiência de morte e, por sua vez, relacionadas a mitos como Deméter-Perséfone ou Ísis e Osíris. Os mistérios de Ísis devem ser aceitos "sob a forma de uma morte voluntária e de uma salvação pela graça..." O iniciado "chega no limiar de Perséfone" (Burkert, 1987, p. 99). A morte e a salvação pela graça falam da experiência de aprender que a luz vence a escuridão.

Em pelo menos alguns dos mistérios, os iniciados foram humilhados e torturados. Parece que, nesses rituais, as experiências mais naturais de terror e os estados dissociados de loucura que acompanham a visão foram impostos ao iniciado. Eles foram vendados, aterrorizados por sons assustadores, amarrados ou forçados a tropeçar em uma bacia de água – tudo isso como parte da preparação para uma nova visão. Em outros mistérios, a humilhação física real estava ausente, mas o "terror psicológico é bem atestado: "todas essas coisas terríveis, o pânico, os tremores e o suor", para citar Plutarco"" (Burkert, 1987, p. 103).

O papel da vivência de estados de loucura é encontrado mais explicitamente nos mistérios dionisíacos. Em uma série de afrescos em Pompeia que retratam os mistérios dionisíacos chamados de "a Vila dos mistérios", uma cena de flagelação mostra uma menina sendo espancada por uma figura feminina de aparência sinistra. As alusões à flagelação são comuns nos relatos desses mistérios, e a "loucura é descrita como sentindo os golpes de um chicote já na tragédia ática; Lyssa, como a "loucura" personificada, aparece com um chicote na pintura de um vaso..." (Burkert, 1987, p. 104).

Assim, o papel do terror e da sua produção de estados mentais caóticos é atestado tanto nas religiões de mistério quanto na alquimia. Tais experiências de terror e caos fazem parte do lado escuro do *numinosum*, incluindo o próprio material traumático mais antigo. Para que a experiência do *numinosum* positivo tenha alguma chance de sobreviver e criar uma nova estrutura, é preciso não apenas sobreviver a esses estados caóticos da mente, mas as velhas estruturas devem ser quebradas pelo caos para permitir a encarnação do novo. Portanto, ser capaz de enfrentar e sobreviver ao caos e seus terrores é essencial.

A ênfase em uma nova visão e nos estados caóticos que a acompanham é tão central para os cultos de mistério e para toda a experiência iniciática quanto para a alquimia. Não é, portanto, surpreendente, descobrir que o caos, ao vincular-se a uma visão ou experiência de uma alteridade numinosa da existência, desempenha um papel central no pensamento alquímico. De fato, o caos foi apresentado como uma qualidade importante da misteriosa *prima materia* que os alquimistas consideravam o ponto de partida vital de sua *opus*.

A natureza da *prima materia*

Nos textos alquímicos, o termo *prima materia* refere-se às energias e ações mais fundamentais para o processo de transformação. No *Rosarium Philosophorum*, a *prima materia* é chamada de *radix ipsius* (raízes de si mesmo), porque se enraíza em si mesmo, é autônoma e não depende de nada. Os alquimistas, no entanto, nunca especificaram claramente a verdadeira natureza da *prima materia*, o misterioso ponto de partida de seu trabalho. Por um lado, vários textos falam da *prima materia* como caos, mas outros a definem como sabedoria ou iluminação divina. Na tentativa de fixar o significado dessa *prima materia*, pode-se entrar em sintonia com a resposta de Jung quando ele escreve:

> A *prima materia* é como acertadamente dizem os ingleses "*tantalizing*"; ela é de pouco valor e se encontra em toda parte, só que ninguém a conhece. Ela também é esquiva e vaga, tal como a *lapis*

que se produz a partir dela; ela tem "mil nomes". O pior é que sem ela a obra não pode nem se iniciar... A *prima materia* é saturnina, e o *maleficus Saturnus* é a morada do diabo, ou ainda ela é a coisa mais desprezível e abjeta. Nessas designações reflete-se não só a perplexidade do pesquisador como também o seu fundo anímico que preenche o escuro que está à sua frente. Na projeção ele descobre as qualidades do inconsciente (OC 13, § 209).

E Jung afirma ainda:

> não é correto afirmar que os alquimistas nunca definiram a *materia prima*; muito pelo contrário, foram tantas as definições dadas que estas acabaram por contradizer-se repetidamente. Para uns, a *materia prima* era o mercúrio (metal), para outros, minério, ferro, ouro, chumbo, sal, enxofre, vinagre, água, ar, fogo, terra, sangue, água da vida, *lapis*, veneno, espírito, nuvem, céu, orvalho, sombra, mar, mãe, lua, dragão, Vênus, caos, microcosmo. O *Lexicon* de Ruland dá nada menos do que cinquenta sinônimos, número este que pode ser consideravelmente acrescido (OC 12, § 425).

Mas, em consonância com a forma como as diferentes autoridades veem a alquimia, Johannes Fabricius, um estudioso da alquimia, censura Jung por "nunca especificar sua suposição geral da *prima materia* como um símbolo para a psique inconsciente em erupção" (1976, p. 22). Fabricius insiste que, com a ajuda da psicologia do desenvolvimento, o equivalente psicológico da *prima materia* pode ser claramente especificado. Citando a característica essencial da *prima materia* como o despertar do amor em meio ao caos desconcertante, que é experimentado como um processo em que os elementos existentes da criação se dissolvem enquanto dão origem a um novo cosmos, Fabricius afirma que a adolescência é o equivalente psicológico da *prima materia*:

> *A psicologia da adolescência corresponde a essa imagem paradoxal da criação*. A turbulência e a reviravolta da *prima materia* expressam o renascimento regressivo do ego adulto daquelas camadas inconscientes que contêm as marcas da tempestuosa criação do

ego durante a adolescência, em que a "terra seca aparece" e o sol da personalidade consciente nasce em pleno esplendor do mar do inconsciente. Dois outros aspectos proeminentes desse período de desenvolvimento são: (1) o despertar da sexualidade adulta com valor de sobrevivência (amor genital); (2) o despertar da agressividade adulta com valor de sobrevivência (1976, p. 22).

Fabricius chama a atenção para o fato de as descrições psicanalíticas da adolescência serem muito semelhantes à linguagem utilizada pelos alquimistas para a *prima materia*. Por exemplo, ele cita a descrição de Edith Jacobsen sobre a adolescência em seu artigo "Adolescent moods and the remodelling of psychic structures in adolescence":

> O desenvolvimento instintivo do adolescente demonstra de forma impressionante como, ao subir a tortuosa escada para a idade adulta, ele parece experimentar a cada novo degrau ansiedade, confusão, desorganização e um retorno a posições infantis, seguidos de propulsão e reorganização em níveis mais avançados e mais adultos. Tais processos, com certeza, podem ser observados em qualquer etapa de desenvolvimento. Mas durante o período dramático da adolescência, vemos o que Helene Deutsch descreveu como um "choque" entre forças progressivas e regressivas. Esse choque leva a uma dissolução temporária de longo alcance de antigas estruturas e organizações, em conjunto com a formação de novas estruturas e o estabelecimento de novas ordens hierárquicas, nas quais as formações psíquicas anteriores assumem definitivamente um papel subordinado, enquanto as novas adquirem e mantêm o domínio (Fabricius, 1976, p. 19).

Na mesma linha, Fabricius cita ainda Leo A. Spiegel, que afirma em seu artigo "A review of contributions to a psychoanalytic theory of adolescence": "tem-se a impressão de que, na adolescência, a personalidade se derrete, se funde e se torna fluida, e acaba se endurecendo de novo naquilo que permanecerá como o núcleo caracterológico" (Fabricius, 1976, p. 23).

A tentativa de Fabricius de "especificar" a *prima materia* como adolescência anda de mãos dadas com sua tentativa de explicar todo o processo alquímico como uma metáfora para o desenvolvimento biologicamente determinado da personalidade humana desde a infância até a velhice. Fabricius alinha-se assim com as atitudes de escritores psicanalíticos como Freud, Melanie Klein e Margaret Mahler, e critica Jung que, segundo ele, deixou de lado uma perspectiva de desenvolvimento biológico adequada quando rompeu com Freud em 1912. A partir da orientação biológica, Fabricius vê a psicologia da adolescência como *prima materia*. Mas como essa interpretação, embora teoricamente lógica, está longe de ser uma representação adequada do espírito do material alquímico em si, acaba por não ser satisfatória como definição completa ou final da *prima materia*. Jung oferece um ponto de vista muito mais abrangente, mas, evidentemente, menos específico:

> Ainda assim, ninguém nunca soube o que é essa matéria-prima. Os alquimistas não sabiam, e ninguém descobriu o que isso queria dizer, pois é uma substância no inconsciente (Jung, 1988, p. 886).

Ao contrário da abordagem de Jung, a visão psicanalítica do desenvolvimento não apenas falha em considerar a dinâmica e as capacidades transformadoras da experiência do *numinosum*, mas também entende que o crescimento da personalidade resulta de uma reorganização e reestruturação das "relações objetais" que existem desde a infância e primeiras experiência de desenvolvimento. Esse ponto de vista não aceita que algo fundamentalmente novo, nunca antes experimentado de qualquer forma, possa emergir do caos e do mistério do inconsciente para a personalidade humana. Uma abordagem alquímica para a análise da psique, entendeu Jung, enfatiza que um elemento anteriormente inexistente pode aparecer na personalidade.

Quando uma nova estrutura interna está emergindo, frequentemente o faz com a fenomenologia vista na adolescência; mas a adolescência não é o modelo para tais experiências. Em vez disso, a maneira complexa pela qual a ordem e a desordem interagem na psique humana, à medida que novas formas são criadas, governa a adolescência, bem como todas as mudanças significativas na estrutura da personalidade, incluindo a encarnação de experiências numinosas. No entanto, é preciso reconhecer a extrema turbulência da adolescência como uma característica da *prima materia*, que deve ser integrada, não apenas como uma construção do desenvolvimento, mas de uma maneira que seja fiel ao espírito mais amplo da alquimia e, portanto, às formas profundas que a personalidade pode transformar.

Em suas experiências de iniciação, bem como em seu respeito pela fusão de sujeito e objeto, os alquimistas conheceram estados profundos de turbulência emocional e perceberam a natureza numinosa desses estados. Esses estados profundos de turbulência emocional faziam parte da profundidade da *prima materia* e do processo de transformação alquímica. Essa turbulência como característica da *prima materia* está intimamente relacionada ao caos alquímico, cuja manifestação psicológica é frequentemente encontrada nas partes loucas de uma pessoa sã.

3
Partes loucas de pessoas sãs

A natureza da loucura

O espírito da alquimia respeita tanto o poder destrutivo quanto o poder transformador da loucura. Em seu livro, *On private madness*, André Green analisa criteriosamente a loucura em termos dos aspectos criativos e destrutivos da paixão:

> A loucura, que é um componente do ser humano, está ligada às vicissitudes do Eros primordial, que estão em constante conflito com os instintos destrutivos. Quando o Eros prevalece, é porque as paixões que o habitam ficam amarradas, e a psicose é evitada. Mas quando os instintos destrutivos triunfam sobre Eros, o processo não vinculativo é mais forte do que a ligação, e a psicose vence... (1993, p. 242-243).

Enquanto Eros, representante do poder vinculativo do amor e da sexualidade, dá lugar aos instintos destrutivos, ou seja, à morte da estrutura e à regressão a formas arcaicas e compulsivas de comportamentos anteriores, a paixão não vinculada conduz a processos psicóticos. E, devo acrescentar, a psicose ou parte psicótica pode, por vezes, ser vinculada por Eros e animada criativamente pela paixão. Considero a loucura e a psicose muito interligadas para serem separadas na prática, e vejo ambas como qualidades do mesmo fenômeno em que os seres humanos não são capazes de se ligar nem se separar de um objeto primordial.

Esse antigo dilema está codificado no mito da Grande mãe dos deuses, Cibele, e do seu filho-amante, Átis, um conto que data provavelmente do final do Período Neolítico. A paixão de Átis por Cibele é tão grande que ele não consegue ficar com ela nem se separar dela. Suas necessidades de individuação são tão completamente bloqueadas que sua paixão se transforma em destruição total e, em um ato psicótico, ele comete suicídio por meio de uma horrível mutilação. O mito vive intrapsiquicamente e não deve ser mais estranho hoje do que era há mais de 5.000 anos.

A área psicótica de pessoas ativas normalmente não apenas cria distorções sutis ou, às vezes, bastante flagrantes da realidade, mas também pode motivar atos destrutivos contra si mesmo e contra os outros. Por um lado, o poder da área louca do analisando de fragmentar a consciência do analista pode criar dificuldades consideráveis nas tentativas do analista de se concentrar, quanto mais de descobrir uma terceira área. Por outro lado, uma vez que o analista supera sua experiência de dissociação, a experiência das partes loucas do analisando pode levar à descoberta da natureza e da estrutura do campo interativo. Assim, quando as "águas da loucura" podem ser contidas em vez de se permitir que invadam a existência de uma maneira aleatória, as áreas psicóticas da psique podem se tornar construtivas em vez de destrutivas.

Assim como a alma em um mito egípcio emerge das águas primordiais do caos, uma expressão que os alquimistas costumam usar para a *prima materia*, também um sentido de significado, propósito e identidade – um si-mesmo – pode emergir das áreas caóticas da parte louca de uma pessoa. Os alquimistas estavam muito atentos ao potencial destrutivo das águas primordiais do caos. Como Johannes Fabricius observa: "o encontro inicial do alquimista com a *prima materia* é caracterizado por sentimentos de frustração, perplexidade, dissociação e desintegração" (1976, p. 20). Uma declaração do alquimista Alphidius no *Rosarium* capta a natureza ameaçadora da loucura que os alquimistas enfrentavam: "Esta pedra provém de um lugar elevado a glorioso, de grande terror, que já causou a morte de numerosos sábios" (OC 13, § 429). E os perigos mentais da arte alquímica ficam claros nas inscrições nas medalhas que ilustram o estágio inicial: "Essa ciência requer um filósofo e não um louco" (citado em Fabricius 1976, p. 20). Começar a *opus* foi entendido como uma proposta arriscada. Referindo-se aos seus perigos mentais, os adeptos falam: "a arte em sua totalidade é tida por difícil e perigosa, e quem não for imprudente deve evitá-la, pois é funesta" (OC 13, § 429). E o alquimista Olympiodorus cita o ditado de Petasious segundo o qual o chumbo (*prima materia*) "é de tão demoníaca possessão e sem-vergonhice, que faz com que todos aqueles que querem pesquisar entrem em louco furor ou percam o juízo" (OC 14/2, § 158).

Por partes loucas ou psicóticas de uma pessoa sã, entendo aqueles aspectos da psique que não são contidos pelo si-mesmo e nos quais a função autorreguladora da psique falha. O "si-mesmo" [*self*] representa os aspectos do "Si-mesmo" [*Self*], a totalidade maior da personalidade, que foi integrada, metaforicamente falando, para ser tanto um centro quanto uma circunferência que contém o ego. Essa experiência de contenção se expande com a integração da personalidade. Mas as partes psicóticas de uma personalidade, como as águas caóticas de todas as culturas tradicionais, sempre estão no limite dessa estrutura do si-mesmo, na melhor das hipóteses, um fenômeno de limite e, na pior, sempre algo no sentido de se intrometer e interromper qualquer sensação de contenção. Essas águas caóticas, as partes psicóticas de uma personalidade, fazem parte do Si-mesmo; e são sempre cruciais para a mudança e regeneração.

Quando o setor psicótico é avivado no trabalho analítico, surge uma transferência que tem um parentesco com a descrição de Harold Searles da transferência psicótica com analisandos esquizofrênicos. A transferência "distorce ou impede uma relação entre analisando e terapeuta como dois seres separados, vivos, humanos e sãos" (Searles, 1965, p. 669). A diferença entre a transferência psicótica com a pessoa esquizofrênica e a constelação dessa transferência em uma pessoa não psicótica é de grau e diferença estrutural. Enquanto o setor psicótico engole o esquizofrênico, a parte louca de uma pessoa sã é parcialmente sustentada por defesas divididas.

Geralmente, os estados loucos que têm uma causa perceptível são muitas vezes mais compreensíveis do que os estados mentais psicóticos experimentados ao interagir com indivíduos esquizofrênicos. Um analista pode descobrir estados de loucura dentro de condições limítrofes nas quais os opostos são mantidos separados pela divisão das defesas. Nesses casos, quando a separação dos opostos falha, uma inundação de material emocional, que consiste em desespero, raiva, estados de pânico, ansiedade e sentimentos de abandono pode envolver a pessoa. Mas, embora as zonas de loucura possam dominar, o quadro geral pode ganhar sentido se for reconhecido que esses estados são o resultado do terror do abandono. Existe um espectro que, em uma extremidade, é limitado por estados caóticos suaves de natureza limítrofe. Depois, existe um meio-termo no qual o processo psicótico é menos contido – nomeadamente nas perturbações esquizoides, em que um núcleo psicótico pode se manifestar em opostos que não se dividem de uma forma relativamente estável e em que um núcleo de loucura pode estar muito mais escondido. No extremo oposto do espectro encontra-se a esquizofrenia, em que a separação dos opostos frequentemente falha, levando a uma fusão de estados incompatíveis e a uma sensação de bizarrice. Essa sensação de bizarrice, estranheza ou excentricidade também acompanha o processo psicótico em pessoas não psicóticas, e esse aspecto particular do processo psicótico é uma característica fundamental da contratransferência que muitas vezes leva à negação do processo em curso por parte do analista e à sua manipulação do analisando em direção a discursos e comportamentos mais racionais e não psicóticos.

Quando defesas como a negação, a idealização e a divisão mente-corpo falham, as partes psicóticas invadem a personalidade consciente. A pessoa torna-se então altamente dissociada e pode oscilar entre fases de irrealidade em relação à sua própria pessoa e aos outros. O comportamento e a fantasia decorrentes dessas partes podem distorcer a realidade de maneiras muito sutis. Embora a pessoa possa se comportar de forma que pareça motivada, pode não ter absolutamente nenhuma consideração por outra pessoa ou, nesse caso, por sua própria alma. O analista é normalmente afetado de maneiras semelhantes. Quando a loucura de um analisando emerge em uma análise, o analista se sente frequentemente desorientado e tem extrema dificuldade em se concentrar e conter o processo em curso. O próprio centro da pessoa parece falhar e predominam as partes dissociadas.

Falar de uma parte psicótica é, de certa forma, uma contradição. Nunca experimentamos estados psicóticos em outra pessoa como se fossem parte dessa pessoa, pois às vezes falamos de um complexo. Os estados psicóticos são, como as águas do caos na alquimia ou nos mitos da criação, espaços psíquicos nos quais a linguagem cartesiana falha. Esses estados facilmente se estendem ao analista, criando um campo no qual não é possível afirmar quem contém "a parte psicótica". Em vez disso, analista e analisando lidam com fenômenos de campo não redutíveis a estruturas separáveis. De um modo geral, o termo "parte psicótica" ou uma construção de palavra semelhante é aqui entendido como um termo abreviado para ajudar a designar o domínio da experiência em que o processo psicótico predomina. Mas não existe a pretensão de conduzir a uma abordagem na qual o analista tente falar das "partes psicóticas de um analisando" como se fossem, de alguma forma, totalmente separáveis dos mesmos fenômenos do analista. Em certo sentido, a psicose de transferência constela a psicose de contratransferência, mas em menor grau e de forma mais manejável, se a análise dessas áreas for bem-sucedida.

Existe um paralelo interessante entre o comportamento das áreas psicóticas e o caos tal como é entendido na Teoria do Caos. Até o advento dessa teoria, os cientistas aprenderam a não se concentrar no caos. Em sua constante preocupação com a busca da ordem, eles raramente estudavam a aleatoriedade ou as mudanças repentinas no sentido de imprevisibilidade. Consequentemente, a descoberta de que certos sistemas aparentemente aleatórios realmente tinham uma espécie de ordem dentro deles foi inovadora e – dependendo do entusiasmo do escritor – semelhante a um novo paradigma científico.

Um paralelo muito próximo a essa situação é a investigação de áreas loucas ou psicóticas. Tais estados mentais têm sido considerados essencialmente não analisáveis por que são tão erráticos na aparência que nunca poderiam encontrar uma contenção estável em um processo analítico. Além disso, seus afetos e imagens foram considerados muito bizarros para serem decifrados e sem qualquer significado. Acredita-se que um extremo desse estado esteja na esquizofrenia.

Como os cientistas estão reconhecendo qualidades caóticas de sistemas que antes eram considerados extremamente ordenados, por exemplo, as órbitas planetárias, e como também começam a reconhecer o valor do caos, eles também podem – tal como a ciência antiga – começar a se perguntar sobre a função criativa de áreas loucas da mente. Uma extrema sensibilidade a pequenas mudanças – a marca do que a ciência considera como processos caóticos – é apenas uma lamentável fraqueza na criação do indivíduo, um pouco de desordem que de alguma forma deve ser controlada? Ou tal desordem pode ter uma função ou propósito invisível? Alguns estados mentais parecem nunca revelar uma ordem mais profunda. Parecem continuar como "buracos negros" na pisque que eliminam todas as formas de ordem e as substituem por nada. Mas outros estados mentais que parecem totalmente fragmentários e desprovidos de significado acabam por ter um tipo estranho de ordem que pode ser trabalhado.

A área psicótica é inerentemente instável, sujeita a grandes oscilações da entrada emocional de fatores externos e internos. Contém opostos essencialmente incompatíveis. Mas, em vez de sistemas dinâmicos conhecidos no mundo físico e descritos pela Teoria do Caos, nos quais os estados de um sistema oscilam radicalmente, mas continuamente, seria preciso imaginar algo em que uma oscilação para um estado aniquilasse o estado que existia anteriormente. Essa imagem seria, na linguagem da Teoria do Caos, um "atrativo estranho". Esse oscilador seria bastante instável em termos de "condições iniciais", o que significa que poderia mudar qualitativamente dependendo de pequenas mudanças na entrada. Penso que esse modelo oferece uma metáfora útil para os processos psicóticos. Se as áreas psicóticas podem ser conceituadas de maneiras não lineares, não seria melhor aprendermos a viver com elas, tanto no trabalho analítico quanto na vida? E se tal não linearidade existe, as formas caóticas da transferência e da contratransferência, nas quais todo sentido de significado desaparece, não poderiam ser mais bem compreendidas como, de fato, um processo que pode gerar um novo significado por meio de um tipo de ordem não ordinária? Na verdade, se fosse possível encontrar esse tipo de contenção, poderíamos então ver as áreas psicóticas como formas potencialmente criativas? Alcançar essa nova perspectiva exigiria a contenção, não por uma mente que preenche e retém o processo do analisando, mas por uma mente que se concentra em um processo caótico à medida que este revela a sua forma instável de ordem. Essa é uma possibilidade clínica.

Desse ponto de vista, a psique não é vista como um sistema estável de objetos que interagem com outros objetos. Às vezes, pode-se experimentar apenas ruído e estados sem sentido, mas então algo único aparece; e se esse acontecimento puder ser visto, a pessoa começa a ver de uma nova maneira e a reconhecer o processo criativo anteriormente oculto. É assim que se sente a visão da área psicótica e, quando ela é contida, a criação de um si-mesmo pode ser sentida como se se estivesse muito próximo do próprio processo criativo.

Para além da questão geral do seu poder transformador, o analista tem uma razão específica para envolver essas áreas como *prima materia*. Durante os primeiros anos da infância, algumas pessoas "viram" que um ou ambos os pais estavam "loucos". O pai não era necessariamente abertamente psicótico – embora isso também ocorra e possa ser negado pelo sistema familiar – mas a criança "viu" imaginariamente, nos bastidores, que o pai era dirigido por forças fora de seu controle, ou que era retraído e completamente ausente, mesmo quando agia como se estivesse presente e são. Essa loucura não necessariamente aparecia o tempo todo, mas ou era uma presença aterrorizante de fundo que a criança sentia ou então se manifestava em momentos em que o objeto parental passava por uma mudança temporária de personalidade, por exemplo, por meio do uso de substância como o álcool. A loucura dos pais podia manifestar-se sob a forma de abuso físico e sexual, mas quando as partes loucas das figuras parentais não funcionavam de forma tão devastadora e aberta, manifestavam-se frequentemente de formas mais sutis e estranhas.

Por exemplo, um pai permitia que seu filho dirigisse o seu carro, mas insistia que ele não usasse o rádio. O filho usava naturalmente o rádio e sempre tentava deixar na programação inicial; no entanto, o pai, atento ao comportamento, ficava furioso. A história pode parecer simplesmente representar um pouco de comportamento extremo. Mas era muito mais do que isso: o filho sabia que, nesses momentos, o pai estava "totalmente" descontrolado, até mesmo louco. Ele sabia que a loucura estava sempre à espreita de seu pai, manifestando-se de várias maneiras que sempre poderiam ser descartadas como apenas exemplos da rigidez do seu pai.

Em outro exemplo, o pai de um homem insistia que seus filhos engraxassem imediatamente os sapatos sempre que entrassem em casa, mesmo quando tinham três anos de idade. A intensidade e a violência de seu pai, para que ele ou seus irmãos não fossem nada além de perfeitos em seu show de brilho, eram aterrorizantes para todos eles. No entanto, seu pai era adaptado, amado em sua comunidade e só se mostrava abertamente assustador e fora de controle para os outros quando bebia demais.

Muitos outros exemplos poderiam ser dados de maneiras pelas quais a loucura de um objeto parental era uma presença de fundo, sempre aterrorizante e, às vezes, manifestada em um comportamento peculiar que tendia a ser normalizado, muitas vezes pelo outro progenitor. Como resultado, a visão da criança sobre essa loucura teve de ser dividida.

Quando essas pessoas entram em tratamento, manifestam vários graus de dissociação, muitas vezes visualizados em sonhos ou intuitivamente percebidos como a imagem de uma criança pequena dissociada do estado normal do ego da pessoa. Normalmente, "a criança" está extremamente assustada. É muito fácil presumir que essas pessoas foram vítimas de abusos incestuosos, ou mesmo de abusos em cultos, pois o seu comportamento traumatizado pode ser o mesmo de tais sobreviventes. Mas essa explicação pode ser apenas uma abordagem apressada, apreendida no desejo de entender por que a vida de um analisando não muda suficientemente. Uma pessoa inteligente, criativa e perspicaz pode repetir o mesmo comportamento destrutivo e continuar a se envolver em relações objetais prejudiciais. A minha experiência me diz que as áreas de loucura no analisando, formadas por meio da incorporação e separação de sua percepção imaginária da loucura no objeto parental, ficam sujeitas ao mesmo tipo de compulsão à repetição que um analista encontra em uma vítima de abuso sexual e físico. Como consequência dessa divisão, a realidade é distorcida e a distorção continua ao longo da vida, minando a vida e a vitalidade do ego e do si-mesmo maior. Áreas psicóticas também costumam se formar em pessoas que sofreram abuso físico ou sexual, especialmente quando a pessoa não foi capaz de usar formas neuróticas de dissociação para fins de sobrevivência.

Como resultado do processo de negação, a pessoa que foi traumatizada por uma área psicótica de um objeto parental carrega dentro de si um "objeto estranho", ou seja, o processo psicótico do progenitor, agora misturado com as suas próprias defesas de cisão. Para lidar efetivamente com essa mistura, a pessoa deve primeiro reconhecer sua própria área de loucura e depois reunir coragem para "ver" novamente o que ela viu uma vez e que, agora, como em um ato de autolembrança, a percepção não mais separa. O problema com que a pessoa se depara, porém, é que ter essa percepção significa estar sozinho, não ter outra escolha senão abandonar o sistema familiar. A verdade que a pessoa "vê" é, portanto, de certa forma cruel, mas de maneiras mais profundas, essa visão é o caminho para a liberdade e propriedade do si-mesmo.

A chave para lidar com áreas psicóticas é a capacidade da relação entre analista e analisando de envolvê-las. Esse envolvimento raramente é uma questão de foco constante; ao contrário, é como observar um traço de uma reação em uma câmara de neblina nas ciências físicas. Por um instante, o analista vê a peculiar estrutura dos opostos na área psicótica; ou vislumbra uma divisão frente-trás na qual vivem conteúdos loucos, perigosos e envolventes, divididos atrás da pessoa; ou pode perceber imaginariamente estranhos opostos lado a lado, estranhos devido à forma como se combinam para produzir uma qualidade esquisita.

Karl Jaspers observou: "A distinção mais profunda na vida psíquica [é] aquela existente entre o que tem sentido e *permite a empatia* e o que, à sua maneira particular, é *incompreensível*, "louco" no sentido literal, a vida psíquica esquizofrênica" (citado em Sass, 1992, p. 16-17). Fantasias, conforme Louis Sass notou em *Madness and modernism*:

> Podem ser bastante delirantes sem ser bizarras. Mas nos esquizofrênicos elas são bizarras. Uma pessoa com psicose maníaca pode sentir que está criando o mundo, o que pode ser entendido como resultado de sentimentos de extrema inferioridade que está compensando. Mas considere a descrição do bailarino Nijinsky durante um surto esquizofrênico: "certa vez fui dar um passeio e tive a impressão de ter visto um pouco de sangue na neve. Eu segui os rastros do sangue e senti que alguém *que ainda estava vivo* havia sido morto" (Sass, 1992, p. 17).

O sentido de bizarro, como mostrarão exemplos posteriores, ocorre por meio da fusão de imagens contraditórias na área psicótica. Estados incompatíveis se fundem, mas o fazem de uma maneira que não é perfeita. Em vez de produzirem um produto simbólico que os transcenda, produzem um estado misto que manifesta mensagens contraditórias e uma sensação de estranheza.

Embora uma pessoa não psicótica geralmente não tenha tais delírios flagrantes, e embora quaisquer fantasias bizarras que possa ter não sejam geralmente tão mal formuladas quanto no caso de Nijinsky, o mesmo tipo de material com sua desconcertante falta de sentido pode às vezes ser encontrado tanto em discursos aparentemente normais quanto em sonhos.

Por exemplo, uma analisanda sabia que tinha de deixar o relacionamento que estava envolvida, mas ao mesmo tempo negava esse conhecimento, dizendo muitas vezes coisas contraditórias na mesma frase. Enquanto ainda tentava desesperadamente entender o comportamento ambíguo de seu namorado, ela sonhou: *há uma festa sendo dada por um casal furioso que está se divorciando. A festa é para comemorar o fato de terem ficado juntos por um ano.*

A contradição não é tão grave como a que encontramos no delírio de Nijinsky, e ocorre em um sonho. Mas a contradição existe como um padrão inconsciente que cria um sentido bizarro para as suas comunicações. Muitas vezes, imagens de sonho que não fazem sentido podem significar uma área psicótica, como quando um homem sonha com um seio crescendo em sua panturrilha. Obviamente, se for possível encontrar um significado para essas imagens, elas deixam de ser bizarras e deixam de ser indicativas de um processo psicótico. Mas supor que tais possibilidades são a regra e não a exceção é ingenuidade. Esse tipo de suposição pode ser uma resistência de contratransferência para ver claramente que o analisando pode ser bastante louco e um estranho para nós. De um modo geral, o analista deve estar atento à falta de significado que uma imagem parece ter, mas, ao mesmo tempo, perceber que essa ausência de significado é uma função da sua própria psique e da interação do analisando. Assim, no trabalho analítico, tudo o que o analista tem a oferecer é a sua própria consciência e subjetividade. No entanto, é exatamente a partir dessa condição limitada que a verdade para o analisando pode emergir.

Outro homem sonhou com uma criatura marrom e branca parecida com um caracol crescendo na lateral de seu pé esquerdo. Uma mulher sonhou com três seios crescendo em suas costas. Em outro exemplo que indica a extrema dissociação que muitas vezes acompanha o processo psicótico, um homem sonhou que estava em uma ilha e de repente milhares de criaturas em miniatura semelhantes a touros começaram a inundar a ilha. Ele acordou aterrorizado e seguiu-se uma regressão que durou seis meses. Só então pudemos retornar às violentas imagens psíquicas que ele vinha encontrando. Uma mulher, em outro exemplo de um processo psicologicamente dissociativo, sonhou com milhares de criaturas indescritíveis, parecidas com insetos, rastejando sobre seu corpo. E um homem que estava se defendendo contra sua área psicótica sonhou que estava lendo um livro. Mas, de repente, a sua identidade mudou e ele estava olhando através dos olhos de outra pessoa e viu uma cena caótica em um hospital psiquiátrico no qual os pacientes estavam todos presos e confusos.

Por vezes, as áreas psicóticas são explícitas, como quando um homem sonhou que estava carregando sua mãe psicótica nos ombros. Ou então, uma mulher cuja mãe tinha acabado de ser internada em um hospital psiquiátrico sonhava em levá-la de casa em casa, tentando encontrar um lugar para colocá-la no chão. Mas, geralmente, as áreas psicóticas se comunicam conosco mais com uma bizarrice sensorial que pode ocorrer quando nos sentimos confusos ou mentalmente vazios, ou se comunicam por meio das próprias reações dissociativas de contratransferência do analista.

Internamente, a área psicótica de uma pessoa é extremamente estressante. Sob seu impacto, o analisando pode sofrer de uma sensação crônica de não ser capaz de criar uma vida que tenha continuidade e estabilidade. Uma mulher sofria com a sensação de que tudo era esmagador para ela. Certa vez, por exemplo, teve a ideia de fazer um jantar em sua casa para suas amigas. A ideia parecia tão maravilhosa que um sentimento muito intenso e criativo a envolveu. Mas logo esse estado de euforia se transformou em completo terror, pois de repente ela se convenceu de que o jantar seria um fracasso. Ambos os estados eram totais, e cada um deles não permitia a entrada de qualquer indício do estado oposto. Em outro exemplo de como a parte psicótica infunde e distorce interiormente a experiência de uma pessoa, uma mulher meditou e imaginou ver o lindo gato de seu professor na sala. A presença do gato a deixou com uma sensação de graça, beleza e calma. Em seguida ela sentiu uma mudança radical e foi totalmente dominada por pensamentos e sentimentos sobre os problemas que envolveriam cuidar de um gato. À medida que esses estados de mudança continuavam, ela se sentia inundada incontrolavelmente por esses pensamentos e todo o seu corpo começou a doer. Ela não conseguia se lembrar de nada da experiência inicial de beleza e graça; esse sentimento foi totalmente anulado. Se a sua área não psicótica estivesse envolvida ou se ela não tivesse um setor psicótico tão significativo, poderia sentir essa beleza, e então os pensamentos da realidade envolvida em realmente ter o gato poderiam ter surgido, talvez atenuando quaisquer ideias de ter realmente um gato. Por sua vez, a presença do gato poderia começar a interiorizar o desenvolvimento de um símbolo interior, um sentimento de um "gato interior", talvez representando a sua própria autoimagem de graça e beleza. Mas, no caso dela, os opostos estavam tão divididos que impediam esse processo simbólico que, por definição, combina os opostos em um terceiro significativo.

Muitas vezes, a área louca de uma pessoa pode ser um depósito de criatividade – em termos alquímicos, "a pérola de grande valor" – mas sua extração não é uma tarefa fácil. Por exemplo, uma mulher que conheceu sua parte psicótica reconheceu que essa loucura tinha se formado nela como resultado das interações com seu pai. Ele parecia ser maravilhoso e muito carinhoso, mas, de repente, se transformava em um bruto que, segundo ela, aniquilava qualquer sentido da sua identidade ou valor. Ela não foi capaz de idealizá-lo, ou seja, de manter na sua mente o pai positivo e eliminar o pai negativo. Em vez disso, o negativo estava sempre presente com o positivo, pressionando a sua mente como uma possibilidade sempre presente, mesmo quando ele estava sendo maravilhoso. Era, ela disse, como dois trilhos, cada um com seu próprio trem, e ambos estavam muito próximos, separados por um milímetro. Os opostos em sua área louca foram, portanto, quase fundidos, e ela não conseguia separá-los completamente. Cada um era totalmente verdadeiro, e cada um aniquilava o outro. Quando ela estava interiormente confusa e apavorada, e cheia de idealizações distorcidas de si mesma e dos outros, também era capaz de ser extraordinariamente criativa e produtiva. O problema, no entanto, era que ela se sentia atraída por homens criativos que podiam ser bastante psicóticos. Essas relações viriam a revelar-se desastrosas, por um lado reproduzindo a sua experiência com o pai, e por outro representando uma tentativa de extrair a sua própria criatividade de uma área de loucura.

As áreas psicóticas – que normalmente são um anátema para a pessoa e para todos os que estão em contato com ela fora da relação analítica (e muitas vezes nela também) – são, na verdade, um esconderijo inteligente para aquilo que mais se preza e que mais se quer manter longe das relações abusivas. Na mitologia alquímica, o símbolo central de um si-mesmo unificado, a procurada "pedra dos sábios" ou o "*Lapis*", é encontrado em montes de esterco e geralmente em lugares desprezados.

Manifestações da parte psicótica

Os analistas têm diferentes maneiras de lidar com a dinâmica da transferência psicótica. Quando a atenção do analista começa a se fragmentar e surgem estados de morte interior, vazio e confusão, o que pode estar contido em tais estados? Um ato de vontade, por exemplo, um intenso esforço de concentração, muitas vezes pode abranger uma retração esquizoide ou a regressão que acompanha a perturbação do equilíbrio do caráter narcísico. Mas a dissociação da parte psicótica geralmente se sobrepõe ao ego do analista. Frequentemente, mas nem sempre, uma qualidade de contenção pode vir da percepção do analista de que uma transferência psicótica está operando nos bastidores. Em outras palavras, o analisando pode ser bastante racional e também ligado aos afetos, ao contrário da dinâmica da cisão em um estado esquizoide, mas a pessoa é dominada por uma projeção de natureza psicótica. Do ponto de vista dessa área, o analista é um objeto persecutório perigoso; perde-se o "como se" de uma projeção não psicótica. Além disso, a maneira como vemos esse estado é essencial para que a parte psicótica seja contida. O analista deve conhecer o estado psicótico do analisando não apenas como uma realidade psíquica, mas também como um estado mental comum, porque, quando o analista vê a parte psicótica, a tendência é recuar diante de sua natureza distorcida da realidade. O analisando se sente estranho ao analista. Essa estranheza é inerente à fenomenologia da loucura conforme ela irrompe no mundo cotidiano de alguém; o fenômeno da loucura é como o deus grego Dionísio, mas também é uma representação do medo do analisando de ser visto como um leproso psíquico. Consequentemente, o analista deve ser capaz de ver a parte psicótica de maneira objetiva. O analista está com uma pessoa ferida e limitada (como todos nós), mas também está com alguém de beleza e valor, o que, geralmente é, na verdade, resultado do sofrimento no nível psicótico.

Muitas vezes, se o analista perde um estado corporificado e realista e fala sobre as distorções da realidade da transferência psicótica, o analisando pode reconhecer que o que é dito está correto, mas os estados dissociativos retornam a ambos porque a contenção da ansiedade falha. Por outro lado, se o analista puder permanecer corporificado e experienciar e visualizar ativamente o setor psicótico, pode elaborar interpretações relativas ao analisando.

A transferência psicótica é um estado em que ainda existe um certo grau de aliança analista-analisando. Assim, quando o analista é capaz de "ver" a dupla desconfiança do analisando, algo no analisando é aliviado e uma sensação de contenção se instala. Em contrapartida, quando a qualidade da aliança analisando-analista desaparece e a transferência se torna delirante, nenhuma quantidade de visão ou conexão enfática ou compreensão tem uma influência de contenção. Em vez disso, analista e analisando permanecem, pelo menos em um primeiro momento, em um estado em que o diabo ganhou vantagem.

Para conter o campo psicótico, o analista deve ser capaz de reconhecer a loucura e resistir a traduzi-la em algum sistema de pensamento com o qual esteja familiarizado. A parte louca, no seu núcleo, rompe pensamentos, leva a estados de vazio e, principalmente, atormenta o analisando com um purgatório de angústia mental em que tudo o que sente ou pensa pode ser facilmente desfeito, conduzindo a um estado em que o que foi dito não tem qualquer significado. O analisando percebe que tem se agarrado a uma tentativa desesperada de se salvar, sem qualquer noção de um centro de orientação interior ou de um suporte de fundo que lhe dê a sensação de estar no caminho certo. Em vez disso, nenhum caminho parece significativo. Os opostos divididos da parte psicótica, em vez de criarem um estado de suspensão voluntária do saber, tornam-se um triturador violento de pensamentos e sentimentos e tornam todos os estados sem sentido.

Se o analista puder conter a parte psicótica reconhecendo o desespero total que o analisando sofre ao acreditar que essa parte e seus efeitos nunca mudam, então uma nova autoexperiência pode vir a existir. Para facilitar essa mudança, o analista sacrifica a onipotência e se alinha com a realidade do analisando, que pode muito bem ser verdadeira. Não se trata apenas de uma questão de empatia, mas de uma questão de coragem que deixa em aberto a possibilidade de fracasso. Tudo o que o analista pode realmente oferecer é uma incerteza medida diante do pessimismo do analisando. O mistério dessa incerteza medida reside na sua qualidade de contenção. A menos que essa incerteza que não abandona a fé seja comunicada, o estado de "não saber" do analista não terá um caráter criativo.

A parte psicótica de uma pessoa sã se manifesta de inúmeras maneiras, cuja percepção exige do analista o registro e a utilização da contratransferência. O analista pode experimentar uma tendência à dissociação, que pode incluir o retraimento e a perda de energia comuns ao se deparar com a dinâmica esquizoide, mas experimenta sobretudo fragmentação, tornando extremamente difícil a concentração no analisando, em meio a sentimentos de vazio, ausência, desatenção e morte. Qualquer tentativa de uma orientação fixa falha facilmente e tende a mudar para uma orientação oposta. Como consequência desses estados mentais desconfortáveis, o analista pode sentir ódio do analisando e uma tendência a se retrair ou atacar.

A tendência do analista é evitar o contato afetivo com o analisando nesses momentos, principalmente pela divisão dos sentimentos negativos. Em vez disso, a tendência deve ser permitir que a dissociação passe e continue como se nada tivesse acontecido. Uma tendência concomitante, que muitas vezes é diagnóstica da constelação da parte psicótica, é que o analista começa a enfatizar os pontos fortes do analisando e a abordar a parte neurótica mais normal. Mais tarde, o analista muitas vezes pode descobrir que, por meio dessa manobra, está enfatizando um dos opostos na parte psicótica e excluindo outro, na esperança de reduzir sua ansiedade.

Se o analista conseguir encontrar o campo dissociado que acompanha a transferência psicótica de forma a manter uma presença coesa e a envolver emocionalmente o analisando, o analista pode começar a esclarecer o campo na medida em que não é mais uma confusão de fragmentos agressivos e destruidores de imagens, mas assume a forma de imagens reais. O analista pode então reconhecer uma forma de transferência psicótica. Por exemplo, o setor psicótico do analisando distorce a imagem do analista como um animal agressor ou como uma figura parental perigosa. O analista se identifica com partes da psique parental que eram especialmente perigosas para o analisando. Um exemplo é ver o analista como morto, um estado que mais tarde pode ser descoberto como parte da vida interior psicótica de um dos pais que o analisando separou da sua consciência. Como parte do esclarecimento da natureza da transferência psicótica, o analista percebe que o analisando o vê de uma forma extremamente irreal. O analisando nessas horas também parece esquisito ou estranho para o analista, pois o estado psicótico se opõe radicalmente à parte normal-neurótica que se preferiria viver. Se o analista conseguir vivenciar essa transferência de uma maneira suficientemente estável, a percepção que o analisando tem de si mesmo e do analista pode muitas vezes mudar e mudar drasticamente.

Enquanto o analista vai esclarecendo essa sequência desrealizada e despersonalizada, as resistências do analisando em vivenciar a parte psicótica podem começar a se tornar claras e sujeitas a mudanças. Essas resistências revelam-se geralmente de natureza erótica, compulsiva, maníaca ou sadomasoquista. Por exemplo, formas extremas de sadomasoquismo muitas vezes foram divididas na parte psicótica. Quando essa parte é contida e incorporada, pode ficar claro que muitos comportamentos sadomasoquistas, como a entrega extrema de si mesmo aos outros, ao mesmo tempo em que existe uma retração sutil, é na verdade uma defesa inconsciente contra a loucura. Tenho também a impressão de que a experiência de abuso sexual no início da vida geralmente reside em um setor psicótico e que a recuperação de memórias pode exigir um trabalho com a dinâmica desse setor.

Alcançar uma consciência de opostos distintos dentro do setor psicótico requer muitas vezes tempo e esforço consideráveis. Geralmente os opostos nesse setor têm a qualidade peculiar de serem totalmente divididos e também fundidos: parecem voar separados, mas também se fundem de tal forma que sua distinção desaparece. Essa divisão lembra a natureza do Mercurius alquímico, que é uma boa imagem das qualidades de campo que esses opostos engendram. Nesse campo, o analista tende a se identificar com um ou outro oposto ou, inversamente, a se distanciar da experiência dos opostos. Essa combinação peculiar de fusão e cisão coloca os opostos em um estado limite do que os alquimistas chamavam de anterior ao segundo dia, ou seja, antes da separação dos opostos. Eles surgem, se separam e rapidamente se fundem em um estado mesclado e não distinto. Mas o mais importante é que a fusão e a separação dos opostos podem ocorrer com extrema rapidez na parte psicótica, produzindo uma oscilação que pode criar pânico e confusão.

A área louca, como qualquer complexo, é estruturada por qualidades opostas, como o amor e o ódio; mas nas áreas loucas os opostos não se complementam, compensam ou equilibram um ao outro. Em vez disso, eles se comportam como antimundos um para o outro: experimentar ou estar consciente de qualquer estado mental conduzirá frequentemente à consciência de outro estado oposto que destrói completamente a percepção anterior. Em certo sentido, analista e analisando se deparam com um processo no limite da separação dos opostos, como se um se opusesse e depois o outro emergisse; mas ambos não existem a menos que um ato consciente intencionalmente os mantenha juntos. Consequentemente, esse processo imaginário difere de um processo de identificação projetiva em que um oposto é divido no analista; ao encontrar áreas de loucura, a percepção do oposto é aniquilada, uma vez que desliza de volta para o inconsciente. Por vezes o analista pode pensar que se esqueceu do que acabou de acontecer, mas em uma reflexão mais profunda verá que não é esse o caso. Em vez disso, alguma percepção foi aniquilada e outra percepção, ou um estado de desatenção, tomou seu lugar.

O processo de descoberta dos opostos na parte psicótica decorre geralmente da sua vivência como extremamente dividida em um campo interativo e, por vezes, sentida na identificação projetiva. O analista sente os opostos como divididos, com cada um competindo por atenção total e com a lacuna entre os opostos engendrando um estado de ausência ou vazio no qual as energias são entorpecidas e a consciência é difícil de ser mantida. Quando os opostos são apreendidos como um par relacionado entre si, o que significa que o analista se torna capaz de não se identificar nem com um nem com o outro par, um novo desenvolvimento é possível. Pode surgir um campo de união, uma experiência sentida de *coniunctio*. Por meio dessa experiência, o centro do coração, tanto do analista quanto do analisando, torna-se mais aberto. Essa é normalmente uma experiência nova para o analisando, para quem a experiência e a visão do coração foram fechadas por uma forte armadura. A apreensão dos opostos nem sempre conduz a essa experiência, mas leva a uma nova consciência do setor psicótico, especialmente de sua natureza limitante. Analista e analisando podem aprender sobre o poder do setor psicótico de distorcer a realidade de forma muito sutil e, por meio dessa consciência, podem desenvolver um processo no qual aspectos da psique ocultos no setor psicótico podem emergir. O mais comum é uma parte esquizoide cuja fraqueza essencial, falta de conexão e natureza distorcida levam a um profundo sentimento de humilhação. Somente a consciência dos opostos como parte da consciência que se segue permite que essa experiência seja contida em vez de transformada em um estado de perseguição. Como resultado, o que parece esquizoide e sem vida muitas vezes começa a se mostrar como parte de um campo altamente energizado que foi separado. De maneira típica, a descoberta da parte psicótica e o trabalho com suas energias são semelhantes a um processo de criação.

Um contraste entre o processo de cisão no setor psicótico com o da dissociação nos transtornos dissociativos revela que as partes nos transtornos dissociativos são mais inteiras. Geralmente diferenciam-se entre si por uma barreira de memória e conduzem frequentemente a um estado de transe induzido no objeto com o qual a pessoa se relaciona. Essa condição também tem um efeito dissociador na pessoa com quem se relaciona, mas não é fragmentadora da mesma forma que quando induzida por uma área psicótica. Os distúrbios dissociativos podem ser formados para sobreviver ao abuso ou para dividir os opostos de frequentes mensagens duplas com as quais crescemos quando criança. As mensagens de dupla vinculação são comunicações compostas por duas mensagens contraditórias com a exigência implícita de que o destinatário da mensagem não processe a contradição. Na defesa contra a confusão da dupla vinculação, cada parte do vínculo forma uma parte dissociada. No entanto, em um setor psicótico, a divisão, o abuso e as mensagens de dupla vinculação não são processadas por meio de transe – a capacidade de fazê-lo é provavelmente de base genética, assim como a capacidade de ser hipnotizado. Em vez disso, forma-se uma área psicótica definida por opostos, que são vivenciados como antimundos mutuamente aniquiladores.

Os opostos divididos no setor psicótico criam uma confusão extrema em numerosos encontros cotidianos. Por exemplo, um aluno de uma turma me perguntou sobre algo que eu tinha dito em uma palestra que ele havia assistido. Algo na sua pergunta me fez ficar nervoso. Esse sentimento piorou quando ele fez outra pergunta com base no que eu tinha dito naquela palestra. Nessa altura, senti uma onda de raiva e confusão. Por um lado, ele distorceu o que eu tinha dito de uma forma que o tornou quase irreconhecível. Por outro lado, ele estava fazendo uma pergunta relevante, o que, no entanto, me colocava em um duplo conflito. Se eu confrontasse a sua distorção, teria a sensação de que o estaria atacando ao não responder à sua pergunta; e se eu respondesse a sua pergunta, teria a sensação de estar concordando com a sua distorção. Nessa interação, não consegui separar as duas vertentes de sua comunicação, pois a situação de grupo tornava praticamente impossível gerir uma comunicação tão íntima. A natureza do campo que se manifesta por meio do dinamismo da parte psicótica criou uma confusão suficiente para tornar muito difícil o pensamento diferenciado.

Considerando que diferentes partes de um estado dissociativo podem frequentemente ser totalmente opostas umas às outras, elas existem dentro de um domínio da lógica do transe, de modo que tais contradições não são necessariamente confusas. X e Y podem ser declarações completamente contraditórias, como a convicção de uma pessoa de que pode ser totalmente competente e totalmente incompetente. No domínio da lógica do transe, essas crenças opostas podem existir simultaneamente. Mas no caso de lidar com um complexo psicótico, X e Y representam estados mentais que não existem com equanimidade e que, combinados, ou se aniquilam mutuamente ou criam uma sensação de bizarrice. A sua oposição não pode ser tratada como se existisse um mundo hipnótico de lógica de transe; em vez disso, deixa a pessoa suspensa em um estado de confusão. O melhor que o analista pode fazer, no início da experiência desse estado, é ficar confuso. Mas é importante não se confundir por estar confuso. A confusão dentro do campo criado pela parte psicótica é o meio em que analista e analisando trabalham. Se o analista deixar de lado a confusão, estará propenso a sentir uma raiva impotente e tenderá a separar o analisando da área psicótica e levá-lo a um funcionamento mais competente. Essa cisão pode ocorrer quando o analista se envolve com as partes de um distúrbio dissociado; mas isso acontece normalmente quando se exaspera com as partes jovens dissociadas. Ou então a cisão no analista ocorre quando ele falha em reconhecer todo o sistema de partes e tende a tratar a pessoa como se uma parte fosse o todo, apenas para encontrar grande resistência e regressão como resultado. Sob o estresse de tais estados dissociativos induzidos, o analista pode tender a sentir o mesmo tipo de raiva impotente que ocorre quando ele está lidando com áreas psicóticas. Mas quando o analista recupera a sua orientação e encontra o tom de voz adequado que pode encorajar um sentimento seguro de ligação, a angústia que antes parecia catastrófica pode desaparecer rapidamente. Esse tipo de mudança não ocorre quando se lida com a área psicótica, em que os sentimentos catastróficos não se alteram tão rapidamente. Quando a natureza da divisão não está contida em um campo interativo e na imaginação do analista e quando sua capacidade de reter um si-mesmo em meio à confusão e aos ataques à possibilidade de relacionamento é perdida, então pode ocorrer uma regressão perigosa. Muitas vezes essa regressão resulta no colapso do tratamento e em lesões graves ao analisando.

Embora o material de uma pessoa dissociada possa parecer bizarro, essas comunicações podem parecer muito mais compreensíveis e significativas do que nos processos psicóticos. Por exemplo, uma mulher sonhou que estava comendo o cérebro exposto de uma pessoa deitada em uma mesa. Era o seu próprio cérebro, como pedaços de queijo. A imagem, no entanto, fazia sentido. Referia-se a como ela se dissociou durante o abuso, como seu cérebro foi programado e como ela foi obrigada a obliterar seus próprios pensamentos. Quer essa construção seja verdadeira ou falsa, o fato é que estava prontamente disponível como forma de pensar, enquanto em níveis psicóticos esse não seria o caso.

O papel da idealização defensiva na dinâmica da parte psicótica é especialmente importante. É empregado com extrema tenacidade para bloquear a experiência de ódio e raiva em relação a um objeto e para manter uma autoimagem ideal. Quando uma analisanda estava trabalhando com sua parte psicótica e suas defesas idealizadoras começaram a diminuir, ela sonhou com uma luz ofuscante que rapidamente se transformava em escuridão total. Esses opostos oscilavam rapidamente, criando medo e pânico e fazendo com que ela tentasse restaurar suas defesas idealizadoras. Outro analisando começou a ter alucinações com os dentes de um animal e, em várias ocasiões, vi imagens de sonhos ou alucinações reais em vigília em que o analisando tinha garras de animais. Quando esses estados aterrorizantes são vividos e contidos, ou seja, não representados por outra pessoa, em por exemplo, raiva extrema, então os opostos na parte psicótica podem se transformar. Objetos inanimados tornam-se animados; as formas animais de sangue frio progridem para as de sangue quente; e os animais se transformam para ter forma ou fala parcialmente humana.

Uma lógica peculiar de "nem um nem outro" na parte psicótica pode ser discernida quando os opostos dessa parte começam a assumir uma forma mais significativa, na qual seu *status* de antimundos começa a mudar e os opostos se aproximam de uma função compensatória. Essa lógica também pode ser percebida nas profundezas da organização *borderline* e é explicada pela existência da parte psicótica nessa organização da personalidade. Por exemplo, uma mulher *borderline* que tinha trabalhado com sucesso por meio de uma série de defesas que escondiam a parte psicótica, nomeadamente a idealização, falou sobre não se sentir morta, mas não se sentir viva. Ela disse que não se sentia cheia nem se sentia vazia. Em vez disso, qualquer realidade era sentida em um estado desconcertante de não ser nem X nem não X. Esse estado de suspensão dominava.

Esse estado de suspensão é frequentemente encontrado com mais força nas tentativas de recordação de incesto entre as vítimas de abuso. A pessoa geralmente será atormentada pela questão: "aconteceu ou não aconteceu?" ou "estou inventando tudo isso?" Mas a questão é que o que quer que tenha acontecido emerge primeiro de um setor psicótico, em que o analista não pode experimentar nem o que aconteceu nem o que não aconteceu. Regras de suspensão são um estado severamente oposto por mecanismos paranoicos que não toleram a ambiguidade. No entanto, o analista deve ser capaz de conter a questão de saber se aconteceu ou não, tolerando exatamente esse estado de suspensão ambígua.

Como resultado da divisão e dos opostos incompatíveis dentro das áreas psicóticas, as pessoas com áreas psicóticas fortes tendem a criar mensagens duplas em suas comunicações. E, reciprocamente, as áreas psicóticas são frequentemente formadas como uma defesa contra o fato de serem objeto de mensagens duplas.

O trauma desempenha um papel importante na formação de áreas psicóticas. Com o tempo, essas áreas podem se tornar "lugares" para onde o ego regride para evitar a dor de uma parte jovem que retém a memória do trauma. Por exemplo, uma mulher começou a sentir medo de expressar qualquer necessidade. Mas esse medo era de tais proporções, e baseado em um trauma contínuo com a sua mãe, que às vezes era psicótica, que sempre que ela começava a sentir necessidade do meu apoio, o campo entre nós rapidamente se fragmentava e eu mal conseguia me concentrar em qualquer coisa que ela dissesse.

Fora do estado de apreensão dos opostos, uma pessoa pode aprender a respeitar a existência da parte psicótica e mudar de acordo com isso. Psicologicamente um sacrifício está envolvido, uma consciência de ser limitado pela sua existência. Na análise, o terapeuta deve se submeter ao estado de limitação, especialmente pela lógica do "nem um nem outro" e pela cisão extrema na parte psicótica, estados mentais que desafiam completamente qualquer um dos sentimentos de onipotência do analista. Mas por meio dessa aceitação da limitação, surge um sentido de estrutura interior de si mesmo e de uma vida interior da alma, tanto para o analista quanto para o analisando. Além disso, tanto o analista quanto o analisando podem aprender como viver perto das energias da parte psicótica tem uma estranha capacidade de abrir o coração, de criar uma consciência centrada no coração, na qual o reino imaginário é uma poderosa realidade psíquica e um meio de "ver" o que anteriormente estava vedado.

A parte psicótica e a transferência que ela cria podem assim ser reunidas. Para alcançar essa relativa estabilidade, o analista deve trabalhar repetidamente as dinâmicas que venho enumerando, pois a natureza mercurial da parte psicótica pode induzir a atenção e a consciência a desviarem do tumulto e da profundidade dessa área. Mas o esforço contínuo conduzirá frequentemente a uma relativa estabilidade no acesso a essa parte do analisando, um estado que depende não apenas da dinâmica arquetípica do nível psicótico, mas também da vontade do analista de acessar continuamente seus próprios estados mentais psicóticos. Quando a transferência e a contratransferência são reunidas, o analisando experimenta um certo grau de contenção para poder enfrentar a natureza mais profunda da parte psicótica.

No decorrer desse procedimento de coleta, analista e analisando podem experimentar não apenas um esgotamento emocional, mas também estados que não podem ser considerados nem mentais nem físicos. Em vez disso, são um pouco de cada e são conhecidos de maneira mais pungente em um sentimento de dor que parece não ter limite. Muitos experimentam essa dor na região do peito, como um estado em que o Outro – pessoa ou Deus – está ausente. Não há nada além de uma agonia de pavor, uma experiência que beira uma não experiência e leva muitos a acreditar que estão, nesse terrível inferno interior, afligidos por sentimentos e percepções não assimilados de uma vida inteira. Esses estados não metabolizados ocorrem sem imagens, apenas com dor e terror perante sua aparente infinidade. Esse nível recorda a noção de Jung de que a psique se estende ao longo de estados delimitados pelo "nível psicoide", um espectro definido e limitado por uma extremidade vermelha do processo instintivo e somático e uma extremidade violeta do processo mental e espiritual. No nível psicótico, esses opostos se combinam ou nunca estiveram separados.

Quando o nível psicótico está suficientemente reunido, torna-se evidente como a ausência de vínculo abre as portas para o terror desse nível. Dizer que essa ausência "causa" a existência desse nível é errado, porque esses domínios são arquetípicos, anteriores à criação no sentido de estruturas temporalmente adquiridas ou da ausência do que deveria ter se desenvolvido. Mas os problemas de vínculo são especialmente evidentes em termos de falta de contenção que o nível psicótico introduz na consciência do ego.

A minha experiência me diz que uma qualidade de especial importância que surge na sequência de problemas de ligação é um masoquismo muito profundo. A pessoa reage ao buraco negro da psicose (Grotstein, 1990) com uma esponja negra do masoquismo. Para neutralizar o vazio do vínculo, a pessoa se conecta a tudo o que sente como errado, seja o que for errado. Tudo, desde as menores mudanças de interesse ou atenção por parte do objeto, reais ou distorcidas por meio de processos paranoicos, até ataques diretos de culpa por parte do objeto, é absorvido em um nível muito profundo. Esse é um fenômeno central da parte psicótica, e um dos horrores dessa dinâmica é que ela ocorre de forma bastante autônoma. Descrever esse nível de masoquismo como dominado pelo arquétipo do "bode expiatório" é inapropriado ou é uma espécie de palavra mágica que atenua o horror do fato de que, em algum momento, somos todos esponjas para qualquer coisa que percebamos como obscura ou errada. A pessoa com um forte componente psicótico é governada por esse estado ao máximo. Ela se conecta por meio dessa qualidade masoquista e não sente contato com outra pessoa. A dor da falta de contato toma o seu lugar. Vincular-se de maneira genuína significa confiar em outra pessoa nesse nível, um estado totalmente alheio e que só se torna uma imagem e uma possibilidade quando o nível psicótico é exposto e contido.

Por meio dos afetos da parte psicótica, não apenas as relações objetais são distorcidas, mas também os limites do ego podem mudar rapidamente, de modo que uma pessoa pode sentir que está ocupando todo o espaço ou nenhum espaço. Para evitar perder totalmente o sentido de identidade, o analisando pode se cortar ou abusar de si mesmo ou agir de outras maneiras autodestrutivas. Sentimentos de catástrofe podem ter um fundo crônico, muitas vezes de baixo nível, irrompendo de maneiras chocantes, como acreditar que qualquer coisa que alguém disser será totalmente destrutiva. Sentir necessidades de qualquer tipo pode ser equivalente a sentir-se ameaçado de ser morto. Sob o impacto da parte psicótica, a transferência pode tornar-se psicótica. Por exemplo, o analisando pode acreditar que o analista é o pai invejoso ou destrutivo. Para o analista, uma característica central dessa transferência é a percepção da bizarrice do analisando quando sua parte psicótica é ativada.

Experiências da loucura

A experiência da transferência psicótica é fugaz e facilmente descartada tanto pelo analista quanto pelo analisando. Por exemplo, um analisando do sexo masculino que sofria de uma queixa ao longo da vida de ansiedade, medo de intimidade e falta de realizações de seus talentos inatos, apresentou material psicótico no qual a aniquilação dos opostos criou uma confusão considerável para mim. Em uma sessão, enquanto tentava me concentrar nele, minha mente não apenas vagou, como também ficou em branco quando tentei focar novamente em sua comunicação. Retive muito pouco dessa troca e achei impossível manter um processo linear e discursivo no seguimento de seus pensamentos. Em contraste com a dissociação que é neurótica, na qual a pessoa vagueia em fantasias ou pensamentos coerentes, nesse nível psicótico meus pensamentos foram lançados na incoerência, e qualquer sequenciamento causal era extremamente difícil. Se eu fizesse um esforço supremo para me concentrar e tentasse organizar a minha mente, descobriria que meus pensamentos se tornavam tão densos que não faziam sentido. Embora nesse caso eu tenha trabalhado pouco com o estado desordenado, meu ou dele, e basicamente o tenha deixado oscilar de uma forma rítmica, com áreas de narrativa clara pontuando os episódios caóticos, ele se beneficiou ao ver que eu era realmente afetado por ele.

Em outra sessão, o mesmo tipo de fragmentação começou e, dessa vez, consegui interromper meu próprio processo dissociativo e notei que meu analisando também estava em um forte estado dissociativo. Ele comparou esse estado ao que sempre ocorria com sua mãe. Sugeri então que ele pintasse ou desenhasse esse estado. Diante dessa sugestão, ele endureceu e, de uma forma que não lhe era nada característica, tornou-se antagônico. O campo entre nós tornou-se subitamente hostil. Perguntei sobre tal hostilidade e ele disse que o pedir para fazer qualquer coisa o lembrava de sua mãe. Mas algo mais estava em jogo. Eu sugeri a ele que fizesse alguns desenhos, ou seja, encontrasse ativamente essa área por conta própria, pois ela se intrometia em sua vida cotidiana. Por um breve instante ele perdeu a noção de quem eu era e acreditou que eu fosse a sua mãe. Quando ele recuperou seu senso de quem eu realmente era, ficou apavorado. Ficou evidente que esse processo dissociativo, que literalmente destruiu sua capacidade de pensar, era em si uma defesa contra esse estado de fundo mais bizarro em que os objetos perdiam sua realidade à medida que eram assimilados por sua imagem materna interna. Ao envolver-se ativamente nessas áreas loucas, gradualmente, uma sensação de contenção surgiu e seus estados psicóticos diminuíram.

Geralmente, esses níveis caóticos de experiência passam com o tempo, muitas vezes em um curto espaço de tempo, ou então permanecem como uma espécie de presença que cria uma nebulosidade na interação analítica, uma sensação de falta de "real existência" de ambas as pessoas, mesmo que um diálogo possa ser realizado, os sonhos possam ser interpretados e os acontecimentos externos considerados. Existe um espectro desses estados, que vai desde uma forte perturbação na mente do analista, que impede qualquer concentração durante a sessão, até uma perturbação menor, representada por um estado de nebulosidade em que, muitas vezes, ainda se consegue funcionar. Esses estados são sintomáticos de uma área de loucura que é defendida com mais sucesso do que no caso da psicose, mas a loucura continua a dominar o campo interativo e pode ser facilmente negada tanto pelo analista quanto pelo analisando. O analista pode apelar para o lado mais racional do analisando, assim como um cientista tende a procurar regularidade em vez do caos em sistemas físicos.

A natureza de uma área louca é muito efêmera e difícil de ser capturada e mantida na consciência. Por exemplo, Nell, uma analisanda que sofria de um transtorno esquizoide ao longo da vida, estava apresentando seu problema em uma sessão de grupo analítico. Em um determinado momento, um dos membros do grupo perguntou-lhe onde sua raiva se encaixava na imagem que estava apresentando. "Não posso lidar com isso agora", Nell respondeu, como se não pudesse tolerar qualquer interrupção em sua apresentação. Em resposta, outra pessoa do grupo comentou: "Quando você diz isso, eu me sinto de alguma forma desconsiderada, como se de repente você tivesse assumido totalmente o controle e eu realmente não soubesse o que aconteceu". Ainda, outra pessoa no grupo acrescentou:

> *Da última vez, fiquei tão indignado com você que realmente me perdi. Não sei por que fiquei tão furioso, mas por um momento fiquei totalmente fora de controle e me senti e me sinto humilhado pelo que fiz e disse. Tudo o que eu consegui perceber é que, da última vez, me senti totalmente descartado. De certa forma, isso me lembra meu pai, mas não exatamente. E eu realmente não entendo completamente a minha reação que foi tão extrema, como se eu tivesse um pequeno episódio psicótico.*

Enquanto Nell e as outras pessoas do grupo refletiam sobre suas reações, comecei a pensar sobre a minha experiência com ela e me lembrei de ter sentido algo semelhante na maneira como ela recebia essas informações, nas formas como eu havia experimentado ser menosprezado e controlado. Eu me lembrei das vezes que ela disse: "eu não posso lidar com isso agora". Nessas ocasiões, por um instante, existia uma estranheza desconfortável em relação à forma como ela havia assumido o controle, mas eu ignorava isso no contexto de seu pedido simultâneo para "simplesmente continuar" e não tratar de um problema que tinha surgido. Eu não prestei atenção em como o comentário dela era estranho. Por um lado, ela parecia alegar que estava tão fraca que facilmente perdia a linha de raciocínio; por outro, ela estava dominando o que deveria e não deveria ser discutido. Mas o comportamento de Nell era mais do que uma simples incoerência entre fraqueza e força, o seu tom de "não consigo lidar com isso" *versus* a sua atitude de "assumir o controle e desdenhar".

No grupo, enquanto eu me concentrava em sua exigência de "simplesmente continuar", algo sobre ela e o que ela estava dizendo não foi computado ou metabolizado prontamente. De fato, prevaleceu um sentimento de bizarrice. Senti que um pedaço da sessão foi aniquilado e, em seu lugar, um espaço em branco passou a existir. Além disso, se agora, como grupo, continuássemos a fazer o que ela queria, eu sentia que algo não tinha sido digerido, como se uma pedra tivesse sido engolida. No entanto, todos parecíamos sentir um desejo avassalador de que essa sensação desconfortável e uma qualidade de vazio mental que a acompanhava simplesmente passassem. Enquanto todos nós estávamos tentando resolver não apenas as experiências que as duas pessoas do grupo acima mencionadas tiveram com o comportamento de Nell, além dos nossos próprios sentimentos e estados, Nell sugeriu que dizer coisas aparentemente desdenhosas a fazia se sentir muito forte. Ela acrescentou que sobretudo nesses momentos sabia que tinha duas partes nela: uma menininha apavorada e uma adulta muito forte.

Quando ela apresentou essa ideia, a sensação de estranheza perturbadora começou a evaporar, assim como qualquer lembrança da confusão dos momentos anteriores. Agora, ao que parece, ela tinha explicado o que lhe acontecia e, mais uma vez, poderíamos continuar. Todos nós poderíamos reconhecer que tínhamos uma tendência a não saber nem querer explorar mais. Mas quando a sensação de estranheza começou a se dissipar, consegui pegá-la, como se um espírito partindo estivesse enganando a todos nós e, pelo menos naquele momento, não tivesse conseguido escapar. As reflexões iniciais das duas pessoas tinham preparado o terreno para a apreensão desse espírito trapaceiro, embora agora elas estivessem felizes por se livrar de sua experiência com ele, a experiência de Nell era muito incômoda para o grupo e desafiava muito a forma conhecida.

Mal me agarrei à consciência que tinha tido um momento antes, consegui recuperar meu sentimento de perplexidade. Reconheci então que não se tratava apenas de Nell ter dois aspectos – uma criança pequena e assustada e uma adulta forte e poderosa. Em vez disso a estranheza foi no sentido de que essas duas qualidades estavam fundidas em uma única unidade. Essa fusão de poder e impotência, de fraqueza e controle total, de fragilidade e estrutura de aço, de necessidade e rejeição total da necessidade, tinha dominado o momento. E o fato de esses opostos não se combinarem nem se separarem era muito estranho. De outro modo, surgiu uma qualidade bizarra, tão perturbadora para as percepções normais de alguém que a tendência de todos foi apenas de deixar o momento passar. Capturar o momento no grupo foi extremamente difícil: quem quer captar a dor física e a desorientação para vislumbrar um fragmento do significado do que está acontecendo? Em vez disso, cada um de nós poderia separar nossas mentes desordenadas de nossa dor física: uma sensação de punhalada no peito para mim; uma sensação de embrulho no estômago para outro; e uma pontada de náusea para outro membro do grupo. E nessa divisão mente-corpo poderíamos perder, em um segundo, a consciência da criatura fantasmagórica que apareceu tão brevemente.

O foco nesse episódio é um paralelo com o que os alquimistas da Renascença chamavam de "consertar" Mercurius, a criatura selvagem, astuta, perversa e demoníaca que voa de pessoa para pessoa causando estragos, mas que é a fonte de redenção de qualquer consciência velha e presa. Para a nossa situação de grupo, "consertar" Mercurius significava reunir tanto uma sensação de dor física quanto uma confusão mental e um vazio. Só então a bizarrice do momento poderia ser capturada.

Só assim conseguimos perceber um paradoxo na vida de Nell e também do grupo. Na medida em que conseguimos "consertar" Mercurius, pudemos compreender como qualidades totalmente incompatíveis podem se combinar, embora de uma maneira muito estranha e aniquiladora de significado. Na alquimia, a apreensão desse paradoxo destrutivo torna-se a porta para a sua transformação em um paradoxo criativo. Os alquimistas desenhavam seus hermafroditas como estados mentais negativos, degradadores de energia e criadores de desordem que, no entanto, podiam se transformar em um hermafrodita positivo que representava uma ordem nova e transcendente. No hermafrodita negativo, os dois opostos nunca se fundem ou emergem em um terceiro estado simbólico; em vez disso, os opostos mantêm sua separação como duas metades separadas unidas uma à outra. Na fase hermafrodita positiva, ocorre uma verdadeira transformação e o Dois torna-se um Terceiro. Um objetivo da obra alquímica, que não é fácil de alcançar, exige que um indivíduo passe pela própria confusão, o caos alquímico, que era a condição *sine qua non* para a transformação e que vislumbramos no pouco de loucura de Nell.

Nell, com seu jeito um tanto arrogante, tinha carregado esse elemento de loucura para todos nós do grupo. Agora tínhamos a chance de cada um ver tais estados dentro de si. A pessoa que tinha ficado tão furiosa por se sentir desconsiderada, por exemplo, teve de aceitar o fato de que ter ficado tão brava essencialmente significou um breve episódio psicótico em sua própria vida. Por um momento durante o incidente, toda a realidade sobre quem era Nell desapareceu para ela. Ela podia começar a ver não apenas que isso havia sido desencadeado por ser desconsiderada, mas também que a forma bizarra como isso foi feito revelou uma área um tanto louca em si mesma. As pessoas que enfrentam essas áreas tendem a ficar assustadas, pois as áreas de loucura atacam qualquer sentido de ordem e significado; e muitas vezes a resposta defensiva de alguém é ficar com muita raiva. Por sua vez, essa raiva é representada ou é masoquistamente voltada contra si mesmo. É raro que alguém que é objeto das partes loucas de outro olhe para a sua própria loucura. No entanto, nesse grupo, essa dinâmica podia agora ser observada por qualquer pessoa aberta a tal exploração. Mas essa exploração dependia de se apegar ao indescritível sentido de loucura, o sentido de estranheza que tinha – como o deus louco Dionísio – entrado no grupo. Ao entrar em uma província sem ser convidado, Dionísio pode purificar aqueles que aceitam a sua loucura, mas torna-se perigoso para aqueles que o rejeitam. Assim, o grupo tinha experimentado uma espécie de visita do deus da loucura. Poderíamos rejeitá-lo simplesmente negando sua existência ou fazendo dela uma ordem muito simples – reconhecendo apenas a presença de dois estados. Na verdade, essa negação quase aconteceu quando Nell disse ao grupo que sabia que tinha duas partes. De repente, a natureza bizarra do momento mudou, como se essa qualidade nunca tivesse existido.

Capturar esses momentos é extremamente difícil. Se Nell não estivesse disposta a participar do esforço de voltar à estranheza de sua comunicação, qualquer tentativa de fazê-lo pelos membros do grupo teria sido experimentada como perseguição. Mas a natureza astuta de seu setor louco ainda estava certamente indomável. Todos nós começamos a prosseguir com a sessão de grupo quando ela pediu ao grupo que assinalasse sempre que a sentíssemos das formas que estávamos explorando. Mais uma vez uma estranheza tortuosa invadiu a sala. Poderíamos e desejávamos evitar isso por meio da separação, mas o grupo conseguiu tentar aguentar a sensação estranha do novo pedido de Nell. Naquele momento todos estavam muito cansados. Perguntar se ela realmente queria continuar essa exploração parecia um tanto inútil. Sentimo-nos como se estivéssemos andando em círculos. Uma tremenda confusão foi causada pelo fato de que seu pedido, aparentemente racional, foi acompanhado por um sentimento extremamente irracional (que todos nós compartilhamos) de que ela estava totalmente relutante em explorar o que pediu. Ela tentou ajudar e acabou dizendo: "Eu sei que tenho esses dois lados". Nessa altura, sua declaração se tornou até mesmo engraçada. Agora, ela também podia ver que muito mais estava acontecendo do que ela poderia apreender no momento.

O que se pode ganhar com essa exploração? Para usar uma metáfora alquímica, será que o esquivo Mercurius tinha simplesmente escapado mais uma vez? Estaríamos melhor se tivéssemos permitido que a divisão governasse? A minha própria experiência me diz que a psique é, pelo menos por vezes, mais generosa do que isso. Agarrar-se a momentos de loucura, mesmo que eles desapareçam, e depois recuperá-los, uma e outra vez, tem um efeito transformador. De certa forma, a contenção da loucura, ainda que por pouco tempo, cria algo precioso – uma gota de um elixir – e desde que se mantenha a fé e se permita que o processo se dissolva e, com um esforço ativo, se coagule repetidamente, esse elixir pode ter um efeito poderoso sobre o nível caótico que tem sido tão perseguidor.

A atenção ao meu próprio estado nebuloso e dissociado ajudou um analisando a aumentar a sua capacidade de reconhecer o poder limitante de sua área psicótica. Esse homem sofria de uma série de fracassos nos relacionamentos e de um sentimento crescente de alienação. Ele começou a sessão com a observação de que sentia que precisava desenvolver um relacionamento melhor com um de seus filhos. Recebi essa declaração aparentemente admirável com uma nebulosidade mental dentro da qual eu poderia facilmente ter perdido o contato, permitindo que ele passasse para outro assunto, como estava prestes a fazer. Dentro desse espaço nebuloso eu também tendia a esquecer imediatamente o que ele tinha acabado de dizer. Antes dessa sessão, a análise havia descoberto seu setor psicótico que havia sido anteriormente ocultado pelo seu grande sofrimento, suas defesas de cisão, sua inteligência e sua perspicácia psicológica. Mas eventualmente ficou evidente que quando ele era autoritário e implacável com os outros, por exemplo, ao impor suas ideias aos seus funcionários, ele estava atuando por meio de uma projeção em que essas pessoas eram na verdade a sua mãe, que tinha sido psicótica em sua vida. Como resultado desse trabalho anterior, eu me perguntei se minhas tendências dissociativas com ele eram um sinal de que sua parte psicótica talvez estivesse por trás de sua preocupação recém-descoberta com seus filhos. Então, perguntei por que ele achava que deveria consertar seu relacionamento. Ele ficou surpreso com a minha pergunta, pois para ele era uma coisa óbvia a fazer. Mas, recordando a nossa sessão anterior, em que descobriu as suas partes psicóticas, ele pôde reconhecer que o seu comportamento autoritário, que cruelmente não conseguiu ver a realidade do seu filho durante muitos anos, tinha sido em grande parte responsável pela criação do relacionamento problemático que agora lhe causava tanto sofrimento. Quando ele reuniu coragem suficiente para ser capaz de reconhecer que essas partes psicóticas ainda estavam bastante vivas e mal integradas, teve de concluir que essa reparação estava longe de ser fácil e provavelmente, pelo menos por enquanto, ilusória. Essa consciência criou um desconforto considerável para ele e uma raiva em relação a mim por ter ajudado a emergir essa consciência de seu comportamento exagerado ou narcisista. Mas essa consciência também o levou a perceber o quão limitado ele era por essa característica de sombra escura.

Ele então teve um sonho extraordinário em que encontrou uma criança do sexo feminino mal-formada. A criança estava muito triste enquanto tentava, sem sucesso, tocar as próprias orelhas. Ele pegou a criança e ajudou-a a tocar as orelhas, e quando ela o fez, ficou radiante de alegria. O sonho representava uma reparação interna da capacidade de ouvir, o próprio ato que tinha sido impedido por sua grandiosidade. Esse ato transformador foi facilitado pela sua capacidade de se sentir limitado pelas suas partes psicóticas. Finalmente, por meio da experiência de ser limitado por suas partes psicóticas, surgiram os motivos para ouvir os outros, e o sentido de identidade que sempre o iludiu começou a criar raízes em sua psique.

Contenção de qualidades destrutivas e delirantes de partes loucas

Áreas loucas não integradas podem ser muito destrutivas. Por exemplo, um homem que estava tentando construir uma carreira no mercado de ações começou uma sessão comigo falando sobre seus conflitos no trabalho e logo descobri que estava meio atordoado. Minha mente não conseguiu segui-lo por mais do que alguns segundos. Observei esse estado, tentei o máximo que pude para me concentrar nele e notei como não conseguia. Deixei que essa dissociação continuasse por talvez dez minutos, agarrando-me a áreas de estabilidade no seu discurso, construindo uma espécie de narrativa a partir dessas ilhas de clareza e notando também que eu estava essencialmente confuso sobre o que ele estava dizendo. Essa confusão foi caracterizada pela minha incapacidade de lembrar quem eram certas pessoas em sua narrativa, e eu não tinha certeza se poderia dizer qualquer coisa sem revelar que não tinha seguido o que ele tinha acabado de dizer. Eu poderia lutar com essa confusão de uma maneira um tanto heroica, trabalhando para dominar meu próprio estado mental caótico e, no processo, discernir sobre o que ele estava falando, mas eu parecia falhar miseravelmente. Em vez disso, decidi me concentrar no que estava acontecendo com a minha mente naquele momento. Percebi que minha mente parecia estar sendo fraturada. Então, perguntei se ele se sentia sob algum tipo de ataque interno e se sua mente estava sendo fraturada em pequenas partes, criando uma desordem enquanto ele falava. Ele prontamente reconheceu esse ataque interior, me perguntou como eu sabia e admitiu sentir vergonha dessa experiência, muitas vezes crônica.

Assim, eu tinha pelo menos estabelecido que existia um estado muito caótico entre nós, e certamente um estado que muitas vezes comandava os seus próprios processos mentais. Dei então o passo seguinte de reflexão, para mim mesmo, sobre quais estados mentais opostos estavam presentes em seu estado caótico. Dentro da fragmentação e inconsciência que dominavam, eu poderia discernir os opostos? Fazer essa pergunta diretamente a ele o ajudou a se tornar menos caótico e fez com que ele pensasse sobre um relacionamento que teve.

Ele agora podia associar estados opostos com uma ex-namorada, com quem tinha discussões violentas, depois se sentia excitado e transava. Mas não era assim tão simples, porque o sexo e o estado de amor que sentia por um momento eram rapidamente corrompidos. Era como se o ódio que sentia rapidamente contaminasse o Eros emergente. Ele então poderia associar o fato a condições semelhantes com a sua mãe. Nunca tinha sentido realmente um amor que fosse apenas amor. Em vez disso, o amor que ele sentia era corrupto, vil e não era digno de confiança como sentimento positivo. Assim, ao indagar sobre os opostos, surgiu uma espécie de ordem. Agora era possível eu me concentrar nele e ele em mim. Ainda existia alguma nebulosidade, mas não tanto quanto a que existia anteriormente. À medida que ele se tornava mais racional nas suas reflexões, a sensação de caos entre nós voltava. Havia essa periodicidade na experiência do caos, que era previsível no sentido de resultar de qualquer divisão mente-corpo.

De certa forma, eu ganhei uma espécie de recipiente para a sua experiência. Existiam opostos, mas enquanto ele estava de um lado, por exemplo, sentindo amor, ele poderia pular rápida e repentinamente para outro lado em que amor e ódio se fundiam. Então ele poderia passar a sentir ódio sozinho, lembrando-se, por exemplo, de certas experiências da infância, e mais ordem surgia, e até mesmo uma sensação de conexão – Eros entre nós – e depois um retorno à nebulosidade à medida que isso desaparecia. Estaríamos, na linguagem da Teoria do Caos, em um "atrativo estranho"? Qualquer pequena mudança em minha atenção fazia com que qualquer ordem existente se desfocasse ou mudasse. Todo o processo exigia uma quietude. Mas tinha uma forma, embora uma forma que deveria ser descoberta repetidas vezes.

A área louca desse analisando teve um efeito terrivelmente prejudicial em seu trabalho como corretor da bolsa, e identificá-la e começar a contê-la levou à seguinte consciência sobre seu comportamento autodestrutivo:

> *Se eu obtiver lucro, o mercado vai reverter e as próximas posições a entrar serão ruins. Por isso, tenho de manter a minha posição, apesar de todos os indicadores dizerem que não o devo fazer. Agora está claro que eu deveria ter saído antes, mas não saí. Perdi. Mas não posso sair agora e não posso ficar. Ficar é uma estupidez. Só um milagre poderia me salvar.*

Se o mercado estava caindo e ele estava "limitado", ou seja, especulando que iria cair ainda mais, ele poderia ir bem porque os outros, os que estavam em ações, por exemplo, estavam perdendo porque estavam comprando. Então, ao ficar limitado, ele estava se separando dos outros, neste caso dos perdedores. Mas se o mercado subisse, ele não poderia mudar e entrar em outra posição, pois isso significaria juntar-se aos outros que estavam ganhando. De modo geral, o ponto é que ele deve ser capaz de se sentir separado dos outros, "ser um indivíduo", em suas palavras. Somente em uma recessão do mercado ele pode sentir essa individualidade. Assim, ele pode ganhar milhares de dólares quando o mercado está caindo, mas quando muda, ele mantém sua posição vendida, confiante de que o mercado cairá novamente, apesar de todos os indicadores técnicos em que acredita mostrarem o contrário. Ele foi dominado por essa atitude e sempre perdeu tudo o que ganhou e muito mais. E nada o detinha. Durante todo o tempo, perdeu milhares de dólares. Mudar e acompanhar os vencedores, ser um deles, significava para ele ser como um empregado, assim como seguir seu próprio sistema. "Eu não! Sou uma pessoa singular!" ele exclamou, com um ar de autozombaria que não conseguia esconder sua bizarra verdade.

Esse comportamento autodestrutivo era gerido pela sua área psicótica. Dentro desse setor de seu ser, ele foi atormentado por um desejo insaciável de se fundir com sua mãe e por uma vontade igualmente poderosa de se separar. Ficar com qualquer representação dela significava a morte para ele, pois ele estava em um estado impossível de ansiar por algo que nunca existiu, ou seja, o amor e o cuidado de que precisava para prosperar. Em vez disso, esses elementos estavam ausentes e uma mãe rígida e sedenta de poder era tudo o que ele conhecia. Assim, ficou fundido, em sua área psicótica, com uma ausência, e ao mesmo tempo tentou fugir desse estado impossível, sempre falhando, sempre cometendo suicídio psíquico. Em sua negociação, seguir uma tendência vencedora que incluía os outros era juntar-se a eles, o que o fazia sentir o terror e o tormento da fusão com a ausência de amor e com a subserviência total. Só a separação era segura, e ele se separou a todo custo, um ato realizado apenas por meio de crenças delirantes e de um comportamento financeiramente suicida. Ele conseguiu essa separação por meio de um sentimento de fundo de onipotência e onisciência. Ele sabia mais; os outros investidores eram "otários". E milhares e milhares de dólares perdidos dificilmente diminuíram seu sistema de crenças. Fazer qualquer coisa no sentido de se juntar aos outros, inventar um sistema que pudesse funcionar e seguir uma tendência que os outros estavam seguindo, para ele era o mesmo que juntar-se à sua mãe. A separação, de qualquer maneira possível, parecia uma necessidade absoluta. Enquanto para muitas pessoas ganhar seria um ato de separação, para ele poderia significar sua subserviência.

As partes psicóticas nem sempre podem ser integradas, nem o seu acolhimento conduzirá invariavelmente a um si-mesmo integrado. Essa seria uma atitude insensata e excessivamente otimista, conforme ilustra o exemplo seguinte.

Um homem que passou por muitos anos de análise junguiana e que sofreu anos de abusos sexuais e agressivos por parte de seu pai frequentemente tinha sonhos extraordinários sobre si mesmo. Em uma sessão, ele contou um sonho muito perturbador:

> *Peguei um pedaço de carbono negro radioativo que tinha um brilho vermelho interno... contanto que eu me movesse com ele e não o colocasse no chão, ele não explodiria. Eu me perguntei quanto tempo duraria o seu ciclo de vida. Por quanto tempo manteria esse calor? Como deveria descartá-lo? Eu não sabia a resposta para nenhuma dessas perguntas. Ocorreu-me que poderia jogá-lo no mar, mas optei por não fazer isso.*

O carbono (a fonte de um futuro diamante), com seu centro brilhante e radioativo, é uma imagem da autoestrutura desse homem dentro de um processo psicótico, simbolizado pela radioatividade. Essa instabilidade fica evidente no sonho, pois não se pode carregar material radioativo sem ser envenenado. Esse homem recorria frequentemente a identificações infladas com uma imagem paternal rígida e compulsiva para se proteger. Para ele, o si-mesmo era uma realidade apenas em alguns momentos e nunca poderia se tornar corporificado.

Mas, mesmo em casos menos graves, quando o analista encontra o setor psicótico de um analisando, ambos frequentemente se perguntam como algo curador pode surgir de experiências de ansiedade, terror, inveja, confusão e humilhação avassaladoras que continuamente reduzem a pessoa a um funcionamento marginal. Essa preocupação está sempre presente em qualquer processo analítico. Mas, por vezes, os sonhos podem nos dizer que estamos em um caminho positivo, apesar da presença do caos na experiência do analisando (Schwartz-Salant, 1982, p. 53-60).

Durante um processo muito perigoso e assustador, uma mulher que sofria de graves crises de confiança paranoica sonhou:

> *Devo estudar, observar e cuidar de uma mulher louca – ela fará coisas que os outros não fariam. Há um grande senso de seriedade. Devo cuidar para que ela chegue em segurança ao outro lado porque é louca e ousada. Em sua loucura está sua ousadia.*

A coragem da analisanda de arriscar expor sua loucura paranoica em análise, apesar de seus medos de ser abandonada por mim, foi vital.

A parte psicótica que se projeta em outra pessoa ou que domina a organização do mundo interior do sujeito distorce a realidade. Geralmente imagens malévolas predominam e se combinam com qualidades de uma figura parental pessoal, muitas vezes produzindo objetos bizarros que parecem desafiar a compreensão. Quando uma pessoa começa a integrar sua parte psicótica, a consciência normal do ego dessa pessoa se expande, mas de uma forma perturbadora; porque o ego sabe que, na área de sua loucura, não controla os seus pensamentos e comportamentos. O campo afetivo da parte psicótica tenta sinalizar ao ego que ele pode agir de forma muito destrutiva dentro da ilusão de estar no controle. De certa forma, a parte psicótica é uma ferida aberta que alimenta a ilusão; mas a aceitação pelo ego tanto da limitação da sua própria consciência quanto da sua própria capacidade de controle pode produzir uma atitude de cuidado para com a alma. Como diz Lacan: "O Ser do homem não pode ser compreendido sem sua loucura, assim como não seria o ser do homem se não trouxesse em si a loucura como limite de sua liberdade" (1977).

O exemplo seguinte ilustra a natureza secreta e assassina de uma fantasia psicótica que tendia a se projetar no mundo e a distorcer as relações. Esses conteúdos extremos frequentemente são muito difíceis de serem reunidos em qualquer tipo de coerência porque não se encaixam na imagem ideal que o analista tem do analisando.

Por exemplo, depois de seis anos de psicoterapia comigo, um homem que estava tendo um desempenho muito abaixo das suas capacidades, tanto nos relacionamentos quanto no trabalho, e que sofria ataques de pânico quando tentava expandir seus horizontes, começou a descobrir níveis de ódio em relação ao seu pai que se baseavam em violência física extrema. Essas áreas foram dissociadas e a análise nunca havia conseguido enfocá-las anteriormente. Quando ele apanhava nunca gritava, tentando derrotar o pai dissociando-se da dor. Esse processo acabou se tornando uma cisão interna a partir da qual ele passou a negar a importância da violência. Foi um tanto chocante para nós dois começar a sentir os terríveis efeitos dos atos de seu pai, pois eles o deixaram extremamente desconfiado de todas as figuras de autoridade. Em suas interações com o mundo, o analisando sempre transformou inconscientemente as pessoas com quem interagia em seu pai. Os encontros futuros com as pessoas provocavam insônias e uma ansiedade quase avassaladora que desaparecia nos encontros reais, quando a realidade prevalecia e as projeções psicóticas diminuíam. Essa situação ao longo da vida foi ainda mais dolorosa porque ele era uma pessoa de inteligência e criatividade incomuns; mas ambas as qualidades foram realizadas apenas marginalmente no mundo como resultado da natureza psicótica, ou seja, distorcida da realidade de seu complexo paterno.

Durante uma sessão em particular, o analisando estava se referindo a algo que seu pai havia feito a ele e eu comecei a sentir uma raiva intensa de seu pai. Essa raiva era algo que eu havia experimentado antes e fui capaz de usar para ajudá-lo a controlar sua própria raiva e descobrir a violação que havia ocorrido. Mas repetir agora esse processo parecia-me redundante, pois não sentia que encontrar mais raiva pudesse ser proveitoso. Pelo contrário, tratava-se de alguma outra coisa. É sempre muito difícil descrever como se adquire o tipo de percepção que eu tinha naquele momento. Obter essa percepção requer a disposição de deixar de lado o "saber sobre" sua raiva em relação ao pai ou sua raiva em relação a mim na transferência e se abrir para o "não saber". Com essa intenção, surgiu uma nova percepção, o que eu chamaria de processos de "visão" em sua área psicótica. O analisando não apenas odiava ou queria matar seu pai, mas sob a influência da área psicótica ele realmente acreditava que havia assassinado seu pai. Um segredo profundo dentro dele estava sendo revelado: ele era um assassino, não apenas um homem cheio de raiva e de desejo de aniquilar seu pai.

Achei muito difícil vê-lo como um assassino. Mas era extremamente necessário para ele que eu visse e entendesse que carregava esse segredo obscuro e que ele tinha estruturado sua vida de maneira a evitar vê-lo ou que o vissem. Essa percepção foi acompanhada pela sensação de que, naquele momento, ele havia se tornado um estranho para mim.

Nesse caso, a diferença entre a cisão psicótica e a dissociação neurótica é evidente. O conteúdo psicótico, ou seja, de que ele realmente havia assassinado o pai, não foi derrotado pela dissociação neurótica. Em vez disso, o conteúdo psicótico pertencia a um nível mais profundo e primitivo – que os alquimistas retratavam como as águas inferiores da Fonte Mercurial, a primeira xilogravura ilustrada no *Rosarium Philosophorum*.

Esse tipo de distorção cria enormes dificuldades. Por exemplo, torna-se possível acreditar que os casos de violação física efetiva só parecem reais para a vítima por causa da força de tais distorções psicóticas internas. Para esse analisando, "seu assassinato" de seu pai era um segredo tão real quanto um assassinato real seria. Do mesmo modo, o incesto psíquico para uma vítima pode ser tão real quanto um incesto de fato. Assim, tanto o analisando quanto o analista podem facilmente ficar confusos sobre o que realmente aconteceu. Pode-se dizer então que tudo o que importa é a fantasia interior, uma vez que ela é tão poderosa. Infelizmente, tal redução não é útil, pois se algo realmente aconteceu e é negado, os acontecimentos instalam-se em uma área psicótica: a pessoa é levada a se sentir louca. Deve-se, portanto, recapturar a verdadeira percepção e história, tanto quanto possível, a fim de diminuir o poder da área psicótica e a necessidade de defesas de divisão que enfraquecem continuamente a pessoa.

Sempre vi esse homem como competente, colaborativo, aberto e corajoso. No entanto, durante a análise, ele parecia se desenvolver apenas em pequenos incrementos que não eram proporcionais à maneira como eu – e todos os outros em sua vida – o viam. Essa percepção positiva dele era uma sedução, resultado da forma como ele queria ser visto, em oposição ao assassino? Eu o via como uma pessoa totalmente honesta, alguém com quem sempre se podia contar para ser verdadeiro ou para tentar ser verdadeiro. Eu o tinha em alta estima. Ele realmente tinha essas qualidades. Em retrospectiva, conheci essas qualidades em outras pessoas que tinham uma forte área psicótica. Mas seria essa forma de vê-lo uma reação de contratransferência que representava um espelho da maneira como ele se via? Ele aprendeu a ver a si mesmo dessa maneira em vez da visão oposta que sempre o perseguiu? Essa autoimagem narcisista provou ser apenas um oposto dentro de um setor psicótico: a outra imagem total é a do assassino.

Antes dessa sessão, meu trabalho com ele era caracterizado por uma qualidade de desintegração que fazia minha atenção divagar e se fragmentar, a menos que eu me apegasse à percepção da qualidade de aniquilação que atuava em minha consciência. Ficar focado em todas as percepções que eu tinha dele durava pouco. A minha percepção mudava para outro foco e, nesse processo, era extremamente difícil lembrar do que tinha acontecido anteriormente. Um ato de vontade geralmente falhava, e eu só recuperava a memória do que tinha acontecido quando a minha percepção anterior oscilava de novo na minha consciência, como que por vontade própria. Então eu perdia a memória do estado anterior. No entanto, quando imaginei o seu segredo mais profundo – que ele era um assassino – essa oscilação desapareceu. Normalmente, sempre que eu perdia essa visão da sua loucura, a dinâmica dissociativa oscilante das antimundos retornava.

A descoberta de delírios em áreas psicóticas é muitas vezes extremamente importante. Por exemplo, depois de ter terminado um caso, uma analisanda não teve outras relações durante vários anos. Essa situação parecia estranha porque ela era atraente e nunca tinha passado tanto tempo sem ter uma relação. No decorrer da análise, ela revelou que se apegava a uma crença delirante de que o relacionamento não havia realmente terminado e que o homem voltaria. Na parte de sua mente associada à sua área psicótica, ela ainda estava com ele. Além disso, da mesma forma delirante, ela ainda estava com o pai. A totalidade dessa crença é tão estranha que faz com que o analista a veja como uma metáfora e não como um fato psíquico, como uma verdade que a pessoa não questiona, mas também não traz à consciência.

O analista deve aprender a olhar para as áreas de caos e tentar fornecer/descobrir o tipo de recipiente permitido pela dinâmica dessas áreas. Esse ato é um pré-requisito essencial para a mudança, pois a área psicótica é muitas vezes a *prima materia* e contém a chave para a transformação. Por isso, muitas vezes é necessário abordar as áreas caóticas quando são questões de fundo, nunca dominando completamente uma sessão nem fraturando completamente uma narrativa.

O problema que então se apresenta é como conter os estados mentais caóticos. Eles estão contidos na imaginação de outra pessoa, como no devaneio de uma mãe sobre a angústia de seu filho? Ou é necessário outro tipo de recipiente? A experiência mostra que a "terceira área", enquanto campo interativo, pode ser um recipiente extremamente criativo por meio do qual a vida interior do analisando e as percepções do analista podem ser amplamente esclarecidas e a relação entre analisando e analista aprofundada.

4

A dinâmica do campo interativo

Experiências do campo imaginário

Os afetos das partes loucas da personalidade têm um efeito indutivo tão forte que o ego individual do analista muitas vezes não consegue atender a esses afetos sem se dissociar e desaparecer dentro e fora de foco. Permitir que o processo entre analista e analisando exista em uma "terceira área" é um ato imaginário, criando na verdade um recipiente imaginário, que contém e permite experimentar partes fragmentadas de uma personalidade sem distorcer o seu mistério por meio de uma análise de propriedade de conteúdos e origem histórica. A noção de uma objetividade do processo não minimiza o mistério da subjetividade. Também não minimiza o perigo da falta de relação e da perda de particularidade que podem acompanhar as tentativas de estabelecer leis ou padrões objetivos de comportamento da psique. Mas não estou assumindo uma objetividade de processo no sentido das abordagens científicas da natureza, pois a objetividade do inconsciente coletivo não pode ser conhecida a não ser quando é experimentada por uma consciência individual. No entanto, essa experiência pode ser informada e aprofundada por uma consciência dos padrões que o inconsciente coletivo parece manifestar no contexto de qualquer intersecção subjetiva com os seus processos.

De acordo com Jung e von Franz, a chave para compreender a dinâmica mais profunda da "terceira área" como um domínio reside em uma visão qualitativa do "número". "Os números naturais parecem representar os padrões de movimento comuns, típicos e universalmente recorrentes, tanto da energia psíquica quanto da física", escreve von Franz (1974, p. 166). Jung empregou uma visão qualitativa do número em conjunto com o simbolismo alquímico para iluminar a complexidade mais profunda da transferência e da contratransferência. Ao fazê-lo, lançou essencialmente as bases para a noção de uma terceira área como um campo entre as pessoas e para a utilização do simbolismo alquímico como representante da transformação dos padrões de energia dentro do campo. Implicitamente, Jung reconheceu que o simbolismo alquímico é uma excelente fonte de informação sobre processos de transformação na terceira área. Mais especificamente, Jung e von Franz descobriram o que os antigos alquimistas tinham reconhecido centenas e talvez milhares de anos antes deles – que os processos de transformação na terceira área, ou corpo sutil, como os alquimistas chamavam, podem ser vistos como padrões de energia que envolvem a interação de números qualitativos de um a quatro.

A proposição numérica alquímica que diz respeito especialmente à dinâmica de campo é chamada "o axioma de Maria". Jung (1954, 1963, 1968) e von Franz (1974) enfrentaram o assunto e eu também o discuti com especial referência à questão clínica da identificação projetiva (Schwartz-Salant, 1988, 1989). O axioma, um exemplo da lógica qualitativa das culturas pré-científicas, é o seguinte:

> Do Um vem o Dois, do Dois vem o Três, e do Três vem o Quatro como o Um.

O "Um" significa um estado anterior a uma ordem estabelecida, por exemplo, o caos da alquimia, ou a forma como uma sessão analítica é vivenciada em sua fase inicial. Os alquimistas falam de estados mentais que ocorrem "antes do segundo dia", ou seja, antes dos opostos se separarem. Esse estado de Unidade é vivenciado como desordenado e confuso. Somente por meio do trabalho imaginário de percepção das correntes e tensões no seu interior é que os opostos podem ser apreendidos.

O "Dois" é o começo da compreensão do fenômeno, o surgimento de um par de opostos. Nesse estágio, alcançado pela maioria das formas de análises, o analista torna-se consciente de pensamentos ou sentimentos, estados corporais ou talvez uma tendência a divagar mentalmente e perder o foco. Tais estados mentais podem refletir as mesmas condições no analisando. O analista, dependendo da extensão de seu próprio autoconhecimento, poderia então tornar-se consciente da qualidade induzida e poderia empregar essa qualidade para compreender o processo do analisando. Outra possibilidade é que os estados mentais ou corporais do analista representem um estado oposto ou complementar ao do analisando (Racker, 1968, p. 135-137; Fordham, 1969). Em ambos os casos, porém, o analista segue um movimento de Um tornando-se Dois. No caso da identificação projetiva induzida, o analista atingiu uma consciência dos opostos sintônicos: a mesma qualidade existe na psique do analista e na do analisando. No caso da identificação oposta ou complementar, o analista experimenta a sua psique como contendo uma qualidade enquanto a psique do analisando contém a qualidade oposta. Por exemplo, o analista pode experimentar uma tendência a falar sem muita restrição, e o analisando pode sentir-se dominado pelo silêncio; ou o analista pode sentir-se deprimido, enquanto uma qualidade maníaca domina o analisando; o analista pode sentir repulsa ou ódio, e o analisando pode estar cheio de sentimentos de amor e atração. De um modo geral, qualquer par de opostos pode ser registrado dessa forma.

Por exemplo, a dinâmica do campo em uma reação de contratransferência de tipo sintônico pode focar na ansiedade. De quem é a ansiedade – minha ou do analisando? Posso me perguntar se é um introjeto, parte de um processo de identificação projetiva ou algo meu mesmo. A ansiedade tem origem na minha psique ou na do analisando? A simples colocação desse conjunto de questões leva-me a perguntar se estou lidando com um par de opostos da mesma qualidade, manifestados como ansiedade. Esse par de opostos seria vivenciado como aspectos consecutivos de um processo no qual a ansiedade é sentida alternadamente como meu próprio estado subjetivo e depois como a condição do analisando. A diferenciação dos opostos em aspectos sucessivos de um processo, por um lado, e como duas "coisas" diferentes, por outro, remonta ao filósofo pré-socrático Heráclito (Kirk, & Raven, 1969, p. 189-190).

O "Três" é a criação da terceira coisa, o campo. Normalmente, na tradição analítica, um analista que tenha passado por tal processo de reflexão chegará a uma conclusão sobre de quem é a ansiedade que está essencialmente em questão, como no processamento da identificação projetiva. Mas o analista tem a opção de suspender o julgamento e, como Jung descreve, fazer com que "Os opostos se tornam um vaso, no qual aquele ser que antes ora era um, ora era o outro, agora está suspenso a vibrar, e aquela penosa situação de estar suspenso entre os opostos lentamente se transforma em uma atividade bilateral do centro" (OC 14, § 290). Para entrar nesse tipo de processo, o analista tem de estar disposto a sacrificar o poder de saber "de quem é o conteúdo" com o qual está lidando e imaginar que o conteúdo (neste caso, a ansiedade) existe no próprio campo e não necessariamente pertence a qualquer pessoa. O conteúdo, portanto, pode ser introduzido imaginativamente no campo que analista e analisando ocupam juntos, de modo que se torne uma "terceira coisa". Jung (1988, p. 1495-1496) tratou de um processo de "projeção consciente", e Henri Corbin (1969, p. 220) descreveu-a na noção Sol de *himma*.

Como resultado desse impulso imaginativo e do sacrifício consciente da interpretação, a qualidade do campo muda de forma perceptível e palpável: o analista pode tornar-se consciente da textura do espaço circundante. É difícil descrever com mais exatidão tanto a qualidade da mudança no campo quanto o sentimento de inspiração que está presente nesses momentos. Os sentidos são animados à medida que as cores e os detalhes se tornam mais vívidos, e até o sabor na boca pode mudar. Analista e analisando experimentam uma sensação de adrenalina ou, em termos espirituais, talvez a presença da divindade. Assim, o "Três sai do Dois", não como uma interpretação, mas como uma qualidade de campo. Nesses momentos, analista e analisando estão no cadinho analítico. A entrada no cadinho analítico e a obtenção do Três resultam do sacrifício do "saber" por parte do analista, isto é, do sacrifício da interpretação que se alcançou e da continuação, em vez disso, da focalização no próprio campo.

O "Quatro" é a experiência do Terceiro que se liga agora a um estado de Unidade da existência. Depois do campo ter se tornado uma "presença" para ambas as pessoas, cada uma delas, paradoxalmente, passa a estar dentro dessa presença e, simultaneamente, a ser uma observadora dela. A intensidade contínua de concentração permite que algo mude no movimento oscilante do campo. Se o afeto dominante que define o campo fosse a ansiedade, estaríamos nos sentindo dentro da ansiedade e, alternativamente, como se a ansiedade estivesse dentro de nós mesmos. Tanto o analista quanto o analisando podem sentir esse efeito. Quando o sentido de espaço ou atmosfera muda, aquela parte da oscilação em que ambas as pessoas se sentem "dentro" da ansiedade – isto é, a experiência de sentir dentro da própria emoção – torna-se um recipiente permeado por uma sensação de "Unidade".

No movimento para o Quatro, a ideia alquímica de que todas as substâncias (como o enxofre, o chumbo e a água) têm duas formas – uma "comum" e outra "filosófica" – pode ser experimentada. Em essência, os afetos deixam de ser experenciados como "comuns", como "coisas", e em vez disso tornam-se algo mais – estados de plenitude. Embora a questão "de quem é a ansiedade" possa ser resolvida dessa forma, a resposta nunca é o resultado final, mas a resposta é o Terceiro a caminho do Quarto em que o mistério da contenção passa a ser conhecido. Dentro desse cadinho, o analisando pode vivenciar, com o analista, sua ansiedade em relação ao engolfamento e à perda de identidade. A obtenção desse estado torna possível reconhecer e sentir como essa experiência pode ser uma repetição de medos de fusão com a mãe do analisando. Dessa forma, o recipiente permite que analista e analisando se tornem tanto observadores objetivos quanto participantes do afeto que está presente e vivificado para experimentar a dinâmica dos estados, proporcionando assim a possibilidade de testar as formas como o afeto foi anteriormente experimentado por alguém e os padrões de comportamento que ele suscita, e explorar uma série de materiais associativos que podem ter sido estimulados. Procuramos, assim, o "recipiente" e o paradoxo do processo, pois só o recipiente pode conter os aspectos misteriosos e loucos do nosso ser, na verdade nos permitir descobrir o seu mistério e possibilitar uma experiência sentida da relação entre o mundo conhecido por meio das "partes" e sua ligação a uma esfera mais vasta de unidade (OC 14, § 662).

A experiência do campo vivificado, à medida que une os participantes no estágio Três e se abre para o transcendente no estágio Quatro, era chamada de "casamento sagrado" pelos antigos em geral e de *coniunctio* pelos alquimistas em particular. Experimentá-la abre a sensação de mistério que pode ser transformadora, assim como uma visão ou um "grande" sonho podem ser fatídicos. A mutualidade resultante do processo partilhado representa um certo desvio em relação à precaução de Ogden: "Analista e analisando não estão envolvidos em um processo democrático de análise mútua" (1994, p. 93-94). Embora a assimetria do processo analítico nunca deva ser esquecida, momentos importantes de uma experiência compartilhada – como quando a vivência da transferência é mais essencial do que a sua interpretação – dão ao analisando mais coragem para viver os desejos e os medos da fusão. Nesse "recipiente", o analisando pode começar a ver que existe um processo de união para além da morte por meio da fusão, que esse processo tem uma dimensão arquetípica e que a experiência do seu *numinosum* tem muito a ver com a cura.

Por vezes, analista e analisando experimentam estados totalmente opostos. Em termos alquímicos, essa experiência pode ser entendida como aquele aspecto do processo em que "o Um se torna o Dois". Para começar, um ou ambos os participantes nessa interação devem separar-se conscientemente do estado de fusão (o Um) e reconhecer o par de opostos em ação (o Dois). No entanto, uma vez reconhecido, o analista pode usar esse nível diádico de opostos para interpretar a interação.

Por exemplo, no caso de uma mulher que tinha grande dificuldade em respeitar a sua própria criatividade artística, o Terceiro era a consciência de que estava revivendo, na transferência, a usurpação maníaca das suas ideias criativas por parte do seu pai. Desde a primeira infância, sempre que ela partilhava com ele quaisquer ideias ou percepções que a entusiasmavam, ele não as recebia, não as reconhecia, nem reagia a elas como seria de esperar em uma interação normal. Em vez disso, ele era levado a associar livremente as suas próprias ideias criativas, exigindo que ela se espelhasse e idealizasse ele e a sua criatividade. No campo interativo, eu sentiria um incentivo para atuar, para demonstrar meu conhecimento, enquanto ela ficava sentada, sentindo-se retida e relutante em relevar qualquer coisa de valor para a sua alma. Ficamos conscientes de que estávamos reencenando o relacionamento entre ela e seu pai. E ela se tornou consciente de sua suscetibilidade de registrar tal dinâmica como uma verdadeira reexperiência dos desejos de seu pai de roubar a sua criatividade e a própria estrutura de seu senso de identidade.

Essa consciência foi de grande valor, pois trouxe à tona um terrível processo interativo que a analisanda vinha reprimindo e afetando toda a sua vida de maneira significativa. Ela evitava a criatividade ou era dominada por alguma mania sempre que tentava permitir que sua criatividade fosse expressa.

Em outro momento, o analista pode, no entanto, optar por renunciar a esse conhecimento e sacrificá-lo ao estado de "não saber", permitindo que o "desconhecido" se torne o foco. O analista pode então perguntar-se: qual é a natureza do campo entre nós ou qual é a natureza da nossa díade inconsciente? Dessa forma, analista e analisando podem ambos abrir-se para o campo como objeto de sua atenção. Durante o processo, os opostos, ou seja, discurso maníaco/silêncio, podem mudar, com o analista sentindo-se agora dominado pelo silêncio e o analisando tendo um novo pensamento após o outro. A consciência dos opostos pode oscilar, até que um novo centro é sentido, o "ponto bilateral" de Jung; e a partir desse foco o próprio campo começa a animar-se. Os opostos, por sua vez, podem revelar-se apenas como fragmentos separáveis de uma fantasia muito mais profunda e muitas vezes muito arcaica. Analista e analisando podem descobrir fantasias de cenas primordiais em que o discurso maníaco é uma forma sublimada de um falo perigoso, e o oposto, o silêncio, é um cadáver putrefato, os restos de um corpo morto pela inveja. Embora essas imagens possam ser históricas no sentido do que a analisanda inconscientemente experimentou por meio das fantasias do pai e da sua reação a elas, o campo em si tem processos arquetípicos que são diferentes desses níveis históricos, por muito importantes que esses possam ser. Por exemplo, quando o analista e o analisando "veem e experimentam" os afetos e as imagens da díade inconsciente (cada um à sua maneira), as formas arcaicas e destrutivas da díade podem mudar para formas mais positivas. Essa nova díade poderia ser vista como tendo estado presente também na relação pai-filha. Em vez de ser apenas uma interpretação de base histórica, a passagem do Dois para o Três pode tornar-se uma nova experiência do campo.

Como no exemplo anterior, analista e analisando podem tornar-se sujeitos ao campo no sentido de que a renúncia ao poder do conhecimento sobre outra pessoa deixa a pessoa na posição de se concentrar no próprio campo e de ser afetada por ele. Esse foco pode envolver a experiência de formas menos arcaicas que podem levar a percepções libertadoras. A subjetividade de cada um enriquece o campo, e a objetividade interage com o analista e o analisando. Surge então um tipo diferente de Três, no qual os opostos são transcendidos. De fato, o Três pode ser um estado de união, a *coniunctio* alquímica. Nessa fase, analista e analisando sentem muitas vezes uma corrente inerente ao campo em que se sentem alternadamente puxados para fora e depois separados da outra pessoa. Essa dinâmica é o ritmo da *coniunctio*, pois uma qualidade Três do campo torna-se a Unidade do Quatro. "O número quatro", sugere von Franz, "constitui um "campo" com um movimento rítmico interno fechado que se estende para fora do centro [e] se contrai de volta ao centro" (1974, p. 124). Além disso, a passagem do Três para o Quatro é uma passagem em que existe um sentimento de finitude. O nível de Trinidade não tem os limites sentidos do Quatro. De certa forma, o nível do Três apela à interpretação como um ato expansivo, mas talvez também como um ato que defende o analista contra o tipo de intimidade que pode evoluir para o movimento para o Quatro, pois no movimento para o Quatro, a "totalidade" do observador fica envolvida, levando ao sentido paradoxal de uma objetividade subjetiva e ao sentido de Unidade (von Franz, 1974, p. 122).

Contudo, no caso da experiência da jovem criativa com seu pai intrusivo, a psique da analisanda ainda contém a imagem anterior de uma violação real ou imaginária. Como essa condição psíquica se altera? Certamente não por meio da sobreposição de uma nova imagem ou da recordação de vestígios de alguma fantasia positiva que também existiu, pois o estado de fusão negativo e destrutivo é demasiado poderoso para ser afetado pela recordação histórica de outros estados. Existe um processo que extraia, dissolva ou transforme efetivamente a imagem anterior, quer se trate de um engrama de uma história real e abusiva ou de um trauma introjetado de uma cena primordial? Em resposta a essa questão, a dinâmica do campo desempenha um papel que difere especialmente das ideias de campo baseadas apenas na subjetividade. Vivenciar o campo com a sua própria dinâmica objetiva, e ser afetado por essa experiência, é uma forma de transformar as estruturas internas. Novas formas que criam ordem em partes psíquicas que de outra forma seriam esmagadoras e fragmentárias podem então emergir.

A dinâmica do campo também desempenha um papel central no processo de encarnar a experiência arquetípica em uma realidade interna sentida. Pode-se considerar que toda criança conhece os níveis do *numinosum* ao nascer e depois perde essa consciência em um grau ou em outro, dependendo de como a díade mãe-filho é capaz de conter sua presença sagrada. A mãe é a primeira portadora, em projeção, da energia espiritual do filho; mas a criança pode conhecer essa energia antes mesmo de ocorrer o processo de projeção. Ou pode-se considerar que níveis espirituais que nunca foram conscientes de um indivíduo de qualquer maneira podem, no entanto, irromper do inconsciente coletivo. Em qualquer das abordagens, fica-se muitas vezes com o dilema de uma consciência do *numinosum* que é perdida devido ao trauma e às exigências da vida no espaço e no tempo e à inércia da matéria. No entanto, essa consciência continua a viver no inconsciente, quer como um nível de "paraíso perdido", quer como um potencial espiritual que a alma sabe inatamente que existe, permanecendo ainda o antigo problema de sua encarnação em um centro sentido da psique. Vivenciar o campo interativo constela a capacidade de facilitar esse processo de encarnação que, como explica Adam McLean, foi o foco do *Splendor Solis* (1981, p. 83).

Além disso, também é possível perceber brevemente uma realidade imaginária que parece ser uma propriedade do próprio campo, o que é como experimentar a qualidade temporal do momento. Analista e analisando podem tornar-se conscientes de uma imagem que parece emergir do campo e refletir o estado de ambas as pessoas. Cada pessoa pode oferecer sua percepção das imagens do campo à medida que se concentra nele, como na concepção da imaginação ativa de Jung. O resultado pode ser como um "desenho de diálogo" em que um sentido do campo é construído a partir das imagens que cada pessoa cria. A interpretação no sentido clássico de relacionar imagens e afetos com questões de desenvolvimento inicial bloqueia essa consciência do campo. Em vez de interpretação, experimenta-se a qualidade do momento no campo, ora verbalizando a experiência, ora permanecendo em silêncio. A experiência ativa e consciente das energias e padrões que podem ser percebidos no campo, experimentando-os no aqui e agora, parece afetar o campo e animá-lo como se fosse um organismo vivo. Às vezes, os efeitos do campo são quase avassaladores e, em outros momentos, prestar atenção ao campo é quase impossível. Estados mentais extremamente caóticos (em qualquer pessoa) podem tornar muito difícil permitir que o campo seja o objeto, bem como perceber as imagens do campo.

Se nos envolvermos no campo, podemos nos tornar cientes de um processo profundo e organizador do qual não tínhamos consciência. O analista e/ou analisando podem sentir ou intuir esse processo de organização como contínuo, mas não necessariamente conhecido no domínio do espaço-tempo que o ego normalmente ocupa. O campo tem a natureza paradoxal de ser criado por meio do ato de submissão a ele, ao mesmo tempo que é um *increatum* sempre presente, um processo fora do tempo. Para entrar no mundo imaginário do campo, é preciso abdicar do controle do ego em um grau elevado, mas não a ponto de se fundir com outra pessoa e não no sentido de dividir o ego em uma parte irracional, que se funde com a experiência, e em uma parte racional que observa. É necessário algo mais, um desejo de experimentar o campo de maneiras que possam certamente revelar a limitação de qualquer concepção que se tenha do estado de significado de uma interação particular, seja ela analítica ou pessoal. Por meio da fé em um processo mais amplo, muitas vezes podemos descobrir que a forma particular do campo é, na verdade, muito mais arcaica e poderosa do que qualquer coisa que tenhamos imaginado. Essa experiência da forma existente, e a criação/descoberta de novas formas, pode ter um efeito transformador na estrutura interna e pode permitir a encarnação de novas estruturas.

Os perigos da experiência do campo interativo

Os alquimistas costumavam dizer que o seu "elixir" ou "pedra" era simultaneamente uma cura e um veneno. Do mesmo modo, o campo como uma "terceira coisa" com objetividade própria pode ser uma bênção ou uma maldição. Devemos estar conscientes de quatro perigos específicos inerentes à aplicação dessa abordagem do campo interativo aos relacionamentos.

Evitar a nigredo

O campo interativo cria um amplo espectro de estados que podem variar desde experiências de intensa corrente erótica e desejo de literalização até estados de morte emocional e mental e total falta de conexão. Uma vez que esses últimos estados são tão problemáticos pela dor que criam e pela ferida que infligem – especialmente ao narcisismo do analista – o seu oposto, em que as correntes eróticas podem parecer criar campos intensos de união e um reconhecimento profundo do outro, torna-se extremamente sedutor. O analista pode optar por focar nesses estados altamente carregados, evitando os estados emocionalmente mortos, por exemplo, relembrando experiências passadas agradavelmente conectadas e/ou imaginando inconscientemente tais experiências. Esses atos têm um efeito forte e indutivo, e podem ser usados para evitar sentir os estados mentais obscuros que geralmente seguem a *coniunctio*.

Não avaliar a qualidade estrutural do casal inconsciente

A *coniunctio* que se forma a partir das psiques inconscientes de ambas as pessoas pode ter um caráter positivo ou negativo. Jung reconheceu que a experiência da *coniunctio* pode levar à criação de uma libido de parentesco (OC 16, § 445) que vai além da ilusão de transferência. O problema é que existem muitas formas de *coniunctio*, e embora um campo de desejo possa acompanhar algumas elas, a parte erótica do campo não pode ser adequadamente avaliada sem uma consciência da qualidade estrutural do casal inconsciente que compreende e define a *coniunctio*. Por exemplo, o *Rosarium Philosophorum* retrata um casal – o "Rei" e a "Rainha" participando do ato do coito. Mas um texto alquímico anterior, *Turba Philosophorum*, retrata um casal – um dragão e uma mulher – entrelaçados em um violento estado de fusão que leva à morte. A paixão que acompanha essa imagem não tem a modulação e o controle da paixão representados no *Rosarium*. Em ambos os casos, a qualidade erótica da *coniunctio* deve ser vista como uma qualidade de campo e não como algo a possuir ou com o qual se identificar. Na prática clínica, bem como nos relacionamentos em geral, muitas vezes descobre-se que conexões mais conscientes e amorosas, embora genuínas, também são formas de encobrir um campo de fusão muito mais perigoso. Assim como a sexualidade pode esconder a ansiedade na transferência, a sexualidade pode esconder a natureza monstruosa de um casal inconsciente.

Nesse contexto, tenho sido consultado ocasionalmente por analistas sobre casos anos após a sua conclusão. Os analistas relataram que, embora o tratamento tenha terminado de uma forma aparentemente positiva, eles foram contatados de forma intermitente pelo analisando anterior, que relatou ter se sentido atormentado por desejos tenazes ligados ao analista durante anos depois. Ficou claro que esses analisandos sofriam a dor de não terem realmente vivido as energias eróticas da *coniunctio*, o que teria resultado em uma situação muito pior. Mas era crucial para esses analisandos que os analistas envolvidos reconhecessem e expressassem que também eles sofreram o sacrifício de manter o foco no bem superior na necessidade de manter os limites. O analista tinha feito um bom trabalho no que diz respeito aos limites, mas a resistência da contratransferência em sentir a dor de perder a conexão erótica que eles também tinham sentido deixou os analisandos em um terrível dilema. O analista separou esses sentimentos e, na realidade, os analisandos ficaram com toda a dor, raiva e desespero de uma união que não pôde ser consumada. Esses analisandos só se libertaram desse tormento quando voltaram a ter sessões analíticas, e os analistas puderem reconhecer o seu próprio sofrimento em relação ao mesmo assunto.

Confundir a *coniunctio* como o objetivo do trabalho

O maior perigo de trabalhar dentro de um campo compartilhado surge se o analista acredita que a *coniunctio*, o estado de união de opostos como a fusão e a distância em um Terceiro transcendente, é o ponto focal do processo analítico. Na verdade, o foco do analista deve incidir igualmente sobre a *nigredo*, o estado sombrio e desordenado que segue todos os estados da *coniunctio*. A literatura alquímica é uma mina de informações sobre esse ponto. Toda a transformação, insistem os alquimistas, acontece por meio da morte e da putrefação que seguem um estado de união. Se o analista conhecer essa sequência e estiver disposto a procurar e a trabalhar com os afetos de retraimento, ausência, confusão, morte e vazio após uma sessão que tenha atingido a ligação eu-tu de um estado de união, estará normalmente em um caminho seguro.

Não é possível enfatizar o suficiente que a *nigredo*, a morte da estrutura e dos afetos aterrorizantes que geralmente estão associados às partes loucas que emergem, é a substância preciosa da análise, como foi para os alquimistas. Embora uma forte transferência ou contratransferência negativa acompanhe a *nigredo*, o analista pode usar as experiências anteriores de união como forma de evitar a vivência de afetos negativos intensos e estados mentais dolorosos associados. Pode tentar recriar um estado de união ou então representar uma raiva pela sua ausência, identificando-se passivamente com a natureza dissociativa da qualidade de campo da *nigredo*. Em vez disso, os seus efeitos devem ser procurados no meio das suas correntes mais suaves, o que não é uma tarefa fácil quando o estado de união, muito mais agradável e mesmo feliz, acaba de os preceder. Esse respeito pela dinâmica do campo, em que os estados de união e a morte da estrutura se encontram sucessivamente, é o melhor guia para empregar o conceito de campo e respeitar a sua dimensão arquetípica. A resistência à contratransferência é o problema da análise em geral, mas é especialmente acentuada em uma experiência de campo mútua. Se o analista procurar os seus sentimentos negativos depois de uma experiência de união com o analisando ou, inversamente, se o analista registrar esses sentimentos negativos e refletir que algum nível de *coniunctio* pode ter ocorrido inconscientemente, então a *nigredo* pode tornar-se o foco do trabalho.

No caso especial de se estar trabalhando com pessoas que foram vítimas de incesto, a *coniunctio* é especialmente problemática, porque oferece muitas promessas de cura. Assim como no ditado "o deus que fere é o deus que cura" (cf. Jó 5,17-18), a experiência da *coniunctio* pode ajudar a curar o abuso resultante do incesto, mas apenas se a *nigredo* resultante for cuidadosamente gerida, tendo em vista que as vítimas de incesto são particularmente sensíveis e alérgicas aos sentimentos de traição e abandono que estão inevitavelmente presentes na fase da *nigredo*. Se o analista não for capaz ou não quiser lidar honestamente com a sua incapacidade de se relacionar com a *nigredo* em sua negação de empatia, especialmente com analisandos que tenham sido violados em resultado de estupro ou incesto, o analisando se sentirá terrivelmente inseguro, e a *coniunctio* terá sido vivenciada como nada mais do que um objeto tentador, resultando em novo trauma.

Falha em reconhecer estados de transe

Uma pessoa que sofre de um transtorno dissociativo – que é comumente encontrado em pessoas que sofreram o trauma do abandono e/ou violações sexuais ou físicas – está sempre, em um grau ou em outro, em estado de transe. Como a própria abordagem de campo tende a constelar um estado hipnótico suave, erros graves podem ser cometidos se não houver atenção. Os erros graves podem acontecer não só por meio do que se faz – o que é fácil de proibir – mas também pelo que se diz e até pelo que se imagina. O inconsciente do analista tende a ser vivido de forma aguda pelo analisando dissociado, como que por uma capacidade reforçada de PES [percepção extrassensorial]. Geralmente, o analisando dissociado tende a interpretar as afirmações do analista de uma forma muito literal, enquanto o analista acredita que está falando por meio de metáforas. Essa confusão é particularmente perigosa quando o analista evita os afetos negativos e pode usar o poder vinculativo dos processos na "terceira área", o campo interativo, para separar esses afetos, forçando a existência de relacionamento quando, na verdade, a principal qualidade da interação é a falta de conexão. Somente se o analista estiver alerta ao processo de dissociação é que pode começar a pensar em lidar com os processos como um campo interativo. Muitas vezes, é necessário passar por anos de trabalho com os estados dissociativos e só depois é que o campo pode ser experimentado com alguma segurança.

Uma vez que os perigos implícitos nas experiências de campo fazem parte da consciência do analista, ele pode abrir-se com mais confiança aos processos imaginais necessários para apreender a dinâmica do campo. Esses processos dentro do campo situam-se em um espectro existente entre a vida espiritual e a vida material, opostos que se manifestam ao ego por meio do que Jung chamou de inconsciente psíquico e somático (OC 1, § 441).

O campo conhecido por meio do inconsciente psíquico e somático

O estado inconsciente de uma pessoa pode expressar informações e experiências por meio de formas mentais, espirituais e corporais. Jung referiu-se às formas de expressão mental-espirituais como o inconsciente psíquico e às formas corporais como o inconsciente somático. O inconsciente psíquico e o inconsciente somático são complementares no sentido de que vivenciam o mesmo material, mas por meios diferentes. De fato, ao lidar com os estados psicóticos de pessoas normais, uma grande parte da integração do material traumático pode ser apreendida por meio da experiência dos estados corporais, uma vez que eles afetam a natureza do campo interativo de maneiras que não podem ser vistas tão facilmente apenas por meio do inconsciente psíquico. Ao nos referirmos ao inconsciente somático, podemos perder temporariamente a estrutura e a ordem dos nossos ganhos mentais; mas podemos restituir o sentido e a verdade inerentes à totalidade psicofísica de um acontecimento ou de uma experiência. Dessa forma, é possível reavivar a consciência da interação e do fluxo constante entre mente/espírito e *soma*, que é essencial para o restabelecimento de uma experiência viva do próprio campo.

No nível mental-espiritual, isto é, no nível da cabeça ou da mente, o inconsciente psíquico é vivenciado como imagens, padrões, causalidade, significados e história. O inconsciente psíquico nos fornece as imagens de nossos processos mentais e espirituais. Essas imagens trazem necessariamente a ordem e o *logos* que, por natureza, parcelam o todo unificado para que a nossa consciência funcione. Não podemos começar a identificar ou compreender nada sem um processo de pensamento e os seus concomitantes efeitos de separação e partição. Por meio do inconsciente psíquico, o analista pode perceber partes desordenadas da psique do analisando, à medida que afetam o ego, o pensamento e a coesão do processo analítico.

Em termos de nível do corpo, o inconsciente somático é experenciado como dores, desconfortos, tensões, constrições, energia, excitação e outros sentimentos de corporificação. Estar corporificado significa um estado mental particular no qual uma pessoa experimenta seu corpo de uma maneira particular. Por exemplo, alguém se torna consciente de seu corpo no sentido de perceber o seu tamanho. Juntamente com essa consciência, a pessoa tem uma experiência particular de viver a situação, ou seja, sente-se confinada no espaço do corpo. Esse estado requer um fluxo livre de respiração que é sentido como uma onda que se move para cima e para baixo no corpo; então, começa-se a sentir que se habita o corpo. Nesse estado, o corpo é um recipiente e a pessoa sente a sua idade. A condição de estar corporificado é uma experiência de um meio que existe entre o corpo material e a mente. Os alquimistas chamaram esse meio de Mercurius; outros se referiram a ele como corpo astral, corpo sutil, e o Yesod cabalístico (OC 14, § 635); e Jung o chamou de inconsciente somático (OC 1, § 441). Os alquimistas e os mágicos, desde a Antiguidade até o Renascimento, acreditavam que esse meio era uma substância sentida no corpo humano, mas que também fluía por meio do espaço e formava os caminhos ao longo dos quais a imaginação e Eros fluíam.

Estar corporificado é experimentar o corpo sutil, e cada complexo, ou seja, um grupo de associações no inconsciente designado por um tom de sentimento comum e repousado em uma base arquetípica, pode ser considerado como tendo um corpo sutil. Quando um complexo se constela, o seu corpo, de uma forma ou de outra, assume o controle do corpo do ego. Por exemplo, um analisando que tinha dificuldade em sentir a sua própria autonomia estava estranhamente animado e lúcido no início de uma sessão comigo, e afirmou metaforicamente: "Hoje eu acordei na minha própria casa". Explicou ainda que normalmente acorda "na casa da mãe". Ele estava usando essa metáfora para expressar uma experiência de perda da consciência de seu próprio corpo; em vez disso, ele se sentiu envolvido pela imagem corporal da mãe ou por essa imagem corporal construída pelas suas interações durante sua infância. Quando ele acordou "em sua própria casa", em seu próprio corpo, sentiu que certos problemas profissionais da sua vida eram questões a serem resolvidas; quando ele acordou "na casa de sua mãe", esses mesmos problemas foram sentidos como opressores e persecutórios. O seu comportamento assumia então uma qualidade de "como se", em nítida distinção com a clareza e a força que ele manifestava quando estava "em sua própria casa".

O corpo do complexo tem de ser dissolvido. Essa ideia – que no nível do inconsciente psíquico seria a de lidar com introjeções negativas que distorcem a autenticidade – é veiculada na literatura alquímica pela frase "destruir os corpos". Por exemplo, o *Turba Philosophorum* diz: "deve-se atormentar os corpos (metais) com um *"velho espírito negro"* até que eles se transformem." (OC 14/3, § 168). O "velho espírito negro" é muitas vezes a raiva, a vergonha e a paranoia da pessoa que foram separadas da consciência no primeiro ano de vida, e esta separação leva a pessoa para fora do corpo. Ter contato com afetos tão poderosos considerados catastróficos para a própria vida, é muitas vezes a única forma de "destruir os corpos", de deixar de viver em imagens corporais que carregam qualidades estranhas que bloqueiam a vida.

O material psicótico afeta a consciência como se ela fosse atacada por sensações e partes sem sentido e sem ordem. Wilfred Bion designou esse material como "produtos beta" e desenvolveu uma teoria do "pensamento embrionário que forma uma conexão entre as impressões sensoriais e a consciência" (1970, p. 49). O problema da ligação entre esses domínios foi o foco de muita especulação pré-científica na teoria da magia e sua base filosófica no pensamento estoico. Mas a teoria da magia aborda essa ligação de maneira diferente. Em vez de uma teoria do pensamento, os alquimistas e mágicos concentraram-se em uma teoria da imaginação. Em uma grande visão de comunicação em todos os níveis de realidade, eles imaginaram um corpo sutil de ligações por meio da fantasia, fibras de ligação conhecidas como *vincula* [vínculos] ou, por vezes, referidas como *pneuma*, que ligavam corpo e mente, pessoas e (dependendo do autor) níveis que atingiam os reinos planetários e mais além. Mas em todas essas abordagens a imaginação é o agente de ligação, pois a linguagem da alma é a imagem. E, mais importante, um órgão – o coração nos seres humanos e o sol no Cosmos – opera uma estação central que orienta o processo de transmutação das impressões sensoriais em consciência. O coração é um "sintetizador cardíaco", o que Aristóteles chamou de princípio hegemônico (Couliano, 1987, p. 9).

Do ponto de vista dessa abordagem, poderia ser trabalhada a questão da criação de vínculos e imagens para lidar com estados psicóticos por meio do inconsciente somático. A ligação interior e imaginária de opostos do analista, que é sentida como um elemento de relação dentro do campo, se entrelaçaria com o tecido menos texturizado e conectado do analisando, com conjuntos de relações quebradas. Como consequência, poderia se trabalhar dessa forma "animista", que remonta à antiga tradição da magia, nas mesmas questões que teorias mais modernas, como a de Bion, tentam abordar. Mas na tradição antiga o órgão central do pensamento era o coração e não a mente. A partir da conexão corporificada do inconsciente somático, sente-se realmente uma corrente de ligação entre o si-mesmo e o outro, uma corrente que tem a sua própria visão centrada no coração.

Trabalhar por meio do inconsciente psíquico tem um valor espiritual e gera a capacidade de encontrar ordem e significado em estados caóticos. Mas o trabalho por meio do inconsciente somático está mais relacionado com a alma, com um sentido de vida dentro e entre as pessoas, e especialmente com a experiência da energia ou vida do espaço de relações que ambas as pessoas habitam. As atitudes que resultam do trabalho com o inconsciente psíquico dizem respeito ao conhecimento e à forma de o alcançar. As atitudes que se desenvolvem a partir do trabalho com o inconsciente somático não dizem respeito a projeções e introjeções, mas a relações de experiência. Devemos permanecer conscientes, entretanto, de que as áreas dissociadas de alguém com quem podemos estar ou a divisão mente-corpo dessa pessoa têm um efeito indutivo que tende a nos expulsar do nosso próprio estado corporificado.

Para os alquimistas, o domínio de ligação do corpo sutil era conhecido como Mercurius. As suas qualidades, enumeradas por Jung em seu ensaio "O espírito Mercurius" (OC 13, § 239ss.) são todas qualidades do campo das relações. Esse campo é afetado pelas relações interiores que cada pessoa mantém entre os opostos. Os domínios dentro do indivíduo em que os opostos não se separaram nem começaram a se juntar afetam fortemente a natureza do campo. Além disso, a divisão mente-corpo do analisando ou do analista, muitas vezes existindo em reação a áreas psicóticas na própria personalidade do analista ou do analisando, afetará o campo.

No modelo de quaternidade da relação transferência-contratransferência, a conexão consciente-inconsciente do analista efetua a mesma ligação no analisando. Mas também, a ligação consciente-inconsciente afeta a conexão inconsciente-inconsciente. E a resistência de uma pessoa ao inconsciente ou à experiência de ligação em um corpo sutil ou em um campo relacional tem efeitos correlacionados na outra pessoa. Assim, a série de caminhos que Jung descreve entre os quatro pontos criados pelo consciente e pelo inconsciente de ambas as pessoas representa relações que podem ser ativadas para o bem ou para o mal, por qualquer uma das pessoas, e sua ligação mútua pode ter um efeito curativo ou prejudicial sobre o campo relacional dentro do indivíduo.

Dessa forma, pode-se falar de um "campo interativo", embora não se esteja sugerindo qualquer causalidade normal com essa terminologia, assim como Jung não o faz quando fala de projeções como projéteis que se alojam na medula espinhal. Trata-se antes de uma forma fenomenológica de tratar uma experiência, com a vantagem dessa terminologia permitir uma espécie de visualização da experiência relacional.

O campo e as percepções que emergem do inconsciente somático podem ser ilustrados por um caso envolvendo uma mulher que seria submetida a uma pequena cirurgia. Havíamos explorado consideravelmente nosso campo mútuo, geralmente do ponto de vista do inconsciente psíquico. Achei marcante a forma como ela falou sobre seu corpo. Independentemente da condição orgânica que ela descrevia, eu tinha uma sensação clara de contato com ela. Não experimentei nenhuma dissociação e, além disso, tive a nítida sensação de que o corpo dela estava saudável. Esse "bem" era palpável. Eu me senti como um médico capaz de falar sobre qualquer função e órgão do corpo com total abertura.

Mas quando ela falava de sexualidade de alguma forma, ou se a sexualidade estava presente no material de seus sonhos, esse sentido corporal conectado desaparecia totalmente. Era como se qualquer referência ou associação à sexualidade introduzisse outra imagem corporal. Depois, a sensação de espaço ou campo entre nós se alterava radicalmente e tornava-se diminuída em energia, escura e monótona em termos de sentimento, e desprovida de qualquer sentido de relação. A única ligação entre esse estado e o anterior que eu tinha conhecido com ela ocorreu quando me senti entorpecido e morto no meu próprio estado emocional sob o impacto dos opostos divididos na sua parte psicótica. Mas nunca achei proveitoso explorar os meus estados internos com ela em termos de identificação projetiva. Ela sempre insistiu que esses estados de entorpecimento e morte eram principalmente minhas próprias respostas à interação com ela. Mas quando finalmente conseguimos lidar com seus estados esquizoides e com o seu terror e humilhação por sentir tamanha fraqueza do ego, ficou claro que a morte que ela sentia em mim (que eu não sentia mais nesta fase do nosso trabalho) era a forma como ela tinha vivenciado a sua mãe em inúmeras ocasiões na primeira infância.

Esse estado de morte já não estava em mim, mas tornou-se uma qualidade do campo entre nós, que ela podia reconhecer. Ela sentiu como se seu corpo tivesse mudado e como se tivesse dois corpos – um de carne e outro que se manifestava de forma sombria e desordenada quando aparecia algum problema libidinal. Parecia que seu corpo sutil estava possuído por algum espírito sombrio que poderia dominar nosso campo interativo.

Ela então teve um sonho surpreendente em que estava vestindo uma camisola velha e escura e que precisava se levantar e começar seu trabalho do dia. Mas ela não conseguia tirar a roupa, e por mais que tentasse, a roupa ficava grudada em seu corpo. Ela pensou em tomar um banho, mas sabia que isso só tornaria a situação mais pesada. A única maneira de parar o que parecia uma tortura era acordar do sonho.

O terrível estado no sonho foi sendo gradualmente esclarecido. Em vez de compreender essa imagem da camisola como, por exemplo, a sombra da analisanda, um foco corporificado no campo revelou uma visão diferente: a roupa era a imagem corporal de sua mãe e carregava loucura, depressão e desespero em resposta ao fato de sua mãe ter sido vítima de incesto. A mãe tinha forçado constantemente a analisanda a se identificar com ela ao longo de sua vida. Por exemplo, a analisanda lembrava-se de como sua mãe lhe dizia que elas eram iguais no sentido de que não gostavam de homens. Embora a analisanda soubesse que isso não era verdade, temendo a violência imprevisível da mãe, nunca disse nada e por vezes até concordou. Havia numerosos exemplos de tais projeções diretas e forçadas às quais a analisanda era incapaz de dizer não, pois essas projeções eram a única forma de contato que ela tinha com a mãe, e ela também temia profundamente a raiva da mãe caso ousasse separar-se dela. Assim, a analisanda vestiu literalmente a loucura de sua mãe para se sentir fundida com o corpo dela. Quando a imagem corporal de sua mãe era despertada nela, eu não conseguia contatá-la em nenhum sentido afetivo.

Como havíamos trabalhado com o inconsciente psíquico e estabelecido seu setor psicótico e um sentido de si-mesmo mental-espiritual, finalmente conseguimos acessar esse material. Mas a analisanda só poderia começar a agir para se separar dos fatores estranhos ao ego que a loucura de sua mãe representava, experimentando o inconsciente somático e tomando consciência dos seus "dois corpos". Ela conseguia reconhecer como esse estado corporal alterava o campo entre nós. Eu podia estar corporificado com ela agora e sentir a morte e a escuridão que impregnavam o campo que ocupávamos. E ela também podia. Somente o corpo permite uma experiência direta dessa forma. Como Jung observou, experimentamos o inconsciente por meio do corpo sutil de maneiras mais diretas, muito mais tangíveis do que por meio do inconsciente psíquico.

Como consequência desse trabalho, a analisanda acabou sendo capaz de rejeitar totalmente as projeções de sua mãe, mesmo quando experimentava o medo que sentia de ousar realizar essa separação. Essa rejeição foi um ato surpreendente para ela e fez parte de seu trabalho bem-sucedido de tirar a roupa da vergonha e loucura da mãe. Essa forma do corpo sutil também começou a diminuir no campo entre nós.

O trabalho com o inconsciente psíquico e somático, à medida que as informações dessas formas do inconsciente se manifestam por meio do campo interativo, tem um efeito indutivo na psique de cada pessoa. Os processos projetivos e introjetivos são transmitidos por meio do campo interativo. Nessa transmissão – uma atividade não limitada pela localidade ou pelo processo temporal e, portanto, não caracterizada pelas noções habituais de causalidade – as estruturas psíquicas de um indivíduo se transformam. Os alquimistas falam do ritmo da dissolução e coagulação da sua "matéria" como fundamental para a transformação. Como os processos inconscientes são percebidos por meio de uma forma de inconsciente, por exemplo o inconsciente psíquico, essa percepção é registrada como uma estrutura interna, um complexo. Por sua vez, esse complexo é implicitamente usado para ordenar e compreender processos inconscientes enquanto eles continuam a se manifestar. Mas à medida que esses processos são então apreendidos por meio do inconsciente somático, as estruturas inconscientes do complexo criado dissolvem-se e formam-se novamente em uma outra estrutura. Assim, transitar entre o inconsciente psíquico e o inconsciente somático é uma forma de seguir a máxima alquímica *solve et coagula* e, nesse processo, ajudar a criar novas formas e estruturas internas.

A transformação da forma na alquimia

Todas as escolas de pensamento na prática analítica tentam criar novas formas de estrutura interna. Essa ênfase em uma mudança de forma conecta especialmente a psicoterapia às suas raízes no trabalho dos alquimistas dos séculos XV e XVI que prefiguraram a descoberta da psique (OC 14, § 150). O pensamento kleiniano (Seal, 1975, p. 54-81) trata de um movimento da chamada "posição esquizoparanoide" para a "posição depressiva". Por exemplo, uma pessoa dominada pelos processos de divisão e pelos afetos da posição esquizoparanoide reagirá frequentemente com uma raiva que distorce a realidade em uma determinada situação, enquanto alguém que foi capaz de entrar na posição depressiva experimentará a mesma situação com muito mais tolerância e capacidade de ver a realidade da reclamação de outra pessoa. Um psicólogo do self estará interessado, entre outras mudanças, na transformação de um superego sádico em uma forma benevolente e idealizada e no movimento de objetos pessoais de formas primitivas para formas mais adaptadas. Um freudiano estará interessado em mudanças no desenvolvimento do ego representadas por um movimento de um estágio oral para um anal e fálico-genital, todos eles representando diferentes formas de organização psíquica. Um junguiano se concentrará na individuação e em sua miríade de formas internas mutáveis. E um médico de relações objetais considera, por exemplo, a criação de estruturas psíquicas adquiridas por meio da passagem por estágios de separação e *rapprochement*. Todas essas escolas de pensamento apresentam modelos que são representações de mudanças na forma estrutural da psique.

A transformação da estrutura interna é o principal resultado da vivência dos processos do campo. O pensamento alquímico sobre esse processo é revelado no *Splendor Solis*. Perdendo apenas em importância para o *Rosarium Philosophorum* como peça central do estudo de Jung sobre a transferência, o *Splendor Solis* lida com questões que complementam o *Rosarium*, nomeadamente o problema da incorporação dos processos arquetípicos. O "prefácio" do texto é composto por vários tratados. De acordo com o "primeiro tratado", que descreve a "origem da pedra dos antigos e o seu aperfeiçoamento por meio da arte", a forma da coisa a ser criada, a "pedra dos sábios", só pode vir da Natureza:

> A Natureza serve a Arte, e a Arte serve a Natureza... sabe que tipo de formação é agradável à Natureza, e quanto dela deve ser feita pela Arte, para que por meio da Arte esta Pedra possa atingir a sua forma. Ainda assim, a forma provém da Natureza, pois a forma real de cada coisa que cresce, animada ou metálica, surge do poder interior da matéria (McLean, 1981, p. 10).

Por "natureza" podemos entender a psique, e por "arte" as atitudes conscientes e técnicas de análise. Assim, "o primeiro tratado" oferece um exemplo especialmente interessante e extraordinariamente claro da ciência alquímica:

> Deve-se, no entanto, notar que a forma essencial não pode surgir na matéria. Acontece por meio da operação de uma forma acidental: não por meio do poder desta última, mas pelo poder de outra substância ativa, como o fogo ou algum outro calor que atue sobre ela. Daí o uso da alegoria do ovo de galinha, em que a forma essencial da putrefação surge sem a forma acidental, que é uma mistura do vermelho com o branco, pelo poder do calor que atua sobre o ovo da galinha choca. E embora o ovo seja a matéria da galinha, não surge nele nenhuma forma, seja essencial ou acidental, a não ser por meio da putrefação (McLean, 1981, p. 12).

A partir dessa passagem, várias ideias-chave podem ser extraídas. Em primeiro lugar, é necessário uma "forma acidental", e essa forma é uma "mistura do vermelho e do branco". Essa mistura faz alusão à *coniunctio* do Rei e da Rainha, Sol e Luna, ou, em análise, ao casamento inconsciente de aspectos do inconsciente de cada pessoa, em que uma psique contribui com a "substância vermelha" ativa e a outra com uma "substância branca" mais receptiva, com essas funções também intercambiando. Diz-se que a forma é "acidental", o que significa que é "sem causa"; sua existência não é causada por nenhuma operação anterior. A passagem diz ainda que a forma que surge no material trabalhado o faz sem o poder da "forma acidental" e com o poder de uma substância ativa, como o fogo. Por implicação, a "forma acidental" que surge da união de opostos não medeia necessariamente as suas propriedades por meio de um fenômeno de energia. Uma ideia semelhante na teoria de Rupert Sheldrake (1991, p. 111) diz respeito à criação e estabilidade da forma; e seus "campos mórficos" não são transmitidos por energia, mas carregam informação. Mas como a "forma acidental" continua sendo essencial? O texto responde que é a condição prévia para a morte criativa da estrutura, a putrefação que é o segredo da transformação. Um processo ativo, gastando energia, também está envolvido, como na alegoria do calor da galinha choca. Esse processo é semelhante à energia que se coloca para lidar com as reações negativas geralmente intensas da transferência e da contratransferência descritas acima, incluindo tendências ao retraimento e o vazio mental que muitas vezes acompanham a *coniunctio* e que podem, infelizmente, ser ignoradas.

A ciência alquímica tentou envolver-se imaginariamente em um processo que encorajaria a criação de uma "forma acidental" – a *coniunctio*. Mas a psicoterapia, em essência, tratou o estado de união "acidental" como um "parâmetro oculto". Jung (OC 16, § 461) observa que a *coniunctio* geralmente só é conhecida como tendo ocorrido em uma sessão a partir dos sonhos que se seguem a ela. Mas, ainda assim, a experiência do estado de união, por si só, não forjará uma nova estrutura interna. Juntamente com o estado de união é preciso enfrentar e integrar parte do caos a que ele conduz.

Por meio da *nigredo*, os alquimistas tentaram purificar-se dos sempre presentes desejos regressivos de identificação com processos arquetípicos, como a *coniunctio*. Essa purificação, chamada de *mundificatio*, alcançada por meio de inúmeras sequências de *coniunctio-nigredo* e, portanto, de muito sofrimento, foi simbolicamente representada pela morte de um dragão, que por sua vez representa o impulso para a concretização. É preciso compreender que essas pulsões de concretização dos processos instintivos não se situam apenas nas subjetividades de qualquer pessoa. São também aspectos do próprio campo, especialmente quando ele tenta encarnar no espaço e no tempo. Assim, não apenas os indivíduos se transformam, mas também o campo que ocupam assume novas formas.

Com uma compreensão das propriedades que o campo de fundo manifesta, podemos nos envolver na sua dinâmica e ser modificados no processo. A mudança na forma estrutural interna de uma psique é criada pela experiência repetida da qualidade de um momento no tempo e de seu significado, tal como uma pessoa é afetada por uma visão.

Embora duas pessoas possam vivenciar a *coniunctio*, a forma como elas a processam variará em função de sua subjetividade. Por exemplo, duas pessoas – talvez um analista e um analisando – podem experimentar um estado de união. Elas podem experimentá-lo diretamente como um estado de "aqui e agora". Ou, embora não registrem conscientemente sua existência na noite seguinte, um deles, talvez o analisando, pode sonhar com um casamento. Além disso, na sessão seguinte, o relacionamento entre analista e analisando pode ter mudado de um relacionamento preenchido por um sentido de conexão para um relacionamento dominado por uma ausência de ligação e até mesmo por estados de retraimento esquizoide e morte mental. Um analista pode entender essa condição como uma necessidade de se afastar da proximidade da sessão anterior, devido ao distúrbio de apego do analisando e à reação resultante à conexão anterior. Outro analista pode ver a reação a uma conexão sentida como uma medida significativa de uma qualidade esquizoide ou limítrofe subjacente no analisando.

Mas um analista que se concentre em uma dinâmica de campo verá também o estado de morte e de retraimento como um concomitante natural do estado de união anterior. A partir desse ponto de vista, pode reconhecer que essas qualidades sombrias não são apenas representativas de falhas de desenvolvimento, mas que existem em qualquer psique individual que tenha sentido o estado de união. Além disso, o analista veria esse estado de união e a *nigredo* resultante como parte do ritmo essencial de transformação. Por sua vez, forneceria uma relação diferente com esses estados, e com a sua contenção, do que a que seria fornecida por um analista que interpretasse em termos de desenvolvimento.

Em vez de ver os problemas do analisando com a posição depressiva, com questões de *rapprochement* ou com medos de envolvimento, o analista notaria e experimentaria a dinâmica de campo envolvida. Essa percepção pode ter o mesmo tipo de qualidade de contenção que existe em muitos casos de ansiedade extrema, quando o analista sabe, por experiência, que esses estados fazem parte de um processo maior e potencialmente positivo. Aceita dessa forma, a *nigredo* pode começar a trabalhar em direção ao seu propósito de dissolver antigas estruturas, especialmente introjeções que não estão de acordo com a essência do analisando. De certa forma, trata-se de um processo em que novas formas são criadas no analisando, talvez também no analista, e também no espaço que ocupam em conjunto. Desse modo, por meio da experiência do campo e da sua dinâmica, podem surgir formas capazes de conter e processar o que antes eram afetos gravemente desordenados.

Assim, a forma como pensamos sobre o campo é muito importante. Enquanto mera metáfora de uma subjetividade combinada, os campos são úteis para refletir a história do analisando à medida que esta se desenrola no processo analítico. Mas a ideia de um campo interativo pode levar a formas completamente diferentes de conceber o processo analítico quando este é conceitualizado arquetipicamente por meio da subjetividade combinada de ambas as pessoas e quando, ao mesmo tempo, a sua dinâmica é entendida como estendendo-se para além dessa subjetividade.

5

O poder transformador do campo interativo

Imaginação e projeção dentro do campo

Em 1916, C.G. Jung começou a desenvolver o conceito de imaginação ativa. Nessa abordagem, uma imagem de um sonho ou fantasia é relacionada com um diálogo interior e imaginário, no qual a pessoa diminui a sua consciência e oscila entre uma posição consciente alerta e a fusão com a imagem (OC 8, § 67-91). Dessa forma, é possível recriar um sonho ou uma fantasia e dialogar com uma figura interior, conseguindo assim, muitas vezes, um efeito transformador notável. A nossa vida interior parece responder ao fato de sermos vistos e de nos relacionarmos da mesma forma que uma pessoa responde à empatia e ao espelhamento, um ponto que Jung destacou com mais vigor em 1952 em sua obra *Resposta a Jó*, na qual afirmou que a consciência que o homem tem da imagem de Deus afeta a própria consciência de Deus (OC 11, § 564-575). Em geral, a estrutura interna, em resposta à atenção consciente, pode mudar de formas compulsivas e negativamente agressivas para formas úteis e amorosas. Jung acreditava que a imaginação ativa era essencial para qualquer análise aprofundada.

Essa ênfase no poder de uma imaginação focada e ativa é o ponto-chave da alquimia. Ver algo em uma pessoa, como Jung enfatiza, faz com que isso se torne realidade para essa pessoa (OC 1, § 616). Por "ver", entende-se um ato de visão incomum. Pode ocorrer "através" dos olhos, em oposição à "com" os olhos, ou pode ocorrer como resultado de percepções inconscientes mediadas pela consciência corporal ou emocional.

A imaginação sempre foi um conceito central na alquimia. No século I ou II, Bolo, o Pseudo-Demócrito, considerado o fundador da alquimia greco-romana no Egito, contou uma parábola sobre a descoberta do famoso "axioma de Ostanes" alquímico "apostrofando" o Otanes morto, isto é, dialogando com a sua imagem para acessar o mistério (Lindsay, 1970, p. 102). Repetidas vezes, ao longo dos séculos e mais explicitamente durante o Renascimento, a literatura alquímica insistiu em uma visão espiritualmente informada, que emerge de uma relação com o inconsciente. O alquimista renascentista Hogheland cita o alquimista árabe medieval Senior como tendo dito que a "visão" do vaso hermético "é mais procurada do que a escritura", e ambos falam em ver com os olhos do espírito (OC 12, § 350). O alquimista renascentista Gérard Dorn escreve:

> Há uma certa verdade nas coisas naturais, impossível de ver-se com os olhos exteriores, mas que só a mente percebe (sola mente)... Toda a Arte consiste nesta (verdade) que liberta o espírito (*spiritus*) de suas cadeias... (OC 12, § 377).

Essa visão percebe estruturas que não são regidas por um princípio de localidade e a sua diferenciação entre "dentro" e "fora".

Em sua obra *Psicologia e alquimia* (publicada em 1944), Jung refletiu sobre o significado psicológico da afirmação na obra alquímica *De Sulphure*, segundo a qual a alma funciona no corpo, mas tem a maior parte de sua vida fora do corpo (OC 12, § 396). Na época, Jung interpretou essa condição "externa" como sendo o resultado de uma projeção. No entanto, após uma reflexão mais aprofundada em 1955, Jung escreve em *Mysterium Coniunctionis*:

> Decerto seria um preconceito pretender restringir o psíquico rigorosamente como algo que se situe "dentro do corpo". Por ter a psique um aspecto não espacial, então também deve existir um "fora do corpo" de natureza psíquica, isto é, uma região tão diferente do âmbito da *minha* alma, de modo que, para se chegar até lá, seja

preciso sair fora de si ou valer-se da ajuda de qualquer técnica para isso. Se de algum modo qualquer esta concepção tiver razão, então nesse caso a realização alquímica do casamento régio na retorta pode ser concebida como um processo sintético no "fora do eu" psíquico (OC 14/2, § 70).

Assim, Jung percorreu uma distância considerável ao passar de uma compreensão do "exterior" como sendo limitado a um resultado de projeção para uma compreensão de "fora do corpo" psíquico como sendo uma área "totalmente diferente" dos conteúdos do espaço interno de alguém. Em essência, a noção de campo interativo em que ocorre a *coniunctio* – um pouco como a *cucurbita* alquímica, o recipiente da transformação – é um espaço de relações que não é compreensível em termos tridimensionais convencionais.

Psicologicamente, o analista deve incluir esse conceito mais amplo de campo ao conceituar o espaço dentro do qual todas as interações ocorrem se quiser criar um recipiente que seja seguro o suficiente para que os processos psicóticos do analisando sejam envolvidos. Por exemplo, ao trabalhar com uma transferência psicótica, se o analista experimenta um estado mental entorpecido e dissociativo, a comunicação pode ser muito arriscada porque a relação com o analisando pode ser marginal. Usando abordagens psicanalíticas convencionais, o analista pode tentar superar esse estado de entorpecimento e pode começar a sentir que essas reações estão todas "dentro" de sua própria pessoa. Mas, para além da abordagem convencional, o analista pode então perguntar-se se a característica da falta de comunicação é também uma qualidade de um campo interativo entre analista e analisando, uma qualidade que não está apenas "fora do seu ego" no sentido de uma contraprojeção, mas que existe "dentro" de um espaço que contém tanto o analista quanto o analisando. Com efeito, o campo parece ser caracterizado por duas partes que se formam em opostos que inevitavelmente se aniquilam dentro do domínio psicótico. E o analista pode estar mais aberto ao mistério do "outro" se refletir sobre o fato de estar nesse campo com o analisando, com os afetos e estados estruturais conceituados como qualidades do campo.

Como consequência, as ideias, sentimentos, crenças e identidade tanto do analista quanto do analisando mudam para observações e experiência do campo, e eles podem visualizar o campo como uma "terceira coisa" que existe sem a sua contribuição pessoal. Ou podem reconhecer que esses conteúdos pessoais existem como projeções que criam estados mútuos e intersubjetivos, sendo esses conteúdos uma "terceira coisa" que é sentida independentemente de uma qualidade de campo. Uma forma de representar essas ontologias alternativas é pensar em uma maneira externa que tenha vida ou processo próprios, que não requeira conteúdos projetados para a sua definição. Mas os conteúdos projetados também fazem parte do quadro.

Para que qualquer interação clínica seja completa, a questão do analista e do analisando como sujeitos no campo deve ser combinada com a questão do analista e do analisando como observadores objetivos dos processos dentro do campo. Essa combinação é a essência de um paradoxo alquímico, o chamado "Enigma de Bolonha", analisado por Steven Rosen (1995, p. 127) como um aspecto do recipiente alquímico que brilha com uma luz notável:

> Eu sou um corpo que não tem túmulo.
> Eu sou um túmulo que não tem corpo.
> Corpo e túmulo são a mesma coisa.

"Eu sou um corpo que não tem túmulo" refere-se à projeção de conteúdos sem o espaço contido do campo. "Eu sou um túmulo que não tem corpo" refere-se à atividade do próprio campo sem referência às subjetividades individuais. "Corpo e túmulo são a mesma coisa" refere-se à sua combinação paradoxal que só pode ocorrer como um estado entre opostos dentro de um campo de qualidade de relações *per se*. O mistério que analista e analisando devem abranger é que o recipiente e o contido são a mesma coisa. Para vivenciar essa similaridade, devem experimentar a vida entre opostos; devem conhecer essa "vida intermediária", o reino que os tibetanos chamam de estado *bardo* e que os alquimistas chamam de corpo sutil.

Geralmente, a imaginação é a chave para toda a *opus* alquímica (OC 12, § 394). E com esse espírito, e estendendo o uso da imaginação ativa por Jung como um diálogo interno, podemos aplicar esse ato ao próprio campo. A conjunção da imaginação e do campo demonstra ter um notável poder de contenção.

O campo interativo como recipiente para estados mentais caóticos

Podemos abordar melhor a complexidade de uma interação analítica, especialmente quando os afetos desordenados do processo psicótico estão presentes, se permitirmos que o próprio campo existente entre analista e analisando seja o objeto analítico. Então, a atenção do analista tenta pairar no espaço analítico; a atenção não está suspensa uniformemente sobre o conteúdo do discurso, ou sobre o mundo interior do analisando ou do analista, mas sobre o próprio campo. Esse processo imaginário, tal como o misterioso recipiente alquímico, tem um efeito de contenção que nos permite processar um material que, de outra forma, seria muito caótico e fragmentador da consciência.

Quando a área psicótica de um analisando é constelada – ou seja, quando passa de um estado potencial para um estado ativo – afeta a estrutura do campo criado pela díade analista-analisando. A contratransferência será o ponto de apoio do qual dependerá o possível sucesso ou fracasso do envolvimento desse setor. Mas os processos psicóticos, ocultos no funcionamento normal, são extremamente fáceis de contornar. Geralmente, somente por meio do envolvimento ativo nesse campo é que o analista pode reuni-lo em sua consciência e fixá-lo em uma forma estável o suficiente para permitir que sua existência seja apontada ao analisando de uma maneira que possa ser eficaz. Qualquer coisa que não seja um ato de vontade resultará geralmente na dispersão da atenção do analista para um estado dissociado até que o efeito da área psicótica constelada diminua e essa área regresse apenas a um estado potencial. A contratransferência tende então a regredir para uma forma nebulosa, dentro da qual o analista pode perceber um nível mais baixo, porém significativo, de dissociação e distanciamento. Tal recessão da contratransferência permite prontamente que a área psicótica seja contornada e que seus processos não sejam mais percebidos.

As reações de contratransferência mais típicas que sinalizam a constelação da área psicótica e que, por sua vez, podem alertar o analista para a necessidade de um ato volitivo para envolver o campo interativo, em vez de seguir o caminho mais instintivo e de diminuição da dor da retirada ou da dissociação, são: uma fragmentação da sua consciência; uma sensação de estranheza do analisando; e uma tendência concomitante de impedir a vivência dos estados mentais induzidos pelo processo do analisando, enfatizando sua saúde e as forças do ego.

Embora a área psicótica possa manifestar uma intensa qualidade fragmentadora na consciência do analista e do analisando, pode também se manifestar como um par de opostos aniquiladores. Por exemplo, o analista durante o processo de escuta do analisando pode perder a concentração e não se lembrar de nada do que o analisando acabou de dizer. O analista pode racionalizar erroneamente que essa perda de memória é meramente resultado de estar cansado ou distraído. Em vez disso, o analista está na verdade experimentando a qualidade aniquiladora dos opostos no processo psicótico, o que, por sua vez, tem um efeito muito desordenado sobre a consciência e a identidade do analista. Para além disso, os opostos podem combinar-se, mas não o fazem como um símbolo, mas de uma forma bizarra que, por sua vez, produz uma sensação de estranheza. O analista tenta normalmente evitar essa experiência do analisando e tenta recuperar a pessoa geralmente conhecida fora desses momentos.

As reações de contratransferência do analista à constelação da área psicótica do analisando têm semelhanças significativas, embora de uma maneira suave, com os estados mentais que os esquizofrênicos descrevem no início de um surto psicótico. Em seu livro *Madness and Modernism*, Louis Sass descreveu essas características incipientes, observando que os psiquiatras europeus atribuem um valor diagnóstico especial ao "sentimento precoce", uma sensação de alienação radical que acompanha o início de um surto psicótico. Nesse estado, o analisando não consegue descrever o que está vivenciando; todos os significados habituais e coerência desaparecem. "A realidade parece ser revelada como nunca antes, e o mundo visual parece peculiar e misterioso, estranhamente belo, tentadoramente significativo, ou talvez horrível de alguma forma insidiosa, mas inefável" (Sass, 1992, p. 44). Quaisquer que sejam as experiências do analisando, elas parecem desafiar a comunicação e um sentido conjunto e contraditório de "significado e falta de sentido, de significado e insignificância, que poderia ser descrito como 'antiepifania' – uma experiência em que o familiar se tornou estranho e o familiar desconhecido reina" (Sass, 1992, p. 44). As reações de contratransferência à área psicótica de um analisando não são diferentes desse "sentimento precoce". São certamente menos radicais e menos intensas, mas se o analista entrar ativamente em seu próprio estado mental e tentar perceber o processo do analisando, em meio a intensos estados dissociativos, o analista muitas vezes sentirá uma "alienação radical", bem como uma tendência a agarrar-se a um significado que depois se dissolve em incoerência.

O processo de conter as percepções das áreas psicóticas tem semelhanças com o padrão lógico que o analista tende a seguir para as áreas não psicóticas. Mas o analista experimenta uma diferença qualitativa principalmente por meio da sua reação de contratransferência. Quando não se constela nenhuma área psicótica, o analista será capaz de experimentar um estado de suspensão de tudo o que é conhecido e permitir que o livre fluxo de ideias, imagens, afetos e afetos indutivos do processo do analisando se misturem formando aquilo a que se poderia chamar de caos. E à medida que a sessão avança, o analista geralmente será capaz de processar a contratransferência, os sonhos e as fantasias em pares de opostos, por exemplo, estados mentais divididos por meio de identificação projetiva, ou relacionados entre si como uma compensação consciente-inconsciente. Como resultado, o caos inicial, que pode ser denotado como Um, torna-se Dois. Esse "Estado Dois" é geralmente compreendido como dois lados de um todo maior e, quando combinados por meio da imaginação do analista, podem levar a um novo estado: Dois torna-se Três, um estado que pode ser uma interpretação ou uma consciência de um símbolo que combina os opostos. Essa sequência de números qualitativos faz parte do "axioma de Maria", explícita ou implicitamente encontrado em séculos do pensamento alquímico. Na prática clínica, o analista geralmente permanece dentro dos três primeiros níveis do axioma, mas também existem experiências clínicas, especialmente aquelas que envolvem ativamente um campo entre analista e analisando, em que o Três é um estado de união, a *coniunctio* alquímica que leva para um vislumbre menor ou maior de um estado transcendente de Unidade, agora o Quarto do axioma. Mas mesmo sem esse movimento no aqui e agora da situação clínica para o Quarto, um envolvimento que conduz ao Três como um novo estado pode, por sua vez, resultar em sonhos que se abrem ainda mais para o Quarto como um nível maior, mais abrangente ou arquetípico.

Lidar com áreas psicóticas é diferente. É frequente experimentar-se um alto grau de fragmentação. Mas esse estado caótico inicial – que muitas vezes se repete ao longo de uma sessão – pode revelar uma espécie de ordem como um par de opostos, mesmo que esses estados mentais tenham a qualidade inquietante de se destruírem totalmente: a consciência de um tende a oscilar em direção ao outro e, no processo, a aniquilar qualquer memória ou significado do que acabou de acontecer. O Dois que o analista pode perceber nesse caso é, portanto, muito diferente do que acontece nos processos normais, pois cada estado não preenche o outro para criar um todo maior, um terceiro estado. Em vez disso, quando os opostos se combinam, eles criam um objeto bizarro, um estado que produz um sentimento de estranheza para si mesmo, bem como uma sensação de que o analisando também é estranho ou esquisito. Esse estado misto tende também a ser experimentado como uma morte interior do pensamento, um estado desprovido de significado e que não produz um estado simbólico. No processo psicótico, essa forma do Três pode nos permitir ver mais profundamente, por trás dele, e vislumbrar outro estado, o Quarto, que agora é um terrível objeto de fundo. Em vez de o Um se tornar o Quarto como um nível numinoso positivo, no processo psicótico, o Um se torna algo um pouco mais demoníaco. Aí, vemos o lado obscuro de Deus. Por exemplo, vemos imagens de abuso e abandono tão intoleráveis que se fundiram com imagens arquetípicas profundamente negativas que aprisionam a pessoa no desespero e na desesperança.

O campo interativo pode conter notavelmente esses estados mentais caóticos. Por exemplo, outro corretor da bolsa de valores me consultou sobre sua dificuldade em se tornar disciplinado no mercado. Embora ele tivesse a capacidade e a inteligência para ser um negociante bem-sucedido, mal sobrevivia economicamente nesse empreendimento. Para ele, o mercado de ações era um "auto-objeto", ou seja, a estabilidade de sua identidade estava ligada às flutuações ascendentes ou descendentes do mercado. Em termos analíticos, ele tinha um transtorno de caráter narcisista. Quando eu o via, ele geralmente estava desiludido, ansioso, retraído e desesperado por não ter conseguido avaliar com exatidão o desempenho do mercado. Nesses estados, ele me contava sobre suas dificuldades, mas era difícil para mim ouvir atentamente por mais de um minuto de cada vez, pois minha atenção invariavelmente se desviava devido ao fato dele estar tão dissociado internamente. No entanto, quando recuperava o foco e me lembrava do que ele tinha dito, percebia que, se eu tivesse lido o que ele havia me contado em vez de ouvi-lo, minha atenção não teria se desviado. Na verdade, o campo afetivo que ele comunicava envolvia sua narrativa em fragmentação e tédio para mim e, de fato, para nós dois.

No início de uma sessão em particular, deixei minha atenção pairar no espaço entre nós e, após alguns momentos, comecei a imaginar que estávamos em uma tempestade violenta. Concentrei-me nessa imagem durante toda a sessão, o que fez com que tudo o que ele dizia fosse fácil de ouvir e de ter empatia. A tempestade estava claramente relacionada à sua inveja e ansiedades intensas; ainda assim, interpretá-las não teria sido útil. Ao ver que a tempestade tinha uma influência determinante não apenas para mim mas também para ele, por vezes, durante essa sessão, refleti em voz alta sobre a sua vida como uma luta terrível para sobreviver a tempestade após tempestade. Ele terminou a sessão falando-me de uma transação que tinha concluído com êxito no mercado de ações e das suas esperanças quanto à eficácia de um novo sistema de negociação que planejava implementar. Ele parecia estar me comunicando inconscientemente que se sentia mais contido emocionalmente e mais esperançoso em embarcar em um novo começo.

Outro exemplo de como o campo foi útil na contenção de processos psicóticos diz respeito a uma mulher com quem eu já havia estabelecido a existência de uma forte parte psicótica. Às vezes, eu conseguia perceber que sua parte psicótica a atacava violentamente, ou a ajudava a ver sua angústia interior como resultado de sua própria fúria reprimida e processo paranoico. Mas essa parte psicótica ainda carecia de um recipiente. Depois, tentei me concentrar no campo entre nós, embora a minha atenção tendesse a se fragmentar sob o impacto do material psicótico. Ela começou a falar sobre o namorado e dos aspectos do comportamento dele que a preocupavam. Depois de ter terminado, perguntou caracteristicamente se as suas preocupações eram "loucas". Embora a alusão à transferência fosse clara, não me concentrei nela, pois isso teria impedido a experiência de campo. Em vez disso, expliquei que achava que o seu pensamento era claro, mas que não sabia por que ela sentia tanta ansiedade e fragmentação. Durante toda essa experiência, manter a atenção no campo entre nós foi como estar perdido em um nevoeiro. Ainda assim, pude acompanhar o seu processo com alguma consistência. A sensação de névoa entre nós permaneceu até que ela me contou sobre seu sonho envolvendo um homem que, para sua surpresa, era capaz de controlar sua mãe. Na verdade, a mãe podia ser psicótica. Mais uma vez, observando mas não interpretando a transferência, comecei a perceber que talvez o campo entre nós fosse dominado pela psicose da mãe dela. A analisanda havia incorporado esse processo psicótico que, por sua vez, vivia dentro dela como um fator estranho e dominava o campo entre nós. Se eu tentasse ouvi-la, essa loucura fragmentaria tanto o meu pensamento quanto o dela. A atenção ao campo enquanto objeto pareceu ajudar, pois ela terminou a sessão de uma maneira incomum: falando sobre pontos fortes que sabia ter.

Os breves exemplos ilustram o que quero dizer com considerar o campo como um objeto. Normalmente, o campo entre duas pessoas, no início, será sentido como vazio, como uma noção científica moderna de espaço. Se o analista considera o campo interativo como objeto, isso significa que tem coragem de realizar esse ato aparentemente absurdo – imaginando no espaço vazio e assumindo que algo pode estar lá – e pode descobrir que a forma de comunicação do analisando se torna mais coesa. O espaço pode então deixar de parecer vazio. Uma imagem clara do processo de campo não aparece necessariamente, mas muitas vezes o analista e o analisando podem imaginar uma sensação de consistência e plenitude, ou uma sensação de fragmentação e rompimento. É evidente que essas são apenas duas das infinitas metáforas possíveis para a experiência do espaço interativo.

Quando os processos psicóticos são constelados, é extremamente difícil focar o campo como objeto analítico. O campo está presente, mas, assim como a própria área psicótica ou louca, não está contido e não tem estruturas ou imagens funcionais ou viáveis. A experiência desse tipo de campo é dominada por ligações quebradas e por afetos extremos, nomeadamente morte e falta de sentido. Às vezes, o analista pode processar esse material por meio da identificação projetiva, e essa atividade pode ter um efeito de contenção que, por sua vez, permite que o campo se torne o objeto analítico.

Por exemplo, uma analisanda entrou em meu consultório, jogou no chão a bolsa e a pasta, caminhou rapidamente até um canto da sala e sentou-se no chão. Ao olhar para ela, senti que era melhor dizer alguma coisa ou ela explodiria, como já havia feito no passado. Sentindo-me desencorajado com essa possibilidade, tentei me manter firme e esperar até perceber algo mais espontâneo e pertinente ao momento. Mas perdi a contenção por um momento e comecei a combater seu intenso desespero e autopiedade por ter perdido o emprego com uma exortação para que ela não demonstrasse sua histeria. No entanto, eu também, naquele momento, fiquei histérico. O ar estava tenso e não havia sensação de contenção. Então, comecei a refletir sobre os meus sentimentos. Eu queria me livrar dela. Eu queria que ela parasse de me pedir para consertar a vida dela. Eu queria que ela melhorasse e se tornasse mais otimista. Ficou claro que eu tinha me tornado a sua mãe. Nesse momento, ela disse: "você é igual a minha mãe". E eu respondi: "É isso que está sendo criado aqui, uma situação em que você não está contida e é tratada como um terrível problema". Em virtude de ter processado a identificação projetiva (da imagem materna), pude fazer essa afirmação e assim mudar radicalmente o ambiente. Ela não estava mais sobrecarregada, nem eu. Ela se sentou no sofá e a sessão progrediu sem que ela atuasse ou eu atuasse no comportamento.

Nesse caso, essa sessão nos iniciou no trabalho sobre sua parte psicótica. Nunca tendo feito isso antes, a interpretação por meio da identificação projetiva foi necessária para estabelecer alguma forma de abordagem do campo perturbado. Ao nos concentrarmos no campo como objeto analítico, poderíamos obter tanto um sentido de contenção quanto a imaginação ou percepção que tornou possível perceber imaginariamente uma divisão "frente-trás" na analisanda, com um forte componente de fundo de um exibicionismo cindido. Como parte de um ato imaginário para conter as suas partes psicóticas, encorajei-a a retratar as suas fantasias exibicionistas por meio da pintura e a compartilhar esses desenhos comigo. Envolver seu material inconsciente de maneira imaginativa ajudou a diminuir seu nível de fragmentação psicótica.

Ao focar no campo interativo como o objeto analítico, a natureza da transferência e contratransferência psicótica, que atua tão sutilmente nos bastidores, pode ficar à vista, assim como a divisão "frente-trás" que muitas vezes tende a esconder o processo psicótico. Da mesma forma, o analista pode sensibilizar-se para a existência das outras grandes divisões que geralmente existem: as divisões verticais que caracterizam a dissociação e as divisões horizontais que caracterizam a repressão, nomeadamente a divisão mente-corpo. A consciência dessas divisões e de sua interação mútua é possível por meio do foco no campo, e a experiência paradoxal que esse foco implica é um avanço significativo no trabalho analítico. E o analista que não se concentra no campo interativo ainda pode descobrir algumas dessas divisões por meio, por exemplo, da identificação projetiva; mas é pouco provável que esse modo de descoberta reúna todas as dimensões da divisão dentro do analisando. No entanto, o campo, experimentado como objeto analítico, é de certa forma o Quarto que contém essas três grandes dimensões da divisão. A menos que os opostos divididos sejam combinados ao longo dessas várias "linhas de falha", nenhuma mudança fundamental na estrutura interna poderá ocorrer.

A utilidade do campo como objeto analítico também ficou evidente no caso de uma analisanda que estava tentando lidar com um grave trauma de abandono precoce. Por meio da identificação projetiva, focamos em estados profundamente perturbadores de morte e falta de sentido que cobriam níveis paranoicos de inveja e raiva. O material psicótico criou um campo intensamente perturbado, caracterizado por conexões rompidas. Embora a abordagem da identificação projetiva tenha revelado como as suas defesas psíquicas atacavam qualquer ligação entre nós, a concentração no próprio campo permitiu uma compreensão mais abrangente do processo psicótico.

Por exemplo, em estado de ansiedade, minha analisanda sentiu necessidade de falar comigo, mas resistiu em ligar para a minha casa no fim de semana, embora tivéssemos combinado essa possibilidade. Quando finalmente a encontrei, ela deu a seguinte explicação para o fato de não ter me ligado em um momento tão crítico:

Talvez eu sinta que só aceito o que recebo e não tenho direito a mais nada. É como se eu vivesse com várias peças e nada no meio. Vivo indo de pedaço em pedaço e nunca pergunto o que há no meio. Fazer isso é muito ameaçador. Posso perder o que já tenho. Não tenho noção do que liga um estado a outro, apenas me apego a cada estado como se cada um fosse uma ilha no mar, completamente isolada até que o próximo apareça, mas não tenho como ir de um para o outro. É assustador pensar em como eles se conectam, pois se eu quiser saber alguma coisa, posso perder o que tenho. Cada estado é uma catástrofe potencial.

A minha reação interna à sua explicação foi me sentir atacado e afastado dela. Eu lidei com esse tipo de interação por muitos meses, durante os quais ela se tornou mais consciente de seu desejo de atacar a conexão entre nós como uma forma de evitar sentir necessidades que ela considerava aterrorizantes. Quando ela atingiu esse nível em si mesma, surgiram ansiedades psicóticas que levaram a numerosos comportamentos de atuação para reprimir a dor. Mas senti que ela perceberia minhas tentativas de apontar sua tendência de atacar nossa conexão como um ataque direto a ela; em todo caso, eu só estaria passando por cima de um terreno que ela conhecia muito bem. Em vez disso, concentrei-me no campo extremamente fragmentado entre nós e fiquei surpreso ao descobrir que o que percebi como um ataque poderia ser visto como uma exteriorização do caótico tecido interno do corpo sutil da analisanda.

Um trauma grave causa a perda de um sentido interno de um tecido conectivo, que o analisando pode sentir como uma ausência que é ruim ou perigosa para a sua alma. Para reparar o tecido conjuntivo da alma, a pessoa pode se apegar desesperadamente a algo que foi ou não foi dito. A pessoa não se atreve a verificar sua validade; fazer isso implica confiança no processo de passar de um pensamento ou memória para outro. Mas essa confiança não existe. Além disso, perguntar qualquer coisa sobre o que o analisando pensa ser real é correr o risco de perdê-lo. O analisando é ameaçado com a possibilidade de lhe dizerem que está louco ou que, de alguma forma, entendeu tudo errado. O analisando acredita que o analista conhece as "regras do jogo", enquanto o analisando não conhece.

Ao focar no campo e reconhecer quão perseguida a analisanda se sentia por seu estado fragmentado, consegui manter uma conexão com ela em meio a tal fragmentação. Ela foi então capaz de estender a mão quando precisava, uma situação que ela não conseguia ousar arriscar desde que reviveu acontecimentos gravemente traumáticos de sua infância. A minha interpretação da interação entre nós apenas em termos de identificação projetiva teria bloqueado a possibilidade de uma experiência de campo estável e consciente.

Embora já tivéssemos trabalhado anteriormente em suas áreas de loucura dominadas por energias extremamente ofensivas, não tínhamos sido capazes de conectá-las a sentimentos de ataque divididos em relação à sua mãe. A sua história inicial e a sua estrutura familiar não lhe permitiam tal pensamento. Mas a utilização do campo como objeto permitiu gradualmente estabelecer essa ligação histórica crucial. Além, disso, um sentimento de contenção surgiu por meio do campo que permitiu que afetos extremamente negativos emergissem na transferência e fossem prontamente ligados à sua experiência materna. Assim, o campo, enquanto objeto, não só tem uma influência determinante nos processos psicóticos, como também permite a reconstrução histórica do trauma.

Mudar estruturas de personalidade por meio de experiências do campo

Para além da sua capacidade de conter as características psicóticas dissociativas da interação analítica, o campo interativo pode transformar a estrutura interna do analista e do analisando; e, nesse processo, a própria estrutura do campo muda. Experimentar o campo interativo em um sentido imaginário é a chave para o seu poder transformador. Esse processo transformativo pode ser ilustrado pelo caso de uma analisanda que me consultou por causa de um distúrbio narcisista ao longo da vida com fortes características dissociativas. Ela queria me contar sobre um acontecimento importante em sua vida, mas estava preocupada em ser coerente o suficiente ao me contar sobre o assunto. Ela tinha se tornado consciente do seu estado crônico de dissociação como resultado de muitas sessões comigo, durante as quais me senti vazio e dissociado como resultado de sua separação. Durante essa sessão, ela estava especialmente preocupada porque normalmente estaria "em dois lugares ao mesmo tempo" e que essa divisão teria um efeito desorientador sobre mim. Eu poderia imaginá-la como sendo simultaneamente incorporada e retirada, como se ela estivesse escapando de seu próprio corpo. Estar com ela era física e psiquicamente doloroso para mim: meu corpo parecia tenso e atormentado interiormente.

Dada a clareza que havíamos alcançado até então, por razões que eu mesmo não entendia naquele momento, mas que incluíam a confiança e a crença de que poderíamos "usar" uns aos outros, optei por fazer uma pergunta em voz alta: "O que constelamos juntos? Não apenas você ou eu, mas nós dois?" Ela respondeu, depois de refletir: "Você é como a minha mãe. Estendo a mão e, por um momento, ela está lá, mas depois se vai". Ela sentiu que estava em um estado de extrema privação; eu também me senti muito privado por ela, privado de conexão e de qualquer sentimento que me tirasse a dor e a confusão que sentia. A minha admissão a surpreendeu, pois ela não tinha ideia de que poderia ter esse efeito em mim. O campo entre nós parecia manifestar-se em uma tendência para a ligação e depois para um rápido afastamento e uma sensação de perda e privação.

Concordamos que esses opostos estavam presentes para nós dois. Tive cuidado especial em insistir que esses opostos não eram dela, assim como não eram meus. Sobretudo não sugeri que ela fosse essencialmente responsável pela criação dos opostos e que os estava experimentando indutivamente. Constatei que esses estados opostos faziam parte da minha própria vida psíquica. O sucesso de qualquer tentativa de definir o campo interativo e de experimentar a sua dinâmica depende da vontade do analista de evitar lidar com os conteúdos do campo apenas como projeções.

A natureza de tais interações é um tanto difícil de descrever por que é sutil. Ao reconhecermos a natureza do campo como tendo uma qualidade intensa de atração-afastamento/privação, e a dor associada a esses opostos, ficamos mais próximos, mais íntimos do que tínhamos sido até então. Essa intimidade muitas vezes dá lugar a uma sensação de medo. Quem é essa pessoa que agora experimento de uma forma que nunca experimentei? Em que eu me meti? Nesse caso, tais preocupações foram leves; ambos fomos capazes de nos apegar à qualidade do campo e à nossa relação individual com os opostos.

Todas as formas de análise geralmente diferenciarão os opostos no processo analítico. Quer seja por meio da observação da diferença entre as atitudes conscientes e inconscientes do analisando, ou entre os conteúdos projetados e as defesas, ou como atributos opostos da estrutura interna ou da dinâmica da transferência, os opostos desempenharão um papel central em todo o pensamento psicanalítico. A maneira como esses opostos são tratados distinguirá uma abordagem que reconhece o campo como tendo seu próprio processo objetivo da abordagem que considera o campo apenas pelas subjetividades combinadas do analista e do analisando, das quais o analista pode extrair informações sobre a história pessoal do analisando.

No caso citado, a analisanda e eu pudemos assim apreender o casal inconsciente no campo entre nós, um casal com uma qualidade grotesca de união e desejo seguida de um rápido recuo na privação de qualquer contato afetivo. O fato de cada um de nós assumir esses estados mentais e a dor associada teve um efeito muito libertador sobre as suas necessidades de defesa narcisista. No caso dela, essa defesa assumiu a forma daquilo que chamo de bolha narcisista; ou seja, o analisando atua simultaneamente como falante e ouvinte. Com efeito, o mundo dos objetos é então praticamente excluído. Ao ouvi-la, eu normalmente me sentia sem consciência e entorpecido, como um observador sem contato real com ela. Eu me vi fazendo perguntas quase incontrolavelmente sobre tópicos que não tinham absolutamente nada a ver com o assunto em questão. Em um caso, fui arrancado do estado de transe induzido pela transferência da bolha narcisista da analisanda pela sua resposta assustada: "Que raios você está falando?" Tendo finalmente feito contato comigo dessa forma, ela saiu de sua bolha narcisista, mas eu tive de lidar com a bagunça que inadvertidamente tinha criado. Foi então possível reconstruir a interação anterior e a estrutura da bolha narcisista.

A partir dessa experiência, aprendi a controlar o meu esforço quase compulsivo de falar por meio da "bolha", e como resultado fui capaz de compreender o meu estado mental interior. Essas afirmações perturbadoras do processo e, por vezes, bizarras, tiveram o objetivo de me permitir sair de um estado de dor interior e de vazio mental. Essas reflexões sobre o meu esforço quase compulsivo para falar muitas vezes proporcionaram uma boa maneira de começar a classificar a natureza dos opostos psíquicos envolvidos, opostos como a atração e a rejeição, que antes me eram impossíveis de registrar.

Entrar no campo, com seus opostos vivenciados e percebidos mutuamente, teve um efeito dissolvente sobre a transferência rígida, semelhante a uma bolha narcisista, e sobre essa estrutura de caráter da analisanda. A questão dos opostos é especialmente significativa na compreensão das qualidades dinâmicas da transferência da bolha narcisista. Se o analista conseguir se concentrar o suficiente para perceber algum significado na comunicação da pessoa (o que, enfatizo, não é uma tarefa fácil, dada a maneira quase insular pela qual o analisando se comunica e o processo dissociativo concomitante), e se o analista se apegar a esse sentido, logo surgirá outro sentido possível que, típico dos processos psicóticos, aniquila o primeiro.

Em outra ocasião, com essa analisanda, pude vislumbrar a natureza delirante do processo que vivia dentro dessa estrutura semelhante a uma bolha narcisista. Ela começou sua sessão com aquilo que chamou de um dilema em relação ao qual se sentia confusa e sobrecarregada. Recentemente, ela conheceu uma mulher na rua, alguém de quem não gostou muito, mas que a tem ajudado muito profissionalmente. No momento, ela sentiu que queria fazer alguma ação recíproca por essa mulher e sugeriu que a mulher poderia conseguir um trabalho de consultoria no local onde ela mesma trabalhava. Mas logo depois percebeu que tinha uma boa amiga, alguém que realmente a ajudou em muitos aspectos pessoais, que também precisava de trabalho e gostaria do emprego. Então, a analisanda se perguntou a quem deveria "dar" o emprego?

Enquanto ela me contava esse conflito, logo comecei a desenvolver uma sensação de divisão na cabeça, um sentimento de dor real e uma sensação geral de confusão. Era evidente que ela estava muito dissociada, como era frequente, mas nesse caso era diferente, pois, em vez de uma tendência para me dissociar dela e tornar-me vago até recuperar a concentração, senti uma dor real. Depois de uma breve tentativa de descobrir a quem ela poderia "dar" o emprego, pensando comigo mesmo em termos, por exemplo, de questões de lealdade *versus* o bem-estar econômico da mulher, senti-me cada vez mais confuso e magoado. Enquanto eu pensava em favorecer uma amiga, surgiram razões para favorecer a outra que aniquilaram totalmente em minha mente qualquer dos pensamentos anteriores sobre a outra amiga. Nessa altura, comecei a me perguntar se alguma coisa "louca" estava acontecendo, e pensei que talvez não houvesse nenhum trabalho real para ela "oferecer".

Perguntei a ela sobre a natureza do trabalho, se realmente existia naquele momento, e ela reconheceu que na verdade não existia. Tudo o que existia era a sua fantasia de alguém com quem pudesse conversar, para que uma dessas pessoas pudesse ligar e pedir trabalho. Mas ela não tinha nenhuma base factual para continuar. Por exemplo, ela não tinha motivos para acreditar que elas realmente precisassem de ajuda. Ficou então claro que ela estava lidando com sua própria fantasia, que tratava como algo real, e com isso veio uma inflação, um estado grandioso em que ela era a doadora desse trabalho em potencial. Até então, eu acreditava que existia um emprego real e que minha analisanda tinha capacidade de garanti-lo para alguma das mulheres.

Ela agora podia ver que havia criado esse estado quase delirante. Perguntei-me em voz alta com ela se essa criação veio da necessidade de ser poderosa com elas. Ela respondeu de forma rápida e clara: "Não, é porque me sinto muito insignificante". E então ela continuou, dizendo que sentia que não tinha importância para elas nem para ninguém. Refletiu ainda que elas realmente disseram coisas boas para ela e, de fato, fizeram coisas úteis e amorosas por ela. Ela se perguntava por que o comportamento delas não importava e por que ela continuava a se sentir tão insignificante. Para ela, as pessoas muitas vezes não são reais, no sentido de serem de tamanho e poder relativamente iguais. Em vez disso, são maiores do que a vida, capazes de elevar o seu sentido de autoestima ou causar seu colapso. Sua única opção era se tornar seu próprio espelho e viver em uma bolha narcisista na qual ela era ao mesmo tempo oradora e ouvinte.

Em uma bolha narcisista, as outras pessoas são "auto-objetos" e não objetos reais, e a sua experiência de vida tem sido com auto-objetos que a atormentam, raramente vendo o seu valor. Mas se as pessoas não são objetos reais, nada de positivo pode ser introjetado. Os ataques podem abalá-la e reforçar os sistemas de crenças paranoicas, mas pouco a pouco, por meio de um processo de introjeção de qualidades positivas, podem preencher o seu ego em uma estrutura relativamente estável que tenha sentido para a questão: "Quem sou eu?" Assim, ela é vítima do tipo de espelhamento que recebe, e esse estado geralmente é muito perigoso para ser apresentado ao mundo.

A questão que se coloca é como dissolver esse recipiente narcisista e permitir que surja um ambiente mais criador de vida. Percebi que a descoberta das imagens do campo interativo, apreendidas a partir de opostos que se manifestam frequentemente como cisão psicótica em antimundos, pode levar ao surgimento de uma nova forma de transferência que é mais relacionada e muito menos psicótica. Heinz Kohut chama esse desenvolvimento de transferência de espelho no "sentido mais restrito", no qual o analista se torna um objeto para o analisando, mas é importante para o analisando apenas "dentro da estrutura das necessidades geradas pelo grandioso si-mesmo terapeuticamente reativado" (1971, p. 116). O analisando torna-se capaz de incorporar a imagem do analista utilizando-a como fonte de identidade de forma mais ampla. Mas quando esse estado de incorporação sentido é muito perigoso para ser permitido, o analisando sente-se totalmente indesejado, com o seu interior cheio de ódio e é, assim, incapaz de ter qualquer coisa boa dentro de si sem destruí-lo ou ser destruído pela rejeição do objeto. Em vez disso, a transferência da bolha narcisista toma o seu lugar, e o analisando torna-se simultaneamente sujeito e objeto. Transformar esse estado de bolha torna-se então o desafio analítico.

Essa estrutura narcisista é comum, até certo ponto, em todas as pessoas. Quem, às vezes, não é orador e público ao mesmo tempo? Todos nós fomos criados, em certa medida, pelas nossas primeiras relações objetais. Qualquer pessoa que lide com o desenvolvimento infantil pode apreciar muito bem que a maneira pela qual uma criança é respondida e espelhada quanto às suas qualidades reais é essencial para o desenvolvimento posterior do si-mesmo espontâneo e de um sentido de essência. Mas quem é totalmente espelhado? Sempre existem áreas secretas do si-mesmo que não podem ser comunicadas. E quando o analista se aproxima dessas áreas, as formas de comunicação deslocam-se facilmente para a qualidade narcisista de bolha. Para algumas pessoas, essa estrutura narcisista pode substituir o relacionamento em qualquer sentido genuíno, em que o "outro" tem um significado sentido e um processo registrado; mas raramente constatei que essa estrutura é onipresente. Em vez disso, a pessoa é, por vezes, capaz de uma empatia e de um contato emocional intensos. Outras vezes, essa capacidade está totalmente ausente e a transferência de bolha domina. Podem passar anos de trabalho em que ambos os estados fazem parte do mesmo momento analítico. No entanto, antes de trabalhar com a estrutura de bolha de defesa, sessões inteiras são dominadas por ela. Depois, à medida que a bolha de transferência se dissolve, apenas segmentos do momento são dominados por ela até que, em tempos de angústia na vida do analisando, ela volta a emergir. Mas, de um modo geral, a bolha narcisista pode diminuir cada vez mais, e as capacidades da pessoa para o contato emocional, consciência e empatia podem surgir. De certa forma, essas pessoas não se enquadram em um esquema de diagnóstico simples. Apresentam certamente características narcisistas e esquizoides, mas também têm uma qualidade competente e empática.

Uma característica principal que ocorre como resistência à contratransferência ao enfrentar essas áreas é a falta de comunicação. O analista tende a não comunicar a sua experiência do analisando, mesmo que a experiência posterior possa provar que esse tipo de comunicação e "exploração mútua" são muitas vezes fundamentais para a transformação da estrutura narcisista. Essa falta de comunicação é um estado congelado, e a comunicação pode parecer o último ato em que o analista deseja se envolver. Embora a defesa contra a sensação de bizarrice e a dor associada ao processo psicótico possam ser uma explicação para essa resistência à contratransferência, outra explicação é o fato de estarem envolvidos níveis de trauma extremamente sensíveis em que a identidade do analista é instável; e a exploração com o analisando nesse ponto pode parecer um risco muito grande para ser assumido. Mas o analista pede ao analisando que corra esses riscos, e ambos podem aprender que correr riscos na comunicação e na exploração de experiências do campo pode ser curativo.

Mudar as estruturas de relacionamento por meio das experiências do campo

A experiência da dinâmica de campo é eficaz na transformação de estruturas não só de personalidade, mas também de relacionamento. Esta última é ilustrada pelo caso seguinte de um homem de 50 anos cujo relacionamento íntimo com uma mulher casada e mais velha era fonte tanto de paixão intensa quanto de sentimentos de uma perda devastadora. Passavam-se dias e muitas vezes semanas entre os seus encontros. Nas suas sessões comigo, comecei a perceber que sempre que ele mencionava o nome da mulher ou começava a falar sobre ela, minha atenção fragmentava-se. Embora ele parecesse estar dizendo palavras de preocupação sobre o assunto que estava trazendo para a sessão, a sua verdadeira essência ou atenção vital estava em outro lugar, afastada do momento presente. Não me senti como se estivesse com alguém relembrando outra época ou lugar, mas sim que ele havia sido roubado de si mesmo e que estava lutando para não estar realmente presente, tendo um vazio substituído o sentimento subjacente às suas palavras. Eu fazia um esforço extra para me colar às suas palavras, mas minha atenção continuava a se dissociar e muitas vezes eu perdia grande parte do conteúdo que ele estava relatando. Outras vezes, quando ele falava de outros assuntos que não o referente à mulher, ele estava "presente" e minha atenção não se desviava nem se fragmentava.

Nós dois podíamos observar uma atmosfera de medo e de elementos paranoicos que pareciam nos expulsar de um nível encarnado. Durante uma sessão, chamei a atenção para essa tendência e ele me perguntou: "onde está esse medo?" E eu respondi: "em nós dois", pois eu não tinha uma maneira verdadeira de ver isso como um fenômeno de identificação projetiva. Eu poderia ter construído uma interpretação a partir dos sentimentos de abandono que experimentei quando ele se fragmentou. Tínhamos feito um trabalho considerável interpretando suas áreas psicóticas, e as havíamos entendido como relacionadas tanto com a forma como ele vivenciava seu pai quanto com as maneiras pelas quais seu pai provavelmente o vivenciava. Mas insistir nessa interpretação baseada no abandono parecia agora muito limitada e repressiva do campo entre nós.

Ele me perguntou o que poderia conter esses sentimentos. A afirmação de Jung de que o arquétipo é o recipiente veio à mente. Certamente poderíamos refletir juntos sobre o mito do filho-amante como estruturador do espaço entre nós, e poderíamos escolher inúmeras outras imagens, por exemplo, o mito alquímico do filho engolido pelo dragão que depois o corta em milhares de partes. Notei que uma imagem muito poderosa poderia estar organizando a nossa interação. Focar nessa imagem mudou o campo: ambos nos sentimos mais no controle e muito menos fragmentados. Poderíamos então obter algum sentido de compreensão e relacionamento, mas a experiência entre nós era sem alma e a incorporação em qualquer profundidade não era possível. Amplificações arquetípicas, como a compreensão do desenvolvimento, poderiam criar um tipo de ordem mental-espiritual, uma descoberta ou ordem, mas não da alma. Tais interpretações não permitiriam um campo de apego que por si só talvez pudesse criar as pontes necessárias para ajudá-lo a sair da esfera magnética do campo filho-amante sem reprimi-lo heroicamente e, necessariamente, sem perder a consciência do seu corpo.

O seu material de sonho e fantasia apresentava um padrão dominado por um tipo mítico de interação filho-amante/mãe-deusa. Tal como o filho nesses dramas, ele estava envolvido em uma teia de paixão – bastante mortal para a sua própria integridade psicológica – da qual ele não conseguia se separar. O seu crescimento exigia sair dessa teia, mas essa paixão – cujos elementos incluíam compromisso, honra, fidelidade, um sentido de propósito nobre, mas especialmente de se sentir intensamente vivo – exigia que ele a abraçasse cada vez mais fortemente. Qualquer uma das opções conduzia a um tormento e a uma sensação avassaladora de desespero. A relação não podia ter, nem tinha, qualquer base sólida na realidade. A mulher que ele amava estava fortemente comprometida com seus deveres de esposa e mãe. Mais novo e solteiro, ele era altamente ambivalente quanto ao seu relacionamento com ela. Eles se encontravam de forma irregular, com longos períodos de ausência intermitente. Na verdade, nenhuma matriz espaçotemporal realmente estável poderia conter esse padrão mítico. Ele e a mulher conheceram-se em um estado de transporte psíquico e nunca entraram em um mundo de relacionamento real, ou seja, em uma relação que vivesse no espaço e no tempo normais.

Um ganho considerável foi obtido em nosso trabalho por meio da análise da relação objetal real, e também no nível de suas próprias relações objetais interiores. O padrão filho-amante foi muito animado pelas suas próprias questões maternas e paternas. Ele sentiu seus desejos subjacentes de incesto por sua mãe e suas ameaças de abandono, agravados pela ausência emocional de seu pai durante a sua infância. Inevitavelmente, essa ausência criou uma imagem interna de pai intensamente crítica que o impediu de se desafiar no mundo real. Ele conseguia funcionar suficientemente bem, mas as suas capacidades ultrapassavam largamente as suas realizações, tanto na vida profissional quanto na vida pessoal. À medida que ele se tornou cada vez mais consciente do padrão filho-amante e começou a integrá-lo na sua consciência, tornou-se um pouco menos encantado pela mulher que idolatrava e reconheceu que sua paixão não estava sob o seu controle, mas dependia em grande medida das ressonâncias incestuosas dela com sua mãe e seu pai. A sua capacidade de entrar mais plenamente no mundo começou então a se expandir e a se desenvolver. Por exemplo, parte de seu *status* de renegado ou de "estranho" negativo foi dissolvida.

No decurso desse trabalho, lidei com as minhas reações de contratransferência subjetiva, que consistiam simultaneamente em uma tendência em o criticar e em uma tendência oposta a idealizar seus pensamentos e atitudes em relação à importância da paixão. Fazendo uso dessas reações de contratransferência, eu poderia ser um guia para ajudá-lo a integrar o seu material inconsciente. Foi suficiente para mim processar o seu material dessa forma? Se eu agisse impecavelmente nesse sentido, indagando consistentemente sobre a minha própria contratransferência, usando as informações assim adquiridas, tentando ouvir as referências inconscientes em seu discurso no que se refere ao meu papel em nosso relacionamento, e indagando metodicamente como seu material de sonho respondia ao nosso trabalho conjunto, eu estaria agindo como qualquer analista. Tais atitudes seriam necessárias, mas não suficientes para atender às suas necessidades terapêuticas de conter seus elementos psicóticos. Isso exigia uma abordagem alquímica, a ativação de uma visão alquímica que investigasse a natureza do campo que ambos estávamos constelando.

A presença de um campo só gradualmente começou a se tornar consciente para nós dois. No decorrer do nosso trabalho, lentamente ficou claro que ele estava dominado pela raiva daquela mulher. Por vezes, a sua raiva assumia proporções psicóticas, com pouca contenção, levando a uma fragmentação considerável e distorcendo continuamente, ainda que de forma sutil, a realidade. Grande parte do nosso trabalho centrou-se nessa distorção da realidade, especialmente porque dividia a sua relação com a sua parceira em estados em que ele a via alternadamente como uma bruxa enganadora e uma bela amante. Muitas vezes exploramos como ele continuou involuntariamente a negar suas percepções dos verdadeiros traços de caráter negativo da mulher, aspectos de seu comportamento que eram antiéticos e indignos de confiança. Às vezes, essa negação o matinha em um estado perigosamente fundido com ela e isolado de outras pessoas e coisas. Ele temia perder sua paixão se visse algum lado sombrio dela: sua paixão se transformaria em ódio e sadismo avassaladores. Essa perda iria atirá-lo para a parte da sua psique que criou essa distorção da realidade, isto é, para a área psicótica dentro da sua psique. Além disso, as suas áreas psicóticas eram tipicamente estruturadas por "antimundos", nos quais qualquer coisa que fosse dita sobre a mulher levaria a uma visão totalmente oposta que aniquilava (a dele e a minha) a consciência do oposto anterior. A fusão desses opostos pode levar à bizarrice que caracteriza o processo psicótico. Muitas vezes eu tinha a impressão de uma estranheza sutil ao ouvir seus comentários sobre o seu relacionamento. Sentia como se algo estivesse sempre sendo ocultado e, se fosse revelado, seu discurso se tornaria menos compreensível.

Esse processo continuou por vários anos. Perguntei-me várias vezes sobre a forma como a minha atenção se fragmentava. Teria sido resultado do seu medo do meu julgamento? Será que me dissociei porque não suportava perdê-lo para essa mulher? Será que ele queria que eu sentisse a sua perda, já que o pai o deixou com a sua mãe, e assim eu seria o pai que finalmente o reivindicaria? Ou seria esse o meu próprio processo se fundindo com o dele? Individualmente e em conjunto, exploramos essas permutas, em benefício dele, tanto no que diz respeito ao seu relacionamento com a mulher quanto com o mundo. Mas a sua raiva não pareceu diminuir, uma fonte de consternação para nós dois. No drama mítico, a raiva do filho frequentemente resulta em sua morte, muitas vezes por suas próprias mãos, em um suicídio mutilador. Às vezes, o animal da deusa o mata, enviado pela deusa enfurecida e traída. A raiva dele estava presente entre nós? Estaria "atacando os vínculos" do nosso campo de relações, tornando inúteis alguns aspectos do nosso trabalho?

Um dia, durante uma sessão em que falávamos sobre a relação dele com a mulher, comecei a perceber a minha tendência, agora familiar, de deixar de me concentrar nele. Perguntei a ele se a raiva estava atacando a conexão entre nós. Ele respondeu questionando: "raiva de quem?" A única resposta verdadeira que pude dar foi que não havia como saber. Estávamos ambos em uma espécie de campo energético em que a raiva estava presente.

Ao responder dessa forma, comecei conscientemente a envolver uma "terceira área" entre nós, uma área representada pelo efeito da raiva. Ambos experimentamos essa mudança para uma presença imaginária, nesse caso identificável por uma qualidade de raiva. Estávamos experimentando uma mudança na qualidade da consciência da textura e do espaço à nossa volta, ou seja, o "campo" ou a "terceira coisa". Sentimos como se um "outro" estivesse presente conosco. A natureza do campo era tal que podíamos fazer a experiência de estar dentro dele e de sermos contidos por ele. Em outras vezes, sentíamos como se estivéssemos observando o campo, a sua natureza e qualidades no espaço entre nós. Por vezes, sentíamos como se a nossa necessidade ou vontade determinasse se seríamos o sujeito ou o objeto do campo. E às vezes podíamos observar que o campo tinha um ritmo próprio que causava essa oscilação na relação sujeito-objeto. Assim, sentados ali juntos, poderíamos começar a imaginar que a raiva era uma qualidade do próprio campo, como um objeto que podíamos sentir ou "ver" imaginariamente entre nós. O campo exerceu um efeito que os nossos corpos registraram. Percebemos que a sensação desse afeto tinha o potencial de nos levar a nos comportarmos de determinadas maneiras. Por exemplo, com esse processo surgiu um certo medo que nos levou ao limite do sentimento de contenção. Será que a raiva ou uma fusão sem limites assumiria o controle em um sentido indefinido? Um alto nível de ansiedade também esteve presente nesse momento crítico.

Eu poderia facilmente ter evitado esse encontro, e talvez já estivesse fazendo isso há algum tempo em nosso trabalho antes dessa sessão. Eu poderia ter diminuído a ansiedade refletindo sobre a "sua" raiva, mas ao fazê-lo, eu teria me tornado o ativo, ou como diz Jacques Lacan: "aquele que sabe" (1977, p. 230). Como resultado, eu teria negado o campo entre nós com sua qualidade expressiva, mas basicamente incognoscível. Essencialmente, eu teria descontruído e despotencializado o campo entre nós de uma forma particularmente sedutora. Eu teria transmitido inconscientemente a experiência da supremacia do poder no tratamento das relações sobre a experiência da relação e do sofrimento, tudo sob o pretexto de que era para o seu próprio bem.

Mas tendo admitido a verdade, nomeadamente que eu não sabia de quem era a raiva, o discurso passou para outro nível. Agora, a presença imaginária de uma raiva forte, ou mesmo de uma fúria, poderia ser tolerada, e com ela veio uma consciência respeitosa do mistério da imaginação. Se eu tivesse lidado com a "sua raiva" nesse momento, estaria projetando nele a minha própria raiva, uma vez que ela se conecta a esse padrão arquetípico. Ele teria sido obrigado a carregar a minha raiva e a sua própria. Em vez disso, a presença imaginária foi tolerada sem que soubéssemos de quem se tratava. E com esse movimento para o imaginário, foi ativado um sentido de corpo. Nesse caso, ambos tivemos uma sensação energizada desse corpo e da sua vitalidade; e nos tornamos conscientes de nossos corpos como campos de energia. Talvez seja apenas esse tipo de experiência corporal – os alquimistas pensariam nisso como uma experiência corporal sutil – que pode criar uma sensação de contenção para paixões perigosas.

Então, a experiência do campo entre nós mudou. Ele sentiu que seu corpo queria abraçar o meu, e eu também tive essa sensação de abraço, aliás, de anseio por ele. Mas mesmo com essa nova experiência, a raiva não desapareceu. Oscilava com a sensação de anseio no campo energizado entre nós. E, assim, tínhamos então um par de opostos definindo o nosso espaço de interação: raiva e desejo. A raiva aniquila, o desejo une. Em termos alquímicos, a substância quente aniquiladora era conhecida como "enxofre", enquanto a substância que une, anseia e funde era conhecida como "sal". No processo de vivenciar isso, estávamos realmente criando uma espécie de recipiente para o relacionamento que era ao mesmo tempo muito precioso e muito destrutivo para a sua vida. O ato de conter e objetivar seus afetos conflitantes possibilitou que ele começasse a ver a sua parceira de uma forma muito mais real.

Tal como outros analistas com quem ele tinha trabalhado antes de mim, analisei seu relacionamento com a mulher, relacionei-o com a transferência e resistência à transferência, interpretei os seus desejos edipianos e pré-edipianos e refleti sobre os seus medos de separação. Mas foi só quando fomos capazes de envolver o campo entre nós – e isso continuou a acontecer ao longo de um período de tempo – que a qualidade magnética dessa relação começou a perder a sua natureza compulsiva e mágica. A beleza do relacionamento não foi destruída, mas a qualidade do desejo, que fazia parte dele, pôde ser removida do padrão incestuoso da paixão destrutiva. A transferência para essa mulher podia ser transferida para mim, de volta para ela, depois para os outros e, por fim, para o seu desejo de um si-mesmo interno. O relacionamento dele com ela não era menos real porque tinha raízes anteriores nas relações parentais do que o relacionamento dele comigo. Ambos os relacionamentos tinham uma realidade; não eram funções de ilusão que se dissipavam com a consciência. Lentamente, mas de maneira eficaz, ele começou a ser capaz de envolver o mundo ao seu redor de formas mais individuais e significativas. Ele se tornou capaz de se arriscar a uma maior vulnerabilidade e testar a sua criatividade.

A partir dos vários estados mentais encontrados nos exemplos anteriores – inveja, ansiedade, medo, caos, paranoia, raiva, histeria, cisão (frente-trás, mente-corpo ou lado a lado), dissociação, abandono, trauma, paixão, desejo incestuoso, desespero, entre outros – é possível reconhecer vários pontos de partida para descobrir o potencial transformador do campo.

Mas será que um ponto de partida é melhor do que o outro? A contenção do caos, ou aquilo que chamei de as partes loucas de pessoas sãs, parece ter um significado especial na alquimia. O caos, ou *prima materia*, foi um ponto de partida vital para a obra, o processo de transformação material e pessoal. De fato, a ênfase no caos e na sua contenção dentro da abordagem alquímica pode informar as abordagens modernas do processo analítico, particularmente se e quando a *prima materia* é experienciada como um aspecto de um campo interativo.

6

A visão alquímica da loucura

"Caos" e o caminho alquímico

Do ponto de vista da psicanálise, os estados mentais que temos considerado – tais como a fragmentação extrema, o vazio, a morte e a aniquilação desconcertante dos opostos – fazem parte do processo psicótico. Embora alguns analistas (Eigen, 1986) e Jung (Schwartz-Salant, 1982, 1989) apreciem o valor transformador de tais estados mentais, geralmente esses estados são considerados exemplos perigosos e lamentáveis de falhas no desenvolvimento. Esse ponto de vista negativo nasce de um quadro de referência científica. Tal como um cientista que faz uma experiência ou resolve um problema tenta criar ordem na desordem, o analista tradicionalmente confronta várias comunicações dispersas que a princípio não fazem sentido, e depois tenta descobrir uma ordem e, possivelmente, até um significado nelas. A partir desse ponto de referência orientado para o ego, o fenômeno conhecido como loucura não pode ser ordenado, mas permanece bizarro e, por definição, desprovido de significado.

Jung e outros insistiam que se um analista pudesse compreender os processos de um esquizofrênico, então o analisando já não era louco. O ponto de vista contrário era que, se o analista pudesse compreender um esquizofrênico, então o diagnóstico estava errado. O problema com a compreensão dos produtos da loucura, porém, é que é preciso perguntar: quem está fazendo a compreensão? Será que o significado pode ser encontrado em estados bizarros, como a aniquilação de opostos pela consciência de um ego que observa esses estados? Ou será preciso "ver" de uma forma completamente diferente?

O pensamento alquímico oferece uma maneira diferente e imaginária de ver o que pode nascer do encontro ativo com áreas loucas. Mas o significado ou a visão que o analista obtém não é, como uma sequência de desenvolvimento de crescimento da personalidade, estável e repetível. Em vez disso, essa visão é breve e facilmente esquecida. A visão muitas vezes instantânea, na qual o analista consegue reunir opostos divididos, vivendo "entre" eles, parece fortemente dependente da qualidade do momento em que analista e analisando interagem. Mesmo que sejam relativamente raros durante um processo analítico, tais momentos são extremamente valiosos. O analista deve ver para além dos opostos, bem como vê-los juntos, e essa visão é como o elixir alquímico, uma gota que foi notavelmente transformadora.

Em certo sentido, o "modo alquímico" é aquele em que o analista vê com uma visão mais ampla do si-mesmo; o modo científico é aquele em que ele vê por meio da visão do ego. O modo alquímico vê "através" dos olhos, enquanto o modo científico vê "com" os olhos. Enquanto a via científica não pode abranger ambos os opostos ao mesmo tempo, a via alquímica pode abranger ambos os opostos simultaneamente, situado em um reino intermediário, o corpo sutil ou o campo interativo, cuja própria existência é negada pelo pensamento científico. A forma científica é repetível e acessível a qualquer pessoa que tenha tido formação suficiente e que tenha capacidade para processar a identificação projetiva ou uma consciência das estruturas de empatia. Por outro lado, o caminho alquímico não é repetível à vontade e depende do *kairos* – a qualidade do momento – que é largamente determinado pela ontologia do analista à medida que ele abraça o momento e se situa no campo interativo.

Assim, o domínio das partes loucas das pessoas sãs será encontrado e valorizado em grande parte em função da forma como se vê esse nível de vida psíquica. A visão alquímica melhora muito a nossa abordagem sobre essas áreas comumente encontradas e geralmente evitadas. Embora sejam um anátema para uma pessoa, as áreas loucas são uma *prima materia*, um ponto de partida vital, para outra. Encontrar esse ponto de partida vital pode levar muitas horas ou até anos; raramente é encontrado na primeira hora analítica ou no primeiro encontro. No modo de pensar alquímico, esse início é um estado muito procurado, que pode ser encontrado rapidamente ou que pode exigir uma vida inteira de trabalho. Mas o si-mesmo ou o mundo interior e a natureza das relações que podem ser criadas por meio do envolvimento em áreas loucas tornam a busca uma fonte incomparável de significado nos relacionamentos e no crescimento individual.

A forma alquímica de transformação da personalidade não busca adaptação social e econômica, força do ego, capacidade de relacionamento, maturidade sexual e ideais espirituais. Essas marcas de todas as culturas, passadas e presentes, não são os objetivos principais do caminho alquímico. São assumidas no início ou são o resultado secundário de uma pesquisa mais central que é o núcleo do processo: a procura pelo lápis ou "pedra do sábio", que é o si-mesmo. O si-mesmo é o centro do ser e não é sentido nem pessoal nem impessoalmente, nem como "meu" nem "não meu". O caminho alquímico é caracterizado por uma busca por um si-mesmo que tenha parentesco com um Si-mesmo [*Self*] maior, que nunca é conhecido como um objeto interno, mas apenas conhecido, em termos religiosos, na ascensão da alma a Deus ou na mistura extática da alma com outra alma no espaço do corpo sutil, em que se pode conhecer a união sagrada, a *coniunctio*. O si-mesmo nunca será um valor coletivo porque é demasiado único, nunca capaz de ser descrito em termos que não sejam místicos para aqueles para quem a experiência é desconhecida. Os termos "unidade", "outro", "luz", "infinito" e "admiração" são metáforas prontas, entre muitas, para descrever a experiência do inefável. Mas essa experiência é apenas um começo a partir do qual se alcança um sentido de interioridade do sagrado e um sentido corporificado da sua qualidade numinosa. As religiões sempre foram as guardiãs desses domínios, e a doutrina e as imagens transportaram a experiência do *numinosum*. Na forma alquímica, o si-mesmo é uma experiência única para cada indivíduo, e essa experiência pode ser, e tem sido, conhecida por muitos.

No entanto, os "muitos" fazem parte de um número anteriormente maior, pois na obra, de acordo com a frase alquímica comumente encontrada, "muitos homens pereceram" (McLean, 1980, p. 45). Qualquer pessoa que embarque em uma reestruturação profunda do seu ser, como no caminho alquímico, e não simplesmente em um caminho de alívio de sintomas ou de maior relacionamento e adaptação aos outros e à sociedade, começa com uma experiência sempre cheia de medo. Esse início exige uma vontade de renunciar ao que se conhece – os objetos que formam a segurança e as crenças que criam ilusões que funcionam suficientemente bem. Em diversas obras alquímicas, o início da *opus* apresenta uma inundação que simboliza a dissolução total da personalidade. Os alquimistas faziam parte de uma tradição que sabia que uma mudança total estava reservada para aqueles que tivessem coragem suficiente para começar e força suficiente para sobreviver a esse estado caótico.

Esse início caótico é ilustrado na primeira das vinte e duas pinturas que compõem o *Splendor Solis* (figura 1). Dois alquimistas olham com grande receio para as águas em que devem entrar, uma corrente turbulenta que vai da sua direita para a sua esquerda, significando uma descida ao inconsciente de maneira indeterminada. Fabricius associa essas águas às famosas "Águas do Estige" (1976, p. 17) que, na tradição grega antiga, são aterrorizantes tanto para os humanos quanto para os deuses. Essas águas só podem ser contidas por um recipiente misterioso, como no mito de Eros e Psique, sendo o casco de um cavalo de cristal o símbolo da criatividade do recipiente (von Franz, 1970, cap. 7). De um modo geral, a primeira imagem do *Splendor Solis* aponta para uma entrada perigosa no inconsciente, cujo recipiente exigirá o melhor do ser criativo e o melhor dos companheiros.

A primeira pintura do *Splendor Solis* retrata o sol acima e o mesmo sol abaixo, inseridos em um escudo, símbolo da matéria (figura 1). O objetivo desse trabalho alquímico era a encarnação das forças espirituais na matéria ou em uma existência encarnada (McLean, 1981, p. 83). Esse processo está sempre associado a experiências caóticas. Geralmente uma pessoa experimenta uma perturbação considerável quando surge uma consciência que entra em conflito com a sua personalidade estabelecida. Quanto mais forte for essa consciência, mais forte será o conflito. Por um lado, a realização ou incorporação dessa consciência exige que as antigas estruturas, que outrora se defendiam da nova consciência, se dissolvam. Por outro lado, a afirmação da nova consciência exige que se esteja disposto a ser conduzido por caminhos que não são necessariamente previsíveis. A mudança é sempre assustadora, e a imagem da Antiguidade que mais resiste à mudança é a de Narciso. Nossos investimentos narcisistas em aparência e prestígio sempre se opõem à mudança, e a perda de nossas estruturas narcisistas sempre nos abre para áreas muito desorientadoras do inconsciente. No entanto, quando a experiência espiritual encarnada é da ordem do *numinosum*, o caos que se experimenta pode ser avassalador.

Segundo o pensamento alquímico, a alma experimenta um nível de numinosidade que depois se esforça para encarnar no espaço e no tempo, uma transição que cria uma desordem considerável. A desordem sempre acompanha a mudança de uma forma de consciência inferior para uma superior, significando uma mudança de estrutura ou forma que é antiga e estável para outra que é nova e instável (Schwartz-Salant, 1969). Tal como na descida do sol para o escudo da matéria na primeira pintura do *Splendor Solis*, a descida da alma para a existência no espaço-tempo parece exigir que ela percorra as suas primeiras experiências, como se a alma conhecesse algo da eternidade e traçasse os seus passos até o nascimento no espaço e no tempo. Mas à medida que a alma, o órgão da experiência psíquica, percorre novamente esse caminho, também encontra traumas precoces, em que a loucura muitas vezes se esconde, talvez uma loucura parental oculta ou uma experiência de abuso. E à medida que a alma toca essas áreas da mente, pode surgir uma ansiedade e um pânico consideráveis, conforme refletido na aparência distorcida da face do sol no escudo da primeira pintura do *Splendor Solis*.

Figura 1 – Primeira pintura do *Splendor Solis*

Figura 2 – Primeira gravura do *Mutus Liber*

A descida à matéria e à vida encarnada pode provocar uma inundação de material inconsciente caracterizado por estados perigosos e dissolventes, como se vê em numerosas outras obras alquímicas (Fabricius, 1976, p. 16-23). Por exemplo, a primeira gravura do *Mutus Liber* apresenta um alquimista adormecido em que anjos, simbolizando uma ligação com o reino numinoso, tentam despertá-lo e instá-lo a ascender a uma consciência superior (figura 2). E ao fundo, o mar representa a inundação que certamente ocorrerá, ou seja, o estado de espírito caótico que o alquimista experimentará. Mas os alquimistas acreditavam que dentro do caos se poderia encontrar ordem apreendendo opostos conflitantes, como ilustrado em uma gravura do alquimista Michel de Morolles (figura 3).

Figura 3 – Gravura de Michel de Morolles do caos alquímico

Essa gravura capta a vida dos opostos psíquicos dentro do caos – por exemplo, um touro e um escorpião, um carregador de água e um leão, uma cabra e um caranguejo, representando respectivamente os opostos astrológicos touro/escorpião, aquário/leão e capricórnio/câncer. A natureza caótica dos opostos psíquicos é ainda indicada pelas cabeças humanas, algumas cuspindo fogo e outras cuspindo água. Além desses opostos conflitantes, estados mais extremos são retratados, como um dragão se opondo a um cachorro e um urso devorando o sol, ambos indicativos da morte e da putrefação que certamente seguirão quaisquer estados de união de opostos. A morte que inevitavelmente se seguirá à união é retratada no casal abraçado prestes a ser atingido pela flecha de um centauro. E no topo da gravura está a figura de uma mulher, ela mesma apoiada em dois peixes que nadam em direções opostas, significando a sabedoria da alquimia na união dos opostos. Assim, o caos apreendido pela via alquímica contém as formas de ordem e as vicissitudes da união que se repetirão no desenrolar da obra.

A representação mais completa e significativa do processo alquímico, *Rosarium Philosophorum*, descreve em sua série de vinte xilogravuras a transformação de estados caóticos entendidos psicologicamente como as partes loucas de pessoas sãs. O caos e os estados mentais semelhantes à loucura são essenciais para compreender o mistério da criação da concepção alquímica do si-mesmo, o *lapis philosophorum*. A série de xilogravuras do *Rosarium* forma um núcleo de sabedoria incomparável em qualquer tratado alquímico, e considero-o como o núcleo daquilo que, em termos patológicos, pode ser pensado como o caminho alquímico. Essencialmente, o envolvimento de um campo interativo não é apenas um recipiente para estados de loucura, mas também se torna um recipiente para aspectos inconscientes da psique a partir dos quais um si-mesmo é criado.

A "fonte mercurial" e a dinâmica da serpente de duas cabeças

A primeira xilogravura do *Rosarium Philosophorum*, a "fonte mercurial" (figura 4), é um retrato da base misteriosa da obra (OC 16, § 402). A "fonte mercurial" é uma imagem estranha: a parte de cima, que contém a serpente de duas cabeças, conhecida na alquimia como Binarius e que muitas vezes significa o diabo, está separada da parte de baixo, que contém a fonte mercurial, que é preenchida pelos três tubos que jorram três correntes de água. No início, a ligação entre o alto e o baixo é feita apenas por meio dos vapores que saem das bocas da serpente.

Na tradição alquímica, o quadrado que envolve o quadro é uma imagem do envolvimento hostil dos opostos, conduzindo a um estado de caos, uma Unidade inicial. Quando o analista experimenta esse nível de caos, sofre um estado muito desordenado, pois é comum que a indução de campo proveniente de áreas psicóticas se intrometa na consciência do analista e tenha um efeito fraturante sobre sua atenção. A lógica qualitativa da xilogravura continua seguindo "o axioma de Maria". Da duplicidade da díade surge o Três, descrito como a fonte mercurial alimentada por três correntes. Essas são as "águas inferiores" que Jung compara ao Antropos Inferior ou a Dionísio. As águas da fonte circulam, e a própria fonte é alimentada tanto pelos elementos dionisíacos quanto pelos vapores que descem da boca da serpente. Esses vapores se conectam por cima e por baixo, e enchem também o recipiente. O elo que se manifesta na "fonte mercurial" participa da dinâmica da identificação projetiva. Estados mentais que podem ser descritos como áreas loucas de pessoas sãs preenchem o recipiente analítico de cima, assim como aqueles estados mentais associados ao deus louco, Dionísio. As duas "águas", a de cima e a de baixo, são idênticas, como indica a inscrição na borda do recipiente. A fonte representa, assim, dois aspectos de um mesmo processo, um realizado do ponto de vista do inconsciente psíquico, o reino de Apolo no mito grego, e o outro do inconsciente somático, o domínio de Dionísio.

Figura 4 – "Fonte Mercurial": primeira xilogravura do *Rosarium Philosophorum*

Essas duas formas de estados mentais loucos são vivenciadas de maneira diferente, mas o objetivo dessa primeira xilogravura do *Rosarium* é que as duas formas juntas criam um campo que é, em si mesmo, o recipiente misterioso no qual a obra se desenvolve. E novamente de acordo com "o axioma de Maria", a partir dos processos nesse recipiente, a Trinalidade é sentida, por exemplo, como díades inconscientes entre duas pessoas que se encontram e experimentam suas dinâmicas autônomas, conduzindo a um novo sentido de Unidade. Assim, do Três surge o Quatro como o Um.

Do estado inicial desordenado da Unidade, representado pelo quadrado que delimita a primeira xilogravura, emerge a qualidade dos opostos, simbolizada no *Rosarium* pela serpente de duas cabeças. A imagem da serpente de duas cabeças também é encontrada em diversas culturas fora da tradição alquímica. Por exemplo, nas imagens egípcias antigas, a serpente cósmica tem duas cabeças (Lindsay, 1970, p. 339). O antigo deus-herói grego da medicina, Esculápio, carregava um bastão para cima, ao longo do qual duas serpentes entrelaçadas terminavam no topo com as duas cabeças voltadas uma para a outra. Até hoje esse símbolo é usado pela profissão médica para simbolizar a cura, embora seja frequentemente confundido, talvez por meio de alguma sabedoria misteriosa, com o bastão de Mercúrio, o caduceu. Além disso, as imagens do deus grego Hermes o representam com duas cabeças voltadas para direções opostas. Entre os astecas, a serpente de duas cabeças era um símbolo do deus Tlaloc, um deus poderoso e benéfico da chuva (Burland, 1980, p. 30, 110). A imagem da serpente de duas cabeças também pode simbolizar o si-mesmo que contém opostos que o ego não consegue abraçar, especialmente opostos que têm a qualidade aniquiladora encontrada em setores loucos da personalidade.

Essa característica particular do si-mesmo pode ser encontrada explicitamente descrita no capítulo 74 do romance Moby Dick, de Herman Melville (1962), que trata da natureza da visão da baleia:

> Um fato curioso e muito intrigante pode ser colocado a respeito dessa questão visual que toca o Leviatã. Mas tenho de me contentar com uma pista. Enquanto os olhos de um homem estiverem abertos à luz, o ato de ver é involuntário; isto é, ele não pode deixar de

ver mecanicamente quaisquer objetos que estejam diante dele. No entanto, a experiência de qualquer um lhe ensinará que, embora possa compreender tudo em um só olhar, é impossível para ele, atenta e completamente, examinar duas coisas – por maior ou menor que sejam – em um mesmo instante de tempo; não importa se estão lado a lado e se tocam. Mas se você agora separar esses dois objetos e cercar cada um deles por um círculo de profunda escuridão; então, para ver um deles, de tal maneira que sua mente se concentre nele, o outro será totalmente excluído de sua consciência contemporânea. Como é, então, com a baleia? É verdade que os seus dois olhos, por si só, devem atuar simultaneamente; mas será o seu cérebro, tão mais abrangente, combinado e sutil que o do homem, que pode, no mesmo momento, examinar atentamente duas perspectivas distintas, uma de um lado e outra em uma direção exatamente oposta?

Talvez a representação mais completa e vívida dessa configuração de opostos se encontre em um mito do povo Kwakiutl do noroeste do Pacífico, que trata especificamente de Sisiutl, um deus que é uma serpente de duas cabeças (figura 5).

Figura 5 – Sisiutl, o deus do povo Kwakiutl

Sisiutl é considerado um monstro marinho perigoso e temível, que é um participante importante nas cerimônias de guerra dos Kwakiutl. Sisiutl invariavelmente aparece na forma de uma serpente com uma cabeça alongada em cada extremidade e com um rosto humano formando o corpo central. Sisiutl

177

tem boca e dentes grandes, uma língua longa e afiada, narinas grandes e dilatadas e dois chifres enrolados na cabeça. Acredita-se que ele é capaz de fazer mal a qualquer pessoa; o seu olhar nefasto pode fazer com que as articulações da vítima se voltem para trás, e então a pessoa morre, tendo sido transformada em pedra. Qualquer guerreiro que se banhar em seu sangue se tornará invulnerável, pois as escamas, os espinhos e o sangue de Sisiutl conferem um poder tremendo.

Seu poder é tão grande que a imagem de Sisiutl é frequentemente pintada nas portas de entrada das casas em homenagem ao seu papel como protetor dos "superiores". Se for devidamente satisfeito no ritual, Sisiutl virá ao encontro do guerreiro quando convocado. No entanto, muitos perigos estão associados a qualquer contato com o monstro marinho: se alguém tropeçar no rastro de Sisiutl e esfregar as mãos ou os pés no lodo, os membros se transformarão em pedra; ou, se o sangue coagulado da serpente for esfregado na pele, a pele também se transformará em pedra. No entanto, acredita-se que matar Sisitul pode ser possível mordendo a língua, cobrindo um bastão de guerra com sangue e golpeando o monstro. O mito indiano Kwakiutl especifica como enfrentar o poderoso Sisiutl:

> Quando você encontrar Sisiutl, deve ficar de pé e encará-lo. Encarar o horror. Encarar o medo. Se você romper com o que conhece, se tentar fugir, Sisiutl soprará com as suas bocas ao mesmo tempo e você começará a girar. Não enraizado na terra como as árvores e as rochas, não eterno como as marés e as correntes, seu giro fará com que você deixe a terra, vagueie para sempre, uma alma perdida, e sua voz será ouvida nos ventos gritantes do primeiro outono, soluçando, suplicando, implorando por libertação... Quando você vir Sisiutl, o aterrorizante, embora esteja assustado, mantenha-se firme. Não há vergonha em ficar assustado, só um tolo não teria medo do horror de Sisiutl. Permaneça firme e, se você conhece palavras de proteção, diga-as. Primeiro uma cabeça, depois a outra, surgirá da água. Mais perto. Mais perto. Vindo em direção ao seu rosto as cabeças feias, mais perto, e o fedor das bocas devoradoras, e o frio, e o terror. Fique firme. Antes que as bocas gêmeas de Sisiutl possam se fixar em seu

rosto e roubar a sua alma, cada cabeça deve se virar em sua direção. Quando isso acontecer, Sisiutl verá o seu próprio rosto.

Quem vê a outra metade do Si-mesmo [*Self*] vê a verdade.

Sisiutl passa a eternidade em busca da verdade. Em busca de quem conhece a verdade. Quando ele vê seu próprio rosto, seu outro rosto, quando olha em seus próprios olhos, encontra a verdade.

Ele o abençoará com magia, irá embora e sua verdade será sua para sempre. Embora às vezes possa ser testada, até mesmo enfraquecida, a magia de Sisiutl, sua bênção, é que sua verdade perdurará. E o doce Stalacum irá visitá-lo com frequência, lembrando-lhe que sua verdade será encontrada por trás de seus próprios olhos. E você não estará sozinho novamente (Cameron, 1981, p. 45-46).

O perigo de Sisiutl que pode contaminar mãos ou pés representa maneiras pelas quais a loucura mina as funções do ego e o ponto de vista da realidade. A loucura é contagiosa, e esse contágio também se espalha pelo campo que a loucura cria. Ser transformado em pedra corresponde à experiência comum de se sentir morto ou inerte perante a parte psicótica. Enfrentando opostos representados pelas cabeças opostas de Sisiutl, muitas vezes nos sentimos dominados por um estado de desânimo, vazio e desespero. Identificar essa condição, em vez de suportá-la passivamente, pode levar a morder a língua que mentiria ao falar rapidamente e, assim, fazer com que a condição desapareça antes de ser conhecida. Se, em vez disso, alguém sofre o estado de impotência que sente, pode crescer uma capacidade recém-descoberta de se sentir fortalecido contra a confusão gerada pela área psicótica. Somente por meio da força de reconhecer a limitação e a impotência da própria raiva pode surgir uma nova força, aquela que pode ver a força de Sisiutl sem sair do controle em um esforço desesperado para encontrar algum tipo de ordem.

A experiência das duas cabeças e das suas duas mensagens conflitantes é assustadora. Embora normalmente experimentemos essas coisas como uma ocorrência diária na vida, muitas vezes podemos deixar de sentir ou encontrar outra defesa, nomeadamente a raiva. Por exemplo, quando confrontado com o setor louco de uma pessoa, no qual opostos em conflito transmitem simultaneamente a sua mensagem, a nossa tendência comum é ter razão, fazer com que a pessoa veja que está distorcendo as coisas, ver o seu lado negro. Tendemos a fazer qualquer coisa para evitar sermos levados à loucura. Por exemplo, certa vez recebi uma carta cuidadosamente elaborada de uma pessoa extremamente inteligente dizendo que não poderia pagar uma dívida que tinha comigo. A carta estava repleta de inteligência e prosa refinada, mas continha imprecisões gritantes – tanto sobre o valor quanto sobre o espírito com que o empréstimo foi feito – que eu sabia que a pessoa negaria. Lutei com dois estados: um admirava a beleza e a clareza da carta, o outro sentia repulsa pelas mentiras e enganos. Ambos queriam contar a história completa, e esse conflito tendia a criar em mim uma sensação de impotência e raiva. Ou outra pessoa me pedia para explicar rapidamente algo que era particularmente difícil de colocar em uma linguagem concisa. Esse pedido foi especialmente enlouquecedor porque eu queria me comunicar com a pessoa, mas só me foi concedido um curto período de tempo para fazê-lo. Recusei-me a dar uma resposta rápida, frustrei a nós dois; e se eu tentasse responder, sem dúvida seria impreciso. No entanto, o pedido, em meio às incessantes exigências da vida, parecia razoável. Perguntei-me se, porventura, não seria apenas a minha necessidade narcisista de ser cuidadoso e de dedicar tempo. Por que eu não poderia simplesmente atender ao pedido? Era difícil simplesmente ser honesto e recusar. Nessa dinâmica de loucura que me puxava em direções opostas, sentia um conflito profundo na minha alma. Eu podia sentir como minha alma estava severamente esgotada por uma vida inteira de mensagens tão "apressadas" e pela necessidade de me separar de seu impacto destrutivo.

Quando se enfrenta essa loucura, a alma está em perigo, pois a loucura, assim como Sisiutl, é contagiante. A alma de alguém pode se perder e depois ser encontrada. Mas mesmo que tenha sido conservada, a sua luminosidade, a sua ligação com a essência, pode ser fortemente diminuída.

Embora tais experiências sejam muito comuns na vida e possam, de certa forma, ser normalmente ignoradas, elas ressoam profundamente em nossa vida interior e nos fazem lembrar o terror que uma vez sentimos quando, em crianças, vislumbramos pedaços de loucura em nossas mães e pais. Muitas vezes, almas sensíveis que, quando crianças, estavam muito conscientes dessa dimensão oculta, crescem afastadas do mundo. Por vezes, facetas inteiras de indivíduos – que de outra forma seriam bastante sociáveis e bem adaptados – são retiradas. Eles ficaram muito conscientes da loucura do mundo e da loucura que se esconde em qualquer encontro. Eles não ousam sentir o pânico e, assim, não conseguem mais ver a loucura dentro de si mesmos ou dos outros. Não conseguem sentir como estão desenraizados, como estão desvinculados de seus próprios corpos e como suas mentes, antes cidadelas de brilho, empalidecem sob o impacto da confusão insuportável que experimentam. "Girar" quase fora de controle, como no mito, é sentir-se impotente, perder a direção, não saber em que acreditar. Qual é a cabeça verdadeira? Se olhar para a esquerda uma mão bate palmas; se olhar para a direita a outra mão bate palmas. Nunca batem palmas juntas, e a vida parece infundada e sem fé. Pesadelos podem surgir de tais encontros, pesadelos em que o âmago do ser de uma pessoa vacila, em que o pânico reina e em que a pessoa vagueia indefesa, como uma alma perdida implorando para que o terror pare.

Mas podemos aprender a permanecer firmes e a combater o terror, mantendo, ao mesmo tempo, a humildade de estarmos oprimidos – não por outra pessoa, mas por um fenômeno, por duas cabeças falantes e pelo terror que elas geram. Aprendemos a nos manter firmes aceitando o nosso medo. Aprendemos que a fé – mesmo que seja em pouca quantidade – é crucial. Tudo o que se sabe sobre a psique pode ajudar, desde que não se permita que essas "palavras protetoras" signifiquem muito, pois essa falta de discernimento certamente afastará a pessoa do seu corpo e fará com que ela volte a "girar". À medida que nos mantemos firmes, começamos gradualmente a ver os opostos separadamente, "primeiro uma, depois a outra, surgirá da água". Essa experiência será assustadora porque cada rosto pode distorcer a realidade na medida em que se vê a pessoa com que se vive tal drama de maneiras radicalmente diferentes. Por meio de "cada cabeça" vê-se de forma diferente, e com essa mudança repentina vem a ameaça de perda da realidade, de ser atacado, verbalmente, se não fisicamente. Mas se nos mantivermos firmes e conscientes, pode ocorrer uma mudança, pois, como diz o mito, cada face pode então ver a outra, e os opostos podem começar a se unir e deixar de existir como estados de tudo ou nada, com cada um competindo pela supremacia completa. O mito pede que se mantenha a fé, que se recuse a fugir diante de um único oposto, e que se acredite, mesmo nessa condição, que um mundo maior e compensatório – um mundo de unidade – prevalecerá e mostrará a outra face antes de ser devorado. Uma verdade parcial torna-se então possível; a capacidade de trabalhar em conjunto, gradualmente, para conhecer a verdade torna-se possível, pois quando as duas faces se veem, a verdade aparece. A verdade pode ser terrível, uma consciência do que realmente aconteceu ou talvez do que não aconteceu na infância, ou em uma situação de vida atual. Mas uma rigidez paranoica finalmente passou. A pessoa sente que mal sobreviveu a uma provação que poderia ter durado muitos anos.

A busca pela verdade torna-se uma alavanca, mesmo nos níveis mais psicóticos. Na verdade, a alma se esconde nesses níveis psicóticos, pois a loucura é o melhor esconderijo. A loucura pode confundir completamente a todos, levando todos a se afastarem. Apenas a pessoa que aceita entrar em seu mundo de loucura é suficientemente digna de ver a sua alma. Só então essa pessoa poderá ser confiável o suficiente para ter a chance de provar que não será outra violadora.

E por meio dessa experiência, a pessoa é capaz de ganhar uma certa estabilidade baseada na crença na sua própria verdade. E essa verdade pode ser encontrada por trás dos próprios olhos, de acordo com o mito de Sisiutl, ou seja, a imaginação que se vê "por meio" dos olhos de alguém, não "com" eles. Então, nunca se está sozinho, o que significa dizer que se está sempre em contato com o Si-mesmo.

As imagens mitológicas da serpente de duas cabeças funcionam como um mapa que pode guiar a experiência dos opostos, de destruidores da consciência e da estrutura psíquica, para um ato criativo de visão estruturante. Os mitos nos informam sobre como o ego não pode conter os opostos, sobre como uma presença contida origina-se a partir do si-mesmo e sobre como a interação ativa e corajosa com o campo que os opostos divididos engendram deve ser um ato intencional que luta pela visão em meio a campos fortemente dissociados.

Por exemplo, um homem que eu estava tratando por conta de uma crise de meia-idade que estava afetando negativamente sua situação profissional e seu casamento, com episódios de ansiedade e medo de abandono, falava com grande elogio sobre o sucesso empresarial de sua mulher. Ele também notava que ela estava sendo contrariada por forças negativas em seu local de trabalho. Na noite anterior, ela pediu que ele enviasse uma carta importante para ela. Ele saiu de casa para fazer uma tarefa e não enviou a carta. Enquanto ele contava essa história, da qual se envergonhava muito, e enquanto dizia que queria muito saber por que tinha agido tão mal, senti-me confuso. No passado, eu evitei esse estado e, em vez disso, mantive minha atenção com grande esforço enquanto o ouvia. Mas agora, reconhecendo que esse evitamento não era frutífero, optei por me concentrar na condição nebulosa à qual vinha resistindo. Então, perguntei se ele se sentia um tanto fragmentado, e ele reconheceu que sim.

Quando continuamos a explorar o que estava em jogo nos negócios dela, sugeri que ele poderia ter ficado chateado com a perda de rendimentos, pois a carta da sua mulher tinha a ver com um negócio anterior que ela tinha começado e que tinha dado errado. Essa sugestão foi certeira; após uma pausa, ele disse: "Então os meus nobres sentimentos sobre como ela estava indo bem são uma farsa". "Por que você acha isso?", perguntei. "Talvez existam ambas as atitudes". Essa consciência evaporou facilmente entre nós, e ele disse: "claro, isso faz sentido". Mas então comecei a me concentrar mais plenamente na existência de ambas as atitudes, pois estava começando a ver que ele apresentava dois estados opostos que eram na verdade incompatíveis. Em resposta ao seu "claro, isso faz sentido", foi tentador continuar, e foi necessário um ato de vontade para não ser arrastado. Em vez disso, fiquei com a forma estranha como esses dois estados estavam estruturados, pois quando me concentrei nos seus sentimentos hostis em relação à mulher, tudo o que existia eram esses sentimentos. Não foi tão fácil lembrar de bons sentimentos. Em contrapartida, quando seus bons sentimentos vinham à tona, todos os negativos eram completamente aniquilados. Os opostos nesse campo não estavam divididos, como acontece na identificação projetiva. Não senti um oposto enquanto o analisando se identificava com outro. Em vez disso, uma parte do par de opostos estava presente para nós dois e dominava completamente, e depois a outra parte dominava completamente.

Ele disse que usava sempre a sua bondade para aniquilar o lado negro da sua psique, mas chamei a atenção para o fato de o inverso ter acontecido. Dessa forma, conseguimos estabelecer um par de opostos dentro de sua vida caótica. Durante esse processo, a nebulosidade desapareceu; existiu uma clareza de contato entre nós que não existiria se simplesmente esperássemos pela clareza por meio de períodos de nebulosidade ou fragmentação. Ele começou a sentir uma raiva profunda dentro de si, contra a mulher por ter perdido dinheiro, e depois contra a mãe por tê-lo controlado e usado quando era criança. Ele notou, com certo receio, que vinha identificando sua mulher com sua mãe, e, nesse momento, notou também que estava prendendo a respiração, com medo de respirar. Ele podia reconhecer que a sua raiva avassaladora contra a mãe vivia em uma divisão frente-trás que parecia ter ficado para trás, e que ele se envolvia em processos dissociativos para obliterar a consciência dessa raiva. Mas ele também se envolveu em uma restrição geral da sua vida, das suas capacidades e das suas recompensas. Como todas as pessoas com uma área louca, ele estava limitado por ela. Mas ele não aceitou conscientemente essa limitação. Em vez disso, prevaleceu uma espécie de masoquismo autoimposto, um estado muito pouco criativo.

Ele me perguntou: "Por que você está explorando isso agora, hoje, e não antes?" Fiquei um tanto surpreso com a sua pergunta. Fiquei relutante em dizer que era porque estava escrevendo um artigo sobre a Teoria do Caos e os estados psicóticos, mas contei. Eu então contei a ele sobre o valor de tais estados mentais, que eles eram a *prima materia* alquímica, e ele se sentiu aliviado. Ele conseguiu se dividir novamente e a nebulosidade voltou. O meu comportamento maníaco – o fato de falar sobre pensamentos que me interessavam – abriu a porta para uma divisão mente-corpo; mas consegui captar essa divisão e pudemos retornar aos opostos dentro de seu setor louco. Sugeri que ele escrevesse a sessão e dedicasse algum tempo para reconstruí-la. Com essa sugestão, sua ansiedade voltou. Ele sabia que tinha de abordar essa área e observou que sua vida era regida por evitá-la. Ele percebeu que seu medo de fundo era o de ser psicótico, por exemplo, que a sua mulher fosse na realidade a sua mãe. Também senti que ele estava me protegendo dessa transferência delirante e da raiva que ela acarretava. Mas encenar os processos dissociativos dentro dos estados de loucura não era mais uma opção viável para ele. Sendo assim, teve de enfrentar o seu próprio caos de maneira criativa.

O analista pode muitas vezes ser guiado em tais processos pela reflexão sobre as formas como as civilizações anteriores lidaram com a loucura, especialmente aquelas que a consideravam um componente necessário e funcional da transformação da personalidade. Como tal, a penetração e compreensão da *prima materia* pela alquimia, particularmente como é delineado no *Rosarium Philosophorum*, é um guia indispensável para levar em conta as ambiguidades e o potencial transformador dos aspectos loucos das pessoas sãs.

Dionísio e as águas inferiores da "fonte mercurial"

No *Rosarium*, a "fonte mercurial" enche-se a partir de baixo, o que indica a dimensão "inferior" ou ctônica da existência. A partir desse reino de paixão, de erupções de emoções e de espontaneidade, muitas vezes vem a loucura, pois à medida que as fronteiras são quebradas e a estrutura é dissolvida, as águas do caos têm acesso imediato; somente por meio delas se consegue qualquer transformação.

Dionísio (cf. Detienne, 1989; Otto, 1965; Hillman, 1972; Kerenyi, 1976; Paglia, 1990) é um excelente exemplo mitológico da natureza da paixão na parte louca de uma personalidade normal. Essa parte pode ser descartada como histeria se vivermos apenas a partir de um ponto de vista mental-espiritual, tal como representado pelos deuses do Olimpo, como Apolo. A parte psicótica, como Dionísio, cria uma sensação de estranheza. Não se conhece a pessoa quando essa parte está constelada, e ela nos conhece apenas marginalmente. Dionísio corresponde a essa experiência que contém mistério e perigo. A parte psicótica, com seus opostos cindidos, dá uma sensação de vazio, de esvaziamento e de morte. No entanto, quando esses opostos são reunidos, a experiência muda para uma experiência de plenitude.

Dionísio combina esses estados de ausência e presença. A pessoa que se vê, quando a parte psicótica está animada, usa sempre uma máscara. Vê-se um estranho, alguém que não se conhece verdadeiramente. A estranheza é inquietante. Mas, assim como a experiência de Dionísio, existem duas máscaras, dois estranhos, um parecendo puxar para a vida e o outro para a morte, para a plenitude e para a morte. Não se pode ver essa dualidade a menos que se veja por meio da própria parte psicótica, ou seja, por meio da experiência da limitação sentida pela nossa própria loucura. Essa experiência de limitação diante da loucura é um sacrifício ao deus – como diziam os gregos, *epi-*

demic – do qual se participa quando o deus aparece por meio do analisando. Para quem tem consciência da própria contaminação pela loucura, Dionísio torna-se um deus purificador, uma questão essencial na hora de se relacionar com as partes loucas. O analista deve conhecer as maneiras pelas quais contaminou outra alma por meio de atos que eram flagrantemente destrutivos na época ou, mais precisamente, por meio de atos que foram secretamente motivados por uma loucura oculta. Esses comportamentos muitas vezes assumem a forma de intrusão ou de retraimento, baseados na crença de um comportamento são e corajoso que ousa romper com a sabedoria convencional. No entanto, mais tarde, descobre-se que as ações em questão foram loucas e destrutivas em alto grau. Todos os casos de atuação sexual em psicoterapia se enquadram nessa categoria de loucura. Nesse momento, o analista acredita realmente que é são e que está ao serviço de energias especiais; o deus Dionísio cobra um preço alto àqueles que o negam.

Esse custo pode desempenhar um papel na atuação, pois muitos que sucumbiram dessa forma falarão da sensação de que um poder superior estava sendo servido e que agir de outra forma teria sido um ato de covardia e fracasso. Mas Dionísio, na verdade, não exige que alguém fique louco; ele apenas exige que se reconheça que a loucura está presente. Quando Dionísio pede para ser adorado, pede que se reconheça a presença do seu poder no momento, dentro de si mesmo. Ele se torna purificador para aqueles que sabem que estão enfrentando energias tão poderosas que não têm a capacidade de saber se estão ou não loucos. Respeitar o poder desse desconhecimento respeita o deus, ao passo que, como muitos na mitologia grega descobriram quando enlouqueceram após rejeitarem seus ritos, agir de maneira louca, não. Nos mitos, aqueles que rejeitam Dionísio cometem atos horrendos, como o assassinato dos próprios filhos. Eles então são desmembrados, literalmente dilacerados pela loucura.

A consciência de nossas graves falhas, contaminações da alma e a capacidade de carregar essa história e de falar e estar com ela como se estivesse viva, dentro de nós, cria para o analista o tom de voz e o sentimento adequados por meio dos quais a parte psicótica de um analisando pode ser conhecida e aceita. O analista pode, por meio de compreensões racionais que apelam ao lado neurótico normal do analisando, negar Dionísio e, como consequência, a loucura cobrará seu preço como uma dissociação severa e um ataque brutal à vida interior da pessoa, estados mentais geralmente sentidos pelo analisando quando o analista se retira sutilmente e transmite a mensagem de que não quer a loucura do analisando na sala. Dionísio não perdoa as ofensas, mesmo quando se tenta rapidamente mudar de atitude. Surgem defesas maníacas, e o analisando muitas vezes recorrerá a drogas ou comida para acalmar a raiva interior que é tão insuportável e destrutiva.

Dionísio é um deus que leva a invasões em grande escala que se espalham entre as pessoas. Ele é contagioso, tal como a parte psicótica. Ele nos faz tropeçar, o que, por sua vez, cria uma nova visão da vida. Somos chamados a reconstruir de novo as nossas imagens da psique, e não durante um período de tempo muito longo. Quando conhecemos os opostos em sua forma dividida, conhecemos Dionísio em sua natureza mais mortal, como diz Camille Paglia: "na lentidão, no lodo e na lama do ctônico" (1990, p. 6). Quando o analista o encontra no campo interativo com o analisando, a conexão com o coração e a espontaneidade são inexistentes. Ambos têm uma sensação de alienação, morte, vazio e, se olharem mais profundamente, de uma sensação sempre presente de estranheza. Pode-se abordar esse desenvolvimento a partir de um ponto de vista apolíneo e falar de uma "sequência desrealizada-despersonalizada". Embora essa fala apolínea seja clara, fica-se com uma sensação desconfortável: o analisando é estranho ao analista e o analista é estranho a si mesmo.

Um assassino esconde-se em Dionísio e na parte psicótica, pois a psicopatia de uma pessoa reside na parte psicótica, sob a forma de uma crueldade que conhece pouca compaixão pelos outros. Mas será que o analista cumpre essa parte interpretando-a para o analisando? Não importa o que o analista faça ao longo do caminho, não importa como possa experimentar interiormente o contágio do "deus" e não importa como possa enquadrar essa experiência em uma interpretação, o analista ainda mudou de nível, tendo passado do dionisíaco para o apolíneo. A interpretação produz muitas vezes um conhecimento que reprime, não um conhecimento vivo da forma como se é sempre limitado pela loucura.

O analisando só conhecerá essa parte ao ser "visto" por meio dela pelo analista, se for visto na sua estranheza e no momento sentido de um campo interativo. Além disso, o analisando verá a psicopatia do analista, conhecerá tais partes nele, e quando o analista puder reconhecer as percepções do analisando, então o analisando poderá ousar aceitar mais facilmente essas partes dentro de si mesmo. Nesse nível de interação, não se trata apenas de uma divisão consciente-inconsciente, mas de uma divisão que também inclui uma separação radical de opostos dentro do próprio complexo. O analista encontra essa divisão dentro do campo interativo, enquanto a repressão consciente-inconsciente pode ser empregada para negar a sua dor e o seu sentimento de estranheza. Essa divisão também pode ser utilizada para negar os poderes envolvidos. Dionísio foi representado como um touro e uma pantera. Essas energias selvagens habitam a parte psicótica e podem ser conhecidas quando vistas como tal, quando as defesas da idealização e da dissociação são recolhidas e dissolvidas com sucesso.

Dionísio é um deus não apenas da morte e do vazio, mas também da vida e da plenitude. Às vezes, em suas histórias, ele aparece em formas que parecem sensatas, por exemplo, como um homem jovem ou uma bela mulher. Da mesma forma, muitas vezes podemos parecer sensatos e não ter consciência de que estamos agindo de forma louca. No entanto, quando os opostos de Dionísio são finalmente unidos, a distância dá lugar à proximidade, o vazio à plenitude, e forma-se um coração contido em que a experiência sentida do coração estava anteriormente ausente.

A palavra grega *psychosis* realmente significa "animação da alma". No fundo, procuramos a animação de uma alma que foi congelada nas primeiras experiências aterrorizantes da vida ctônica. Camille Paglia oferece uma descrição sucinta e viva do nível dionisíaco em seu livro *Sexual personae*:

> O que o Ocidente reprime na sua visão da natureza é o ctoniano, que significa "da terra" – mas as entranhas da terra, não a sua superfície… Adoto-o como substituto do dionisíaco, que se contaminou com os prazeres vulgares. O dionisíaco não é um piquenique. São as realidades ctônicas das quais Apolo foge, o esmagamento cego da força subterrânea, a longa e lenta sucção, a escuridão e a lama. É a brutalidade desumanizante da biologia e da geologia, o desperdício e o derramamento de sangue darwinianos, a miséria

e a podridão que devemos bloquear da consciência para manter a nossa integridade apolínea como pessoas... o daemonismo da natureza ctônica é o segredo sujo do Ocidente (1990, p. 5-6).

Essa natureza ctônica pode ser transformadora. O caos pode se tornar ordem, mas sempre permanece perigoso e sangrento.

Na sua plenitude, as energias dionisíacas sempre foram sentidas como perigosas na sua capacidade de inundação. Para participar dessas energias de maneira positiva, é preciso aprender sobre o poder e o perigo do reino ctônico e da sua alteridade fundamental para o ego. Atualmente, a vida ctônica do corpo é essencialmente tida como certa, e a sexualidade não é geralmente entendida como tendo um componente numinoso (ou seja, religioso). A espiritualidade está reservada ao mundo dos desencarnados. Mas a sexualidade é um poder arquetípico cuja numinosidade é apenas ligeiramente velada na cultura moderna. Embora represente um ponto de vista unilateral, a insistência de Freud na base sexual de nossa vida de fantasia interna é responsável, em grande parte, pelo fato de seu trabalho ser continuamente levado a sério.

Às vezes, é possível sentir como a vida ctônica se esconde no limite da nossa consciência à medida que nos tornamos conscientes de nossos corpos, conscientes de fazer parte e de estar dentro da carne. À medida que nos aproximamos da vida ctônica, ela ameaça a luz da nossa natureza racional-solar, e essa luz se apaga, de fato, quando entramos nas profundezas do nosso corpo. Na verdade, apenas a consciência lunar, a luz imaginária, será suficiente para ver no escuro; e geralmente essa forma de visão significa uma consciência que vem do coração.

O analista pode sentir os aspectos perigosos da vida ctônica à espreita no setor psicótico dos analisandos, especialmente de uma forma nebulosa, antes da transferência psicótica ter coagulado. Antes dessa experiência, o analista pode experimentar a cisão do analisando e uma dissociação induzida. Mas nos intervalos durante os quais o analista é capaz de permanecer centrado no analisando, o analista pode muitas vezes ter um vislumbre da natureza do nível ctônico.

O nível ctônico, caracterizado por um forte campo erótico, apareceu no início do meu trabalho com uma mulher que sofria de transtorno esquizoide.

Ela ignorava isso se separando de seu corpo. Quando interpretei a separação, ela pôde então, ainda que momentaneamente, reconhecer seus sentimentos sexuais e seus medos em relação a eles. Eu me perguntei se ela tinha sido vítima de incesto, mas embora ela tivesse certeza de que nunca tinha acontecido nada parecido com um incesto real, seus medos no nível erótico eram intensos e sua espontaneidade com os homens era quase inexistente, o que lhe causava grande sofrimento. Quando, por um momento, durante uma sessão, consegui ajudá-la a concentrar-se nesses sentimentos, ela imaginou sua mãe atacando-a violentamente. De fato, ela tinha sido a filha preferida do pai, mas sempre intelectualmente, e até onde sabia, nada de fisicamente inapropriado tinha acontecido entre eles. Ela parecia sofrer um forte complexo de Édipo, talvez antagonizado pela sexualidade inconsciente do pai e pela competitividade da mãe com outras mulheres, do que a analisanda teve plena consciência desde muito cedo. No entanto, uma intensa vida erótica parecia ter existido entre ela e seu pai, e esse padrão de energia emergiu rapidamente na transferência para mim, junto com a sua necessidade de se separar para não ser atacada. Eu era ao mesmo tempo o pai agressor, a mãe e o objeto de seus desejos incestuosos, seu pai. Claramente os dois não eram separáveis, o que poderia ser indicativo de uma capacidade de repressão. Em vez disso, na transferência, eu era um objeto de dupla face, simultaneamente estimulante e agressivo, sedutor e sádico, castigando-a pelos seus sentimentos eróticos.

Normalmente sentíamos essa qualidade agressiva-erótica ou sadomasoquista do campo em meio a um processo intensamente dissociado. Essas qualidades não apresentavam características da sexualidade envolvente e eruptiva que um analista frequentemente encontra nos esquizofrênicos, nem eram controladas por meio da repressão e dos ganhos estruturais de ter se desenvolvido no início de um período edipiano.

Em determinado momento, quando tentava manter minha atenção durante vários minutos, pedi a ela que associasse ou imaginasse o que esperava que acontecesse. Ela olhou para dentro de si mesma e ficou surpresa ao descobrir sua resposta: "Espero que você me jogue contra a parede e me foda!" A brutalidade da declaração foi chocante e completamente fora do padrão do campo erótico entre nós, cuja natureza tinha sido bastante calorosa e afetuosa. Em outra ocasião, vários meses depois, novamente mantive os opostos juntos no campo por tempo suficiente para pedir a ela que entrasse em si mesma – essa retenção era necessária porque sem isso ela ficava tão fragmentada que tornava impossível qualquer ato de vontade – e ela descobriu outra imagem chocante. Ela me viu como um animal – algo parecido como um touro – atacando a sua cabeça.

Geralmente, os analistas pensam que essas camadas arquetípicas se manifestam de maneira floreada no esquizofrênico, ou então como se estivessem trabalhando nos bastidores no chamado processo primário, mas não se intrometendo abertamente. Freud disse que o psicótico vê demais. No entanto, esses níveis de natureza ctônica existem na parte psicótica e formam a base para a transferência psicótica. É evidente que esses níveis ctônicos são aterrorizantes para o analisando, e a arte do processo analítico consiste em conseguir reuni-los em uma transferência psicótica estável e coesa que não se torne delirante.

A transferência de duas faces e o intenso processo dissociativo foram um exemplo da constelação de seu setor psicótico. Os opostos nesse setor podem ter origem na experiência do analisando com ambos os pais, ou podem ter origem em uma divisão mente-corpo em um único progenitor ou em fontes que não podem ser totalmente compreendidas em termos de questões de desenvolvimento. Dentro da área psicótica, os opostos ou não se separaram ou, quando se separam, podem assumir a forma dos opostos que descrevi como antimundos. Em ambas as fases, as energias que aterrorizam o analisando pertencem ao domínio ctônico da dissolução total – as águas inferiores da fonte mercurial. Mas os opostos podem se combinar na área psicótica de uma forma particularmente confusa e controladora, o que pode influenciar a estrutura e a dinâmica do campo interativo.

A área psicótica e a fusão negativa dos opostos

Para além da fragmentação e da estranheza, e de uma série de afetos intensos como a raiva e o ódio, e de estados mentais de ausência e de morte, algo mais se esconde dentro do processo psicótico. O analista sente algo que é tão aterrorizante que parece destruidor do mundo para o analisando. Na maioria das vezes, essa ansiedade intensa existe como um processo de fundo que parece estar separado da frente do analisando, produzindo uma divisão frente-trás. O "objeto de fundo" (Grotstein, 1981, p. 77) dessa divisão constela sentimentos de catástrofe. No objeto de fundo do processo psicótico, as forças destrutivas dominam – uma situação que é uma característica da psicose. O analista geralmente experimentará uma forte tendência a evitar sentir qualquer uma dessas características da área psicótica, e essa exclusão pode ser manifestada na contratransferência de várias maneiras. Talvez a forma mais dominante de evitamento seja a tendência do analista de esperar que as experiências de dissociação, de vazio e de estranheza prevaleçam até que essas características passem, ou de o analista se livrar desse tipo de reação enfatizando os pontos fortes do analisando.

Esse objeto de fundo existe em um estado de cisão relacionado a outros eixos de cisão: a cisão vertical, na qual se encontram opostos incompatíveis que se combinam em objetos bizarros; e a cisão horizontal, característica da divisão mente-corpo. A divisão vertical tem o efeito indutivo de dividir ainda mais o objeto de fundo e de aumentar a divisão mente-corpo. Por outro lado, reunir os opostos em uma divisão vertical tem o efeito indutivo de tornar o objeto de fundo mais presente para a consciência, e unir a divisão mente-corpo tem um efeito indutivo semelhante. Essa interação indutiva de eixos de divisão era bem conhecida pela ciência antiga, especialmente pela alquimia renascentista, e uma interação semelhante de dimensões é encontrada em modos de transferência de energia e informação em certos processos mecânicos quânticos.

O analista pode, por vezes, envolver o objeto de fundo por meio de um ato imaginário. Esse ato imaginário é um tipo de visão que não é comum, como a encontrada no conceito de "ver como" de Ludwig Wittgenstein (Monk, 1990, p. 508), ou na noção de "ver" de Carlos Castañeda (1971) ou na concepção de William Blake (Damrosch, 1980, p. 16) de "ver através dos olhos em vez de com eles", e nas noções sufi e alquímicas de imaginação. O ato do analista de perceber imaginariamente o objeto de fundo muitas vezes revela uma sensação de terror que reside no analisando, tornando-o consciente de um sentimento profundo de humilhação. Essa humilhação nasce do fato de viver com tais estados mentais e, sobretudo, com a consciência de ter sido odiado. Embora o ato de ver essas condições de fundo diminua temporariamente a divisão ao longo dos outros eixos, essa divisão tende a retornar quando a visão do analista retrocede. Dentro desse ritmo de dissolução e coagulação, a natureza negativa e avassaladora do objeto de fundo pode, por vezes, ser gradualmente contida e transformada.

O processo de fundo é de natureza dionisíaca, e a divisão que bloqueia o seu impacto total geralmente leva a perturbações mentais, como a criação de "antimundos" e objetos bizarros. Louis Sass criticou fortemente a utilização das analogias dionisíacas, geralmente derivadas da visão de Friedrich Nietzsche sobre o deus, como forma de compreender a esquizofrenia. Sass acredita que a esquizofrenia é também, se não principalmente, uma doença apolínea. Ele sugere que embora estados dionisíacos – como a dissolução de fronteiras e a "autodissolução em intensa sensação física" – possam existir, insiste que tais estados são na verdade uma defesa contra os aspectos mais característicos da esquizofrenia. Para Sass, essas características incluem questões centrais de um "sentimento de divisão, morte e desrealização ou de evitamento do terror da responsabilidade solipsista do mundo" (Sass, 1992, p. 312). Ele defende a sua posição observando que a visão de Nietzsche de que o dilúvio dionisíaco de paixão e dissolução de fronteiras pode ser uma libertação momentânea do próprio apolonianismo: "A propensão para traçar limites, e... recomendar repetidamente a prática do autoconhecimento" (citado em Sass, 1992, p. 312). De um modo geral, a visão de Sass é a de que a esquizofrenia é, na verdade, muito mais uma doença apolínea e socrática "cujas características centrais são a hipertrofia da consciência e um afastamento concomitante das fontes instintivas de vitalidade" (1992, p. 74), junto com uma "hiperconsciência fragmentada e uma espécie de autointerrogatório cerebral" (1992, p. 37).

A crítica de Sass é incomum e útil, mas seu argumento poderia facilmente ser invertido por meio da insistência de que suas características "apolíneas" são na verdade defesas contra o "dionisianismo" que se esconde nos bastidores. Por exemplo, experimentei a "hiperconsciência fragmentada" e falta de atenção a que Sass se refere com uma certa analisanda cuja estrutura narcisista era extremamente isolante. Embora a fantasia sexual nunca tenha feito parte de nossas sessões juntos, em uma sessão específica, tive a experiência incomum de sentir uma injunção interior para não permitir nenhuma fantasia sexual. O assunto sobre o qual ela falava nesse dia tinha a ver com o início do namoro com homens, mas ela não tinha feito qualquer alusão a sexo ou fantasia. Ao olhar para ela, percebi que estava desviando os olhos e restringindo a imaginação, como se um tabu estivesse presente. Era como se o décimo primeiro mandamento tivesse sido proclamado do alto e agora estivesse pendurado na sala de consulta: "Não imaginarás".

De repente, reconheci que esse tabu sempre existiu no meu trabalho com ela e que era tão absoluto que, nos anos em que trabalhei com ela, nunca imaginei ter um pensamento sexual em sua direção, embora ela fosse uma mulher muito atraente. Tínhamos discutido anteriormente o fato de o nosso trabalho em conjunto parecer limitado por uma falta de intimidade que parecia restritiva e infértil. Então, percebi que a ausência do erótico em nosso trabalho poderia ter algo a ver com o sentimento árido que vivenciávamos em sua análise. Várias facetas surgiram à medida que exploramos essa qualidade da nossa interação. Sentado e experimentando a injunção de não ter absolutamente nenhum interesse sexual por ela, percebi que me sentia totalmente indesejável. Mas quando lhe contei sobre esse sentimento, ela refletiu sobre suas interações com os homens e teve certeza de que me comunicou essa mensagem "antierótica". Então, ela confessou que se sentia totalmente indesejável e acreditava que nenhum homem poderia ter qualquer interesse sexual ou íntimo por ela. Depois de ter alimentado os sentimentos envolvidos nessa crença durante algum tempo, ficou claro que a sua injunção antierótica era a negação da intrusão sexual de seu pai durante a sua infância.

A intrusão de seu pai não tinha sido literalmente encenada, mas existiu na atmosfera doméstica de sua infância como uma presença poderosamente perigosa. Ela tinha interiorizado a dinâmica de sua casa da infância, como todos fazem; e por meio da sua negação inconsciente conseguia manter esse estado traumaticamente intrusivo sob controle. Ela conseguiu se proteger por meio de uma divisão horizontal entre mente e corpo, na qual sua mente não permitia o reconhecimento das energias eróticas que seu corpo pudesse perceber em seu ambiente. Por meio da identificação projetiva, essa divisão foi transmitida a outras pessoas, em grande parte por meio do dispositivo de suspender a respiração abaixo do diafragma. A sua respiração só marginalmente saía da parte inferior do corpo, e quase nunca voltava a essas profundezas. Essa divisão mente-corpo tornou-se a principal forma do campo interativo do nosso trabalho ser afetado e por meio do qual a divisão mente-corpo era comunicada.

Essa descoberta da natureza da sua divisão mente-corpo – e da sua divisão frente-trás, com o objeto de fundo dominado por fantasias sexuais intrusivas que a aterrorizavam – também tinha sido defendida por uma divisão vertical e características mentais associadas, nomeadamente a morte e a falta de atenção que Sass descreve. A divisão vertical nessa analisanda foi caracterizada por estados completamente opostos e mutuamente aniquiladores. Em seu aspecto de divisão vertical, o campo com ela era significado, por um lado, por uma plenitude de desejo de conexão e, por outro, por um estado concomitante de morte e vazio mental. Essas divisões bloquearam com sucesso o elemento dionisíaco e o seu terror de fusão que esse estado desencadeou (Green, 1993, p. 243). Portanto, embora Sass tenha se concentrado em características extremamente importantes que ele chama de apolíneas (uma escolha infeliz, já que Dionísio é um deus louco, enquanto Apolo não é), talvez seja mais exato ter em mente que não apenas o "dionisianismo" e o "apolinianismo" existem, como também coexistem. Embora, por vezes, um possa ser uma defesa contra o outro, ambos são pontos de vista necessários. O dionisíaco pode caracterizar melhor a divisão de fundo, enquanto o apolíneo parece descrever mais a divisão vertical que também é muito comum e que é muitas vezes mais óbvia do que a vida de fundo do processo psicótico. A divisão mente-corpo parece combinar elementos dionisíacos e apolíneos.

O analista pode, às vezes, sentir os aspectos perigosos da vida dionisíaca e ctônica à espreita dentro do setor psicótico, especialmente de uma maneira nebulosa, antes que a transferência psicótica tenha coagulado. Antes dessa coagulação, o analista pode experimentar a divisão do analisando e uma dissociação induzida. Mas nos intervalos durante os quais consegue se manter focado no analisando, o analista pode muitas vezes ter um vislumbre da natureza de fundo do nível ctônico.

Áreas de loucura e a mensagem de duplo vínculo

Quando os antimundos se fundem no aspecto apolíneo da loucura, o campo que se cria tem uma natureza particularmente confusa e controladora. Esse controle e confusão são conhecidos como duplo vínculo. Gregory Bateson desenvolveu o conceito de duplo vínculo como parte da compreensão dos sistemas familiares, e também acreditava que era um fator etiológico importante na esquizofrenia. Embora essa última ideia não tenha se revelado frutífera, o conceito de Bateson de duplo vínculo é muitas vezes um fator importante na formação da parte psicótica de uma pessoa que, de outra maneira, funcionaria normalmente. No duplo vínculo de Bateson, duas mensagens são transmitidas simultaneamente e se contradizem. Mas, para além dessa contradição, e o que é crítico para o seu efeito desastrosamente poderoso, o duplo vínculo exerce um campo que tem a injunção tácita de que o objeto não deve sair do campo do duplo vínculo; o objeto não deve trair a influência do duplo vínculo refletindo conscientemente sobre ele. O analista fica preso no dilema de se fundir com o objeto e ao mesmo tempo tentar separar-se e descobrir que nenhuma das opções é possível. A exigência inconsciente de "não perceber" o duplo vínculo leva o objeto do duplo vínculo a dissociar sua injunção contraditória em duas partes; e se esse objeto não tiver a facilidade de hipnotização que a dissociação exige, então tende a formar áreas psicóticas de opostos incompatíveis. Geralmente, esses processos se entrelaçam e se multiplicam.

Bateson *et al.* dão o seguinte exemplo que ocorreu quando um menino esquizofrênico foi visitado por sua mãe em um hospital:

> Ele fica feliz em vê-la e impulsivamente coloca o braço em volta dos ombros dela, o que faz com que ela enrijeça. Ele tirou o braço e ela perguntou: "Você não me ama mais?" Ele enrubesceu e ela disse: "Querido, você não deve ficar tão facilmente envergonhado e com medo de seus sentimentos" (1972, p. 18-19).

Seu corpo transmite uma mensagem e sua mente outra, e juntos conduzem a um estado de confusão e loucura. Não é necessário tornar-se esquizofrênico sob o impacto de tais mensagens, mas a alma certamente tende a se perder e, interiormente, a reação da pessoa é manter as duas mensagens distintas. Como é normalmente o caso com essas defesas, essa separação torna-se então uma divisão radical em que as duas mensagens se tornam totalmente separadas, e cada uma tenta ser a história completa. Quando o mecanismo dissociativo é psicótico, fazendo com que os opostos existam como antimundos, esse mecanismo produz grande sofrimento para a pessoa e para quem tenta se comunicar com ela.

A injunção de "não perceber" o duplo vínculo, de negar a sua existência, é ilustrada por um analisando que me contava sobre suas visitas a seu pai idoso. Durante a noite, seu pai estava "recebendo a sua corte" como sempre e criando uma atmosfera muito difícil de tolerar. Por exemplo, seu pai insistia em dizer que ele nunca se preocupava com nada, o que deixava seu filho atônito e confuso. Algo não parecia certo; ele se sentia irritado, mas não sabia o que dizer. Ele sabia que seu pai não estava sendo sincero, mas também se sentia inibido em falar. Ele andava de um lado para o outro entre essas polaridades, como se houvesse uma ordem secreta para não dizer nada. Seu pai tinha criado um ambiente em que "tudo estava bem" e em que não existiam conflitos. No entanto, os conflitos eram muitos e evidentes. Ambas as mensagens eram importantes. Ao ouvir o pai, começou de repente a sorrir, sem saber, mas de forma muito evidente, de modo que o pai lhe perguntou qual era a graça. Essa pergunta quebrou o feitiço e ele disse: "Porque o que você está dizendo não é verdade. Há muitas noites em que você acorda às 4 horas da manhã e não consegue voltar a dormir porque está ansioso". Seu pai parecia chocado e perplexo. Naquela noite o filho teve o seguinte sonho:

> *Estou olhando para duas colunas paralelas de informação e combinando-as, comparando itens entre elas. Quando consigo terminar, meu pai anuncia que haverá uma grande reunião e que, nessa reunião, vai anunciar a todos que estou louco.*

O inconsciente captou a provação significativa pela qual o homem passou no dia anterior. A imagem repete os acontecimentos – as mensagens duplas do pai e a forma como o filho luta para recebê-las – em um novo contexto metafórico. Em seguida, a "declaração do pai" revela um aspecto da dificuldade – que aparentemente não era do conhecimento do filho – que era o fato de haver algo de verdadeiramente enlouquecedor na mensagem do pai. De certa forma, a luta entre os dois era sobre qual deles era o louco, pois, de acordo com as regras do jogo do duplo vínculo, um deles tinha de ser louco. O que quer que o pai estivesse tentando descobrir por meio da sua própria mensagem psicótica, os estados mutuamente aniquiladores faziam o filho sentir que estava enlouquecendo.

Geralmente, as mensagens de duplo vínculo têm origem em uma área louca do projetor, o que torna muito difícil lidar com essa pessoa, pois enfrentar a sua impotência em relação à loucura de outra pessoa é muitas vezes uma opção inaceitável. Em vez disso, o medo e os sentimentos de impotência transformam-se em raiva impotente. Talvez a lição mais difícil de aprender quando se enfrenta uma situação de duplo vínculo é que não se pode vencer. É preciso aprender a sair do campo de batalha sabendo que a própria alma está em perigo. Tudo o que se pode realmente fazer é não vencer e, em vez disso, cuidar da própria vida interior. Às vezes, esse ato permitirá que alguém tenha alguma experiência imaginária que mova o duplo vínculo para outro nível, no qual a injunção de "não perceber" as mensagens opostas desaparece. Outras vezes, o que vai restar é a necessidade de reconhecer e afirmar algo no sentido de que "isso não é bom para mim". A qualidade potencialmente infantil de tal resposta é muitas vezes sentida como humilhante para alguém que enfraquece sob o impacto do duplo vínculo e acredita que deve ser um herói e superá-lo. Geralmente esse heroísmo assume a forma de tentar fazer com que o projetor da mensagem do duplo vínculo compreenda como está sendo contraditório. Pouco poderia ser mais inútil.

Nesse caso, é evidente que um analista não saberia como é realmente o pai do analisando. O analista deve aprender a apoiar a experiência do analisando e não se identificar com os efeitos induzidos, irritantes e confusos do duplo vínculo. Para isso, o analista deve aprender a respeitar os seus próprios limites, que são impostos pela sua própria área psicótica. Por exemplo, dentro dessa experiência específica, alguém pode começar a aprender esses limites se conseguir processar os seus próprios estados mentais e talvez a sua experiência com o próprio pai. Outra pessoa pode ser capaz de ver objetivamente, mas o analista não deve acreditar automaticamente que ela está fazendo isso. Apoiar essa subjetividade é a coisa mais difícil para um analista que foi traumatizado, pois a reação de alguém ao ser novamente traumatizado é lutar, retirar-se ou tornar-se complacente. O apoio do analista a si mesmo de uma maneira honesta e justa, na qual suas limitações sentidas são consideradas genuínas e importantes, é um passo necessário, mas extremamente difícil de ser dado. O analista pode sentir como se estivesse se abrindo para começar ainda mais traumatizado, e muitas vezes o único aliado parece ser o poder. Mas a lição que o analista pode aprender em um processo desse tipo é quão tolas e, eventualmente, quão impotentes são essas respostas de poder.

O impacto do duplo vínculo pode ser visto com mais detalhes no seguinte caso de um homem que tinha uma história crônica de perder a paciência e assustar a família. Ele nunca conseguiu realmente entender essas explosões e se sentia impotente quando elas aconteciam. Começou uma sessão falando sobre como se machucou jogando futebol e me perguntou se eu acreditava que os acidentes simplesmente aconteciam ou se eu achava que eles sempre tinham algum significado mais profundo. Eu interiormente me senti irritado com a pergunta. Não respondi, pois estava tentando organizar os meus sentimentos. A sua pergunta tinha uma qualidade pesada que me fez sentir um tanto entorpecido. Se eu respondesse de maneira objetiva – dizendo, por exemplo: "Sim, acidentes acontecem", ou talvez, "Sim, penso que esses acontecimentos muitas vezes têm um significado" – eu me sentiria vazio e punitivo. Eu me perguntei:

> *Será que ele quer mesmo me perguntar isso? Ele está na análise há anos e certamente sabe que esses acontecimentos muitas vezes têm um significado simbólico. Ele está sendo hostil? É por isso que estou com raiva? Ele parece estar caricaturando a análise.*

Mas nenhum desses pensamentos captou o sentido do momento. A minha sensação de estranheza ou de esquisitice se aproximou mais do ponto. Eventualmente, consegui encontrar algum terreno dentro da pequena tempestade que sua pergunta criou, e quando mudei para um nível diferente e fiz uma pergunta em resposta – "o que isso pode significar?" – ele respondeu: "Talvez isso signifique que eu não deva tentar uma nova posição no time". Com essa declaração, o ambiente na sala se alterou e prevaleceu um estado mais normal de reflexão e separação de estados que não eram violentamente incompatíveis.

Essa declaração introdutória que ele fez levou a uma experiência muito branda, mas estados muito mais profundos se seguiram na sessão, revelando como áreas de loucura são criadas e podem se esconder sob um comportamento aparentemente neurótico de ambivalência e ansiedade. Especificamente, depois de passar por essa fase inicial da sessão, ele apresentou o próximo dilema:

> *Eu tenho um conflito. Um treinador de futebol vem dar aula, mas é meu aniversário no mesmo dia e minha mulher fez planos de ir ao teatro e também de jantar em casa primeiro. Em me sinto muito em conflito. Quando treinei muito para a minha posição e tive sucesso, ao voltar para casa meu filho disse: "Eba, finalmente o papai está de volta conosco". Eu me senti terrível. Eu apenas fiz as minhas coisas e os negligenciei totalmente. Será que estou fazendo a mesma coisa agora?*

Enquanto o analisando falava, eu me vi alternando interiormente entre dois sentimentos. Por um lado eu tendia a pensar: "Por que não considerar sua conquista notável e aproveitá-la?" Mas então me senti mudando para um pensamento oposto: "Sua família e seu filho são importantes, então talvez você tenha sido fanático demais". Eu senti uma pressão para lhe dizer alguma coisa, especialmente quando ele disse: "O que eu faço com esse conflito? Parece que estou sendo egoísta, como dizem, mas tenho de treinar três noites por semana".

Eu poderia ter lidado com diferentes estados, como amor e ódio, mudando assim a sessão para esse tipo de nível. Por exemplo, pensamentos de dizer-lhe para "ser homem" vieram à minha cabeça, e foi quase difícil controlar o desejo de o inspirar a "ser ele mesmo" e a não se deixar limitar pelas expectativas dos outros. Mas esses impulsos eram, na verdade, calculados para acabar com o desconforto que eu sentia. Havia algo de estranho em sua apresentação e na situação em que me colocava, como se qualquer coisa que eu dissesse a ele fosse apenas uma forma de escapar de algo mais fundamental.

Nessa altura, a sessão poderia ter degenerado na resolução de problemas ou na reflexão sobre a forma como o seu conflito estava relacionado com questões iniciais da sua infância. Voltei a pensar em suas grandes dificuldades com a separação de sua mãe e em suas experiências igualmente traumáticas com *rapprochement*. Ver o seu conflito como uma repetição de antigas feridas que remontam a uma fase crítica da vida, entre os dois e os três anos, era tentador. Já tínhamos abordado essas questões muitas vezes em nossas sessões, e recorrer a elas agora era uma maneira de escapar de algo muito desconfortável, pois quanto mais profundamente me permitia sentir, *menos* confortável me sentia. Existia uma estranha sensação de abismo entre o estado mental representado pelo seu desejo de treinar e sua culpa por não estar com sua família. No início, esse abismo parecia um estado sutil, e fiquei tentado a ignorar a qualidade da divisão e a ficar do lado de um ou outro estado, ou a tentar ligá-los. Mas quanto mais eu aceitava o desconforto de realmente não saber o que fazer ou dizer, mais claro se tornava que esses estados representavam, na verdade, mundos diferentes: estados mentais totalmente opostos entre si, cada um completamente fechado em si mesmo e dominando o outro. Assim, se eu tendesse a pensar sobre um estado, como o treinamento, e a instá-lo a agarrar uma centelha heroica e a satisfazer suas necessidades de individuação, um estado oposto certamente assumiria o controle com mesma ou pouca validade. Como entendi que essas mudanças seriam estressantes e confusas, optei, em vez disso, por lidar apenas com o estado dos mundos opostos. Perguntei-lhe então se ele vivenciava esses estados da maneira que tinha acabado de descrever, e ele ficou aliviado ao saber que eu estava ciente de seu processo interno. Essa consciência é importante porque as pessoas geralmente têm vergonha de ter cisões desse tipo que, por vezes, podem ser afastadas, mas que regressam com um efeito paralisante. No entanto, tendo atingido essa consciência, o que fazer então com esses dois mundos?

A sua mente consciente não conseguia lidar com o conflito. Ele não tinha forças para suportar os opostos e, durante anos, quando confrontado com tais dilemas, caía em um abismo de raiva impotente, após o que se sentia terrivelmente culpado. Ele parecia estar diante de duas escolhas impossíveis e não conseguia conciliá-las. Perguntei-me sobre o papel de sua mulher na criação de seu estado mental e novamente o questionei como ela se relacionava com seu conflito entre treinamento e família. Ele disse:

> Ela sempre diz que me apoia cem por cento, mas depois faz planos para um jantar e para o teatro na noite anterior ao dia do meu jogo importante. Se eu lhe perguntar sobre isso, ela dirá que estou apenas sendo rígido, e se eu não tiver minha posição definida agora, nunca terei. Isso parece certo. Por que preciso treinar até o último minuto? Por que sou tão compulsivo? Mas eu sinto que é a coisa certa a fazer. No entanto, o que ela fala tem todo sentido e ela explica isso com muita compreensão psicológica. Por isso, sinto que eu deveria relaxar, ficar menos tenso, mas também me sinto chateado com isso e não consigo pensar com clareza. Fico confuso e com raiva e sei que isso não está certo. Eu sou uma bagunça!

Perguntei-lhe então como seria se ele contasse à mulher o processo pelo qual está passando. Por exemplo, perguntei por que não dizer a ela que, embora ela diga que apoia totalmente o treino, quando o treinador de futebol chega, ela faz um grande jantar e outros planos para a noite. Perguntei ainda como a mulher do analisando responderia a essa explicação de que ele se sentia em uma situação difícil e, especificamente, se ela reconhecia que fazia parte desse processo. Ele riu, explicando que não havia nenhuma chance dela reconhecer seu papel. Ela apenas diria a ele que ele estava sendo louco e que de forma alguma estava dando mensagens duplas. Não, ela realmente se importava com o treino dele, mas com certeza o jantar de aniversário dele também era importante, e era apenas a rigidez dele que estava causando problemas.

Ele se sentiu realmente preso. O que ele poderia fazer com a raiva assassina que sentia? Concentrei sua atenção nos opostos que ele sentia, nos antimundos, e decidi tentar uma abordagem diferente. É evidente que, uma vez que ele não conseguia processar o duplo vínculo com a sua mulher, era necessário ir além dele, movendo a análise para um nível diferente. Nesse caso, esse movimento foi facilitado pela reflexão sobre o paralelo mitológico de Sisiutl do povo Kwakiutl, que ampliou o conflito que ele estava vivendo.

Não tenho certeza se contar o mito ajudou a ele ou a mim, mas certamente quebrou o feitiço do duplo vínculo e uma solução apareceu. Ele não conseguiu encontrá-la sozinho, então pensei nisso para ele e sugeri que dissesse à mulher que havia decidido o que queria de aniversário. Ele poderia dizer:

> *O que eu quero é ir ao treino e que você e sua família comam sozinhos. Depois, quando eu chegar a casa, gostaria que vocês me acolhessem, apreciassem muito o que fiz e me apoiassem. Então, todos poderíamos sair para algum lugar.*

Essa abordagem se tornou óbvia depois de formulada. Ele não conseguia descontruir o duplo vínculo, pois sua mulher não estava disponível para esse tipo de exploração honesta, mas ele poderia ganhar um pouco da força de seu Sisiutl interior, a força que nunca sentiu quando ficava furioso e impotente e se descontrolava, e agora poderia simplesmente dizer o que queria em termos totalmente diferentes dos dela. Ele foi capaz de incorporar a sugestão e funcionou bem o suficiente para que não se sentisse em conflito sobre o que faria. Então, naquela noite, ele teve o seguinte sonho:

> *Duas tribos primitivas estão em guerra. Um chefe está conversando com um xamã. Ele diz ao xamã que sua tribo não tem a supremacia tecnológica de seu adversário, que não é páreo para eles e que vai perder. Mas o xamã diz que ele tem os feitiços certos para empregar e que, com eles, terá sucesso na sua batalha.*

Penso que o seu inconsciente representava a minha utilização do mito nessa situação como um dispositivo xamânico, mas que funcionava para lidar com o armamento superior de baboseira psicológica da sua mulher, que normalmente o dominaria. O "feitiço" que encontramos foi a simples declaração do que ele queria; no entanto, tantas vezes diante da loucura, sua e dos outros, tais declarações eram quase impossíveis de alcançar.

No mito de Sisiutl, a apreensão de suas duas cabeças resulta na verdade e na obtenção de um sentimento de poder que só pode ser comparado à propriedade do si-mesmo. Alguém é senhor de si mesmo ao não ter a propriedade do si-mesmo. O caos é visto e um milagre de ordem dentro do caos; então essa ordem desaparece e se reconstitui novamente. O analista não se apega aos pensamentos de forma sólida. Uma espécie de humildade nesse processo parece favorecer o aparecimento do si-mesmo, e o processo caótico ou louco que precede esse aparecimento pode então ser transformador, em vez de restringir ainda mais o crescimento. Assim como Sisiutl provocou tais mudanças, e assim como o deus grego Dionísio fez o mesmo para aqueles que respeitavam o seu poder de induzir a loucura, respeitando e sendo limitados pela sua própria loucura, também as partes loucas das nossas psiques podem revelar-se os organizadores mais significativos de uma nova atitude perante a vida.

Assim, a loucura, especialmente como a parte louca das pessoas sãs, faz parte da *prima materia* alquímica. Sem essas partes, e especialmente sem saber como se é limitado pela própria loucura, o mistério central do processo alquímico, a *coniunctio*, torna-se perigoso em vez de melhorar a vida. Para essa experiência de união central é necessário viver em um corpo sutil de relações *per se*. A loucura rejeita essa condição e insiste ou em uma literalização – uma atuação a partir da imagem da *coniunctio* – ou em uma rejeição e evasão total do poder dessa condição. Mas as nossas partes loucas são muito mais do que uma condição limite; são também uma fonte de vida que foi profundamente reprimida por forças culturais e pessoais e uma fonte de dissolução de estruturas que nunca permitiriam que uma experiência do *numinosum* se tornasse uma realidade interna.

Ameaçando sempre a dissolução do que deve ser preservado, o caos perigosamente contínuo da loucura foi sempre uma característica central da arte alquímica e, muitas vezes, um fator para a sua ignição. Os vapores da fonte mercurial enchem o *vas hermeticum*, o recipiente misterioso, a partir de cima, e as energias dionisíacas o preenchem a partir de baixo. Juntos, eles são a mesma coisa: um é uma experiência do *numinosum* do ponto de vista do inconsciente psíquico, e o outro, do ponto de vista do inconsciente somático. Assim, as forças superiores e inferiores são idênticas e, em conjunto, formam a *prima materia*.

7

O mistério central do processo alquímico

O lado obscuro da *coniunctio*

Os alquimistas registraram suas teorias sobre a *prima materia* não como construções de desenvolvimento, mas como representações de mitos. A dinâmica central da *prima materia* está incorporada no antigo e duradouro mito de Átis e Cibele. A fusão atormentadora representada no mito de Átis--Cibele conduz à *nigredo* que se segue à *coniunctio*, e essa *nigredo* pode ser extremamente perigosa. O mito de Átis-Cibele é sempre um lado sombrio da *coniunctio*, e lidar com essa forma fundida e assustadora do estado de união é a condição *sine qua non* para a eventual aceitação e confronto com a paixão no estágio *rubedo* da obra alquímica. O mito de Átis e Cibele faz parte de um fio que atravessa toda a cultura ocidental e representa um estado de mente e corpo que nunca foi abordado de maneira adequada. A abordagem alquímica é a tentativa mais detalhada e séria dos últimos dois mil anos de integrar as forças que esse mito apresenta.

Cibele é a Grande Mãe dos deuses e dos homens, e Átis é seu filho e seu amante. Seu relacionamento intensamente fundido e apaixonado é caracterizado não apenas por amor profundo e ciúme, mas também por vingança, traição e loucura. Cibele e Átis estão unidos por um amor feroz e apaixonado um pelo outro. Uma força igualmente forte, no entanto, também os separa, uma força que se expressa nas várias maneiras pelas quais Átis tenta se libertar do vínculo com sua mãe/amante. Nas muitas variações dessa história, Átis geralmente morre – desnecessariamente, ao que parece, ao contrário de outros deuses moribundos, como Dionísio – e nunca surge uma solução para a luta elementar travada por ele e Cibele. Átis às vezes é morto em uma caçada, às vezes enforcado em uma árvore e às vezes enlouquecido. E Átis, ou alguém associado a ele, geralmente é castrado. Os sacrifícios de castração, de fato, já eram a marca das festividades extáticas dedicadas a Cibele na Antiguidade.

A dinâmica do mito mãe-filho em suas várias representações impressionantes foi particularmente identificada por Jung como retratando as qualidades da *prima materia* na alquimia. Embora o mito possa ser visto como uma abordagem às vicissitudes da adolescência, tal como a própria *prima materia*, é mais fundamentalmente um retrato dos problemas interpessoais mais convincentes e angustiantes que lidamos ao longo das nossas vidas. Mais especificamente, o mito Átis-Cibele explora as qualidades da *prima materia* e envolve a natureza das relações nos seus aspectos vitais e turbulentos quando as energias estão em movimento (Átis) no meio de contraforças fortes e vinculativas (Cibele). O mito aborda as questões que todos enfrentamos individualmente nas nossas interações com os outros, ao mesmo tempo que documenta essencialmente o nível de desenvolvimento da consciência com que a humanidade tem lutado até agora.

Nesse mito, o filho representa a natureza expansiva, exploradora e separatista da psique que é mantida firme na esfera magnética das forças inconscientes representadas pela mãe. O mito é a afirmação de uma paixão impossível – um amor que não pode existir nem deixar de existir. O mito apresenta uma imagem de separações trágicas e fracassadas e de estados igualmente trágicos de fusão ou ligação. Quer se trate de um homem ou de uma mulher, essas dinâmicas são uma característica central da *prima materia* alquímica.

Um homem ou uma mulher nunca se separa da Grande Deusa sem a integração do seu "lado sombra". Mas essa sombra, especialmente quando está incorporada em questões de caráter narcísico de raiva e sadismo – que emergem automaticamente a qualquer afronta – pode ser usada para suprimir, em vez de integrar, a sua sabedoria e vida ctônica. A alquimia abordou o mistério e a importância da vida ctônica, não por meio da sua superação heroica, mas por meio da relação com o mistério central da união. Por conseguinte, a compreensão do mito de Átis-Cibele desempenha um papel fundamental na abordagem desse mistério central da união, pois, como sabiam os alquimistas, qualquer estado de união é seguido por uma morte, a *nigredo*. A grande sabedoria que a alquimia incorpora é a de que as sequências de união e morte são o processo pelo qual a *prima materia* é refinada em um si-mesmo corporificado, o *lapis*.

Em uma história de Átis, ele nasce de maneira milagrosa. Em um ato apaixonado, Júpiter se aproxima do Monte Agdus, que aparece à semelhança de Reia (Cybele). Mas ela o rejeita e, na luta que se segue, Júpiter derrama um pouco de seu esperma na montanha, que concebe a partir do sêmen divino, e nasce uma criatura terrivelmente selvagem e andrógina chamada Agdistis. Esse hermafrodita constitui um perigo tanto para os deuses quanto para os humanos porque pode multiplicar-se sem a ajuda de outros; por isso, os deuses têm de agir. Eles rejeitam um ataque abertamente assassino e, em vez disso, invocam a cooperação de Dionísio. Eles sabem onde Agdistis se banha, por isso pedem a Dionísio que misture a água da nascente com vinho.

Enquanto o bruto está dormindo sóbrio, Dionísio se aproxima dele e com uma corda forte amarra os órgãos genitais de Agdistis a uma árvore. Ao acordar, Agdistis "priva-se daquilo que o tornou um homem" (Vermaseren, 1977, p. 91).

Do seu sangue, brota uma árvore. Quando a filha do rei, Nana, passa, fica maravilhada com a beleza dos frutos da árvore. Ela pega alguns e os coloca no colo. De repente, uma das frutas parece ter desaparecido e Nana fica grávida. Seu pai, Sangários (que é também o nome de um rio da Frígia), quer matar a filha para evitar a desgraça. Mas a deusa intervém e faz com que Átis nasça prematuramente. A criança é abandonada, mantida viva por uma cabra e criada por pastores. Ele cresce e se torna um pastor muito atraente, a quem até mesmo a poderosa mãe dos deuses se vê incapaz de resistir.

Nessa história, a paixão desenfreada na forma de Júpiter leva a uma autoestrutura destrutiva, a hermafrodita Agdistis, que na verdade é uma forma de Cibele. Em outras palavras, a paixão leva diretamente ao aspecto destrutivo da deusa, à fusão total e à impossibilidade de quaisquer relações objetais. Um hermafrodita positivo é a representação de uma união de opostos, uma conjunção ou uma "terceira coisa". Mas na história da paixão desenfreada de Júpiter, o hermafrodita é o resultado de uma união forçada, de um estupro ou incesto e, portanto, é uma monstruosidade. No hermafrodita negativo, os opostos não se unem em uma terceira coisa, mas permanecem em uma condição bizarra, em um estado de fusão que nega o sentido e favorece a concretização dos afetos. A paixão sob a forma de Agdistis conduz ao afastamento e à negação de Eros. Na história, deuses espirituais intervêm. Da mesma forma, psicologicamente, qualquer pessoa que encontre as intensas energias da paixão deve realizar um esforço mental-espiritual de contenção para evitar as reações destrutivas que certamente surgem quando a paixão é desencadeada de forma impulsiva. Essa restrição inclui reconhecer e submeter-se ao poder e ao valor da própria loucura, e exige saber até que ponto se é limitado por esse domínio, como faziam os antigos gregos quando celebravam o deus Dionísio. E dessa contenção surge um novo ciclo: nasce Átis.

Psicologicamente, é possível usar esse mito como um guia para as experiências de alguém no relacionamento com os outros. Uma pessoa pode reconhecer os aspectos de Agdistis em sua falta de relacionamento e insensibilidade com os outros. A paixão de Júpiter pode ser reconhecida em sentimentos indisciplinados ou indiscriminados que clamam por realização, e o aspecto Átis de uma pessoa é a parte que se esforça para encontrar uma identidade própria dentro de seu amor pelos outros. Internamente, sofre-se a dinâmica retratada no mito Átis-Cibele e, no processo, podem surgir a consciência e uma atitude espiritual em relação à *prima materia*. Como resultado, o caminho alquímico ensina que se pode adquirir um sentido interno e uma estrutura que podem levar a experimentar tanto a contenção criativa quanto a criatividade da paixão com plena consciência da sua natureza potencialmente destrutiva.

A morte de Átis segue-se sempre a um casamento: a deusa ou mata seu ente querido, e ele morre por sua própria automutilação, ou é morto enquanto caça um javali, simbolizando o lado negro da deusa. Na linguagem alquímica, essa morte é a *nigredo*, o sofrimento obscuro que sempre acompanha a experiência da *coniunctio*.

Outra versão do mito apresentada por Ovídio em seu *Fastos* mostra Cibele apaixonada pelo belo pastor que deve prometer-lhe fidelidade eterna. Quando ele cai sob o feitiço irresistível de uma ninfa, a mão vingadora da deusa ataca: a ninfa Sangaritis (filha de Sangários) é morta e Átis enlouquece. Obcecado por delírios e acreditando que é perseguido pelas Erínias, ele se priva das partes de seu corpo que foram a causa de sua infidelidade. Flores brotam de seu sangue, e ele próprio se transforma em um pinheiro (Vermaseren, 1977, p. 91-92).

A ligação entre o mito e a loucura revela-se central para qualquer desenvolvimento que alcance a separação e o respeito pela deusa. Simbolicamente falando, é preciso morrer para se desenvolver de uma forma que possa lidar com a paixão da união e as reações potencialmente devastadoras que se seguem. Assim como Narciso – o arqui-oponente do sofrimento e da mudança – morre e se torna uma flor, o que, por sua vez, leva aos mistérios de Elêusis, também a morte de Átis leva a um ritual de transformação. Esse mistério da *nigredo* está muito distante da nossa consciência patriarcal que valoriza a solidez, a estabilidade, a constância e a força. Para a maioria das pessoas, é um caminho longo e árduo até começar a apreciar a sabedoria desse "outro" caminho, o caminho da união e da morte.

A vingança de Cibele quando Átis a trai ao se relacionar com outra mulher é um tema recorrente no mito. As festividades criadas em sua homenagem consistem em Tristia, a comemoração das dores, e em Hillaria, as festas de alegria por sua – ainda que parcial – ressurreição. Seguindo o seu exemplo, os sacerdotes de Átis dedicaram-se inteiramente à deusa, submetendo-se ao seu poder e majestade. Quando alguém entrava em seu culto, era iniciado como escravo sagrado, sem qualquer esperança de liberdade. Em troca, acreditava-se que a deusa estendia as mãos protetoramente sobre seus escravos (Vermaseren, 1977, p. 92).

Essa forma incrivelmente regressiva de lidar com o poder de Cibele representa um forte impulso psicológico. Homens e mulheres ainda se castram psicologicamente, embora de maneiras aparentemente pequenas, para evitarem o ataque que temem ser inevitável se assumirem o seu poder e autoridade. De um modo geral, a noção de ser ferido pela complexa interação de estados de união, ou tentativas de união, e os consequentes ataques de desordem e desespero desempenham um papel central na alquimia. A cura que os alquimistas descobriram para o ser castrado é obtida por meio de uma substância chamada "bálsamo" (OC 14, § 663). Esse medicamento curativo, que purifica os impulsos de fusão do incesto e das tendências de atuação, é criado por meio do sofrimento consciente de numerosos ciclos de *coniunctio-nigredo*. Mas sempre o mito Átis-Cibele representa um lado obscuro e sombrio da experiência de união, e o mito forma a estrutura arquetípica que molda as muitas facetas da *nigredo* após a experiência da *coniunctio*.

A narrativa de Ovídio sobre o mito Átis-Cibele explica o rito de castração dos sacerdotes de Cibele. Mas o mito contém a questão principal da "paixão impossível" que nunca é resolvida. Em *Fastos*, Átis quebra o seu voto e Cibele se vinga, matando a ninfa Sangaritis. E no meio de sua automutilação, ele grita como alguém cuja culpa é insuportável: "Eu mereci! Com meu sangue pago a pena que me é devida" (Ovídio, 1989, p. 205-206).

A culpa e a loucura retratadas no mito Átis-Cibele são estados mentais profundamente ocultos na vida psíquica da maioria das pessoas. Mas esses estados e o padrão associado que exclui as possibilidades de experimentar criativamente estados de fusão e separação também podem ser uma qualidade de um campo interativo. Duas pessoas que experimentam o campo podem levar à conscientização de cada uma sobre um estado de fusão impossível e à sua transformação em formas de união menos destrutivas e mais criativas.

A dinâmica da fusão e da separação dentro do campo interativo

Especialmente porque retrata o filho amante da grande deusa, o mito de Átis-Cibele pode, à primeira vista, parecer apenas representar as provações da separação do mundo materno e, principalmente, a separação dos homens das suas mães. A partir dessa perspectiva limitada, tanto a deusa mãe quanto a mulher real são vistas como perigosas para um homem que deve desenvolver a capacidade de se separar. Quando as energias do mito são interpretadas dessa forma por um homem, ele tende a relegar as mulheres para funções limitadas: elas devem ser tudo menos Cibele, ou seja, devem ser compreensivas, amorosas, generosas, mas não pessoas com necessidades e padrões de existência próprios. Esse tipo de compreensão concreta do mito reduz o seu significado com grande prejuízo para ambos os sexos.

De maneira mais produtiva, esse mito pode ser entendido como representando tanto um drama intrassubjetivo quanto as vicissitudes dos estados de união entre duas pessoas. O gênero não limita a aplicabilidade do mito a nenhum relacionamento; tanto o homem quanto a mulher podem vivenciar a dinâmica que o mito de Átis-Cibele apresenta como um drama intrassubjetivo. Um homem experimentará a sua consciência e a sua capacidade de entrar e descobrir novos territórios psíquicos como se a sua consciência estivesse sob o domínio de outra força que impedisse tais descobertas. Ele pode projetar essa força sobre a mulher, ou pode experimentá-la como um conflito interior, o que é obviamente preferível. A investigação agressiva e os atos novos ou independentes geram ansiedade porque implicam deixar o mundo da fantasia e das possibilidades eternas. Além disso, em um nível intersubjetivo, ele experimentará a separação como um medo de ser abandonado em um relacionamento. Uma mulher dominada por esse tipo de complexo de Átis-Cibele experimentará um campo intrassubjetivo semelhante. Uma força interior, que é vivida como "outra", obriga-a ao envolvimento e à fusão com os outros. O seu próprio desejo de separação e de autonomia e a sua capacidade ativa de separação são terrivelmente prejudicados porque esses impulsos de individuação são semelhantes aos de Átis. A cultura dominada pelos homens quer que o aspecto Cibele da mulher seja controlado. Mas o fator Cibele também pode estar nos homens, especialmente nos seus lados femininos e humores irracionais que podem projetar nas mulheres. E uma mulher pode projetar o seu lado subdesenvolvido e aterrorizado de Átis em um homem. Os dois terão um desprezo secreto um pelo outro. Então, a mulher, em um certo sentido, tornou-se como Cibele para o homem, e ele, como Átis para ela. O mito projetou-se assim para o exterior e tornou-se especialmente destrutivo.

Outra possibilidade, ainda mais no modo alquímico de pensar, é imaginar a díade Átis-Cibele como dominando, como um campo de força, a forma como um casal interage, como se outro casal – invisível – estivesse dominando a interação consciente. Esse casal invisível e inconsciente é, evidentemente, Átis e Cibele. Essa díade cria um campo do qual duas pessoas podem participar no sentido de serem movidas pelas suas correntes de energia e pelo seu padrão inerente de comportamento. Eles experimentariam esse campo como um *vas hermeticum*, ou seja, como um espaço que os incluísse, mas que também contivesse relações objetais observáveis como uma "terceira coisa" entre eles. A forma primitiva do campo Átis-Cibele, tal como retratada no mito, tenderia à fusão e à literalização, e à representação ou concretização dos afetos e sentimentos de desejo. Nesse campo, as pessoas fazem avanços sexuais inadequados ou assumem compromissos que não são realisticamente do seu interesse. Alquimicamente, esse campo é representado como um hermafrodita negativo ou um dragão.

Essa forma primitiva e literalizada do mito se opõe à "terceira coisa" vivenciada como um "outro" com dinâmica própria ligada às projeções e à imaginação de ambas as pessoas. Essa experiência da "terceira coisa" acontece quando ambas as partes percebem o mistério do qual fazem parte e estão dispostas a sofrer sem literalizar o estado de fusão, ganhando assim um novo nível de intimidade que também pode ser internalizado como uma intimidade consigo próprio. Alquimicamente, essa condição é representada como um casal coital consciente, mostrado na décima primeira xilogravura do *Rosarium* como estando acima da água e com asas (cf. figura 21). Os alquimistas trabalhavam nesses campos para transformá-los de uma dinâmica de fusão dominante (na qual uma pessoa teme ou é dominada pelas emoções da outra) em um campo que tivesse uma dinâmica rítmica de separação e fusão, sem que nenhuma das polaridades dominasse. O famoso ditado alquímico de "matar o dragão" representa esse tipo de transformação. O objetivo dessa transformação era o *lapis*, a autoestrutura cujo ritmo básico era a *coniunctio* purificada de todas as dinâmicas negativas de fusão, bem como o outro lado, o distanciamento sem alma.

O desejo, com sua qualidade poderosa e compulsiva, é o elemento mais dominante que impede a purificação do campo Átis-Cibele. A qualidade avassaladora e compulsiva do campo adormece a consciência e seduz todas as outras faculdades para uma fusão com o objeto. No entanto, no seu estado transformado – a transformação significada em uma imagem alquímica pelo corte das patas de um leão – o desejo é o ingrediente-chave. É o fogo que impulsiona o processo. A psicanalista francesa Luce Irigaray fornece uma visão profunda sobre o desejo e o espaço ou "intervalo" em que a união pode ser experimentada quando ela diz:

> O desejo ocupa ou designa o intervalo. Uma definição permanente do desejo colocaria fim ao desejo. O desejo requer uma sensação de atração: uma mudança no intervalo ou nas relações de proximidade ou distância entre sujeito e objeto (Irigaray, 1987, p. 120).

Ao discutir o desejo, ela fala eloquentemente da dinâmica do estado de união não fundido, da *coniunctio*. Irigaray observa que se existe um "duplo desejo", isto é, se um homem e uma mulher são capazes de desejar e ser desejados, então:

> Os polos positivo e negativo se dividem entre os dois sexos... criando um quiasmo ou laço duplo em que cada um pode mover-se em direção ao outro e voltar para si mesmo... Para manter a distância não é preciso saber como? Ou falar? No fim das contas, tudo se resume à mesma coisa. Talvez a capacidade de saber como requeira um espaço ou recipiente permanente, talvez uma alma, ou uma mente? (Irigaray, 1987, p. 121).

Reconhecendo que a *coniunctio* não está isenta de perigos, Irigaray continua:

> O sujeito que oferece ou permite o desejo transporta e assim envolve ou incorpora o outro. Além disso, é perigoso se não houver um terceiro termo. Não apenas porque se trata de uma limitação necessária. Esse terceiro termo pode aparecer dentro do recipiente como a relação deste com os seus próprios limites: uma relação com o divino, a morte, a ordem social ou cósmica. Se esse terceiro termo não existir dentro e para o recipiente, este último pode se tornar o *todo-poderoso* (1987, p. 123).

Nas quatro primeiras xilogravuras do *Rosarium Philosophorum* (cf. figuras 4 e 9-11), descobre-se que esse "terceiro termo" é o Espírito Santo descendente. Mais tarde, a *coniunctio* se forma e se torna a própria terceira coisa, pois internalizou os ritmos de separação e proximidade. Mas a fusão, o colapso da lacuna ou intervalo, continua a ser uma ameaça constante. A décima sétima xilogravura (figura 27) apresenta um retrato simbólico da superação final dos estados de fusão negativos. Todas as xilogravuras que se seguem à quinta abordam a questão de transformar ainda mais a *coniunctio* em uma forma contida em um recipiente que exclui a consumação do desejo como seu objetivo maior. Essa forma desenvolvida da *coniunctio* significa a harmonia entre as polaridades masculina e feminina.

Turba Philosophorum, um texto alquímico escrito por volta de 1300, representa uma forma particularmente fundida e perigosa da *coniunctio*, reminiscente do mito Átis-Cibele. Uma imagem na *Turba* mostra um estado de fusão que ocorre entre uma mulher e um dragão (figura 6). A mulher representa a grande deusa e o dragão representa os impulsos arcaicos em direção aos estados de fusão, impulsos que superam qualquer sentido de um "intervalo criativo" entre as pessoas, por meio do qual a paixão pode ter um mistério em vez de um resultado imediato em ação.

Figura 6 – *Coniunctio* da *Turba Philosophorum*

O texto da *Turba* tem a seguinte formulação enigmática:

> Os filósofos, entretanto, entregaram à morte a *mulher* que mata seus maridos; pois o corpo daquela mulher está repleto de armas e de veneno. Para aquele *dragão* seja cavado um túmulo, e aquela mulher seja sepultada com ele, o qual está fortemente acorrentado àquela mulher; quanto mais a atar e se rolar em torno dela, tanto mais será ele *dividido em pedaços* pelas armas femininas que são criadas no corpo da mulher. Mas quando ele se vir misturado com os membros da mulher, estará ele certo da morte e será transformado inteiramente em sangue. Quando, porém, os filósofos o virem transformado em sangue, então o deixarão por alguns dias exposto ao sol, até perder sua moleza, e o sangue secar, e eles acharem aquele veneno. O que então aparecer será o vento escondido (OC 14/1, § 15).

Na primeira frase dessa declaração enigmática, o alquimista está sugerindo que um processo prévio aconteceu antes da mulher e do dragão terem sido acorrentados. "Matar a mulher" significa que alguém se empenhou ativamente na tendência de destruir a *coniunctio* e superou essa tendência. Sempre que alguém envolve uma pessoa que teve uma experiência passada terrível com atos sexuais ou agressivos, em particular, violações de incesto, encontrará uma forte resistência à formação de qualquer estado de união. Por exemplo, uma analisanda sonhou que um homem e uma mulher iam se casar, mas ela estava fazendo tudo o que podia para impedir o casamento, chegando ao ponto de atirar ovos neles. O casamento representava sua conexão inconsciente a mim, a transferência analítica. O seu comportamento no sonho indicava a forte resistência que ela tinha em estabelecer uma conexão comigo. Ela estava inconscientemente disposta até mesmo a sacrificar seu bem mais precioso – os ovos, simbolizando sua criatividade e desenvolvimento futuro – a fim de impedir o desenvolvimento de um estado de campo de união comigo. Na análise, essas questões devem ser reconhecidas e ativamente confrontadas com a interpretação. Quer seja a resistência do analista a um estado de união, o que também pode acontecer, ou a do analisando, ambas devem ser enfrentadas para que o processo possa continuar. O desejo de qualquer uma das pessoas de permanecer inconsciente pode ser representado pela "mulher que mata os maridos", ou seja, destrói o impulso ativo de união.

Às vezes, os textos alquímicos têm repetidas injunções que atuam como dispositivos que funcionam para superar a resistência à *coniunctio*. Por exemplo, nas faixas da terceira xilogravura do *Rosarium Philosophorum*, intitulada "Verdade nua" (figura 10, o Sol fala: "Ó lua, concede-me tornar-me teu esposo", e a Lua fala: "Ó sol, é justo que eu te preste obediência" (OC 16, § 451). Tanto a repetição quanto a naturalidade da metáfora funcionam para estimular o ato, "preparando-se" para lidar com a relutância em se envolver em uma atividade potencialmente dolorosa.

É preciso aprender como entrar e existir no campo de união; e até que se tenha adquirido experiência suficiente para lidar com a área, ou não se entra de todo e assim se permanece narcisicamente isolado, ou se tenta entrar e é imediatamente engolido pelas energias magnéticas do campo e se funde a elas. Todo esse processo é extremamente doloroso, com antigas feridas sendo abertas e salgadas. Mas só se encontra o caminho por meio de repetidas excursões a esse território, e sofrendo a reabertura de feridas purulentas para que, com o tempo, seja possível curá-las devidamente.

A imagem da *Turba* é um exemplo de uma qualidade extremamente fundida da *coniunctio* que leva à transformação do dragão, a qualidade compulsiva, concretizadora/divisora da pisque. A mulher foi morta pelo "filósofo", ou seja, pelo alquimista. Ele matou o desejo de se retirar para a inconsciência e também o desejo de destruir a possibilidade de união consigo mesmo ou com seu metal. Tendo morrido, ela agora está transformada. Ela está acorrentada ao dragão que representa tanto a tendência concretizadora à fusão quanto a tendência de fugir dessa experiência de campo. Essa imagem arcaica da qualidade do campo interativo parece "mortal". Qualquer pessoa que experimente essa qualidade de campo interativo pode sentir-se como se estivesse em uma sepultura, sempre à beira de ser devorada pela morte da inconsciência. Esse estado muito inquietante desafia constantemente a fé da pessoa. Nesse estado, as "armas e o veneno" estão sempre prontos a reaparecer, o que significa que a pessoa se sente em perigo e tende a procurar a libertação por meio da dissociação do perigo sentido de ataque. Seja por meio dos perigos de ser atacado pelo ódio, pela raiva ou pela inveja, estamos sempre no limite nessa experiência de campo. Quase todas as pessoas têm áreas de trauma em suas estruturas de personalidade e, portanto, todos terão reações quase instintivas para evitar serem traumatizados novamente. Voltar à inconsciência por meio do retraimento ou da dissociação é um meio eficaz de evitar um novo trauma. Consequentemente, a regressão deve ser evitada e, assim, o dragão fica acorrentado à mulher. Essa imagem representa um compromisso com o processo.

A morte do dragão indica que começou a transformação do impulso para concretizar as paixões ou o contrário, para fugir dos estados de fusão. O ponto de transformação ocorre quando ele é "transformado inteiramente em sangue". Em outras palavras, ele se torna uma tintura sentida como paixão, mas a tintura ainda não é utilizável, ainda não é segura. Mais deve ser feito, e "o deixarão por alguns dias exposto ao sol, até perder sua moleza, e o sangue secar, e eles acharem aquele veneno" (OC 14, § 15). A ênfase ocorre na secagem, o que significa que toda a inconsciência deve ser exposta – sendo a água representativa da inconsciência. Essa tarefa exigente levará qualquer pessoa ao limite, pois requer que se experimente esses terríveis estados de fusão e que se seja modificado por eles, ao mesmo tempo que se experimenta a tentação de voltar a cair na inconsciência – o veneno – de modo a que se funde com as energias do campo, o que leva à atuação, ou então se separe da experiência. Mas se for bem-sucedido, "o vento escondido" aparece. Em outras palavras, uma experiência espiritual mais elevada surge do devastador campo de fusão. Esse aspecto da *Turba* (como toda a passagem) não é simplesmente uma imaginação fantástica, mas uma metáfora para a experiência real. Pode-se experimentar ser quase devorado por estados de paixão, sejam eles de ódio ou de amor; e ao mesmo tempo, pode-se experimentar o campo quase continuamente matando qualquer conexão, com o resultado de que se deseja apenas evitar toda a provação. A última coisa que se espera que exista é um propósito espiritual oculto para tudo. No entanto, é exatamente isso que pode acontecer.

Assim, a *Turba*, um dos mais antigos textos alquímicos conhecidos, pode ser visto como descrevendo uma forma perigosa da *prima materia*, semelhante à retratada no mito de Átis-Cibele. O dragão é o componente Átis que é transformado com sucesso, assim como a mulher, Cibele, para que surja uma orientação espiritual.

O "vento oculto" é a atitude espiritual necessária para lidar com o impossível dilema fusão-distância que caracterizou a *prima materia* no mito Átis-Cibele. Na *Turba*, como na alquimia em geral, o vento, o espírito, ascende da matéria – o mesmo resultado que na décima primeira pintura do *Splendor Solis* (figura 7). O espírito não é imposto ao processo de transformação como um conjunto de regras ou ética. Mas, assim como os alquimistas insistem que é preciso ouro para fazer ouro, é evidente que alguma dessa atitude espiritual também deve existir antes que se possa lidar com formas tão horríveis da *coniunctio* (OC 14, § 15).

Abordagens heroicas aos estados de fusão destrutivos

O mito de Átis-Cibele – e com ele as terríveis formas da Grande Deusa que incorpora – foi um verdadeiro problema para a humanidade à medida que evoluía a partir da cultura neolítica para a Idade do Bronze. O "vento escondido" revelou-se de fato muito oculto, e a qualidade devoradora do inconsciente, simbolizada pelas aspectos destrutivos de Cibele, sobrepôs-se a qualquer potencial de desenvolvimento da consciência. O Antigo Testamento e a religião patriarcal de Israel surgiram na época (cerca de 1.200 a.C.) quando a Grande Deusa tinha uma forma extremamente destrutiva. Essa nova religião do monoteísmo foi baseada em experiências do *numinosum*. Mas era aparentemente impossível para a religião patriarcal emergente usar essa visão para se relacionar com os mistérios da união, *hieros gamos*, que era o centro religioso dos cultos da Grande Deusa. A atração sombria e regressiva do inconsciente era forte demais; não havia "vento" suficiente para se relacionar com o tipo de visão mais antiga e com os mistérios da união. Em vez disso, o deus do Antigo Testamento, *Yawheh*, cuja forma simbólica era, entre outras, *ruach*, o vento, foi criado no contexto da supressão do seu culto e da transformação da Grande Deusa em um objeto de desprezo, escárnio e ódio.

Seria necessário essencialmente matar Cibele, reprimi-la totalmente para que pudesse surgir um ego patriarcal, baseado no desejo de ordenar a Natureza? Na obra *Símbolos da transformação*, Jung afirma o aspecto positivo desse desenvolvimento em que o herói, aquele que vence a Deusa Negativa que representa a inconsciência, sai vitorioso. Jung considera o motivo do sacrifício da libido instintiva e explica que o sacrifício é visto mais claramente na lenda de Átis:

Átis é o filho-amante da deusa-mãe, a Agdístis-Cibele. Alucinado pela mãe causadora de loucura, por ele apaixonada, ele pratica a autocastração debaixo de um pinheiro. O pinheiro é importante em seu culto: todo ano enfeita-se um pinheiro com grinaldas, pendura-se nele uma imagem de Átis, e depois o pinheiro é cortado. Cibele então toma este pinheiro, leva-o até sua gruta, e ali chora por ele. A árvore neste contexto evidentemente significa o filho – segundo uma versão, Átis foi transformado em pinheiro – que a mãe Cibele recolhe em sua caverna, isto é, no seio materno. Ao mesmo tempo a árvore também tem significado materno, pois o ato de nela pendurar o filho, respectivamente sua imagem, representa uma união entre filho e mãe.

Figura 7 – Décima primeira pintura do *Splendor Solis*

O corte do pinheiro é um paralelo da castração e por isso a lembra. Neste caso a árvore teria antes significado fálico. Mas como a árvore em primeiro lugar significa a mãe, sua derrubada significaria um sacrifício da mãe. Estes emaranhados dificilmente destrincháveis e esta superposição de significados podem tornar-se um pouco mais claros se os reunirmos sobre um denominador comum. Este denominador é a libido: o filho personifica a nostalgia pela mãe, e isto na psique de um indivíduo que se encontra nesta situação ou em outra semelhante. A mãe significa o amor (incestuoso) pelo filho...

O corte do pinheiro, a "castração", significa o sacrifício desta libido, que procura aquilo que é irracional e da mesma forma o impossível. Pelo arranjo e pela natureza de suas figuras, o mito descreve, portanto, o destino de uma regressão da libido que ocorre principalmente no inconsciente...

A iniciativa do sacrifício em nosso caso parte da mãe, a *mater saeva cupidinum*, que enlouquece o filho e assim o obriga à automutilação. A mãe, como ser que dá origem, representa o inconsciente frente ao consciente. Por isso o mito diz que a iniciativa para o sacrifício parte do inconsciente. Provavelmente isto deve ser compreendido no sentido de que a regressão se torna adversa à vida e perturba as bases instintivas da personalidade; consequentemente há uma reação compensadora desta, em forma de uma supressão e erradicação violenta da tendência incompatível...

A transformação em pinheiro significa o mesmo que um sepultamento na mãe, assim como Osíris foi envolvido pela erica... Átis parece sair de uma árvore...

A saga de Penteu, associada ao mito de Dioniso, traz o equivalente interessante e complementar à morte de Átis e ao lamento subsequente: Penteu, curioso por espreitar as orgias das mênades, trepa num pinheiro, mas sua mãe o percebe; as mênades cortam a árvore e Penteu, tido por elas como um animal, é despedaçado em meio à loucura; a primeira a atirar-se sobre ele é a própria mãe. Nesta saga temos o significado fálico da árvore (cortar = castrar), sua natureza materna (a árvore carrega Penteu), e sua identidade com o filho (cortar – matança de Penteu). Ao mesmo tempo temos aqui o oposto complementador da Pietà, a terrível mãe...

A substância e a força motivadora do drama do sacrifício consistem numa transformação energética em si inconsciente, da qual o eu toma consciência mais ou menos como os homens do mar percebem uma erupção vulcânica submarina. É preciso admitir que, diante da beleza e da sublimidade do pensamento que acompanha o sacrifício assim como do ritual solene, uma formulação psicológica parece assustadoramente fria. O aspecto dramático do ato do sacrifício é, por assim dizer, reduzido a um abstrato seco, e a vida exuberante das figuras é mortificada à bidimensionalidade... [Mas] a análise científica infelizmente tem tais efeitos lastimáveis – por um lado; mas por outro, justamente esta abstração, possibilita uma compreensão mais profunda dos fenômenos. Assim, por exemplo, reconhecemos que as figuras do drama mítico possuem propriedades trocáveis, porque não têm o mesmo significado existencial que é próprio das figuras concretas do mundo físico. Os últimos sofrem uma tragédia real, os primeiros apenas a representam, e isto no palco subjetivo de um consciente introspectivo... essencial do drama mítico não é o concretismo das figuras. Não importa que animal é sacrificado ou qual deus é representado por este animal; o importante é somente que se realize um ato de sacrifício; ou melhor, que no inconsciente ocorra um processo de transformação cuja dinâmica, conteúdos e sujeito são em si inconscientes, mas indiretamente afloram ao consciente ao estimularem o material disponível de ideias e por assim dizer se revestirem com ele, como o dançarino com peles de animais e os sacerdotes com as peles dos homens sacrificados.

A abstração científica nos fornece a grande vantagem de uma conclusão sobre o misterioso acontecimento atrás do palco da representação do mistério, onde, deixando para trás o mundo colorido do teatro, descobrimos uma realidade de dinâmica e significância psíquica que não pode ser mais reduzida. Este reconhecimento despoja os assim chamados processos inconscientes de todo epifenomenalismo e os expõe tais como são realmente, segundo toda a experiência: como grandezas autônomas...

[Como todos os sacrifícios de animais] o sacrifício mítico do touro significa um sacrifício à terrível mãe, isto é, ao inconsciente, que atraiu espontaneamente a si a energia do consciente, porque este se afastou excessivamente de suas raízes, esqueceu os poderes dos deuses, sem os quais toda vida seca ou se perde em manifestações perversas com desfechos catastróficos. No sacrifício o consciente renuncia à posse e ao poder, a favor do inconsciente. Isto torna possível uma união de opostos cuja consequência consiste numa libertação de energia...

A comparação entre o sacrifício mitraico e o cristão mostra claramente em que consiste a superioridade do símbolo cristão: é a compreensão direta de que não só a instintividade animal, representada pelo touro, deve ser sacrificada, mas o homem todo, em toda sua natureza, que é mais do que diz seu símbolo teriomorfo. Enquanto o primeiro representa a instintividade animal, isto é, a sujeição à lei da espécie, o homem natural significa, além disso, o especificamente humano, o poder-desviar-se-da-lei, o que na linguagem religiosa quer dizer a capacidade de "pecar" ...

Pelo sacrifício do homem natural tenta-se atingir este objetivo, pois só então a ideia dominante do consciente está em condições de se impor totalmente e moldar a natureza humana neste sentido (OC 5, § 659-660, 662, 669-670, 671, 673-674).

A abordagem de Jung do mito Átis-Cibele reflete a ampla abrangência da sua teoria da libido. Essa abordagem heroica é necessária para abordar uma luta de vida na qual a libido não flui bem para os relacionamentos externos ou internos, e na qual existem fortes defesas caracterológicas contra a experiência das profundezas que o mito significa.

Assim como Átis está fundido em um amor com Cibele e é incapaz de se separar, o mesmo acontece com qualquer pessoa que não tenha tido uma experiência de ligação maternal suficientemente boa. Uma pessoa assim está concentrada na busca pelo que esteve ausente ou não esteve presente o suficiente em sua infância. Se uma mãe não foi capaz de "ver" a singularidade de seu filho e, em vez disso, se relacionou apenas de maneira mecânica e cuidadora, ou a partir de um domínio do que "deveria" fazer ou do que "estava certo", mas não por amor e admiração, a criança, homem ou mulher, será privada de um ingrediente essencial para o seu crescimento. Surge uma enorme frustração e, com ela, uma grande dose de agressividade que não tem saída natural. Na mente da criança, faz ataques agressivos ao corpo materno, pois a frustração da criança não tem outra saída. Mas a criança também é identificada com a mãe, fundida em um vínculo de promessa de amor, uma promessa que é um direito inato da criança, e que foi cumprida em casos que foram muito poucos, mas tangíveis o suficiente para levar à esperança. Como a criança se identifica com a mãe, os ataques fantasiados da criança também se castram. Assim, o símbolo da árvore abatida, simultaneamente como falo e mãe, não é apenas um símbolo da libido, mas uma metáfora da experiência. Não apenas as pessoas com transtornos pré-edipianos são lançadas nessas profundezas, nem essas profundezas são conhecidas apenas nos sistemas de defesa da personalidade limítrofe ou do caráter narcisista. Na verdade, todas as pessoas, de uma maneira ou de outra, sofrem feridas nessas profundezas.

De uma forma ou de outra, todos se castram pelo terror de se separar e alcançar o objetivo destinado. A pessoa se apega a uma forma inferior, quer seja em um relacionamento particular ou em uma tarefa de individuação. O herói que rouba o fogo ou os grãos dos deuses sofre. Todos temem tomar posse do seu poder; todos, em alguma profundidade do seu ser, encenam o drama de Átis e Cibele. Todos sofrem de uma história de abandono, talvez não tão grave a ponto de minar o desenvolvimento do ego como acontece no *borderline* ou em outra estruturação patológica da psique, mas o abandono continua a existir como uma consciência de que não se foi visto ou amado. E quando alguém ousa assumir o manto da individuação, surge o drama de Átis e Cibele. Todos, em certa medida, são apanhados nessa teia em que a separação conduz à morte, nomeadamente à morte da paixão e do vínculo relacional que motivou a separação, de modo que o entusiasmo e a paixão se transformam em desespero. Nessa mesma teia, também se é apanhado pela exigência de individuação e pela exigência igual ou maior de permanecer fundido com um objeto amado interior, conhecido ou, mais provavelmente, nunca suficientemente conhecido. Nessa luta, muitas vezes se assume uma solução de compromisso, uma espécie de castração parcial por meio da obe-diência coletiva em que o coletivo ganha a projeção da mãe desejada. Aque-les que são pegos pela luta entre os seus impulsos de individuação e uma fraqueza do ego baseada em medos ou traumas precoces, muitas vezes projetam inconscientemente a Mãe Terrível em uma situação exterior, e depois atacam-na sutilmente ou não tão sutilmente. Por sua vez, eles são atacados e, embora os atacantes possam ter seu próprio material obscuro e sombrio, na verdade a pessoa atacada representou interiormente o drama de Átis-Cibele e é crucificada pela sua dinâmica, bem como pelo ataque emocional externo.

Seja qual for a forma que o drama assuma, ele existe em cada um como um estado ontológico, não apenas como uma imagem das correntes profundas da libido no seu inconsciente. Ao envolver essas correntes, não apenas em um nível de consciência individual, mas como um drama entre duas pessoas, a alquimia encontra a sua maior força e mistério.

Clinicamente, o analista encontra duas grandes reações ao processo dinâmico representado pelo mito de Átis-Cibele, nomeadamente a estruturação narcísica e os estados limítrofes. Ambas são reações ao que é considerado um drama impossível de fusão-separação. No caráter narcisista, a fusão é mantida por meio do controle do objeto, enquanto a separação também é mantida por meio da defesa narcísica que afasta qualquer envolvimento afetivo. No distúrbio limítrofe, o dilema fusão-distância é resolvido em mudanças radicais no sentido da fusão com um objeto e, sentindo o terror da perda de identidade, recuando para um estado distante, com o objeto agora carregando uma projeção de pavor e perigo extremo. Às vezes, essas oscilações se combinam, levando à estranha sensação de bizarrice que pode permear o trabalho com pacientes *borderline*. Quando essas defesas caracterológicas falham, surgem as áreas psicóticas; caso contrário, ficam escondidas, em um grau ou em outro, dentro das estruturas de caráter. O processo psicótico é uma reação à impossibilidade de negociar impulsos de fusão, nem de ser capaz de separar nem de permanecer fundido.

A ligação de Jung entre Penteu e Átis é digna de nota, na medida em que Penteu foi despedaçado por ter rejeitado Dionísio. Mas reconhecer o "deus louco" interior é a única maneira de lidar com o drama Átis-Cibele, enquanto rejeitar a loucura é uma forma de intensificar o drama. Por essa razão, a *prima materia* alquímica foi mais frequentemente denotada como caos, e o caos é um dos melhores sinônimos para estados internos de loucura.

Caos e a *coniunctio*

O aspecto perigoso dos estados de fusão, como no mito Átis-Cibele é, no entanto, uma característica essencial do processo de transformação. Quer seja vivida conscientemente ou afetando inconscientemente o ego, a *coniunctio* conduz a uma liberação de energia de ordem superior na personalidade consciente e, com ela, a uma criação concomitante de desordem. Funcionalmente, esse distúrbio quebra as defesas rígidas. É por isso que a *prima materia* é frequentemente referida como chumbo de Saturno:

> Para bem interpretarmos Mercurius, é importantíssimo considerar sua relação com Saturno. Mercurius como ancião é idêntico a Saturno, assim como muitas vezes – e em especial para os antigos – a *prima materia* não era representada pelo mercúrio, mas pelo chumbo ligado a Saturno. No texto árabe da *Turba*, o mercúrio é idêntico à "água da Lua e de Saturno". Saturno diz nos *Dicta Belini*: "Meu espírito é a água que desata todos os membros hirtos de meus irmãos". [...] "E todos aqueles que pretendessem investigá-lo enlouqueceriam, por ignorância", teria dito Petásio, o filósofo grego (OC 13, § 274 e 251).

O "Meu espírito é a água que desata todos os membros hirtos de meus irmãos", ou seja, que dissolve estruturas rígidas de caráter, é a loucura vivida no mito do tipo Átis-Cibele do filho-amante. Embora esse caos resulte da experiência da paixão impossível descrita no mito, ao negar a dor da fusão e da perda, pode também ser uma defesa. Em ambos os casos, esse caos é especialmente visto na *nigredo* – sexta e sétima xilogravuras (figuras 14 e 15) – que se segue à *coniunctio*, a quinta xilogravura (figura 12) do *Rosarium*.

Na maior parte das versões do mito, Átis enlouquece de fato, ou então Cibele é mostrada como louca. Psicologicamente, a loucura pode ser uma saída para um estado mental e corporal opressor. A loucura é um resultado inevitável do tipo de fusão que o mito demonstra. A pessoa fica tão dominada pelos sentimentos que é impossível permanecer fundida, mas a separação também o é. Ambas as opções podem levar à criação de áreas loucas da psique. Por sua vez, essas áreas podem tornar-se a *prima materia*.

Jung explica que os alquimistas falam frequentemente da *prima materia* em termos do aspecto perigoso do mito do filho-amante:

"Venus, *regina, femina, virgo vel puella praegnans* (prostituta)… Acima de tudo, a *Prima Materia* é a mãe do *lapis*, o *filius philosophorum*" (OC 14, § 14).

Jung cita o notável alquimista renascentista, conde Michael Maier, que por sua vez se refere ao tratado de meados do século XV de um autor com o pseudônimo "Delphinas" para apoiar a sua afirmação de que a *prima materia* era o incesto entre mãe e filho:

> A viúva se casa com seu filho… Mas estas núpcias, que começaram com a expressão de grande alegria, tiveram como prosseguimento a tristeza… se o filho dorme com a mãe, então ela o mata num ataque como a cobra (OC 14, § 14).

Jung discute ainda a ligação entre a *prima materia*, a morte e o filho. A *prima materia*:

> A terra e a serpente escondida nela, o negrume e o orvalho ou a água miraculosa, que recompõe tudo o que está separado. A água chama-se por isso "mãe", "*mater mea, quae mihi inimicatur*" (até mesmo da minha mãe, que me é hostil), mas também a "que reúne os meus membros despedaçados e dispersos" (OC 14, § 15).

A dinâmica do mito Átis-Cibele é a *prima materia*; e a questão de uma dinâmica impossível de fusão-separação, que conduz a um estado interior de loucura e de autocastração, é uma realidade clínica sempre presente. Mas a *prima materia* também é desprezada e facilmente descartada. Fabricius observa: "*A prima materia* é o caos em que se encontra a pedra… é tão barata e desprezível que é jogada nas ruas" (1976, p. 21). Esse potencial para subestimar o caos pode ser visto no exemplo a seguir, que destaca a diferença entre uma abordagem alquímica e outras possibilidades para o dilema de uma paixão impossível e sua loucura.

Um homem começou a me contar sobre o sucesso que teve ao lidar com sua irmã por causa de uma herança. Ele tinha medo de sua irmã, que é cinco anos mais velha. Em uma sessão anterior, pude observar que ele oscilava entre estados de amor e ódio por ela. Mas, de um modo geral, essa oscilação entre opostos era difícil de perceber; em vez disso, ao me relacionar com ele, eu tendia a me sentir confuso. Em um grupo de terapia, outros membros tendiam a sentir a mesma confusão e muitas vezes perdiam o interesse ou ficavam sonolentos quando ele falava. Nessa sessão, como era comum acontecer, ele não estava ancorado, no sentido de que estava desconectado da consciência de seu corpo; ele não fazia contato comigo enquanto falava e, em vez disso, vagava por uma série de associações mentais que muitas vezes eram impossíveis de compreender. Quando lhe perguntei o que estava dizendo, ele não sabia.

Existia entre nós um campo que estava fragmentado e por meio do qual era extremamente difícil, exceto por alguns segundos, me concentrar no que ele estava dizendo e ter quaisquer pensamentos próprios. Durante essa sessão, depois que parei para fazer uma pausa e refletir sobre a extrema fragmentação que eu estava sentindo, e também sobre a fragmentação dele, ele parou de falar. De repente, percebi que ele estava tão retraído e dissociado porque estava extremamente orgulhoso do que tinha feito com a sua irmã. Ele finalmente se manteve firme, deu-lhe um ultimato e se sentiu bem com isso. Mas ele não conseguia me comunicar seu orgulho porque sua necessidade de espelhamento – de eu vê-lo como especial nesse ato – era muito aterrorizante. Comunicar o seu orgulho a mim significaria que ele teria de enfrentar a sua necessidade de se fundir comigo, tanto na fantasia quanto na experiência afetiva, enquanto eu representava um objeto onipotente.

Essa fusão, em termos kohutianos, autopsicológicos, com um "auto-objeto", era esmagadora para ele. Reconhecer essa fusão significava que ele teria de sentir necessidades impensáveis. Quando consegui resolver esse estado por mim mesmo e contar a ele sobre isso, por um ou dois minutos o campo entre nós tornou-se claro e relacionado. Depois de nos sentarmos um com o outro e com essa clareza, ele logo ficou ansioso. Assim, ambos podíamos sentir uma ligação, uma sensação de um espaço energizado entre nós, mas um espaço que o assustava à medida que ele sentia o desejo de se fundir comigo, de se fundir em mim, na verdade. O espaço parecia perigoso para ele à medida que suas necessidades surgiam, especialmente as necessidades de ser abraçado e de ser visto como bom. Consequentemente, à medida que ele voltava à confusão e o campo entre nós se fragmentava, minha capacidade de experimentá-lo diminuía fortemente. Em outras palavras, o processo psicótico retornou depois que o *status* de auto-objeto do nosso campo começou a parecer muito perigoso.

Do ponto de vista autopiscológico, o problema é que é difícil criar um campo mútuo de auto-objeto e, portanto, ocorre frequentemente uma fragmentação que pode ter características psicóticas. Como analista, preciso observar o que estou acrescentando a esse campo de auto-objeto. Qual é a minha resistência em espelhá-lo e em ajudar a criar a qualidade adequada de segurança no campo dentro da experiência de ser espelhado? Será uma questão de eu me tornar mais empático em relação aos perigos que o espelhamento e o exibicionismo associado representam para ele? Em outras palavras, a abordagem autopsicológica trata a experiência do caos – para usar uma palavra que é uma das preferidas dos alquimistas – como resultado de uma *ausência* de ordem e não como uma experiência extremamente importante em si mesma.

A abordagem alquímica valoriza a experiência do caos como algo a ser alcançado. Em vez de ver a experiência do caos como resultado do medo da fusão, como a psicose é frequentemente concebida nas tradições psicanalíticas, a abordagem alquímica valoriza essa experiência, especialmente quando é o resultado de uma operação anterior. Em outras palavras, não se percebe apenas áreas caóticas, setores loucos em outra pessoa, mas também se busca atingir o caos desse estado como resultado da *coniunctio*.

Na dinâmica do mito de Átis-Cibele, o desejo da criança foi contaminado pelas paixões do adolescente e depois do adulto, e esse desejo tornou-se, além disso, sujeito ao tabu do incesto. O resultado é que cada um, tal como o analisando, sofre de uma paixão impossível e do seu caos, que é preciso enfrentar para que a relação seja mais do que um empresa comum ou mais do que um lugar onde é possível esconder os medos mais profundos e a patologia.

A dinâmica do mito de Átis e Cibele, com as reviravoltas que sofreu desde a sua origem no início do Período Neolítico, é assim o foco principal da *prima materia* alquímica. O mito ressalta a natureza traiçoeira da paixão e implora por uma sabedoria que raramente se viu na história. Como um homem ou uma mulher respeita corretamente essas energias? Se um homem se funde com essas energias na cegueira e na loucura do amor apaixonado, se torna um homem-menino. Ele é um ser fundido de opostos – um bebê-criança adolescente sem limites, explodindo de desejo de alcançar a realização e explodindo de desespero por algum dia fazê-lo. Esse bebê-criança-adolescente sem limites está unido a um adulto que nunca se tornou verdadeiramente adulto e que pode, na melhor das hipóteses, fingir a idade adulta por meio de uma moral rígida que condena a sua "outra metade". Esse último sofre a humilhação de nunca se tornar o homem que poderia ter se tornado. E a fusão da mulher com essas energias torna-a aterrorizante tanto para homens quanto para mulheres, pois ela assumiu uma forma arquetípica que engloba todas as relações objetais e a divide entre ser jovem e velha, enquanto esses segmentos estão, paradoxalmente, também fundidos. Em outras palavras, reina uma bizarrice mais ou menos proeminente, pois em ambos os sexos esse estado de fusão nunca é contínuo, nunca é uma amálgama de velhos e jovens em um terceiro simbólico, mas sim ambos ao mesmo tempo. Muitas vezes existe uma qualidade ligeiramente bizarra de uma combinação de carisma e humildade, juntamente com uma loucura oculta que distorce a realidade, de modo que a pessoa tende às vezes a agir de maneiras terrivelmente destrutivas. Nesse estado de loucura, um homem ou mulher fica para sempre preso em um duplo vínculo. Se a pessoa agir com base na paixão, ela terá apenas uma morte psíquica sem sentido, uma morte que não leva a nenhuma mudança, ou a pessoa causa um sofrimento indescritível nos outros. E, se não agir de acordo com a paixão sentida, se transformará em um velho ou uma velha prematura, sempre negando ou fantasiando em relação a essa paixão perdida.

O mito de Átis-Cibele retrata o ritmo da *coniunctio-nigredo* muito mais profundamente do que qualquer outra história de união, devido ao seu retrato apaixonado da natureza devastadora da *nigredo* que se segue – suicídio, loucura e autocastração. Lidar com as paixões do mito de Átis-Cibele como a *prima materia* exige que qualquer pessoa que se envolva nas energias da loucura tenha um ponto de vista espiritual. A exigência de que alguém tenha um ponto de vista espiritual pode ser vista como a base da supressão da forma negativa da Grande Deusa na época do surgimento do Antigo Testamento, em vez de ver essa mudança em uma estrutura excessivamente simplista de supressão da Deusa pelo patriarcado. A nona pintura do *Splendor Solis* (figura 8) representa um hermafrodita desprovido de dimensão corpórea ou ctônica, ao contrário do hermafrodita da décima xilogravura do *Rosarium* (figura 18), que foi forjada por meio do fogo de sucessivas *nigredos*. No

Splendor Solis, o hermafrodita representa uma autoimagem espiritual, um estado que existe como um centro de orientação interior de grande vitalidade e significado. As operações alquímicas subsequentes transformam ainda mais a imagem, de modo que as "águas inferiores" são incluídas, conforme representado na décima primeira imagem (figura 7), na qual um espírito surge dessas águas inferiores. Mas entre o hermafrodita espiritual e essa última transformação está a décima imagem (figura 20) – um louco desmembra um corpo que lembra o hermafrodita. Essa loucura transformadora, na verdade a loucura do mito de Átis-Cibele, não pode ser criativa e contida se não existir primeiro um nível espiritual representado pelo hermafrodita. O louco extrai esse espírito, simbolizado pela pequena cabeça dourada do homem desmembrado, para que o espírito se reúna ao corpo. A loucura assim vivenciada é o agente transformador do processo alquímico.

Figura 8 – Nona pintura do *Splendor Solis*

Essa função transformadora do caos é ainda observada por Jung em referência à mudança no símbolo do Rei na alquimia, representativo das atitudes dominantes do coletivo:

> Para chegar ao "Reino de Deus" o rei deve mudar-se na *prima materia* no ventre materno, portanto deve retornar àquele estado inicial obscuro, que pelos alquimistas foi designado como *caos*. Nesse estado de "massa confusa" estão os elementos em combate entre si e se repelem mutuamente, de modo que qualquer conexão é dissolvida. A *dissolução* é a condição prévia da *redenção*. É aquela morte figurada que deve padecer o iniciado nos mistérios, para poder viver sua transformação (OC 14/2, § 41).

A experiência do caos é, portanto, especialmente importante; é um dos atributos mais comuns da própria *prima materia*. Por meio de um retorno ao caos, as estruturas podem ser dissolvidas e tornar-se então uma *prima materia* adequada. Novamente, Jung comenta:

> O que há aqui de essencial para nós na definição da *prima materia* é ser ela designada como "massa confusa" e "caos", que é o estado primordial da *inimicitia elementorum* (inimizade dos elementos) ou aquela mistura desordenada que o *artifex* (artífice) vai ordenando aos poucos por suas operações (OC 14/2, § 217).

A ligação entre o caos e um nível espiritual de existência é um aspecto importante da *prima materia* – o ponto de partida indispensável para a obra – como pode ser visto na injunção frequentemente repetida do alquimista: é preciso ouro para fazer ouro. Para além do seu significado para o seu trabalho efetivo com processos materiais, em um nível espiritual ou psicológico, essa frase indica que o alquimista obteve a iluminação – ouro espiritual – e a consequente formação de uma autoestrutura interna como condição de "início". Muitos textos insistem que a arte é dada por Deus e só é conhecida por quem foi transformado pelo Espírito. O alquimista do século XVII, Gérard Dorn , diz: "É impossível que um mortal compreenda a nossa arte, a menos que tenha sido iluminado pela luz divina" (*apud* OC 13, § 443). Uma vez que se pensa frequentemente na criação de si mesmo como um produto final, relegá-la para um estado inicial pode parecer paradoxal. Mas não é. Pois o si-mesmo que pode encarnar como um centro psíquico e criar um sentido de totalidade e, especialmente, um sentido de significado que antes não existia, não desenvolveu necessariamente a capacidade de participar do corpo ou da via instintiva.

Assim, como se vê no *Splendor Solis*, a *prima materia* pode ser o si-mesmo em uma determinada condição espiritual que ainda não inclui uma transformação do corpo em um veículo mais sutil de consciência, nem essa autoestrutura inclui necessariamente uma integração dos níveis culturais e pessoais da vida reprimida escondida no corpo. Esses domínios conduziriam a um novo si-mesmo que é muito mais inclusivo do que o anterior, um si-mesmo que poderia experimentar o fogo da paixão – para observar uma preocupação alquímica especial – sem se fundir em perigosos estados de fusão, ou em retraimento e negação. Começando com esse si-mesmo espiritual como um princípio, pode-se então trabalhar mais na sua transformação em um produto final, o *lapis* alquímico que engloba o corpo, os processos instintivos e os desejos.

No *Rosarium*, o nível espiritual que precede a *nigredo* existe na imagem anterior da *coniunctio*. A pomba que desce, a dimensão espiritual, foi incorporada na característica rítmica do estado de união em que a fusão e a distância oscilam e se unem. A natureza da *prima materia*, que liga a espiritualidade e a paixão, é explicada por De Rola que, em seu livro *Alquimia*, observa:

> Diz-se que a *prima materia* tem um corpo imperfeito, uma alma constante, uma tintura penetrante e um mercúrio transparente, volátil e móvel. Traz dentro do peito o ouro dos filósofos e o mercúrio dos sábios (De Rola, 1973, p. 10).

A iluminação espiritual pode produzir uma constância de propósito, uma personalidade interior ou alma que tem fé que um processo e um objetivo existem mesmo em meio à "noite mais escura". Além disso, como resultado da experiência do si-mesmo espiritual, a imaginação ganha uma nova clareza e fluidez; na terminologia alquímica, ganha-se um mercúrio transparente. E a tintura, a substância penetrante, seria a referência a um si-mesmo que pelo menos começou a alcançar uma integração da sua natureza sexual e agressiva a tal ponto que o seu poder pode ser exercido de uma maneira penetrante e imaginativa. Nessa fase, já não se está preso, por exemplo, em um ciclo defensivo, sado-masoquista, que preserva a separação e foge da união.

A "tintura" é um aspecto muito importante da *prima materia*, como explica Jung:

> A *tinctura* é *rosei coloris* (de cor rosada) e corresponde ao sangue de Cristo, que *comparatur et unitur* (é comparado e unido) ao *Lapis* (pedra filosofal)… O relacionamento da deusa do amor com a cor vermelha já é antigo, e o escarlate é a cor da grande Babilônia e de seu animal. Vermelha é a cor do pecado. Do mesmo modo a rosa pertence tanto a Vênus como a Dioniso. Na alquimia, como já vimos, o vermelho e o róseo são a cor do sangue, que é sinônimo da *aqua permanens* (água eterna) e da *anima* (alma), a qual é extraída da *prima materia* e devolve a vida ao corpo "morto". A *prima materia* também se chama *meretrix* e é colocada em paralelo com a "grande Babilônia" (OC 14/2, § 78).

Mas o "corpo imperfeito" – ou seja, o corpo na sua forma em que não é um veículo de consciência, nem é sentido como uma presença viva em que alguém está "dentro", e também não é sentido como uma fonte de instinto e paixão que pode ser conscientemente controlada – precisa ser transformado em um veículo sutil de consciência. Só assim poderá ser feita a Pedra dos Filósofos, ou seja, um si-mesmo em que o espírito e o corpo estão unidos, funcionando ambos como fonte de consciência e não se dando a nenhum deles mais importância do que ao outro.

Do ponto de vista alquímico, a *prima materia* que é revelada em um estado de união é um nome para um certo padrão de energia psíquica e estruturas associadas que formam uma experiência na qual um nível numinoso de vida psíquica – como na iluminação espiritual ou na *coniunctio* – encontra o mundo dos acontecimentos espaçotemporais separáveis. Qualquer número de afetos, estados mentais ou padrões podem ser a *prima materia*, desde que ocorram na interface em que o *numinosum* encontra a vida corpórea.

A *prima materia* é, nesse contexto, um conjunto de padrões e a energia associada que surge quando a alma tem uma experiência transcendente e depois retorna ao mundo da consciência do ego. O *Splendor Solis* identifica o material primário a ser trabalhado como um "minério", uma substância formada em que o céu e a terra se encontram (McLean, 1981, p. 100). O caos que é desejado e procurado nessa união é muitas vezes carinhosamente chamado de "o nosso caos". Não se trata simplesmente de um estado desordenado, mas sim de uma união anterior.

The hermetic museum (1678) inclui um tratado alquímico intitulado "uma entrada aberta para o palácio fechado do rei", escrito por um sábio anônimo e amante da verdade. O ano da sua redação é indicado como 1645 e ele diz ter 23 anos:

> Que o estudante incline o seu ouvido para o veredito unânime dos sábios, que descrevem esta obra como análoga à criação do mundo. No princípio, Deus criou o céu e a terra; a terra era sem forma e vazia, e o Espírito de Deus se movia sobre a superfície das águas. E Deus disse: "Faça-se a luz", e a luz foi feita. Essas palavras são suficientes para o estudante da nossa arte. O céu deve unir-se à terra no leito da amizade; assim ele reinará em glória para sempre. A terra é um corpo pesado... o céu é o lugar onde giram as grandes luzes e, através do ar, transmitem sua influência ao mundo inferior. Mas no início era um caos confuso. O nosso caos é, por assim dizer, uma terra mineral (em virtude da sua coagulação) e, no entanto, também um ar volátil – em cujo centro está o céu dos sábios, o centro astral, com o qual sua luz irradia a terra até a superfície... Agradeço-te, ó Deus, por teres ocultado estas coisas aos sábios e prudentes, e revelado aos pequeninos (Waite, 1973, vol. 2, p. 167-168).

E em outra seção, como parte de uma descrição do "aparecimento da escuridão na obra do sol e da lua", ele diz:

> Tenha cuidado redobrado... e você descobrirá que a terra ficou bastante seca e de um preto profundo. Essa é a morte do complexo; os ventos cessaram e há uma grande calmaria. Esse é aquele grande eclipse simultâneo do sol e da lua, quando o mar também desa-

pareceu. O nosso caos está então pronto, do qual, por ordem de Deus, podem surgir sucessivamente todas as maravilhas do mundo (Waite, 1973, vol. 2, p. 188).

O escritor anônimo faz a diferenciação entre um "caos confuso" inicial e o "nosso caos" que foi coagulado e também é volátil. O analista pode experimentar essa qualidade diferenciada de caos na prática clínica ao envolver as partes caóticas ou loucas de uma pessoa sã. Numerosos exemplos clínicos anteriores mostraram a existência de um caos confuso, mas quando o analista se envolve imaginariamente nesse caos, ele parece tornar-se congelado, como se contivesse um tipo de ordem indescritível. Essa ordem é "volátil", capaz de escapar da consciência quase tão rapidamente quanto foi apreendida. Esse tipo de caos, o "nosso caos", é o resultado de uma união anterior – "o céu está unido à terra" – enquanto a forma mais primordial de caos, um verdadeiro estado confuso, é encontrada na prática quando não existe qualquer contato real com a outra pessoa ou consigo próprio. Do verdadeiro estado de confusão, o analista pode muitas vezes deduzir um par de opostos. E desses opostos uma "terceira" forma pode surgir como a díade ou casal inconsciente. O trabalho alquímico segue-se então à descoberta desse casal em estado fértil e à sua eventual morte. Essa morte conduz ao caos ou a *nigredo* a que os sábios chamam de "o nosso caos", resultado de uma *coniunctio* anterior.

As implicações culturais da sequência *coniunctio-nigredo*

Assim, o mito de Átis-Cibele incorpora o estado de fusão-morte que caracteriza o aspecto *nigredo* da sequência *coniunctio-nigredo* recorrente ao longo do processo transformativo da alquimia. O mito representa o lado obscuro do processo descrito no *Rosarium Philosophorum*. Os estados devastadores e paralisantes descritos no mito são análogos à *prima materia* da alquimia, à matéria-prima do caos e aos efeitos tempestuosos das partes loucas das pessoas sãs. A capacidade de reconhecer e tolerar os estados descritos no mito de Átis-Cibele é necessária para que o processo alquímico-psicológico tenha sucesso.

Jung identifica a condição psicológica expressa nos mitos da díade mãe-
-filho, como Átis e Cibele, como a condição mais significativa para o desenvolvimento psicológico contínuo da humanidade. Ao cumprir a função de
compreender a natureza da transformação, a alquimia centra-se nessa mesma dinâmica, representada pela díade mãe-filho. Jung escreve:

> A alquimia constitui como que uma corrente subterrânea em rela-
> ção ao cristianismo que reina na superfície. A primeira se compor-
> ta em relação ao segundo como um sonho em relação à consciência
> e da mesma forma que o sonho compensa os conflitos do conscien-
> te; assim, o esforço da alquimia visa preencher as lacunas deixa-
> das pela tensão dos opostos no cristianismo. [A ideia fundamental
> da alquimia aponta para o] mundo originário matriarcal supera-
> do […] pelo mundo patriarcal e viril. A transformação histórico-
> -universal da consciência para o lado "masculino" é em primeiro
> lugar compensada pelo inconsciente ctônico-feminino. Em certas
> religiões pré-cristãs já ocorre uma diferenciação do masculino sob
> a forma da especificação pai-filho, transformação esta que atinge
> seu significado máximo no cristianismo. Se o inconsciente fosse
> apenas complementar, teria acompanhado essa transformação da
> consciência, ressaltando as figuras de mãe-filha, e o material ne-
> cessário para isto já se encontrava no mito de Deméter e Perséfone.
> No entanto, como a alquimia mostra, o inconsciente preferiu o tipo
> Cibele-Átis, sob a forma da *prima materia* e do *filius macrocosmi*.
> provando com isto não ser ele complementar, mas compensatório.
> Isto ressalta o fato de o inconsciente não atuar meramente em opo-
> sição à consciência, constituindo um parceiro ou adversário que a
> modifica em maior ou menor grau. Não é uma imagem complemen-
> tar de filha que o tipo do filho chama do inconsciente ctônico, mas
> um outro filho. Segundo todas as aparências, este fato digno de nota
> está ligado à *in*carnação do deus puramente espiritual na natureza
> humana terrestre, possibilitada pela concepção do Espírito Santo no
> útero da Beata Virgo. Assim, pois, o superior espiritual masculino
> se inclina para o inferior, terrestre, feminino; vindo ao encontro do
> masculino, a mãe, que precede o mundo do pai, gera então um fi-
> lho, mediante o instrumento do espírito humano (da "Filosofia") no
> sentido alquímico: um filho que não é a antítese do Cristo, mas sua

contrapartida ctônica; não um homem-deus, mas um ser fabuloso conforme à natureza da mãe primordial. Enquanto a tarefa do filho superior é a da salvação do homem (do microcosmo), a do filho inferior é a de um *salvator macrocosmi* (OC 12, § 26).

Embora seja nitidamente hermafrodita, seu nome é masculino, revelando a tendência ao compromisso do submundo ctônico, rejeitado pelo espírito e identificado com o mal: ele é indiscutivelmente uma concessão ao espiritual e ao masculino, embora carregue o peso da terra e o caráter fabuloso de sua animalidade originária.

Essa resposta do mundo materno mostra não ser intransponível o abismo que o separa do mundo paterno, porquanto o inconsciente contém um germe da unidade de ambos (OC 12, § 29-30).

O argumento básico de Jung é que o mito de Átis-Cibele indica uma mudança fundamental na consciência, uma mudança que estava bloqueada ou natimorta desde os tempos pré-cristãos. A tentativa do cristianismo de uma resolução resultou em transcendência. A alquimia, no entanto, a corrente subterrânea do cristianismo, chegou mais perto de uma resolução. A sugestão de Jung de que a alquimia funciona como um fator de equilíbrio para o cristianismo em um plano transpessoal, da mesma forma que o sonho funciona para o nosso si-mesmo consciente no nível pessoal, é um exemplo de sua extraordinária amplitude de visão. Essa visão, segundo von Franz, resultou em uma descrição da relação entre os dois mundos da alquimia e do cristianismo "que não pode ser melhorada" (1975, p. 216). No entanto, a alquimia foi uma compensação não apenas para o cristianismo, mas também para todo o pensamento religioso patriarcal, incluindo os sistemas gnósticos direcionados a um espírito no reino superior, como é conhecido no misticismo ascendente. Diferentemente da alquimia, esses sistemas gnósticos geralmente se opõem à reentrada na vida e no reino do espírito ctônico, que é experimentado como surgindo de baixo.

Ao longo dos séculos, o impulso na cultura ocidental patriarcal tem sido ascender e transcender, enquanto a deficiência na cultura envolve uma falta de algo de baixo de reinos considerados mais básicos, primitivos e não formados. Nesses reinos ctônicos, um aspecto até agora desconhecido, não integrado e não formado da humanidade, está à espera de uma consciência que seja equivalente.

A compreensão de Jung do inconsciente como uma entidade teológica, buscando perpetuamente equilibrar e harmonizar o desenvolvimento da vida encarnada, é verdadeiramente comovente. E se aceitarmos a proposição de Jung de que a alquimia contém a solução por meio da compensação à supressão patriarcal do feminino e da negação do masculino ctônico, a importância da alquimia para o nosso mundo conturbado torna-se não apenas óbvia, como também premente.

Qualquer que seja o caminho para uma nova relação com o feminino e entre os sexos, a atitude da consciência em relação a esse objetivo pode se beneficiar grandemente da imagem alquímica do *filius philosophorum*, o "filho do filósofo", ou seja, o espírito nascido da arte alquímica. Em outras palavras, o que antes era uma compensação inconsciente representada pela dinâmica da díade mãe-filho pode e deve agora tornar-se uma atitude consciente. Então, as maiores profundezas do feminino podem ser abordadas por um ego mais capaz, como não pode ser com uma atitude patriarcal ou exclusivamente apolínea. Assim como o antigo mito de Dionísio mostra que esse deus, e talvez apenas ele, pode coexistir com a Grande Deusa como Cibele-Reia e sobreviver em meio a afetos persecutórios sem ser morto ou reduzido a um consorte, também um novo tipo de consciência, ainda a ser alcançado, mas previsto pela alquimia, é um componente necessário de uma futura autoimagem.

8
A atitude alquímica na transformação do relacionamento

A sabedoria subjacente à transformação alquímica

O núcleo do processo alquímico de transformação é revelado em histórias e imagens que fornecem uma visão da dinâmica transformadora de estados de opostos aparentemente irreconciliáveis. Pares conflitantes de opostos, como amor e ódio, desespero e paixão, ou ousadia e covardia, podem ser vivenciados dentro de um indivíduo ou entre duas pessoas como uma díade inconsciente. A menos que esses opostos se separem e se combinem de maneira frutífera, liberando energia e criando consciência, um ego, ou um casal, pode encontrar estados conflitantes de mente e corpo que levam à estagnação e à regressão, por meio dos quais perdem energia e coração. Por exemplo, um analisando do sexo masculino tem uma obediência intensa e quase automática a ideais coletivos ou padrões convencionais de moralidade, mas uma paixão igualmente intensa por agir de acordo com as energias proibidas. Na verdade, ele leva uma vida dupla: o cidadão modelo durante o dia, uma obsessão por prostitutas e pornografia infantil à noite. Como podem esses opostos combinar-se em um "terceiro", de modo que ele não seja constantemente atraído pela compulsão para um e depois para o outro? Como pode a sua estrutura interna dividida ser curada para que esses opostos deixem de o dominar? Mesmo que os opostos em questão estejam extremamente divididos na área psicótica, a mudança ocorre sempre por meio da sua união. Mas a união é apenas o começo do processo alquímico de transformação. Para que a mudança na estrutura interna seja estabilizada, é necessária a morte da união e a aceitação da *nigredo* subsequente. Por meio dessa sequência *coniunctio-nigredo*, o processo alquímico trabalha para criar uma forma nova e duradoura.

O objetivo do processo, como se vê na vigésima xilogravura do *Rosarium Philosophorum* (figura 30), é nada menos do que a transcendência desses ciclos de união-morte. Nessa última imagem da série, a figura de Cristo ressuscitado simboliza a estabilidade e a constância de uma autoestrutura, mesmo quando, ao fundo (como se pode ver em outras variantes dessa xilogravura), ainda ocorrem processos dissociativos e violentos. No entanto, nesse objetivo da *opus*, é alcançada uma transformação da consciência e da estrutura que é capaz de acreditar na ressurreição, não apenas na ressurreição de um si-mesmo morto, como em Cristo, ou no paralelo egípcio do deus Osíris, mas também na ressurreição da estrutura interna de cada um, seja qual for a forma que tenha de assumir para continuar a individuação. Essa fé está no centro do objetivo, e essa fé é alcançada por meio do que muitas vezes parece ser um ciclo interminável de morte e renascimento, de uniões e da sua morte.

O analista, em particular, deve observar que em qualquer processo pode ocorrer uma união sem que haja uma *nigredo* inconsciente e avassaladora. A relativização da *nigredo* exige um alto nível de consciência de ambas as pessoas e, sobretudo, um sofrimento consciente pela perda da união física. Experimentar essa dor, que faz parte do imaginário alquímico de "matar o dragão" ou "cortar as patas do leão", pode resultar em um estado de união que não desaparece no desespero e na confusão. Mas essa apreensão consciente e minimização do poder da *nigredo* são raras porque, em outros momentos do processo entre essas pessoas, a sequência *coniunctio-nigredo* provavelmente aparecerá mais uma vez, sendo a *nigredo* uma condição poderosa e inicialmente inconsciente.

Três contos metafóricos incorporam a sabedoria alquímica da transformação de um campo interativo: "O axioma de Maria Profetisa", "O axioma de Ostanes" e "Ísis a Profetisa e seu filho Hórus".

Assim como "O axioma de Maria profetisa" analisado anteriormente, "O axioma de Ostanes" é um ensinamento alquímico que trata da maneira como a estrutura interna de um objeto muda. Em particular, a forma enigmática do "axioma de Ostanes" aborda as complexidades da união, da morte e da criação de uma estrutura estável:

> Uma natureza é encantada por outra natureza, uma natureza conquista outra natureza, uma natureza domina outra natureza.

A fórmula triádica de Ostanes está na base de grande parte do pensamento alquímico, desde as suas primeiras formas em Bolo Demócrito, por volta de 200 a.C., até o século XVI. Aparentemente, a fusão das ideias iranianas e greco-egípcias em Bolo de Mendes deu origem às lendas de Demócrito colaborando com Ostanes – lendas que, sem dúvida, assumiram várias formas, uma das quais é a história do pilar de abertura e a fórmula triádica (Lindsay, 1970, p. 158).

Bolo Demócrito relata a sua jornada ao Egito para ensinar o conhecimento das virtudes ocultas, "para que você possa superar a curiosidade e os materiais [ou matéria] múltiplos [difusos], *hyle*".

Depois de ter aprendido essas coisas com o mestre chamado Ostanes e consciente da diversidade da matéria, me propus a fazer a combinação das naturezas. Mas, como nosso mestre havia morrido antes de nossa iniciação estar completada e ainda estávamos todos empenhados em aprender o assunto, foi de Hades, como dizem, que tentei evocá-lo. Dediquei-me à tarefa e, assim que ele apareceu, apostrofei-o nestes termos: "Não vai me dar nada em troca do que fiz por você?"

Falei em vão. Ele se manteve em silêncio.

No entanto, quando me dirigi a ele da melhor forma possível e lhe perguntei como devia combinar as naturezas, ele me disse que lhe era difícil falar; o *daimon* não permitiria. Ele apenas disse: "Os livros estão no templo".

Voltando, fui então fazer buscas no templo, na esperança de poder colocar as mãos nos livros... mas apesar de toda a nossa busca, não encontramos nada; e, por isso, tivemos uma enorme dificuldade em tentar perceber como as substâncias e naturezas se uniam e combinavam em uma única substância. Pois bem, quando percebemos a síntese da matéria, algum tempo passou e um festival foi realizado no templo. Participamos, todos nós, de um banquete.

Então, quando estávamos no templo, de repente uma coluna se abriu no meio. Mas, à primeira vista, não parecia ter nada lá dentro. Porém, [o filho] Ostanes nos contou que era nessa coluna que os livros do seu pai tinham sido colocados. E, assumindo o controle da situação, ele trouxe o assunto à tona. Mas quando nos inclinamos para olhar, vimos com surpresa que nada nos havia escapado, exceto essa fórmula totalmente valiosa que ali encontramos. "Uma natureza é encantada por outra natureza, uma natureza conquista outra natureza, uma natureza domina outra natureza". Grande foi a nossa admiração pela forma como ele concentrou em poucas palavras toda a Escritura (citado em Lindsay, 1970, p. 102).

Lindsay observa:

> Um princípio orientador da mudança qualitativa, um princípio formativo, foi realizado dentro do processo unitário... O que os alquimistas falavam era de um movimento formativo onipresente, que é compartilhado tanto pelos homens quanto pelos objetos orgânicos e inorgânicos da natureza (1970, p. 144-145).

E Lindsay ainda explica:

> Os dois materiais, o da matéria primária... e o da adição ligante e transformadora, devem ter algo em comum, algum elemento de harmonia. Ou seja, eles se encantaram um com o outro. Mas se isso fosse tudo, criava-se um estado de equilíbrio e nada aconteceria; o primeiro nível não seria transcendido. Então uma natureza deve conquistar a outra. O ato de conquista foi o momento da transformação, quando o equilíbrio foi quebrado e uma nova relação se estabeleceu. A nova substância fundida existia em um nível superior e envolvia a criação de uma nova qualidade, que se

revelava na mudança de cor. Mas isso não foi o suficiente. O novo estado deve ser estabilizado a fim de que possa fornecer a base para mais um movimento ascendente. Daí a terceira parte da fórmula: uma natureza deve dominar a outra. As três etapas do ato alquímico poderiam então ser definidas: mistura no nível original, introdução de um fator dinâmico que muda as relações originais e cria um novo nível qualitativo, e então a estabilização desse nível. Em um texto árabe... o processo [é] descrito como três casamentos, as duas substâncias agindo uma sobre a outra sendo chamadas de masculino e feminino (Lindsay, 1970, p. 116).

O "axioma de Ostanes", tal como funciona na prática clínica, é ilustrado por uma analisanda que, relembrando a sessão anterior, enfatizou a maneira como descobrimos como a sua inveja, e a inveja dos outros, tendia a estragar as coisas e a lançar escuridão na sua vida. Ela me contou que nesse dia, enquanto esperava na sala de espera, quis me dizer: "Como é que agora tenho essa relação diferente e criativa com a minha filha? O que aconteceu para permitir isso?" Enquanto ela falava, senti uma tensão corporal, um desejo de me retirar e uma sensação de que o que ela estava dizendo parecia estranho. Fiquei dividido entre duas direções – responder e não responder – e gostaria de responder para que os sentimentos dolorosos desaparecessem. Mas eu não poderia responder honestamente à pergunta dela sem me separar dos meus sentimentos. À medida que me sentia mais plenamente envolvido nesse campo, tentando unir a minha mente às minhas reações corporais e emocionais para obter alguma imagem que desse sentido à interação, reconheci que ela estava genuinamente pedindo compreensão e investigação. No entanto, ela também estava transmitindo uma mensagem oposta de que não queria nenhuma reflexão da minha parte, mas apenas desfrutar da glória de sua experiência, voltando tudo para si mesma.

O axioma afirma que "uma natureza se deleita com outra natureza", uma metáfora adequada para a ligação que ocorreu entre nossas psiques na qual me senti atormentado e dividido. Esse estado era uma indicação de que nossas psiques inconscientes estavam se encontrando e se "deleitando" de uma maneira muito desagradável. Assim, um estado de fusão ocorreu.

Senti a natureza conflitante dos opostos na área psicótica a tal ponto que tentar formular alguma resposta rapidamente se transformou em uma sensação de vazio e de ausência de resposta. Em apenas um estado, eu poderia dar respostas. Eu poderia dizer algo como: "você fez grandes conquistas trabalhando duro em seu relacionamento com ela, e isso está dando frutos". Em outras palavras, eu poderia ter espelhado a necessidade dela de ser vista como especial e importante; e embora essa reflexão a tivesse satisfeito, e o desconforto que senti provavelmente tivesse passado, não pude enfatizar de forma totalmente incorporada e genuína.

Em vez disso, à medida que me envolvi intencionalmente no campo – sentindo esses estados de mudança e permitindo-me usar o campo como um objeto (como na imaginação ativa), vendo e sentindo o objeto, e depois experimentando-me estar nele –, surgiu a minha percepção de opostos aniquiladores. Esses opostos não vieram à consciência como a solução de um problema ou como uma compreensão estável. Em vez disso, a percepção foi passageira e difícil de manter, e eu pude comunicar-lhe suficientemente a percepção para explicar por que era impossível para mim responder à sua pergunta.

De modo geral, o analista não "deduz" uma qualidade oposta a partir de um estado que experimenta. Por exemplo, o analista não vai muito longe se experimentar o amor e se interrogar conscientemente sobre o ódio ou a agressão. Esse oposto pode muitas vezes estar presente, mas essa abordagem cognitiva não é o caminho para descobrir o oposto. Em vez disso, o analista deve passar por um estado de "desconhecimento", ou seja, por um estado de caos no qual se sente verdadeiramente perdido e sem orientação. Nessa condição, o analista pode descobrir maneiras pelas quais sua mente e emoções circulam por meio de estados diferentes e depois reconhecê-los como opostos. Mas, normalmente, os estados não são claramente distintos, como o amor e o ódio. Em vez disso, como nesse caso, serão únicos para o encontro individual.

A analisanda e eu sentimos um caos inicial, um estado de perplexidade que, para além do "axioma de Ostanes", poderia ser refletido por meio do "axioma de Maria". Eu não conseguia sentir nenhuma sensação de ordem, mas apenas estados mentais e corporais conflitantes, sem qualquer significado. Dor, ausência de pensamento e desejo de fugir dominaram. Os estados terrivelmente conflitantes não produziram qualquer sentido de ordem, como é típico das definições alquímicas de caos. Ao envolver conscientemente essa qualidade caótica do campo, o Um, e ao descobrir um recipiente para os seus estados na natureza oscilante do campo em que eu era alternadamente objeto e sujeito, os opostos diferenciaram-se: "do Um vem o Dois", afirma o "axioma de Maria". O Dois aqui era uma condição muito instável. Em outros processos, o Dois pode ser muito mais estável; mas, nesse caso, os opostos criaram um estado de dualidade que entrava e saía da consciência.

Com o si-mesmo como agente de contenção ligando os opostos, e essa mesma ligação "vista" no campo, uma nova natureza era perceptível, como na fase seguinte do "axioma de Ostanes", "uma natureza supera uma natureza". Nesse processo, a nova natureza tomou a forma do aterrorizante objeto de fundo da analisanda. Ela era constantemente atacada por essa forma de fundo, que ela reconhecia como sua sempre presente experiência materna.

Essa "presença" de um objeto de fundo negativo – totalmente oposto à experiência positiva de um ambiente de retenção, de "ser apoiada" – era crônica na analisanda. A existência de tais divisões frente-trás é um padrão arquetípico da psique. Muitos sistemas meditativos tentam constelar um objeto de fundo positivo. À medida que pude "ver" esse objeto de fundo, e ela também pôde reconhecê-lo, surgiu uma consolidação nova e mais estável. Essa "nova natureza" superou a natureza anterior. Enquanto o objeto de fundo pudesse ser "visto", outras formas de divisão não ocorreriam. Mas esse estado de consciência imaginária era altamente instável; portanto, a última fase, "uma natureza domina outra natureza" ainda não tinha acontecido. Em vez disso, a analisanda e eu passamos repetidamente pelas duas primeiras fases, em muitas experiências de vida e de transferência diferentes, na esperança de ganhar mais estabilidade, como ela havia feito com a sua filha. O que é frequentemente notável em um processo desse tipo é que, apesar da instabilidade do tipo de ordem fugaz que aparece, ocorre um processo de mudança de estrutura que é, geralmente, uma grande surpresa e que certamente surpreendeu a nós dois.

Os princípios essenciais e antigos do processo de transformação são relatados na história de "Ísis, a profetisa, para o seu filho Hórus", na qual Ísis revela o segredo da alquimia. De acordo com Lindsay, "Ísis desempenha apenas um pequeno papel na literatura alquímica para além [desta] obra... existem duas versões que não diferem substancialmente. Passagens da segunda foram adicionadas entre colchetes":

> Você, meu filho, decidiu partir para a batalha com Typhon, a fim de disputar com ele o reino de seu pai. Quanto a mim, depois da sua partida, fui para Hormanouth, onde a arte sagrada do Egito é praticada em segredo. E depois de ter ficado muito tempo lá, quis voltar. Pois bem, quando eu estava para partir, um dos profetas ou anjos que habitam no primeiro firmamento me avistou [com permissão de uma estação favorável e de acordo com o movimento necessário das esferas]. Ele avançou em minha direção e quis acasalar comigo em uma relação amorosa.
>
> [Ele estava prestes a fazer o que queria], mas eu me recusei a ceder. Exigi primeiro dele que me contasse sobre a preparação do ouro e da prata.
>
> Ele, porém, exibiu um certo sinal que tinha na cabeça, e um vaso que não tinha sido revestido de piche, cheio de água transparente, que segurava entre as mãos. Mas ele se recusou a me dizer a verdade. No dia seguinte, tendo voltado para mim, Amnael foi tomado de desejo por minha causa e [incapaz de conter sua impaciência] apressou-se em alcançar o objetivo para o qual havia vindo. Mas quanto a mim, deliberadamente não prestei atenção [e não perguntei a ele sobre essas coisas].
>
> Ele, porém, não parou de tentar me conquistar e me convidar para o negócio, mas me recusei a deixá-lo me levar. Triunfei sobre sua luxúria até que estivesse pronto para me mostrar o sinal em sua cabeça e me revelasse, generosamente e sem esconder nada, o mistério procurado.
>
> Ele então decidiu me mostrar o sinal e revelar os mistérios. Ele começou recordando as advertências e os juramentos – e foi assim que se expressou:
>
> "Eu te conjuro pelo céu e pela terra, pela luz e pelas trevas. Eu te conjuro pelo fogo, pela água, pelo ar e pela terra. Eu te conjuro pela altura do céu e pela profundidade do Tártaro. Eu te conjuro por Hermes e Anubis, e pelo rugido da serpente Ouroboros e do cão de

três cabeças, Keberos, guardião de Hades. Eu te conjuro pelas três deusas do destino, pelos seus chicotes e pela sua espada".

Depois de ter me feito jurar por todas essas palavras, ordenou-me que nunca comunicasse a revelação a ninguém, exceto a você, meu filho amado e legítimo [para que ele pudesse ser você, e você, ele].

Então vá, meu filho, a um certo trabalhador [Achaab] e pergunte-lhe o que semeou e o que colheu, e você aprenderá com ele que o homem que semeia trigo também colhe trigo, e o homem que semeia cevada colhe também cevada.

Agora que você ouviu esse discurso, meu filho, aprenda a compreender toda a fabricação, *demiourgia*, e geração dessas coisas, e saiba que é condição do homem semear um homem, de um leão semear um leão, de um cachorro semear um cachorro, e se acontecer de um desses seres ser produzido contra a ordem da natureza, será engendrado no estado de um monstro e não poderá subsistir.

Pois uma natureza alegra outra natureza, e uma natureza conquista outra natureza.

[Então, tendo partilhado desse poder divino e sido favorecidos com essa presença divina, iluminados por sua vez como resultado da exigência de Ísis], devemos preparar a matéria apenas com a ajuda de minerais, sem usar outras substâncias [e atingir o nosso objetivo pelo fato de a matéria adicionada ser da mesma natureza daquela que foi preparada]. Tal como eu lhe disse, o trigo gera o trigo, o homem gera o homem e, da mesma forma, o ouro gera o ouro. Eis todo o mistério (Lindsay, 1970, p. 195).

A batalha entre Hórus e Seth é a antiga luta desses deuses egípcios em que Hórus arranca os testículos de Seth enquanto Seth arranca um dos olhos de Hórus. Em um homem, a batalha representa a clássica "luta de sombras" entre atitudes alternativas: uma emocional e violenta, e muitas vezes maléfica, representada por Seth; a outra espiritual e relacionada, do bem, representada por Hórus. Em uma mulher, a batalha entre Hórus e Seth representa um conflito entre atitudes internas, uma posição espiritual que melhora a vida e uma força demoníaca de morte. De acordo com Ogden, o conflito incorpora a dinâmica da identificação projetiva:

A identificação projetiva é um conceito que aborda a forma como os estados de sentimento correspondentes às fantasias inconscientes de uma pessoa (o projetor) são engendrados e processados por outra pessoa (o receptor), ou seja, a forma como uma pessoa faz uso de outra pessoa para experimentar e conter um aspecto de si mesmo. O projetor tem a fantasia principalmente inconsciente de se livrar de partes indesejadas ou ameaçadas de si mesmo (incluindo objetos internos) e de depositar essa parte em outra pessoa de uma forma poderosamente controladora. A parte projetada do si-mesmo parece estar parcialmente perdida e habitando outra pessoa. Em associação com essa fantasia projetiva inconsciente existe uma interação interpessoal por meio da qual o receptor é pressionado a pensar, sentir e comportar-se de uma maneira congruente com os sentimentos ejetados e as autorrepresentações incorporadas na fantasia projetiva. Em outras palavras, o destinatário é pressionado a se identificar com um aspecto específico e renegado do projetor (Ogden, 1982, p. 1-2).

O processo de identificação projetiva pode ser horrível: o objeto da projeção pode parecer como se o olho de alguém tivesse sido arrancado, sendo o olho um símbolo da consciência. Em resposta, o objeto tende a "castrar-se" com a reatividade emocional, especialmente a reatividade da racionalidade, da defensiva e da resolução de problemas. Uma terapeuta, por exemplo, queixou-se de estar ansiosa com um determinado analisando. Quando a terapeuta e eu investigamos mais profundamente a situação, ela pareceu temer que o cliente a abandonasse. O cliente também exigia que a terapeuta resolvesse os seus problemas de ansiedade. Ela estava se sentindo ansiosa em relação a pressão dessa exigência e da ameaça implícita de abandono. Assim, ela não conseguiu lidar com os dados, com a exigência de onipotência e com o medo do abandono. Em vez disso, procurou soluções.

A analista não conseguiu "ver" que uma criança pequena foi ativada no analisando, e que essa parte estava sob um terrível ataque interno e fugindo para a onipotência. O analisando pede a analista que seja onipotente e a analista tenta cumprir. Nesse estado inflado, seus olhos são arrancados e ela faz uma tempestade em copo d'água; ela dá uma solução, sendo vítima da compulsão do campo, em vez de ficar com o campo constelado e suas questões de ansiedade e abandono.

Assim, o processo emocional do seu analisando efetivamente arranca-lhe o olho. Mas ao conceder-lhe o seu desejo de onipotência, ela está dando uma "solução" que pouco pode fazer senão castrá-lo: "eu resolvo isso para você, seu idiota". A "solução" dela não é a dele e, além disso, exige que ele funcione em um nível superior às suas habilidades, pois está sujeito a ameaças de abandono. Assim, na metáfora da história, o olho dela é arrancado e os testículos dele são arrancados.

Mas dentro de tal comportamento entre analista e analisando, existe Ísis e o Anjo, uma potencial *coniunctio*, de forma sulfúrica ou compulsiva. Depois de Ísis ter resistido à sua compulsão, o anjo revela o mistério central da alquimia, "semelhante cria semelhante", com a injunção de nunca criar por meio de dissemelhantes.

Em todos os encontros humanos, é tentador negar essa sabedoria. Sempre que existe um estado caótico, especialmente quando as áreas psicóticas são avivadas, a tendência é mudar para algo conhecido. De um modo geral, é também tentador espelhar a necessidade de ser visto e evitar outros sentimentos de grande desconforto. Esse ato de evasão transforma-se em tempestade. Interpretações rápidas também podem violar a história, especialmente quando aumentam o nível de conforto do analista. A partir de "Ísis, a profetisa, para o seu filho Hórus", analista e analisando aprendem ainda como não agir nem falar sobre como o desejo sentido pode resultar na revelação de uma sabedoria mais profunda. Ambos podem conhecer o mistério do si-mesmo dentro de um campo interativo no qual a frase culminante da história, "eu sou você" pode emergir.

O processo de transformação na alquimia depende de seguir a sabedoria dessas três parábolas. Inspirado por essa mitologia, o alquimista renascentista criou no *Rosarium Philosophorum* um tesouro de imagens de dinâmica de campo. O processo de transformação implica a apreensão de uma díade inconsciente a partir de um caos inicial em que não há qualquer sentido de ordem ou de memória, e em que o processo psicótico pode ser a *prima materia*.

As imagens do *Rosarium Philosophorum*

A série de vinte xilogravuras do mais famoso texto alquímico, o *Rosarium Philosophorum* (1550), pode ser vista como um processo de entrada em um campo entre duas pessoas, vivenciando a dinâmica do campo e trabalhando com a transformação do próprio campo. O objetivo é a criação de um campo de qualidade tanto interior-individual quanto exterior-conjunto que persevere por meio de qualquer trauma mental, emocional, somático ou ambiental mediante uma união mente-corpo que seja tão sutil que seja uma fonte de verdade, percepção imaginativa. Embora esse tipo de estabilidade seja claramente um objetivo inalcançável, indica, no entanto, o sistema de valores desse corpo de pensamento, e implica ainda que a questão não é alcançar a perfeição, mas estar no caminho da transformação.

As dez primeiras xilogravuras do *Rosarium* são adequadas para descrever um campo interativo, uma vez que trabalham continuamente com a imagem de um casal e com a décima xilogravura, a "Rebis" (figura 18), um hermafrodita representando a união dos opostos. A fase representada pela finalização das dez primeiras xilogravuras é chamada de "Imperatriz" ou "Pedra Branca", que representa a criação de uma autoestrutura que unifica mente e corpo. Mais significativamente, os ganhos estruturais representados pela "Pedra Branca" são capazes de perseverar ou de serem recuperados em meio a ataques de ansiedade de abandono, pânico e medo que um indivíduo pode sentir como uma morte psíquica. O Rebis pode ser uma qualidade de campo interativo entre duas pessoas ou pode ser uma imagem de um si-mesmo interno. O Rebis está sobre a lua, representando o mundo do corpo sutil – um indicador de que esse tipo de visão encarnada, uma consciência dos estados de união e das suas vicissitudes (nas experiências *nigredo* que se seguem) – existe agora e não será destruído.

No entanto, os alquimistas reconhecem que essa criação é "aquosa", não tendo ainda a solidez caracterizada pelo resultado das dez xilogravuras seguintes, a fase *rubedo*. Na *albedo*, o campo e o sentido de si-mesmo muitas vezes são perdidos de vista, sobretudo sob o impacto da paixão. O campo pode ser recuperado devido a um elemento essencial de fé alcançado na *albedo*, mas na *rubedo* o alquimista tenta trazer uma espécie de vida e sangue à "pedra" que agora tem uma continuidade e presença mais profunda em meio a intensas emoções e estados corporais. Na *albedo*, de acordo com Jung:

> Não se vive no verdadeiro sentido da palavra. É uma espécie de estado abstrato, ideal. Para que ganhe vida, deve ter "sangue", deve ter o que os alquimistas chamavam de *rubedo*, a "vermelhidão" da vida. Somente a experiência completa do ser pode transformar esse estado ideal em um modo de existência plenamente humano (McGuire, & Hull, 1977, p. 229).

Na alquimia, o trabalho com a "vermelhidão" deve basear-se em uma iluminação prévia ou fase solar: "E assim, aquele que não conhece o começo, não alcança o fim, e aquele que não sabe o que busca também ignora o que encontra" (McLean, 1980, p. 19). Essa iluminação desce para o corpo e, como resultado, a "Pedra Branca" pode ser criada por meio do trabalho com os opostos, como em uma experiência de campo conjunta e em uma díade inconsciente. O *Rosarium* afirma:

> Embora tenha sido dito que a Luna contém enxofre branco... no entanto, a forma do fogo está escondida nela sob a brancura. Portanto, é possível que toda prata se transforme em ouro. Ao que o filósofo diz: "não é ouro se não tiver sido previamente transformado em prata" (McLean, 1980, p. 80).

Essa ênfase em fazer prata, a "Pedra Branca", antes do ouro, é essencial para o caminho alquímico, pois a menos que a consciência corporal e o mundo imaginal do corpo sutil sejam recuperados, o caminho espiritual da *rubedo* apenas levará a mais divisão mente-corpo.

As dez xilogravuras da *rubedo* não se prestam a uma interpretação de campo tão facilmente quanto as dez primeiras, embora várias delas, especialmente a décima primeira xilogravura, "fermentação" (figura 21), possa ser vista como representando uma possível dinâmica de campo. A fase *rubedo*, no entanto, ultrapassa a relação e a visão imaginária da vida lunar e feminina e acaba por recuperar a visão solar e espiritual que era um pré-requisito. Inicialmente essa visão era desencarnada, fruto da *unio mystica*, e bastante ignorante da vida encarnada e dos mistérios femininos da *coniunctio*. O espírito ainda é um perigo para a "Pedra Branca", pois o espírito pode ser usado para escapar do relacionamento e da incorporação que trazem consigo os perigos da fusão e da perda de identidade. Esses estados atendem aos níveis de envolvimento com o "outro" que o alquimista pretende superar, especialmente a paixão impossível descrita no mito Átis-Cibele. Reconciliar esse estado de paixão pode muito bem ser o significado da imagem mais misteriosa de toda a série, a décima oitava xilogravura em que o leão verde devora o sol (figura 28).

Assim, não apenas o espírito, mas também os perigos da paixão podem fazer com que o processo se afaste da encarnação. A paixão, que aparece com maior destaque na décima primeira xilogravura, a "fermentação", é o foco da fase *rubedo*. Na décima segunda xilogravura, "iluminação" (figura 22) e na décima oitava xilogravura, "mortificação do casamento celestial" (figura 28), a vida solar é continuamente sacrificada a serviço da criação de uma nova estrutura do si-mesmo que não fuja do corpo e que também seja estável sob o impacto das paixões e da visão espiritual.

Especialmente importante é a décima nona xilogravura, na qual a alma é coroada por grandes figuras (figura 29), enquanto em outras representações do *Rosarium* a coroa é grande demais para a alma. O significado dessa imagem é que a pessoa deve reconhecer que a fonte de iluminação está fora do seu ser (McLean, 1980, p. 129), uma questão importante em termos das formas como o *numinosum* é experimentado. O *numinosum* sempre tem um aspecto transcendente, um Si-mesmo [*Self*] que não pode ser incorporado, sentido interiormente, ao mesmo tempo que também é capaz de habitar e criar um si-mesmo. Esses dois aspectos do si-mesmo, imanente e transcendente, não se confundem na tradição alquímica. Embora essas fontes de bênção e significado tenham uma semelhança substancial, são vivenciadas em domínios com escalas muito diferentes. Com esse conhecimento, o alquimista nunca deixa de saber o seu lugar no Cosmos, e a inflação já não o trai.

Geralmente, o *Rosarium*, em sua fase *rubedo*, consolida um si-mesmo que pode viver sem se fundir com os outros e que experimenta uma paixão pela ligação – com os outros e consigo mesmo – que não é renegada de um dia para o outro com medo do engolfamento e da contaminação.

A transformação dos processos interativos favorece esse resultado, no qual se ganha uma autosensibilidade aos modos "lunar" e "solar" de se relacionar e experimentar o *numinosum*, pois os pergaminhos dessa imagem da "coroação" dizem:

> Na verdade, a lua é a mãe; e o pai foi criado pelo filho; cujo pai é o filho. O dragão não morre senão com seu irmão e sua irmã; e não com um só, mas com ambos.

A transformação do dragão, imagem da morte de um campo caracterizado pela concretização de pensamentos e projeções e pelo embotamento da visão, é realizada por meio do trabalho imaginário sobre o casal inconsciente, "irmão e irmã", apreendidos no campo do corpo sutil. Assim, embora o *Rosarium* apresente experiências de transcendência que vão além das noções de campo conjunto, elas são alcançadas por meio do trabalho com a díade inconsciente.

A díade inconsciente existe em um meio, o corpo sutil, que é central para as formas alquímicas de pensar. Jung ressaltou esse papel de meio para as projeções: o corpo sutil, enquanto meio, unifica espírito e corpo em realidade psíquica, por meio dele a psique pode também ter efeitos muito reais e é conhecida a realidade psíquica (cf. Jung, 1988, p. 432). Os efeitos de uma pessoa sobre outra são tão fortes que o objeto frequentemente prefere "não os notar". Jung ainda afirma:

> Se alguém tem uma intuição de que você tem um determinado pensamento, o mais provável é que isso levará você a pensar isso. A intuição parece operar por meio do sistema simpático, e, sendo uma função semi-inconsciente, as intuições sempre acarretam um efeito inconsciente no objeto da intuição. Ao lidar com intuitivos, notamos que eles podem intuir uma coisa de tal modo que ela se injeta na nossa coluna vertebral, em nossa espinha dorsal, e devemos admitir que pensamos aquilo, embora, depois, percebamos que o pensamento certamente não era nosso (1988, vol. 1, p. 616-617).

E Jung ainda observa que

uma projeção é uma coisa muito tangível, uma espécie de coisa semissubstancial que forma um fardo, como se tivesse um peso real. É exatamente como os primitivos o compreendiam, um corpo sutil. [...] É interessante que eles próprios explicavam a produção da pedra como uma projeção. Isso equivale a dizer que é algo desvinculado da pessoa; você desvincula alguma coisa e a estabelece como uma existência independente, a coloca fora de si mesmo. Pois bem, isso pode ser bastante legítimo na medida em que se trata de objetificar conteúdos; ou pode ser muito ilegítimo se usado com propósitos mágicos, ou se é uma simples projeção em que você se livra de alguma coisa (Jung, 1988, vol. 2, p. 1495-1496).

A capacidade de "objetificar conteúdos psíquicos" em vez de "livrar-se deles" faz parte do mistério da projeção e está subjacente à capacidade de sentir certos estados mentais e imaginá-los como parte de um campo interativo. Pode-se imaginar "jogá-los" no campo.

Esse campo é afetado pela vida interior de cada pessoa. Por exemplo, um homem sonhou que estava transando com uma mulher, mas via, em um espelho, que seu pênis passava direto por ela e saía pelas suas costas. Ele tinha muito pouca sensação sexual, pois ela era quase insubstancial. O que quer que essa imagem representasse em sua vida, representava também o campo interativo entre nós. Ele poderia ser muito envolvente com uma energia que estava presente e clara, mas qualquer energia de ligação que surgisse entre ele e eu desapareceria na insubstancialidade. Esse ritmo entre os opostos de poder e insubstancialidade, com cada um governando de maneira alternada, era o ritmo do campo interativo entre nós. Na identificação projetiva, pude sentir ambos os estados. Mas com o que eu contribuí? Eu desapareceria com ele, a menos que mantivesse minha atenção com muita força. Mas esse mesmo ato me impediu de experimentá-lo. Então, eu passaria por um ritmo semelhante de soltar minha atenção consciente e permitir tudo o que pudesse surgir, e então focar de uma forma controlada e intensa. Assim, esses opostos definiram o nosso campo; ambos contribuímos, embora o sonho dele tenha iniciado a consciência dos opostos. Ele reconheceu que essas qualidades de estados opostos e conflitantes existiam dentro dele, mas somente quando eu as apontei. Assim, eu poderia ver os opostos como uma dinâmica inconsciente entre o seu ego e o seu lado feminino, e poderia até defender que essa relação dominava o campo interativo, da mesma forma que um analista pode pensar em sua contratransferência como uma reação à transferência do analisando. Mas eu poderia realmente saber se essa sequência de acontecimentos era verdadeira ou não? Eu teria como saber se a minha conexão interna ego-anima não afetou o campo de maneira igual ou até mais forte do que a dele? Eu só pude determinar que uma qualidade de campo relacional dominava o nosso trabalho. Ambos podíamos experimentar imaginariamente essa qualidade, individual e interativamente, mas quando a minha consciência flutuava para trás e para a frente entre os opostos, tal como a dele, experimentávamo-nos como estando também no campo. Assim, o espaço que ocupávamos podia ter a natureza do *vas* alquímico se o permitíssemos, pois tínhamos de intersectar ativamente o campo para descobrir essa qualidade do espaço. Se não agíssemos dessa forma, o espaço continuaria sendo cartesiano, um mundo tridimensional do "seu" processo e do "meu" processo e da sua interação. No entanto, o seu espaço cartesiano não tem textura nem espírito; não é um plenário, mas um vazio. O caminho alquímico reconhece que a observação e a experiência do campo proporcionam uma forma de transformação.

A *prima materia* do processo de transformação

Na "fonte mercurial", a primeira xilogravura do *Rosarium* (figura 4), o objeto de transformação – unificação da mente e do corpo por meio do trabalho com uma díade inconsciente – é representado de uma maneira abstrata. A serpente de duas cabeças e as águas dionisíacas inferiores são, ambas, "pontos de partida", formas da *prima materia* alquímica. A serpente, *Binarius*, representa os antimundos em áreas loucas da psique. E o mito Kwakiutl de Sisiutl (p. 175ss.) amplia ainda mais essa imagem, demonstrando que experimentar a confusão, o medo e a negligência dos antimundos aniquiladores pode levar à visão, à capacidade de "ver" um objetivo sagrado de trabalhar com a *prima materia*.

O nível superior, o mundo diádico do Binarius, e as águas inferiores da fonte, as paixões e os estados corporais do extático Dionísio, ele próprio um deus louco, são idênticos. A inscrição na fonte mercurial indica que Mercurius é *animalis*, *vegetabilis* e *mineralis*, o que se repete no nível do Binarius. *Vegetabilis*, Jung observa, deve ser traduzido como "vivo" e *animalis* como "animado" no sentido de ter uma alma ou mesmo no sentido de "psíquico" (OC 16, § 402). Assim, as três qualidades do deus trino da alquimia são equivalentes à matéria, alma e espírito. As três correntes que saem da fonte são, como McLean observa, sinônimos da corrente lunar, solar e média, a água da vida, tal como encontrada no tantrismo (1980, p. 119). A combinação do solar e do lunar em um campo do "terceiro" é o fio condutor de todo o processo. O seu sucesso ou fracasso não pode ser garantido, pois as "águas" tratadas são descritas da seguinte forma:

> Não há fonte nem água que se assemelhe a mim.
> Faço homens ricos e pobres sãos ou doentes.
> Pois posso ser mortal e venenoso (Fabricius, 1976, p. 18).

As formas superior e inferior da *prima materia* são dois aspectos do mesmo fenômeno, da mesma forma que o espírito e a matéria são duas faces da mesma moeda. Uma é sentida por meio do reino mental-espiritual, a outra por meio da vida encarnada e do inconsciente somático, o corpo sutil. Mas essas experiências são divididas ao nível do chacra cardíaco, como no pensamento tântrico que influenciou o *Rosarium* (McLean, 1980, p. 119). Em outras palavras, o *Rosarium* representa o espírito e a matéria como modos de vivenciar a vida que se tornaram contraditórios e mutuamente exclusivos. A ideia é que o desenvolvimento da consciência ao longo da história da vida patriarcal e heroica solar resultou nessa divisão, que agora deve ser curada. Uma maneira simplificada de descrever a divisão é falar da divisão mente-corpo, mas na verdade duas principais modalidades humanas de percepção e cognição não estão unidas em uma harmonia rítmica como deveriam estar. O *Rosarium*, e talvez a alquimia renascentista em geral, tratam de curar essa divisão, que é ilustrada pela primeira vez na décima nona xilogravura (figura 29). A forma de cura no *Rosarium* é lidar com pares de opostos, geralmente representados como sol e lua, ou irmão e irmã, pares vistos como qualidades opostas do corpo sutil, ou dentro de um campo interativo.

O *Rosarium* oferece ainda outro ponto de vista sobre a serpente de duas cabeças, que é especialmente importante na fase *rubedo*, caracterizada pelas últimas dez xilogravuras. A serpente existe no nível do chacra frontal, o que significa que o Binarius está centrado no nível da visão espiritual.

A visão transcendente que o alquimista Albertus acreditava ser necessária para o seu trabalho – "A menos que a alma saia do corpo e suba ao céu, não aproveitarás nada nesta Arte" (McLean, 1980, p. 110) – inevitavelmente encarna de volta em uma vida de espaço e tempo comuns. Na sua ligação com o *numinosum*, a alma, que é capaz de experiência espiritual e física, foi além da sua existência temporal; mas ao retornar à vida encarnada e ao ego, a alma encontra ansiedades avassaladoras. Como resultado, a pessoa experimentará um intenso estado de confusão e divisão de opostos, como se uma lembrança da ordem e luz da *unio mystica* tivesse ocorrido, mas depois se perdesse totalmente em um estado de terror e desorientação total. Se a pessoa não ficar tão sobrecarregada nessa conjuntura a ponto de se tornar agudamente psicótica, essas oscilações entre antimundos acabarão por se acalmar, e como resultado, um processo de encarnação do *numinosum*, que pode eventualmente levar à criação de um si-mesmo interior e espiritual estável, começará. Essa autoestrutura psíquica é um dos pontos de partida dos alquimistas, tal como se manifesta na sua crença de que é preciso ouro para fazer ouro. Quando Jung (1988) trata do corpo na sua análise da obra *Assim falava Zaratustra* de Nietzsche, diz que uma pessoa precisa ter espírito para colocar no corpo antes de poder entrar no corpo e experimentar a sua natureza sutil. Se esse começo espiritual estiver ausente, entrar no corpo não resulta em uma experiência transformadora, como consciência do corpo sutil e união mente-corpo.

Assim, as ansiedades psicóticas representadas pela serpente de duas cabeças, ou as mesmas ansiedades da loucura do reino dionisíaco, não precisam ser consideradas dentro de um paradigma de desenvolvimento como, por exemplo, uma defesa contra a perda de identidade em estados de fusão. Essas ansiedades certamente podem servir para a função de evitar níveis mais profundos de dor, mas o *Rosarium* reconhece esse nível de ansiedade como um concomitante necessário à experiência da iluminação. Quando uma pessoa está vivenciando níveis psicóticos, como as oscilações intensas entre os opostos no Binarius, ela pode ser acalmada e o estado pode se tornar criativo se outra pessoa relacionada a ela criar uma sensação de contenção. Esse apoio positivo só pode ocorrer se essa pessoa conhecer o nível de ansiedade psicótica como resultado da iluminação e for capaz de simpatizar com aquele que sofre o estado de ansiedade intensa, mas tal empatia deve ser acompanhada pela lembrança da iluminação que precedeu a atual experiência de perda. O sujeito que sofre não tem consciência desse nível espiritual, mas a suposição que pode ser feita, no sentido alquímico, é que ele existe como um precursor do caos que está sendo vivenciado. Assim, na fatídica sétima xilogravura do *Rosarium*, conhecida como *impregnatio* (cf. figura 15), a alma sobe ao céu e abandona um ser hermafrodita morto. De um ponto de vista consciente, uma pessoa ou um casal que vivencie a dinâmica representada por essa xilogravura só conhecerá um terrível estado de desorientação e perda de qualquer forma de conexão interna ou externa. No entanto, a partir de um ponto de vista mais profundo, diz-se que essa conexão perdida, a alma, está em processo de ser impregnada por uma forma superior de consciência.

Essa abordagem alquímica é "não redutiva" e espiritual no sentido de que estados mentais desordenados não são vistos como remanescentes de falhas de desenvolvimento da personalidade. O papel da consciência espiritual revela-se especialmente importante quando analista e analisando se deparam com as últimas xilogravuras da *rubedo*, pois então analista e analisando devem "acrescentar" não apenas paixão e corporização, no sentido de viver o si-mesmo no mundo real (que ainda não faz parte da *opus* na fase *albedo* das dez primeiras xilogravuras), mas devem também acrescentar consciência espiritual, cuja experiência foi um tanto entorpecida ou perdida no processo de incorporação. O nível lunar da *albedo*, a "Pedra Branca" criada por meio da décima xilogravura (cf. figura 18), em que se conseguiu uma autoestrutura que une os opostos (embora sob uma forma "aquosa" ou instável, ainda sujeita a perda temporária por meio de afetos intensos), deve ser unido à consciência espiritual. Essa inclusão da vida espiritual pode se tornar um problema, pois pode ser utilizada para fugir do mundo, dos relacionamentos e do corpo. A vida espiritual pode tornar-se um porto seguro contra conflitos intensos, perdas e abandono, como aconteceu em muitas disciplinas espirituais que o Ocidente incorporou. Portanto, quando a vida do espírito é reincorporada, isso deve ser feito sem perder a visão encarnada e lunar e o sentido de si-mesmo criado na *albedo*. Essa incorporação do espírito de forma corporificada é realizada na fase *rubedo* por meio de uma consciência aguçada da necessidade de sacrificar a consciência solar, ou seja, o tipo de iluminação e conhecimento que a alma ganha no seu modo intuitivo ou espiritual. No processo desse sacrifício, a "Pedra Branca" é ainda mais animada até que se transforme em sua forma "vermelha" final, que integra espírito, paixão e vida corporificada, incluindo o comportamento no mundo.

Descoberta e resistência à experiência da díade inconsciente

A segunda xilogravura do *Rosarium*, "contato da mão esquerda", apresenta a primeira imagem de um casal, os alquímicos Sol e Luna (figura 9). O "contato da mão esquerda" é referido no Tantrismo como "sinistro", porque representa uma ligação que praticamente deixa de fora a reflexão consciente e o controle. De certa forma, as forças inconscientes de ambas as pessoas se combinam enquanto envolvem energias incestuosas. Essas forças inconscientes são as primeiras ligações familiares que a pessoa interiorizou, particularmente as ligações não ditas, inconscientes e proibidas entre os membros da família. O potencial para o mau uso dessas energias na análise e no relacionamento pessoal é muito real. Por essa razão, na segunda xilogravura, a pomba descendente, que representa a iluminação pelo espírito ou a ligação a uma consciência superior, deve estar presente. Esse vínculo é "acrescentado" ao encontro e, somente na quinta xilogravura, "conjunção" (figura 12), esse controle é integrado à própria dinâmica do campo. Nas primeiras quatro xilogravuras, e especialmente na segunda, uma espécie de consciência "externa", algo como um superego informado pela espiritualidade, é acionada.

Figura 9 – "Contato da mão esquerda": segunda xilogravura do *Rosarium Philosophorum*

Analista e analisando podem encontrar díades inconscientes em encontros aparentemente mundanos e cotidianos. Por exemplo, em uma interação comum, uma mulher pode dizer algo um tanto crítico ao marido. A crítica não é intensa, e ele pode facilmente permitir que a "picada" passe e até mesmo consiga ver o valor do que ela disse. Ou então ele pode reagir com raiva ao "tom dela" ou à sua "negatividade". Mas e se ele adiar essas reações e, em vez disso, esperar, permitindo-se vivenciar seus sentimentos? O alquimista Geber citado no *Rosarium* diz: "Há três coisas necessárias para essa arte, ou seja, paciência, demora e aptidão dos instrumentos" (McLean, 1980, p. 96). Ao olhar para dentro de si, o marido pode perceber que está perturbado e zangado; mas ele pode então procurar mais a fundo as razões pelas quais se sente assim. Ao pesquisar dessa forma, mantendo, ao mesmo tempo, contato emocional com a sua mulher, percebendo que precisa vivenciar seus sentimentos, poderá descobrir algo novo. Em vez de sentir noções desgastadas de ser atacado ou diminuído, ele pode sentir que ela o despreza. A palavra "desprezo", tal como encontrar a palavra certa em um poema, pode assim aparecer. Ele pode perguntar a ela se essa palavra faz sentido: "Você estava sentindo desprezo por mim?" E suponhamos que sua mulher, talvez depois de um ataque de resistência que ele não permite que o afaste da sua busca, concorde que sentia desprezo por ele.

Esse processo pode ter exigido de sua parte um grau de perseverança e mansidão que não foi fácil de manifestar. Pois ainda sob o peso de se sentir atacado, se ele quiser induzi-la a olhar mais profundamente, também deve protegê-la de sua própria raiva enquanto pergunta sobre suas reações, sem nunca saber se está certo, mas talvez aberto à descoberta das suas próprias qualidades mais sombrias. Encorajar outra pessoa a se conectar com uma parte inconsciente de si mesma não é fácil, mesmo que essa parte tenha acabado de ser ativada. No caso do desprezo de uma mulher por um homem, essa ligação pode ser particularmente difícil de alcançar, pois essas reações negativas podem funcionar de forma controladora enquanto estão em segundo plano, nunca faladas, mas tendo um efeito de controle silencioso e substancial. Mas se ele tiver tido sucesso nesse esforço de descoberta, poderá então olhar mais profundamente para os seus sentimentos e reconhecer que ser tratado com desprezo – que ele agora reconhece ser um padrão de longa data, não apenas com sua esposa, mas também com mulheres anteriores da sua vida – o deixa muito irritado.

Para onde essa troca leva o casal? A mulher revelou o seu desprezo e o marido reconheceu que está muito zangado. Ela agora poderia "trabalhar em seu desprezo", ver como se conecta às suas primeiras relações objetais e sentimentos em relação aos homens. Por sua vez, ele poderia analisar a forma como a sua raiva intensa está também relacionada com a sua experiência inicial e com as mulheres em geral. Dessa forma, ambos poderiam começar a trabalhar em suas qualidades de sombra.

Essa descoberta mútua é o início de um processo alquímico de transformação. Mas como eles entram no reino do corpo sutil, em um lugar onde a transformação pode ocorrer? Eles começaram em um estado de lidar com emoções que cada um considerava repulsivas. Certamente eles não submeteriam um ao outro conscientemente a estados destrutivos de raiva e a estados corrosivos de desprezo. Os alquimistas falavam de uma "repulsa" nesse início ou caos que deve ser encontrada e que não é necessariamente óbvia. A insistência do marido em parar, esperar e sentir foi um ato de penetrar em um caos que poderia facilmente ter sido contornado. A disponibilidade da mulher para ouvir, refletir e reconhecer o seu desprezo foi igualmente uma resposta que poderia ter sido facilmente evitada. Se alguma dessas duas pessoas não quisesse ou fosse incapaz de ter consciência do seu lado sombrio, então elas não teriam entrado no reino do corpo sutil. Na alquimia, a partir de um estado de repulsa, a *opus* pode começar. No texto alquímico "*Novum lumen*", a "ignição da arte" é explicada da seguinte forma:

> Deus permite ao filósofo inteligente, por intermédio da natureza (*per naturam*), que ele faça aparecer as coisas ocultas na sombra, e delas retire a sombra... Todas essas coisas acontecem e os olhos das pessoas comuns não as veem, mas os olhos do intelecto (*intellectus*) e da imaginação as percebem (*percípiunt*) com a verdadeira, a mais verdadeira das visões (*visu*) (OC 12, § 350).

Assim, um ato imaginal pode então ocorrer. Eles podem agora "decidir" ir mais longe. Enfatizo "decidir" porque um deles deve tomar a iniciativa de fazer as perguntas: "Qual é a nossa díade inconsciente agora?" "O que está nos movendo?" Esse ato é sempre acompanhado de resistência. Ambas as pessoas devem renunciar ao controle nesse momento. Já não se trata de "a minha raiva" ou "o meu desprezo" ou "a sua raiva" ou "o seu desprezo", mas agora ambas as pessoas têm de perder esses pontos de vista protetores e, em vez disso, entrar em um campo com a sua própria vida. Mas há ainda mais em jogo, pois esse ato é também uma entrada em um espaço *liminar* em que existe igualdade e ausência de relações hierárquicas. Nesse espaço, normas coletivas como o tabu do incesto desaparecem e, de acordo com Victor Turner, "uma quantidade grande de afeto – até mesmo de afeto ilícito – surge" (1974, p. 257). Esse espaço revela paixões, sobretudo aquelas conhecidas por meio de pulsões incestuosas. Dentro dele, a "raiva dele" e o "desprezo dela" estão associados a figuras parentais e sentimentos incestuosos precoces. Essas questões fazem com que a "mudança" para uma díade inconsciente seja um ato que tem normalmente um certo sentido ilícito, juntamente com uma perda de poder e controle.

Se optar por entrar nesse espaço, o casal poderá então considerar que tem dois estados entre eles, raiva e desprezo. E se tentarem ainda imaginar que entre eles, metaforicamente falando, existe um casal – uma mulher com desprezo por um homem e um homem com intensa raiva por uma mulher? Eles podem tentar separar-se de sua identificação individual com esses afetos e, em vez disso, "empurrá-los" imaginariamente para o espaço entre eles e começar a senti-los como um par de afetos em que ambos estão inseridos, mas que também podem observar.

Se um casal permitir a existência de tal díade, cada um poderá sentir que se encontra em um "espaço de relações" em que cada um é movido por energias nunca antes experimentadas. O espaço torna-se animado. Não só ambas as pessoas podem sentir o ritmo da *coniunctio*, mas também cada uma pode identificar-se com qualquer um dos lados da díade. O homem pode começar a sentir o seu desprezo profundo pelo lado masculino da mulher, e a mulher pode sentir uma raiva intensa pelo lado feminino do homem. Assim, a sensação de um campo entre eles permite-lhes experimentar uma fluidez de identidade e de papéis ativos e passivos. Além disso, a consciência individual expande-se, pois eles precisam enfrentar as estruturas profundas dentro de cada um que têm atitudes tão poderosas. E durante todo o tempo eles podem experimentar como o próprio campo existe e também como ele carrega os seus pensamentos conscientes, assim como o mar carrega as suas ondas. Por meio dessa experiência, eles podem começar a saber que fazem parte de um mistério, pois a raiva e o desprezo são agora apenas palavras, apenas formas que revestem um mistério muito mais profundo de opostos. Os alquimistas falariam de Sol e Luna, e o casal deixaria claro, como é o caso do *Splendor Solis* e do *Rosarium Philosophorum*, que seus papéis ativos e passivos mudam.

Dessa forma, a partir de uma simples observação – uma crítica que poderia facilmente ser evitada, já que centenas de comentários desse tipo foram, sem dúvida, feitos anteriormente por esse tipo de casal hipotético – eles podem entrar em um reino de mistério que pode animar e desafiar seu relacionamento, pois o campo tem suas próprias correntes, desejos e movimentos em direção à união, e com essa dinâmica o poder magnético da *coniunctio* atrai muitas facetas de sua vida inconsciente que cada um pode muito bem desejar manter inconsciente. A partir de um encontro seco, a sua "terra", como diriam os alquimistas, tornou-se "folhada", animada de modo que os seus corpos agora se atraem; e eles sentem que existem dentro de um mistério que sempre esteve lá, mas que estava escondido em sua própria simplicidade.

Ao entrar em um campo com as suas formas diádicas definidas e fluidas, ambas as pessoas, de certa forma, não apenas se submetem a uma autoridade superior, como também têm de confiar que o outro não fará mau uso do seu poder. Se tiverem sucesso, geralmente se sentirão mais próximos do que nunca no processo. Na verdade, eles compartilharão um mistério; em um sentido pequeno, mas significativo, eles terão sido iniciados juntos no mistério de seu relacionamento.

Preparação para a *coniunctio*

Depois do "contato da mão esquerda", em que ambas as pessoas podem sentir mais ou menos as energias incestuosas, mas tendem a mantê-las longe da percepção consciente, o *Rosarium* segue com a terceira e a quarta xilogravuras que são especialmente importantes porque conduzem à transição para o espaço liminar da *coniunctio*. A terceira xilogravura, "verdade nua", retrata o casal sem roupa, e suas paixões incestuosas são mais evidentes (figura 10). O Sol diz: "Ó Lua, deixa-me ser teu marido", enquanto a Luna exclama: "Ó Sol, tenho de me submeter a ti". E a pomba descendente traz a inscrição: "É o espírito que vivifica". Uma variante das imagens diz: "É o espírito que une" (Fabricius, 1976, p. 34).

Em vez de estarem diretamente conectados pelas mãos esquerdas, o contato incestuoso e potencialmente sinistro, Sol e Luna estão agora ligados por uma rosa que cada um segura respectivamente nas mãos – Luna, a branca, e Sol, a vermelha. Assim, eles foram separados da paixão do incesto, cujas energias podem agora ser mostradas mais abertamente um ao outro. As injunções de Sol e Luna são para superar a resistência ao relacionamento.

Enquanto no "contato da mão esquerda" cada rosa tinha duas cabeças, na "verdade nua", cada rosa tem uma cabeça. Sol e Luna estão superando sua ambivalência e sua tendência à separação. As duas rosas da pomba se tornaram a *rosa mystica*, a rosa que simboliza a *unio mystica* do amor no nível "espiritual" do incesto. O texto que acompanha a terceira xilogravura do *Rosarium* diz:

Aquele que quiser ser iniciado nessa arte e sabedoria secreta deve afastar o vício da arrogância e deve ser devoto, justo, perspicaz, humano para com os seus semelhantes, de semblante alegre e disposição feliz, e respeitoso de todo modo. Da mesma forma, deve ser um observador dos segredos eternos que lhe são revelados. Meu filho, acima de tudo, aconselho-te a temer a Deus que vê a tua atitude e em quem está o socorro para o solitário, seja ele quem for (McLean, 1980, p. 24).

A terceira xilogravura é uma ladainha contra os aspectos destrutivos das estruturas narcísicas. Não se pode entrar criativamente em um campo interativo sem causar danos, a menos que se seja capaz de aceitar a consciência muitas vezes chocante do próprio inconsciente, das qualidades sombrias que podem acompanhar o processo e perturbar o equilíbrio narcisista de alguém.

Figura 10 – "Verdade nua": terceira xilogravura do *Rosarium Philosophorum*

Na imagem seguinte da preparação da *coniunctio*, a quarta xilogravura, "imersão no banho", ocorre a experiência das águas "inferiores" dionisíaco-mercuriais (figura 11). Nessa fase, ambas as pessoas são capazes de experimentar energias eróticas e, por meio da inteligência espiritual representada pela pomba descendente, saber que está próximo um mistério maior do que qualquer outro que possam imaginar. Lidar com projeções nessa fase pode destruir a consciência do campo, enquanto muita fusão, que a interpretação pode ajudar a separar, também pode minar o processo. O *Rosarium* declara: "Essa água fetal (*aqua foetum*) contém tudo o que precisa" (Fabricius, 1976, p. 64).

Figura 11 "Imersão no banho": quarta xilogravura do *Rosarium Philosophorum*

Tendo sobrevivido aos processos da terceira e da quarta xilogravuras, é possível aproximar-se da sequência transformadora principal do *Rosarium*, a sequência *coniunctio-nigredo* da quinta à sétima xilogravuras, reencontrada nas últimas dez xilogravuras da fase *rubedo*. No caminho alquímico da transformação, ficar deprimido ou sofrer não é um estado *nigredo* suficientemente criativo; em vez disso, busca-se uma morte da estrutura que segue um estado de união, a *coniunctio*. O exemplo hipotético citado anteriormente de interação entre marido e mulher provavelmente resultaria em um estado *nigredo*. Ou seja, depois do encontro, é muito provável que nos dias seguintes eles se sintam um pouco afastados. A menos que pudessem lembrar que estiveram anteriormente no espaço liminar da *coniunctio*, a sua experiência degeneraria. Essa degeneração incluiria o retorno a uma vida conjugal de projeções e decepções e, eventualmente, a mais um retorno a um espaço sagrado e a um possível novo começo de sua *opus*. É possível encontrar esses começos repetidas vezes, até que alguma estabilidade, como no "axioma de Ostanes", seja alcançada. Essa estabilidade é representada na quinta xilogravura, a "conjunção" (figura 12).

Na quinta xilogravura, o campo é representado por uma díade que está em grande parte no inconsciente – Sol e Luna são representados como estando debaixo da água. Nessa qualidade de campo, a existência da díade deve ser inferida ou então "vista" através de uma penetração imaginária. Essa primeira imagem de união no *Rosarium* é apresentada como uma visão.

É difícil explicar a natureza intermediária da *coniunctio*. Na imagem arquetípica da *coniunctio*, duas substâncias se combinam e a energia é liberada. Esse processo pode ser comparado ao conceito moderno de fusão a frio, nomeadamente aos experimentos em Utah, nos quais se dizia que substâncias se combinavam em uma reação de fusão, liberando energia mesmo sem aplicar nenhum calor extremo usado nas reações atômicas convencionais.

As antigas tradições, nas quais se baseia o pensamento alquímico, esperam a criação de algo novo a partir de uma experiência de união. Por exemplo, diz-se que o estado de união da mente e do corpo cria o *pneuma*, a substância que o pensamento alquímico insiste que permeia o universo e da qual as estrelas são feitas. Diz-se que esse *pneuma* existe dentro de um conjunto infinito de tensões que ligam toda a vida e toda a matéria, um conjunto de conexões que são a base da noção de relações *per se*. Embora o *pneuma* sempre exista, a ideia alquímica é que ele também é criado pela experiência da união. Em vez da liberação de energia discutida na fusão a frio, uma substância muito sutil, geralmente invisível, o *pneuma*, é liberada pela experiência da união. No processo alquímico de transformação, considera-se que alguém é capaz de desenvolver os sentidos a ponto de ser capaz de ver esse nível de existência, de ver como está conectado a outro ser humano e ao cosmos. Couliano discute esse desenvolvimento dos sentidos:

> O [intermediário entre alma e corpo] é composto da mesma substância – o espírito (*pneuma*) – da qual são feitas as estrelas e desempenha a função de instrumento primário (*proton organon*) da alma em relação ao corpo. Esse mecanismo fornece as condições necessárias para resolver as contradições entre o corpóreo e o incorpóreo: é tão sutil que se aproxima da natureza imaterial da alma e, no entanto, tem um corpo que, como tal, pode entrar em contato com o mundo sensorial. Sem esse espírito astral, corpo e alma estariam completamente inconscientes um do outro... Pois a alma não tem nenhuma abertura ontológica através da qual possa olhar para baixo, enquanto o corpo é apenas uma forma de organização de elementos naturais, uma forma que se desintegraria imediatamente sem a vitalidade que a alma lhe assegura. Finalmente, a alma só pode transmitir todas as atividades vitais, incluindo o movimento, ao corpo por meio do *proton organon*, o aparelho espiritual localizado no coração... O corpo abre uma janela para o mundo por meio dos cinco órgãos sensoriais cujas mensagens vão para o mesmo aparelho cardíaco que agora se ocupa de codificá-las para que se tornem compreensíveis. Chamado de *phantasia* ou sentido interior, o espírito sideral transforma mensagens dos cinco sentidos em *phantasms* perceptíveis à alma. Pois a alma não pode apreender nada que não se converta em uma sequência de fantasmas; em suma, não pode compreender nada sem fantasmas... O *sensus interior*, sentido interior ou o senso comum aristotélico, que se tornou um conceito inseparável não apenas da Escolástica, mas também de todo o pensamento ocidental até o século XVIII, deverá manter a sua importância

mesmo para Descartes e reaparecer, talvez pela última vez, com o início da *Crítica da razão pura* de Kant. Entre os filósofos do século XIX já havia perdido credibilidade, transformando-se em mera curiosidade da história limitada a livros especializados no assunto ou tornando-se alvo de chacota... (1987, p. 4-5).

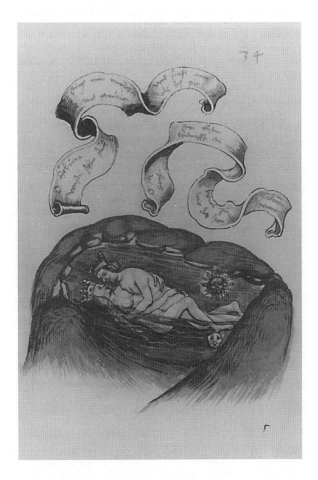

Figura 12 – "Conjunção": quinta xilogravura do
Rosarium Philosophorum

Assim, a *coniunctio* é mais do que um amálgama de duas coisas, mais do que um entrelaçamento de projeções de uma pessoa para outra, e mais do que um estado no qual as projeções penetram em outra pessoa e, na metáfora de Jung, realmente se alojam na medula espinhal do destinatário da projeção. Em outras palavras, a *coniunctio* é um fenômeno que está além da projeção e da introjeção. A preocupação alquímica consiste em tornar a *coniunctio* e os seus produtos mais conscientes, mais estáveis e mais incorporadores de estados mentais habitualmente renegados pela vida coletiva -- nomeadamente as emoções e os perigos do incesto e, em um sentido mais amplo, da paixão.

Quando a *coniunctio* é vista, ou seja, quando a sua presença é conhecida no aqui e agora – seja essa visão através dos olhos, do sentimento, da sensação ou da audição – a morte que se segue é muitas vezes um poderoso agente de transformação. O tipo de penetração imaginária que pode "ver" – ou seja, perceber de alguma forma a natureza das formas que operam dentro de um relacionamento, as formas das quais falei como um "objeto de fundo" ou as formas assumidas por divisões mente-corpo ou divisões verticais, ou a natureza de uma díade inconsciente – está realmente presente para a maioria das pessoas. A sua existência tem sido negada, pois o que esse tipo de visão conhece geralmente não é aceitável para o mundo racional. E a sua existência também tem sido muitas vezes negada porque o que foi visto, o pano de fundo da violência e dos desejos incestuosos que um adulto preferiria que não fossem vistos, ou a textura das mentiras que minam um sistema familiar, é demasiado perigoso para a criança em crescimento assumir. Quando uma criança vê uma imagem terrivelmente perigosa escondida atrás de um pai que está agindo como se essa imagem não estivesse presente e, aliás, que não sabe que ela existe, a criança tem poucos recursos, exceto juntar-se à negação de sua existência. Mas como a criança está intimamente ligada ao arquétipo infantil, essa estrutura psíquica pode ver e sobreviver. Assim, a criança tanto vê quanto nega a sua visão. No processo de negação, as qualidades negativas do objeto são incorporadas, o que faz com que o inconsciente da criança se torne estruturado por forças perigosas e atacantes e o aspecto heroico do ego emergente, o arquétipo da criança, tente combater essas forças.

Dessa forma, o drama da visão renegada é representado como um drama interno, projetado repetidamente para o exterior, mas sob uma forma distorcida e paranoica que pode ser negada pelo objeto e que o sujeito também espera que não seja verdadeira. Segue-se um jogo de engano, e as abordagens psicanalíticas ocupam-se incessantemente com o mundo objetal interno do sujeito, com as formas como ele é estruturado por padrões míticos ou paralisações de desenvolvimento, e com as projeções que emite. Uma vez que essa análise de projeção é o foco, a realidade da visão facilmente se torna uma possível questão secundária e geralmente é descartada como parte do processo paranoico. Os alquimistas falam de imaginação real e fantástica, pois a imaginação tem uma qualidade de trapaceira que pode facilmente ser usada, ao longo de linhas neuróticas, para fins de autoengano.

Típico de um processo imaginário central para a transformação da díade inconsciente é o refrão encontrado em "Luz das luzes" citado no *Rosarium Philosophorum*:

> O dragão não morre a menos que seja morto por seu irmão e irmã, e não por um só, mas por dois ao mesmo tempo. Sol é o irmão e Luna é a irmã (McLean, 1980, p. 49).

A importância desse refrão para os alquimistas é sublinhada pela sua repetição em mais três lugares no texto do *Rosarium* (McLean, 1980, p. 21, 31), incluindo as faixas da décima nona xilogravura (figura 29) (McLean, 1980, p. 109). Esse refrão é a essência do processo de transformação: a compreensão de uma díade inconsciente, especialmente da união dos opostos e da morte da união, tem o poder de matar o dragão, símbolo do inconsciente na sua capacidade literalizante, compulsiva e enganadora de mentir e praticar o autoengano.

Por exemplo, o hipotético marido-mulher, com a sua díade raiva-desprezo, poderia transformar o seu campo de relacionamento concentrando-se na natureza partilhada da sua díade, de Sol e Luna juntos. Esse enfoque significaria que cada vez mais material inconsciente de qualquer uma das pessoas poderia ser tolerado pela outra sem gerar uma reação raivosa, defensiva ou de retraimento. Em vez de provocar uma reação no outro, a maldade de uma pessoa por meio desse processo poderia desencadear um cuidado com a calma: a própria e a do outro. Cada explosão de emoções e argumentos torna-se uma *prima materia*, algo interessante que deve ser visto com cuidado e não algo a que se deve reagir e tratar como um inimigo. Dessa forma, o dragão, representando o inconsciente tal como é vivenciado entre eles, morre repetidamente, e cada vez mais material inconsciente pode ser integrado no processo. Mas, nessa abordagem alquímica, essa morte e transformação não acontecem apenas através do Sol, nem apenas através da Luna, nem apenas com a compreensão interpretativa e racional, nem apenas com a empatia e o sentimento. Em vez disso, para conhecer a sua existência, a união de Sol e Luna deve ser experimentada dentro do corpo sutil, um campo interativo em que é preciso entrar imaginariamente.

A transformação requer, portanto, que dois estados se combinem e que o próprio estado combinado se transforme. Na versão de Mylius da primeira xilogravura, os alquimistas bebem da fonte mercurial (figura 13). Beber é incorporar, e é assim que se processa qualquer relação de profundidade. Cada pessoa incorpora uma qualidade do campo que ambas criam. Mas o estado de união muitas vezes está longe de ser feliz. A representação do *Rosarium* na primeira xilogravura (figura 4) é uma representação maravilhosa dos opostos em união enquanto oscilam em um campo com ritmo próprio, e no qual nem o engolfamento da fusão nem a ameaça de abandono por causa da perda e do medo da conexão são dominantes. Em vez disso, ao longo do processo, o reconhecimento de que a combinação de psiques também incorre em estados nos quais a fusão, a perda e a loucura estão entrelaçadas nas vicissitudes da paixão, atua como um recipiente poderosamente transformador.

Figura 13 – Versão de Mylius da primeira xilogravura do *Rosarium Philosophorum*

9

União, morte e ressurreição do si-mesmo

A sequência *coniunctio-nigredo* no *Rosarium Philosophorum*

O processo de transformação da alquimia, tal como retratado nas primeiras cinco xilogravuras do *Rosarium Philosophorum*, centra-se na descoberta dos opostos que compõem uma díade inconsciente entre duas pessoas e, em seguida, na relação com a união desses opostos. O estado de união da quinta xilogravura, seguido da morte dessa união, representada na sexta e na sétima xilogravuras (figuras 12, 14-15), forma a sequência essencial *coniunctio-nigredo*, a dinâmica transformadora central por meio da qual um si-mesmo é eventualmente criado. No processo desse desenvolvimento, os campos interativos podem mudar de formas que tendem à literalização de seus conteúdos para formas que estruturam ritmicamente a união e a separação e mantêm essa estabilidade em meio a uma variedade de perturbações relacionais, internas e ambientais.

O caminho alquímico da transformação, retratado nas xilogravuras do *Rosarium*, descreve um padrão de transformação que ocorre continuamente no inconsciente à medida que este se esforça, ao longo da vida, para criar um si-mesmo. O inconsciente, segundo Jung, apresenta:

> Uma desconcertante profusão de definições para essa coisa obscura chamada mandala ou Selbst (si-mesmo). Parece até que estamos dispostos a continuar no inconsciente o sonho secular da alquimia, amontoando novos sinônimos sobre os velhos, para afinal sabermos tanto ou tão pouco quanto os antigos... Sem dúvida, podemos pronunciar a palavra "si-mesmo", mas o que ela quer dizer permanece envolto numa obscuridade "metafísica" ... o "si-mesmo" é um conceito-limite... mas acrescentemos que sua nitidez aumenta constantemente com a experiência, conforme atestam nossos sonhos, sem nada sacrificar de sua transcendência. Dado que não podemos saber quais são os limites daquilo que desconhecemos, também não temos condições de estabelecer quaisquer limites ao si-mesmo... Não devemos, pois, surpreender-nos se as manifestações empíricas dos conteúdos inconscientes apresentarem características de algo sem limites e não determinado por espaço e tempo. Tal qualidade é numinosa e, portanto, assustadora, principalmente para quem reflete atentamente, cônscio do valor de conceitos bem-delimitados...
>
> Podemos afirmar por agora que o símbolo do mandala é uma realidade psíquica autônoma, caracterizada por uma fenomenologia que se repete e é idêntica em toda a parte. Parece tratar-se de uma espécie de núcleo atômico, sobre cuja estrutura mais profunda e sobre cujo sentido último nada sabemos (OC 12, § 247-249).

O si-mesmo da transformação alquímica, tal como é representado no *Rosarium*, tem a qualidade de "não localidade" do campo que abrange não apenas o indivíduo, mas também toda a humanidade. O si-mesmo é como o elétron da física que está em toda parte e só é localizado quando observado em uma situação espaçotemporal específica. Essa atitude alquímica de união entre a humanidade e a natureza é mais do que uma fantasia; é uma atitude psicológica e ética de cuidado com os outros e com a sociedade, uma preocupação que é animada pelo si-mesmo. O si-mesmo abraça uma ética de ser "socialmente útil" (Adler, 1964, p. 254). Mas o si-mesmo que é finalmente "ressuscitado", tal como representado na vigésima e última xilogravura do *Rosarium*, "Ressureição" (figura 30) também retém um elemento "místico", pois é uma criação que conhece uma luz transcendente e prospera com base na sua sabedoria, e pode manter a estabilidade e amadurecer dentro da intensidade emocional da paixão e do relacionamento. Assim, o si-mesmo da alquimia é corporificado e sexual, vivendo e prosperando não apenas por meio do espírito, mas também por meio das paixões.

A atitude alquímica atende ao processo de transformação dos vários estados de união por meio de uma consciência "solar" e "lunar". A consciência lunar pode ser muito indiferenciada, muito sem forma, muito imaginativa de uma maneira indisciplinada e excessivamente empática; a consciência solar pode ser muito penetrante, muito destrutiva para a sensibilidade da criação aquosa e lunar, e fixada em estar "certa" em vez de se submeter ao relacionamento, à consciência corporal e às demandas de um todo maior. Conciliar essas duas formas de consciência é necessário para criar um relacionamento que possa sobreviver como uma entidade viva e funcional em meio a emoções negativas e especialmente ameaças de abandono.

Jung cita a máxima alquímica: "Toma a borra impura (*fecem*) que resta no fundo da vasilha do cozimento e guarda-a, pois ela é a coroa do coração (*corona cordis*) (OC 16, § 496). O depósito imundo da dor e do pesar das interações humanas, especialmente aquelas que negam a ausência de relacionamento e procuram forçar alguma conexão, e aquelas nas quais dominam os níveis psicóticos de transferência e contratransferência, tornam-se a coroa sobre a qual uma nova conexão do coração poderia crescer. Esse crescimento pode ser refletido em termos do imaginário da sequência *coniunctio-nigredo*: o desespero, o abandono e a natureza suicida da *nigredo* da sexta xilogravura, e o estado ainda mais preocupante de absolutamente nenhum contato, de viver em "universos paralelos" da sétima xilogravura.

A sexta xilogravura do *Rosarium*, "Caixão da concepção putrefata", retrata o casal régio, Sol e Luna, morto, fundido em um único ser com duas cabeças (figura 14):

> Aqui o rei e a rainha estão mortos
> Em grande angústia a alma é acelerada.

Com efeito, a díade inconsciente está morta: o leito conjugal transformou-se em um caixão de "concepção putrefata", indicando como a morte é considerada uma fonte de vida nova para o campo interativo.

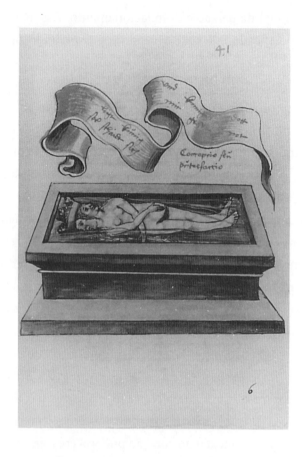

Figura 14 – "Caixão da concepção putrefata":
sexta xilogravura do *Rosarium Philosophorum*

O acontecimento também é denominado "concepção ou putrefação", refletindo a visão do alquimista sobre a natureza enigmática e paradoxal do processo de transformação do "negro": uma construção por demolição, um movimento de putrefação da criação. "A corrupção de um é a geração do outro", diz o *Rosarium*. "Quando vir sua matéria ficando negra, alegre-se: pois esse é o começo da obra" (Fabricius, 1976, p. 102). "O construir e demolir" é uma boa imagem de como os opostos da vida e da morte encontram harmonia no processo de transformação. No início da obra, esses opostos, enquanto estados dentro do campo da serpente de duas cabeças, eram totalmente opostos e aniquilavam-se mutuamente. Jung conclui sobre a sexta xilogravura:

Esta morte é um estado intermediário, ao qual se seguirá uma nova vida. Não há vida nova que possa surgir, diziam os alquimistas, sem que antes morra a velha. Eles comparam a sua arte à atividade do semeador que introduz a semente do trigo na terra, onde ela morre, para despertar para uma vida nova (OC 16, § 467).

A sétima xilogravura é chamada de "extração e impregnação da alma" (figura 15).

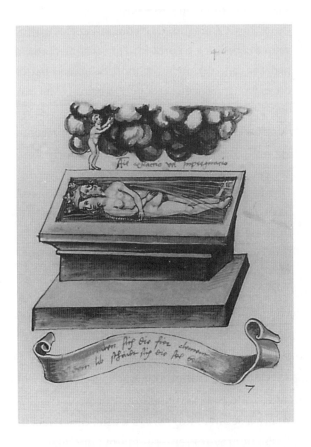

Figura 15 – "Extração e impregnação da alma": sétima xilogravura do *Rosarium Philosophorum*

Da decomposição do corpo corruptor, a alma, sob a forma de um homúnculo, ascende ao céu para receber a sua "impregnação". No texto do *Ro-*

sarium, os tormentos sofridos durante a "extração da alma" fazem parte do *iterum mori* – a "morte reiterada" que pertence à experiência do campo interativo nessa fase do trabalho. Essa experiência pode ser extremamente difícil, fazendo com que ambas as pessoas queiram desistir ou de alguma forma escapar do processo. Para continuar é preciso coragem e vontade.

A natureza dissociativa dessa experiência de campo é representada por um autor alquímico chamado Hermes, o Rei, que diz:

> Saiba, meu filho, que essa nossa pedra, que tem muitos nomes e várias cores, é organizada e composta pelos quatro elementos. Devemos separá-los e cortá-los em seus membros, dividindo-os em pedaços cada vez menores, mortificando as partes e transformando-as na natureza que está nela [a pedra] (McLean, 1980, p. 45).

E a natureza depressiva da qualidade do campo representada pela sétima xilogravura é vista nas palavras do autor alquímico Sorin:

> Divida tudo, esfregue com frequência até que a morte reine na intensidade da escuridão, como uma poeira. Esse é um grande sinal em cuja investigação não foram poucos os que pereceram (Mc Lean, 1980, p. 45).

E, mais uma vez, a necessidade de alcançar essa "negritude" é reconhecida por Hermes que diz: "pegue esse cérebro, triture com vinagre bem forte, ou com urina de menino, até ficar preto" (Mc Lean, 1980, p. 45-46). Essas imagens caracterizam a natureza sombria, perigosa e potencialmente fecunda dessa experiência de campo que parece prosperar sobre os tormentos e estados mentais loucos da sétima xilogravura.

Jung compara a sétima xilogravura a uma dissociação esquizofrênica (OC 16, § 476). Essa xilogravura representa uma qualidade de campo que é a mais difícil de lidar sem violar a sabedoria do aforismo de criar "semelhante a partir de semelhante". Em tais violações, o analista muitas vezes assume a liderança na criação da monstruosidade de uma transferência delirante e de um campo psicótico impraticável. O conhecimento e a experiência com a natureza dos opostos em um setor louco – e sobretudo da qualidade bizarra da sua fusão ou dos duplos vínculos que infundem no campo – são essenciais para lidar adequadamente com essa etapa do *Rosarium*. No entanto, é possível experimentar tais estados tanto como *prima materia* quanto associados a uma *coniunctio*. Ambas as fases fazem parte do processo alquímico de transformação: uma ligada à apreensão do caos da serpente de duas cabeças, a outra um agente para transformar a rigidez e permitir o surgimento de um novo si-mesmo. A primeira exige ver e experimentar os opostos; a última exige isso e muito mais – lembrar ou descobrir que um estado de união precedeu a *nigredo*. O *Rosarium* insiste, assim, no fato de que um grande mistério está em ação durante essa fase tão difícil. A alma, agente de ligação e de realidade psíquica, está agora sendo renovada, mesmo que a própria experiência de campo seja pouco tolerável.

As oitava, nona e décima xilogravuras do *Rosarium* representam uma transformação qualitativa do campo interativo no qual ele não é apenas reanimado, mas também suas estruturas são alteradas para um campo em que os estados de fusão negativos, em um grau considerável, deixam de ser tão problemáticos. Esse estado ainda requer a fase *rubedo* para a sua realização, mas na *albedo* são obtidos ganhos consideráveis.

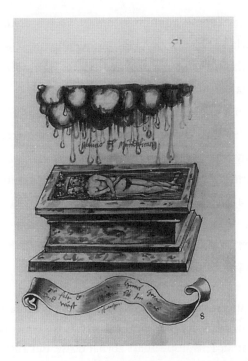

Figura 16 – "Orvalho caindo": oitava xilogravura do *Rosarium Philosophorum*

O sofrimento da *nigredo* é finalmente aliviado na oitava xilogravura, "orvalho caindo" (figura 16), pelo orvalho celestial ou "umidade filosófica... caindo tão clara quanto uma lágrima" (Fabricius, 1976, p. 112). Diz-se também que o orvalho tem um efeito milagroso, não só para limpar, mas também para fertilizar o cadáver hermafrodita, levando a uma gravidez incipiente:

> Aqui cai o orvalho celestial, para lavar
> o corpo negro sujo no túmulo.

O "orvalho caindo", afirma Jung, "é um sinal precursor do nascimento divino vindouro". Para Jung, o orvalho:

> É sinônimo de *aqua permanens* (água eterna), consequentemente, de *Mercurius*. O alvejamento (*albedo s. dealbatio*) é comparado ao *ortus solis* (nascer do sol). É a luz que surge após as trevas, a iluminação após o obscurecimento (OC 16, § 483-484).

Ao experimentar repetidamente a *coniunctio* e a resultante *nigredo*, um novo estado poderia ser alcançado, o "branqueamento" da *albedo*. Esse novo estado fazia parte das transformações qualitativas da alquimia, que eram assinaladas pelas mudanças de cor. Na *albedo*, o desespero, a loucura e os medos de abandono foram superados na medida em que esses estados deixaram de criar uma ruptura radical da união ou uma fusão regressiva na perda total de identidade (Schwartz-Salant, 1995b, p. 35).

O orvalho caindo leva ao renascimento do casal régio na nona xilogravura, "retorno da alma" (figura 17). Como Jung diz muito bem: "Voando, a alma desce do céu. É ela que unifica os opostos para dar nova vida ao cadáver" (OC 16, § 494). Fabricius descreve esse retorno da alma em termos de mudanças em um indivíduo:

> Como resultado das operações anteriores de ablução, calcinação e incineração, o corpo grosseiro finalmente assumiu uma forma "anímica" e "espiritual", tornando-se um *corpus mundum* – um "corpo purificado" – capaz de abrigar a alma e o espírito ou mesmo

de os atrair para si... A alma retorna com o espírito na figura do homúnculo, que é bissexual e representa a *anima* e o *spiritus* unificados (1976, p. 124).

O mesmo pode ser dito do campo, que se renova e assume uma forma que é purificada.

A décima xilogravura, "Rebis", retrata a realização da *coniunctio branca* ou seja, a conjunção pretendida nas xilogravuras anteriores (figura 18). O hermafrodita pode ser visto como representando uma qualidade de campo em que existe um estado estrutural que permite uma conexão entre mente e corpo, ou entre consciente e inconsciente, mesmo em meio a estados de perda e abandono iminentes. A conexão com o próprio coração e a ligação imaginária com outra pessoa por meio da imaginação do coração (Corbin, 1969, p. 219-222) já não desaparecem. A figura hermafrodita está sobre o crescente lunar, significando uma base que está enraizada na mudança, mas que também supera o estado de abandono semelhante à morte.

Jung foi muito negativo em relação à imagem do "Rebis" tal como apareceu no *Rosarium* (OC 16, § 533). Ele acreditava que era uma monstruosidade e representava maneiras pelas quais a mente alquímica ignorava a projeção e estava presa à sexualidade. Já argumentei em outro lugar (Schwartz-Salant, 1984, 1989) que Jung está errado nesse ponto e que ele estava, como fica evidente em suas observações sobre o "Rebis", reagindo à ênfase de Freud na sexualidade. Embora ainda defenda essa opinião, também penso que a intuição de Jung tem valor, pois a sexualidade e a paixão ainda não foram tratadas na fase *albedo* do *Rosarium*.

Esses fogos da vida humana iniciaram o processo de transformação no "contato da mão esquerda" da segunda xilogravura (figura 9), mas depois estimularam a criação de um si-mesmo psíquico, a "pedra branca" que carece de paixão e de uma sexualidade integrada. Ou, como disse Jung, a fase *albedo* da transformação ainda carece de "sangue", que simboliza a paixão pela vida:

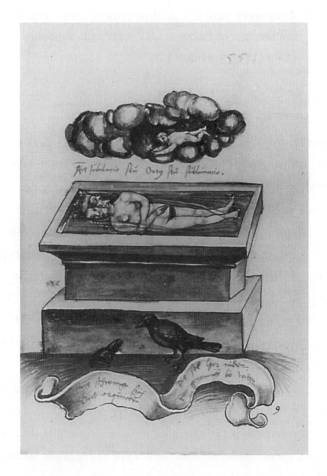

Figura 17 – "Retorno da alma": nona xilogravura do *Rosarium Philosophorum*

[No] estado de "brancura" não se *vive* no verdadeiro sentido da palavra. É uma espécie de estado abstrato e ideal. Para que ganhe vida, deve ter "sangue", deve ter o que os alquimistas chamaram de *rubedo*, a "vermelhidão" da vida. Somente a experiência total do ser pode transformar esse estado ideal em um modo de existência plenamente humano. Só o sangue pode reanimar um glorioso estado de consciência em que o último vestígio de escuridão é dissolvido, em que o diabo não tem mais uma existência autônoma, mas se reúne à unidade profunda da psique. Então a *opus magnum* termina: a alma humana está completamente integrada (McGuire, & Hull, 1977, p. 229).

Figura 18 – "Rebis": décima xilogravura do *Rosarium Philosophorum*

Finalmente, na fase *rubedo*, esse estado do si-mesmo como uma qualidade de campo é ainda mais aprimorado, tornando-se também uma autoestrutura individual e transcendente.

Dinâmica união-morte na prática analítica

Ao lidar com a sequência *coniunctio-nigredo* na prática analítica, o analista deve, portanto, estar alerta para as formas mais sombrias de união. Por exemplo, a chamada transferência negativa pode ser um estado de união forjado pelo ódio e pela inveja. No entanto, é também um estado de união em que se entrelaçam os impulsos de fusão e as tendências de individualização no sentido de separação. Se visto como uma *coniunctio* e respeitado como tal, o estado de união negativo pode desenvolver-se segundo as linhas criativas definidas pelo *Rosarium*. Em outras palavras, se o analista procurar apenas estados de união positivos que "soem bem", nunca trabalhará dentro de um espírito alquímico e não ajudará o analisando a trabalhar no sentido da ligação mente-corpo ou da criação de um si-mesmo. Essas mesmas observações são obviamente verdadeiras para qualquer casal que tente abraçar a profundidade e o mistério da relação.

O extenso material clínico a seguir ilustra a dinâmica união-morte na fase *albedo* das primeiras dez xilogravuras. Esse caso também destaca erros ocorridos na etapa *nigredo* e o processo de reparo que depois ocorreu. O material foi retirado do quarto ao sexto ano do meu trabalho com uma analisanda que sofria de problemas de relacionamento ligados ao abuso físico e sexual precoce (Schwartz-Salant, 1990). Durante os primeiros quatro anos, o tema do incesto e do seu efeito devastador nunca surgiu; também tinha sido escondido em várias das suas análises anteriores. Uma de suas queixas iniciais foi que seu terapeuta anterior lhe disse que a achava espiritualmente atraente, mas não sexualmente. Esse julgamento foi um ferimento grave para ela, e quando falou sobre isso, estava em um estado de divisão mente-corpo e vazio mental. Mas o mais significativo para o nosso trabalho posterior foi a minha vontade de evitar esses estados mentais dissociados e, em vez disso, concentrar-me na sua declaração como uma injunção para que eu não a rejeitasse.

Depois de quatro anos, ela começou a relembrar memórias de ter sido abusada sexualmente por seu irmão mais velho e, muito antes, por uma babá. Nesse momento, exploramos a natureza sadomasoquista da sua vida interior, primeiro expressa em autoataques brutais por aquilo que ela considerava ser o seu papel no episódio do incesto e, depois, em ataques ainda mais duros no sentido de que ela tinha inventado tudo e era realmente louca. À medida que esse tema do incesto gradualmente se tornou mais central em nosso trabalho, me vi resistindo internamente à possibilidade de que isso realmente pudesse ter acontecido com ela. Ela então começou a sessão com a seguinte pergunta: "O que eu faço com meus sentimentos quando não sinto nenhuma conexão com você?" Era como se ela tivesse dito, por um lado, que não tinha nenhum sentimento e depois dissesse, por outro lado, que tinha sentimentos. A confusão e as emoções que acompanharam a formulação dessa questão foram tão intensas que tentei evitar os efeitos e a natureza contraditória da sua comunicação; mas me senti desafiado e com raiva. Fiquei perplexo com a força da minha reação, mas evitei-a e concentrei-me na sensação de estar irritado com ela. Considerei esse sentimento, juntamente com a minha tendência de descartar a pergunta dela como sem importância, como representando uma reação induzida ao seu masoquismo. Eu a desafiei insistindo que existia uma conexão entre nós, mas era em um nível sadomasoquista; e concentrei a sessão na exploração dessas dinâmicas à medida que elas se desenvolviam na identificação projetiva. Achei que muito havia sido feito, mas o resultado foi o surgimento de uma transferência psicótica.

Nas sessões subsequentes, a analisanda ficou vazia, retraída e aterrorizada. Ela interpretou tudo o que eu estava lhe dizendo ou tinha dito em sessões anteriores de uma maneira muito literal. Por exemplo, a certa altura da sessão anterior, enquanto estava envolvido no que considerei ser um campo mutuamente animado, por meio do qual experimentava introjeções provenientes de um processo de identificação projetiva, eu disse: "Você espera que eu lhe odeie e considere uma prostituta nojenta". Experimentei essa fantasia pressionando minha consciência durante a sessão, e acreditei que a havia processado suficientemente em um nível interno para poder compartilhá-la como um processo imaginário e assim trazê-la à sua consciência no aqui e agora da sessão analítica. Minha linguagem chocante foi incorporada ao material de muitas sessões anteriores nas quais lidamos com seu autoataque decorrente de lembranças do abuso sexual de seu irmão contra ela. Eu comecei a acreditar que ela já sabia que era uma vítima de incesto, mas logo descobri que, embora esse conhecimento tivesse sido assimilado por seu ego neurótico normal, não havia sido assimilado de forma alguma por suas partes mais psicóticas. Assim, com o campo interativo animado, acreditei ter vivenciado o casal sadomasoquista da analisanda, no qual seu sádico interior a culpava pelo incesto e, na verdade, a acusava de ser uma prostituta. Eu pensei que estava trazendo essa dinâmica para a consciência ao dar-lhe voz. Na verdade, eu estava revelando minha inexperiência (naquela época) tanto com os antimundos dos opostos nos processos psicóticos quanto com as tendências contratransferenciais de evitar essas áreas por meio da criação de significado. Além disso, se eu tivesse reconhecido que o casal sadomasoquista não era "dela", mas "nosso", e que esse casal era uma forma negativa de *coniunctio*, teria fornecido um recipiente muito melhor para a analisanda e a *nigredo* que se seguiu teria sido menos grave e menos perigosa. No entanto, essa consciência só me ocorreu vários meses depois da minha intervenção inadequada.

Erros de contratransferência são extremamente comuns quando se trata da *nigredo* que segue uma *coniunctio*. Um estado de união (sadomasoquista) tinha precedido essa sessão, mas o meu desejo de evitar os estados mentais vazios e sombrios da *nigredo* fez com que eu não me lembrasse e acreditasse na existência e não em um estado de conexão anterior. Essa ligação estava agora totalmente ausente da consciência da analisanda; e se eu estivesse mais consciente, teria reconhecido que essa ligação também estava ausente da minha consciência. Eu forcei uma conexão. Contradizendo a sabedoria do "conto de Ísis para seu filho Hórus" de criar "semelhante a partir de semelhante", errei ao tentar criar ordem e significado em um estado caótico e sem sentido como uma defesa contra essa condição.

Em sua investigação sobre a alquimia, Jung menciona que a *nigredo* "provocada pelo adepto significa uma *deformatio* (deformação), de si próprio e um sofrimento psíquico [comparável] com o do pobre homem Jó" (OC 14/2, § 159). O escritor alquímico Olympiodorus observa a dor, a luta e a violência da *nigredo*, dizendo que "o tempo todo o daimon Ophiuchos insufla desleixo ao impedir nossos projetos; ele rasteja por toda a parte, por dentro e por fora, ocasionando ora relaxamento, ora temor, ora coisas inesperadas" (OC 14/2, § 158). E o filósofo Petasios diz que o "chumbo é de tão demoníaca possessão e sem-vergonhice que faz com que todos aqueles que querem pesquisar entrem em louco furor ou percam o juízo" (OC 14/2, § 158). Se os alquimistas estiverem certos, investigar as experiências difíceis associadas à *nigredo* trará níveis de transferência e contratransferência psicóticas, e a ignorância surgirá novamente em cada caso.

Em *Mysterium Coniunctionis*, Jung registra vários textos alquímicos que retratam a *coniunctio* e seus resultados. De certa forma, os textos alquímicos são como raios X que mostram o que está por baixo da superfície de fenômenos que são frequentemente tratados por meio de uma perspectiva histórica pessoal. De acordo com Jung, a *coniunctio* tem resultados indesejáveis no início (OC 14, § 152). Ele explora a natureza de uma dessas imagens negativas, o cão raivoso, de uma forma que considero particularmente perspicaz no que se refere ao material clínico em discussão:

> O filho hermafrodito, que desde o berço foi infectado pela mordedura do cão raivoso corascênico; em consequência de hidrofobia crônica, se torna ele abobado e raivoso; ele tem horror da água e foge dela, ainda que ela esteja mais perto dele do que qualquer outra coisa natural, oh! desgraça! Existe no bosque de Diana um par de pombas que acalmam o furor dele. Então o cão impaciente, escuro e raivoso voltará quase sufocado à superfície da água, para que não sofra uma recaída na hidrofobia e pereça afundado na água; tu, porém, afugenta-o com jatos de água e pancadas e mantém-no afastado, e assim as trevas desaparecerão. Quando a Lua brilhar em toda a sua luz, dá-lhe asas, e uma águia fugirá voando... (OC 14/1, § 176).

Jung vê a fonte da loucura, o cão raivoso, não apenas como perigoso, mas também como a fonte de um novo espírito, a águia que ascende a partir de sua transformação.

Jung associa o cão raivoso ao caos ou à *prima materia*, ou ao chumbo que "contém um demônio" que enlouquece o adepto (OC 14, § 183). Em outro lugar, Jung refere-se ao inimigo do novo nascimento como o "ladrão" (OC 14, § 193). Na prática clínica, essa qualidade perigosa assume várias formas, incluindo o incesto. O simbolismo alquímico da transformação do cão raivoso ou do ladrão pode refletir o árduo processo de criação de um recipiente analítico para as ansiedades, a vergonha, os estados de pânico e os opostos associados, divididos de forma louca, que acompanham o retorno da experiência de abuso do incesto. O "ladrão" representa uma experiência de perder, repetidamente, quaisquer ganhos aparentes de consciência ou de ligação com a pessoa. A transformação milagrosa em águia pode aparecer em termos de uma transferência idealizada como uma manifestação do arquétipo do espírito (Schwartz-Salant, 1982, p. 43-44). Quando o analista trabalha com os estados mentais ilimitados, caóticos e extremamente perturbadores aos quais se referem imagens como a do cão raivoso, ele pode experimentar o surgimento tanto de uma transferência criativa e idealizada quanto da extrema vulnerabilidade que acompanha essa transferência como um acontecimento milagroso. Nessa altura, porém, o analisando não tinha uma idealização perceptível.

A analisanda, em grande parte devido a um erro meu, entrou assim na sua parte psicótica, mas com um certo grau de contenção. Ela estava cheia de desconfiança e terror em relação a mim. No entanto, em grande parte por meio da sua parte sã, ela também sabia que precisava resolver as coisas comigo; existia uma aliança. Ela tinha escrito toda a sessão que começou com sua pergunta sobre sentimentos e sua conexão comigo, e sua crença de que eu havia dito que a odiava. Nessa altura, eu ainda estava (insensatamente) empenhado em ajudar as qualidades mais normais do seu ego a reconhecer as distorções de sua parte psicótica. Eu estava olhando para as distorções psicóticas "dela" – não para a "minha" ou "nossa" – tentando ajudá-la a entender a realidade. Quando finalmente voltamos à sua pergunta inicial, eu disse a ela que me sentia irritado com isso, o que considerei um ataque ao nosso trabalho. Eu tinha tentado forjar uma ligação que não existia, o que agora via como um ato hostil da minha parte. Só depois desse tipo de exploração, em que comecei a refletir sobre a validade das suas percepções, é que ela encontrou algum alívio. Agora, estava se reconstituindo um espaço no qual ela poderia novamente trabalhar em seus problemas de incesto e em suas qualidades psicóticas que se manifestavam como divisão extrema, retraimento, distorção da realidade e impulsos suicidas.

Se eu quisesse promover a integração da sua parte psicótica em vez de fortalecer o seu ego neurótico normal, teria de reconhecer abertamente a verdade de suas percepções, mesmo que essas percepções pudessem ser vistas como parciais e distorcidas. Tal reconhecimento pode ajudar o analisando a correr o risco de reconhecer e expressar percepções como a de sentir-se odiado pelo analista. Minha analisanda, descobri mais tarde, estava aterrorizada com a possibilidade de tal afirmação levar à minha decisão de encerrar a análise.

As distorções da realidade que decorrem da parte psicótica parecem tornar bastante perigoso o ato de reconhecer a verdade das percepções do analisando. A analisanda poderia usar esse procedimento para reificar ainda mais suas distorções. Mas a minha experiência é no sentido de que, a menos que um processo esquizofrênico esteja em ação, essa preocupação geralmente não se revela problemática e é muitas vezes baseada na introjeção do analista sobre os medos do analisando de ser abandonado por ter sido confrontador. A menos que o analista encontre uma maneira de espelhar a precisão da visão da alma, ele raramente conseguirá ajudar o analisando a integrar a profundidade do seu ser que está preso em distorções psicóticas.

Em uma sessão posterior, a analisanda disse:

> *Eu não posso confiar em ninguém. Estou em um lugar frio e isolado e estou com medo do poder que você tem sobre mim. Se eu lhe disser alguma coisa sobre o que pensei ontem à noite, você pode me aniquilar em um instante. Eu nunca senti o poder total que você tem sobre mim e isso me apavora. Eu só quero me retirar e abandonar completamente tudo, esse processo, a vida.*

Nesse momento, o seu terror estava centrado no que eu tinha dito quando repassamos a sessão, pois disse-lhe que me "ouviu" dizer que ela era uma prostituta nojenta. Expliquei que na verdade não acreditava que ela fosse uma prostituta, mas que estava realizando uma fantasia com ela, um processo sobre o qual pensei que ela estava ciente enquanto acontecia. Ela ouviu atentamente e pensei que estava progredindo em ajudá-la a ver suas distorções da realidade. Na sessão seguinte, entendi que não foi a "parte da prostituta" que a afetou, mas sim o fato de que eu disse que "ela me "ouviu" dizer o que eu disse", dando a entender que eu não tinha dito nada e que ela era psicótica. Ela sentiu que eu havia aniquilado as suas percepções e ficou sem saber em que acreditar ou em que confiar.

Ela ficou especialmente apavorada com a possibilidade de eu pensar que estava louca. Ela sentiu que agora eu estava apenas acalmando-a e mentindo para ela. Quando mais uma vez expliquei que eu realmente havia dito o que ela acreditava que eu havia dito, mas que ela tinha interpretado da maneira errada, estava ficando claro, até mesmo para mim, no meu ataque absurdo aos elementos psicóticos entre nós, que eu estava tendo pouco efeito. Então me perguntei: Onde ela está certa? Ela acreditava que eu tinha dito o que disse porque realmente sentia que ela era uma prostituta nojenta, mas agora eu estava negando esse sentimento. Sua crença poderia resultar de sua parte psicótica ou de uma força trapaceira dominando o nosso processo – Mercurius em sua forma demoníaca, como o cão raivoso. Ou estaria a sua crença enraizada em uma percepção das minhas próprias partes loucas, das quais tive, quando estive com essa analisanda, muito pouca consciência?

Eu neguei as suas percepções, como quando não ouvi e processei com precisão sua pergunta sobre o que ela deveria fazer com seus sentimentos quando não sentia nenhuma conexão comigo. Quando insisti que apenas havia ocorrido uma mudança de forma na conexão, neguei o que ela experimentou, ou seja, um espaço no qual ela não tinha absolutamente nenhum vínculo comigo ou consigo mesma.

Após outra sessão, sentindo o estresse do meu trabalho com ela, registrei o seguinte processo imaginário:

> *Quero espancá-la, afogá-la em um mar tempestuoso, jogar seu corpo de um lado para o outro nas ondas até que ela pare com essa tortura comigo com seus retraimentos e masoquismos, deixando-me sempre ser o culpado. Cada vez mais sinto como se tivesse cometido incesto com ela. Sinto-me como se fosse o irmão culpado que lhe fez isso e depois negou. Sinto os limites de perder o como se. Fiz isso ou não?*

Reconheci que, inconscientemente, posso ter sentido essa identificação durante algum tempo, nomeadamente que eu era o seu irmão mais velho, aquele que a tinha violado incestuosamente. Como consequência de negar esse nível de contratransferência psicótica, eu estava forçando interpretações e tentando me sentir empático e relacionado com ela, em vez de sentir o ar de irrealidade que realmente permeava o nosso trabalho.

Contenção do processo psicótico por meio da qualidade do campo da *coniunctio*

Depois dessas tentativas de resolver nosso processo juntos, ela fez a pergunta inevitável: "Isso significa que tenho provocado essas reações em você?" Como teria sido fácil dizer: "sim!" É evidente que tinha ocorrido uma identificação projetiva, mas eu também sabia que, ao tomar consciência da contratransferência psicótica, estava me abrindo para um domínio muito maior que parecia ter um objetivo ou uma finalidade; uma abordagem clássica de identificação projetiva eliminaria essa consciência. A experiência do domínio mais amplo do campo interativo, que incluía minhas próprias fantasias de incesto, criou uma noção de significado. Essa área precisava, sem dúvida, ser explorada, mas logo começou a parecer muito aérea e não substancial, e voltei a uma visão de identificação projetiva, partes psicológicas que eu colocava nela e ela em mim. Por sua vez, essa abordagem de identificação projetiva parecia muito pequena, pois excluía uma noção de significado. Dessa forma, surgiu a consciência da oscilação entre os níveis de desenvolvimento e o mítico. Essas oscilações caracterizam a experiência do campo interativo quando este é animado. O sentido de espaço muda, como diz o ditado alquímico: "*Hic lapis est subtus te, et erga te, et supra te, et circa te* [Esta pedra está embaixo de ti, perto de ti, sobre ti e ao redor de ti]" (OC 14/1, § 60).

Poderíamos compreender a nossa interação como incluindo uma "terceira coisa", um domínio mítico que ordenava e entrelaçava as partes psicóticas da nossa psique. Para revelar esse domínio, poderíamos olhar para o pano de fundo dos nossos episódios psicóticos. Eles sempre foram precedidos por um estado de união inconsciente, geralmente indicado por temas de casamento (descobri examinando seus sonhos). Em seguida, uma *nigredo* devastadora se instalaria. Por exemplo, um sonho de casamento precedeu a sessão em que eu tinha insistido que tínhamos uma ligação. Reconheci que meus períodos periodicamente difíceis com essa analisanda sempre foram precedidos por tais sonhos; nesse ponto, descobri que poderia documentar quatro anteriores, e pode ter havido mais.

O simbolismo da *coniunctio* é extremamente variado e sutil, geralmente não tão evidente quanto o casamento e as imagens do casamento nesse caso específico. Em vez disso, muitas vezes é preciso lidar com imagens obscuras de união, e às vezes é fácil ignorar imagens que podem implicar a existência da *coniunctio*, como brigas de animais, ou motivos de sonho, como um incêndio começando no porão, um ladrão arrombando ou o pai da analisanda morrendo. Jung também se refere à imagem de um relâmpago e de um "nascimento de pedra" (OC 14, § 376). Mas tais imagens podem facilmente ser consideradas como representando apenas a existência intrapsíquica do analisando, ou como refletindo o material da infância que emerge por meio da transferência. O que muitas vezes é visto como impedimento de desenvolvimento é na verdade o resultado de uma *coniunctio* que ocorre entre duas psiques, e a transferência--contratransferência negativa é um estado de união que é muito tentador para o analista, seja para se esquivar ou para interpretar defensivamente.

Nesse caso, a metáfora alquímica "nossa" *nigredo* foi encontrada e gradualmente contida. Poderíamos então, depois de nos orientarmos, lidar imaginariamente com o material que tinha nos devorado, e fazer isso sem perder o sentimento? Por vezes, a seu pedido, a analisanda e eu voltávamos à sessão fatídica em que eu procurava tratar a nossa relação em termos de uma qualidade sadomasoquista. Fiquei perplexo e, por vezes, me senti perseguido pela sua insistência em que ainda tínhamos assuntos pendentes, embora já tivesse aprendido a respeitar a sua resistência em continuar até que tivéssemos esclarecido o que tinha acontecido naquela sessão de forma satisfatória para ela.

Se antes se revoltava com o fato de eu ter dito que "ela me ouviu dizer" o que eu tinha dito, agora ela também estava profundamente perturbada com o conteúdo. Ela acreditava que eu sentia mesmo que ela era uma prostituta nojenta. Preocupava-me que ela caísse mais profundamente em um estado psíquico em que os impulsos suicidas aumentassem devido ao seu desespero pela perda de sua capacidade de pensar e ao medo de ser psicótica. Ela sentiu que nunca sairia dessa fase. Eu costumava lembrar a ela que naquela época eu acreditava que estávamos em sintonia, que ela entendia que eu estava interpretando um papel com ela e que eu não tinha a menor consciência de sentir que ela era de alguma forma nojenta. Na verdade, eu acreditava que prevalecia um estado totalmente oposto, um estado em que sentia uma profunda afinidade com ela, um efeito comum da *coniunctio* (OC 16, § 445), como se ela fosse uma irmã intimamente conhecida, com quem eu tinha o direito de dizer ou sentir o que quisesse. Só agora aprendi que essa crença era minha e não compartilhada por ela. Ela, no entanto, não se sentia nada bem e, na verdade, sentia-se totalmente sob meu poder. Ela conseguia sentir, por pouco que fosse, uma raiva profunda. Por meio desses sentimentos de afinidade, nossas partes dominavam secretamente o campo interativo, e uma díade sadomasoquista estava sendo representada, em vez de encenada. Por isso, tive de me perguntar: "Eu acreditava que ela era uma prostituta nojenta?" Tive de reconhecer que em algum lugar, de alguma forma, poderia dizer "sim", pois na medida em que sentia que era seu irmão no incesto, também sentia como se ela estivesse me seduzindo.

A imagem da prostituta é encontrada na alquimia. A *nigredo* surge dessa imagem, a prostituta como o lado escuro da lua fere o sol (OC 14, § 21). No entanto, fui levado a reconhecer que essa imagem também era pertinente ao meu próprio setor psicótico, estruturado por formas míticas como o mito de Átis-Cibele.

Quando meu estado normal de ego foi fortemente afetado por esse padrão arquetípico, senti o perigo de ser dominado pelas necessidades e desejos da analisanda. O engolfamento e a perda da minha autonomia pareciam muito reais, e eu poderia ter me separado dessa realidade psíquica e deixado a confusão e a angústia totalmente por conta da minha analisanda. No entanto, ao ser capaz de me relacionar imaginariamente com a presença desse setor arquetípico e do seu estado de ego associado, pude então começar a ver a minha projeção sobre ela, embora não a tivesse sentido conscientemente como sedutora ou perigosa. Tornou-se então claro para mim que, por meio da constelação desse padrão arquetípico, eu a veria como uma prostituta e ao mesmo tempo a odiaria pelo poder que ela tinha sobre mim e também desejaria fundir-me com ela para neutralizar esse poder e recuperar um sentido de amor. Assim, uma díade inconsciente, análoga ao estado de fusão Átis-Cibele, começou a tornar-se clara.

No que diz respeito ao *Rosarium*, essa díade esteve presente na sessão inicial; foi um contato da mão esquerda (a segunda xilogravura, figura 9) em que nossas psiques inconscientes foram fundidas por meio do desejo enquanto simultaneamente combatiam qualquer contato afetivo. Se eu tivesse mais experiência na época, poderia ter conseguido lidar com essa qualidade de campo muito melhor do que fiz, porque teria mais consciência de que a *nigredo* tem uma dinâmica própria que é muito forte e que induz a estados de loucura.

Uma vez reunida essa loucura, nosso processo poderia continuar de uma maneira menos estressante e conflituosa. O *Rosarium* indica a condição de "verdade nua" como qualidade de campo da terceira xilogravura. Tive de reconhecer e assumir a responsabilidade pelos meus erros subjetivos com essa analisanda. Por vezes, esse procedimento era narcisicamente humilhante; fiquei chocado com a forma como tinha sido e continuava a ser inconsciente. Mas esse procedimento nos permitiu continuar de uma forma útil e, de fato, experimentar a natureza da nossa ligação emocional.

O analista pode compreender o analisando de várias maneiras, como por meio da empatia, da reflexão sobre a sua própria experiência e do conhecimento de padrões de desenvolvimento ou arquetípicos. O analista pode fazer intervenções e interpretações baseadas nessa compreensão. Mas a visão imaginária – o pilar do caminho alquímico – só estará disponível para o analista quando ele conscientemente enxergar através dos olhos de seus próprios complexos. Portanto, tive de usar a qualidade da inconsciência mútua nesse caso e, como resultado, deparei-me com níveis da minha própria psique que já tinha encontrado muitas vezes, mas não com a qualidade arquetípica e autônoma que agora tinha de enfrentar. As percepções imaginárias que o analista pode ter só serão confiáveis se ele as processar de modo que façam sentido tanto do ponto de vista do desenvolvimento quanto do ponto de vista arquetípico. Esse duplo ponto de vista sustentará a percepção do analista. Nesse caso, tive de ver a extrema angústia e a loucura que envolveram a parte cindida da minha analisanda em defesa de suas experiências de ser violada incestuosamente. Por exemplo, eu poderia me concentrar na posição esquizoparanoide kleiniana e na dificuldade da minha analisanda em entrar na posição depressiva, mas também era importante ver sua loucura interior como resultado da *coniunctio* que tinha ocorrido no processo analítico.

A menos que eu reconhecesse e assumisse a responsabilidade pelos níveis em que um mito semelhante ao de Átis funcionava em mim, a minha analisanda ficaria com a sensação de estar delirando, com sua visão negada. Como resultado, ela não conseguia ter uma ideia clara do que estava acontecendo entre nós. Em vez disso, sua visão se manifestaria por meio de dores corporais e angústia em relação àquela sessão sadomasoquista específica. Foi necessária uma coragem considerável para conter a sua confusão e o seu desconforto, em vez de se desligar da sua visão e de se transformar no seu complacente, árido e competente si-mesmo. A tomada de consciência desse nível arquetípico e da sua natureza avassaladora para mim foi a chave para entrar em um vínculo centrado no coração com ela, que permitisse perceber o seu processo. Motivado pelas suas preocupações, que poderiam facilmente ser reduzidas à paranoia, também tive de reconhecer que na verdade falei dela como uma prostituta e não apenas como um ator no seu drama. Ao primeiro desvendar os meus sentimentos dessa forma vulnerável e pessoal, fui então capaz de sentir a dinâmica arquetípica subjacente que poderia entrelaçar esses estados de fusão, afastamento e ódio desejados.

As qualidades que muitas vezes criam as maiores dificuldades na análise são precisamente aquelas que remontam a antigos substratos da mente, como o mitologema do filho-amante, uma forma importante da *prima materia*. Nos antigos substratos da mente, o analista deve confrontar qualidades sombrias que não são capazes de serem integradas na esfera do ego, mas que, em vez disso, devem ser vistas, sentidas e experimentadas como os devotos de um deus ou de uma deusa experimentariam o rito dessa divindade. A escala de tais fenômenos é muito maior do que a do ego; o ato de perceber e experimentar imaginariamente a sua numinosidade é significativo.

Os erros que um analista comete podem ser resultado de sua análise pessoal insuficiente, ou podem ser parte de uma qualidade trapaceira do inconsciente que afetará o analista, talvez com o objetivo de aumentar a sua própria consciência. As feridas que o analista inflige ao analisando, e vice-versa, fazem parte do mal que o analista experimenta ao se envolver com o inconsciente. O analista deve assumir a responsabilidade por esse mal sem se deixar abater pelo seu peso. O analista não pode atribuir todos os seus erros, insultos e lesões graves ao analisando como parte de um processo de feridas "antigas" que reaparecem na transferência; e o analista também deve se perguntar sobre como essas experiências negativas podem ser criadas no processo analítico e sobre sua responsabilidade associada a elas. A criatividade tem uma sombra intensa, e se o processo analítico pretende ser um esforço criativo, o analista deve esperar o forte lado sombrio que inevitavelmente aparecerá.

Perto do final do período de dois anos do caso clínico que venho citando, a raiva da analisanda foi mobilizada por aquilo que ela percebeu como minha falta de conexão comigo mesmo. Essa questão veio à tona depois de mais um sonho de casamento. Dessa vez, ambos nos interrogamos sobre o que aconteceria a seguir. Duas semanas mais tarde, sua raiva veio como nunca antes, e com ela veio um intenso desespero e ódio contra mim por não estar conectado a ela e também por não apenas deixá-la morrer. Ela estava cheia de ódio pelo que experimentou como minha tortura com o nosso processo e pela minha fé nesse processo.

Nas sessões seguintes, a analisanda ouviu com a cabeça virada para o outro lado, arriscando-se a não tentar se conectar comigo por meio do contato visual. Dessa forma ela poderia ouvir se eu estava bem ligado ou não – a ela e a mim mesmo. Nesse momento, a sua loucura emergiu com ainda mais força. Às vezes, eu ficava ansioso com isso, pois a loucura dela não tinha a forma de uma parte infantil perdida em uma ansiedade e raiva avassaladoras, mas em vez disso parecia uma massa de fúria sem forma dirigida a mim.

Ela sonhou com um corretor de seguros chamado John Hinkley, o louco pretenso assassino do presidente americano Ronald Reagan. Ficou claro que sua segurança contra a perda e o abandono viria da loucura. A dor da perda de conexão comigo estava atingindo um novo nível de intensidade. Ela sentiu que conhecia a união – comigo e consigo mesma – em momentos provavelmente ligados aos seus sonhos de casamento, mas não tínhamos continuidade e nenhum sentido materializado de ligação. Um estado desalmado torturou-a, e a sua falta de contenção era, por vezes, muito provocadora de ansiedade para mim. A pesquisa alquímica de Jung sugere que também estava em ação um processo inconsciente, no qual a conexão desejada com o coração estava sendo procurada e, talvez, forjada (OC 16, § 482).

Vários meses depois ela teve outro sonho de um casamento: essa *coniunctio* e a resultante *nigredo* foram as mais devastadoras até então. Ela falou sobre se sentir "totalmente dispensável". No entanto, apesar da intensidade do sonho, e embora os pensamentos suicidas e o isolamento emocional ainda estivessem presentes, ela estava muito menos esquizoide. Ela sentiu como se a parte jovem dela, que se escondeu quando criança na esperança de não ser encontrada, agora também fizesse parte do material em seu processo. Anteriormente, essa parte só era sentida por meio de um campo interativo de não ligação. Essa nova espiral descendente continha o material anterior, mas também incluía uma importante mudança estrutural. Sentimentos de afastamento e desvinculação ainda a atormentavam, mas eram menos intensos em geral, e eram particularmente menos intensos quando ela estava comigo.

Na sessão seguinte, ela disse que durante a sessão anterior estava diferente. Quando lhe disse que também a sentia diferente, introvertida e reflexiva em vez de retraída, ela respondeu dizendo que também tinha notado essas mudanças. Quando saiu do meu consultório, despediu-se. Se fosse antes, não haveria dito nada e simplesmente saído.

O estado de união age, portanto, como um ímã que atrai estados mentais esquizoides cindidos, níveis de abuso da alma que muitas vezes podem ser terríveis demais para serem contemplados. A *coniunctio* põe em movimento um processo que arrasta a díade analisando-analista como se uma corrente em um vasto mar estivesse envolvida, e as psiques individuais balançassem para cima e para baixo com peças recém-integradas do inconsciente. Às vezes, o analista se enganará apenas se prestar atenção a esse movimento mais profundo, especialmente quando o problema for o *acting-out* contratransferencial, como foi o caso da fatídica sessão com a qual iniciei essa análise clínica. No entanto, se não tivéssemos abordado o movimento maior abaixo de nós, o recipiente que foi criado teria sido pequeno demais para o processo da analisanda. Esse foco menor a teria forçado a se sentir culpada ou então a fazer acusações e a se afastar da sensação de que estávamos nisso juntos, tecendo a nossa história que, de certa forma, combinava ou recriava a história de sua infância, mas também era sua própria criação.

Nesse caso, poderíamos gradualmente reconhecer que o propósito das *nigredos* é a dissolução das rígidas defesas da analisanda (e das minhas) contra a loucura e, mais importante, a dissolução das defesas contra a dor e a vulnerabilidade subjacentes que sua alma abusada sofreu. Como consequência, aos poucos foi ficando claro que esse processo não era só dela, mas também nosso, por meio do qual estávamos mudando juntos.

À medida que a analisanda gradualmente se tornou mais capaz de se conectar com a sua alma cindida, seu retraimento diminuiu e uma imaginação centrada no coração tornou-se possível. Consegui então sentir uma vivacidade no meu coração e menos vontade de impor o controle e a ligação por meio do conhecimento ou da interpretação. Esse processo é difícil de escrever porque existe dentro de uma realidade imaginária em que a atenção flui por meio do coração e em direção a outra pessoa. No processo, surge a visão imaginária. Essa visão pode ser experimentada através dos olhos, do corpo ou do sentimento, mas esse nível de percepção penetra suavemente de maneiras que um processo discursivo não consegue alcançar. Para a alma abandonada, o conhecimento sem coração parece abandono. O coração oferece uma maneira de se conectar sem violar a alma.

Os estados *nigredo* que continuaram a surgir foram difíceis de gerir, sobretudo porque mergulharam a analisanda cada vez mais profundamente em estados de desconfiança. No entanto, esses estados sempre provaram estar enraizados no processo de criação de um novo recipiente analítico, por exemplo, para violações de incesto cometidas por outros membros da família, que ela temia que eu realmente não acreditasse que tivessem ocorrido. Para a analisanda, lidar com suas dúvidas persecutórias era como o tema do texto alquímico ao qual me referi anteriormente: manter o cão raivoso à distância. Por meio desse processo, tal como o cão que se transforma em águia, uma transferência criativa e idealizada finalmente começou a surgir.

Minha analisanda sofria terrivelmente quando sua conexão do coração e minha conexão do coração com ela estavam ausentes. A perda do coração foi o principal problema de abandono em nosso trabalho, como sempre tinha sido em sua vida. O psicanalista Harry Guntrip (1969, p. 97) refere-se ao "coração perdido do si-mesmo" na personalidade esquizoide, e essa metáfora descreve bem a qualidade esquizoide em todas as pessoas. O que foi notável no processo de uniões e nos estados *nigredo* que se seguiram é que esse processo integrou continuamente o coração.

A sequência *coniunctio-nigredo* das quinta, sexta e sétima xilogravuras (figuras 12, 14 e 15) dominou esse caso. A empatia era impossível no campo representado pela sétima xilogravura, exceto a empatia de reconhecer que não havia nenhuma. Essa forma de empatia fez pouco para remover a dor sentida no campo, mas eventualmente pude respeitar o processo como tendo algum mistério para além da consciência. A qualidade do campo da sétima xilogravura é caracterizada por três facetas:

1. Ambas as pessoas experimentam estar em universos paralelos; não é possível estabelecer uma ligação significativa.

2. Qualquer uma das pessoas ou ambas tendem a agir impulsiva e automaticamente, como se uma qualidade mecânica assumisse o controle. O analista tende sobretudo a falar de maneira afetada e forçada, desprovida de sentimento. Se o analista retardar essas intromissões no processo, fica logo grato por ter sido salvo de uma humilhação que se seguiria.

3. Uma sutil sensação de estranheza pode estar presente. Se o analista se concentrar na pessoa, um sentimento de estranheza se manifestará.

A sétima xilogravura retrata a agonia física e psíquica da qualidade do campo e, infelizmente, em muitos casos, o analisando carrega a maior parte do sofrimento. Geralmente, os analistas estão em uma posição de poder em virtude do desequilíbrio na situação analítica e, consequentemente, as suas defesas de divisão são geralmente muito mais úteis do que as do analisando. Embora os analistas possam permanecer relativamente "intocados", se penetrassem na verdade de sua dor, descobririam que ela é, na verdade, nada menos do que a dos seus analisandos. O analista e o analisando devem sofrer a dor da falta de conexão e da ausência total de conexão ao coração. Somente a vivência e a resistência desse sofrimento por parte de ambas as pessoas podem trazer o orvalho que cai da oitava xilogravura (figura 16) com sua renovação da díade inconsciente e da experiência de campo.

No meu processo com essa analisanda, o campo interativo foi ativado e a conexão empática foi novamente possível. Além disso, a capacidade da minha própria visão imaginária da sua vida psíquica foi reforçada e ela também pôde começar a confiar na sua percepção corporal e imaginária. O "retorno da alma", simbolizado pela nona xilogravura (figura 17), significou a existência de um sentido de ligação mais estável e, com ele, uma consciência renovada da "terceira área" como um espaço com o seu próprio processo e mistério. Nesse caso, a experiência do corpo sutil estava mais presente para nós dois. Além disso, nessa fase passou a existir uma nova capacidade de visão imaginária, uma capacidade de visão que já não era desencarnada. Essa experiência culminou no tipo de qualidades de campo significadas pelo "Rebis" da décima xilogravura (figura 18).

Quando duas pessoas constituem um campo com essa qualidade, podem experimentar os campos devastadores da sexta e da sétima xilogravuras sem que sua conexão seja destruída pela divisão e pelo comportamento defensivo. Ambas as pessoas são mais capazes de reter um senso de identidade, ao mesmo tempo em que experimentam como esse estado de identidade é fluido e precisa ser recuperado por meio da exploração mútua.

Nessa altura, analista e analisando alcançaram algo de grande valor, conquistado com dificuldade por meio de muitas provações da *nigredo*. Na linguagem alquímica, no entanto, o Rebis continua sendo "aquoso", fluido e facilmente perdido. Nessa fase, analista e analisando acreditam que a união pode ser recuperada, tanto como um estado interno quanto como uma qualidade de campo. De certa forma, as primeiras nove xilogravuras são um processo que conduz à criação da fé em um processo conjunto que pode ser utilizado e respeitado.

Mais significativamente, o Rebis significa uma qualidade de campo interativo de parentesco. O parentesco denota aquela condição especial em que o abandono e a perda ainda existem, mas não são mais questões importantes, e uma confiança fundamental na presença do outro é estabilizada. Além disso, no parentesco com outra pessoa, o outro nos acolhe, tem preocupação conosco de uma maneira reflexiva que não se intimida com as necessidades narcisistas e pela inveja. Como disse um analisando: "Sinto que sou o seu projeto criativo". E eu senti que também era o dele. Embora o Rebis tenha uma qualidade muito positiva de ligar os opostos, de criar a energia do parentesco e de representar um si-mesmo partilhado no campo interativo, pode dissolver-se sob o impacto das paixões; e sem a integração de uma ampla gama de desejos essa imagem pode degenerar em um perigoso estado de fusão.

Paixão e a transformação do campo interativo

Na descoberta da psicanálise por Freud, as paixões, como no "contato da mão esquerda" do *Rosarium* (figura 9), foram o foco do processo analítico. A psicanálise abordou a *nigredo* em seu modo caracteristicamente redutivo, buscando causas anteriores para a sua fenomenologia e incluiu implicitamente a *coniunctio* como o processo de ligação da transferência--contratransferência. Mas a ênfase na paixão diminuiu à medida que a formação de transtornos narcisistas e limítrofes, que protegem contra níveis psicóticos e medos de envolvimento em estados iniciais de paixão, foram abordados. A partir daí, as relações com os objetos tornaram-se primordiais e, com essa mudança de foco, a paixão deixou o centro do pensamento psicanalítico, enquanto qualquer encontro direto com as energias da *coniunctio* raramente foi o foco do pensamento psicanalítico. Com o advento das teorias das relações objetais, a interpretação da transferência e a análise das defesas caracterológicas foram claramente os caminhos escolhidos pela psicanálise. Além disso, a transferência e as noções de campos que surgiram na última década na psicanálise não incluem a utilidade ou a necessidade de experimentar a paixão de um domínio interativo e o seu significado transformador.

A psicanálise sempre teve um foco duplo na transferência como experiência e na transferência ou contratransferência como forma de projeção a ser analisada como fonte de informação sobre o processo do analisando. Mas, com a possível exceção do trabalho de Sandor Ferenczi (1938, 1955), a psicanálise raramente se concentrou na relação transferencial como um campo de qualidade vivificado, caraterizado pela paixão. De qualquer forma, é razoável ver a psicanálise começando com uma experiência *rubedo* na descoberta de experiências ou fantasias de incesto por Freud, desenvolvendo-se por meio de uma fase como as primeiras dez xilogravuras do *Rosarium*, e culminando com a décima xilogravura em que a morte psíquica por divisão e outros mecanismos de defesa esquizoides são abordados. Ao longo de todo o processo, o objetivo da psicanálise tem sido o de ajudar a pessoa a adquirir a sua própria capacidade de se relacionar com o inconsciente. Essa relação consciente-inconsciente é simbolizada no *Rosarium* pelo hermafrodita do Rebis segurando três cobras em uma mão e a quarta cobra na outra mão.

As energias da paixão conhecidas na *rubedo* foram cortadas e diminuídas nos tempos modernos, por exemplo, pela noção de Freud de sexualidade infantil e genital. Enquanto o ideal heroico de Wilhelm Reich (1973) de abraçar toda a libido no orgasmo permanecia apenas um ideal, para Freud, a repressão e a sublimação da sexualidade infantil eram necessárias e inevitáveis. Essas energias não podem ser totalmente conhecidas na carne, e quando tal conhecimento é tentado, as energias muitas vezes movem-se para um nível sadomasoquista em que o ego tenta transcender as limitações da carne.

Conter a paixão e relacionar-se com ela são competências essenciais para quem deseja lidar com as complexidades dos estados de união e com as questões de abandono associadas e as suas poderosas emoções relacionadas. Sem paixão, qualquer relacionamento corre o risco de decair em comportamento mecânico e ressentimento. O texto alquímico *Splendor Solis* contém muita sabedoria sobre essas questões.

Por exemplo, a sexta pintura do *Splendor Solis* refere-se à fase da *Eneida* de Virgílio em que Eneias, que é ajudado por Cibele, consegue passar com segurança pelo inferno (figura 19). Somente alguém que pode experimentar a paixão sem perder a consciência e a estrutura tem a capacidade de lidar tanto com os estados de abandono sem alma que o inferno representa quanto com a emoção avassaladora simbolizada pelos seus fogos. Tal passagem pelo inferno é essencial para a existência de um si-mesmo individual e estável. Sem essa passagem, o si-mesmo fica para sempre guardado por uma variedade de defesas narcisistas e esquizoides, entre outras.

No *Splendor Solis*, várias pinturas acompanham a sexta imagem que retrata o roubo do ramo e levam ao nascimento de um hermafrodita, o que representa um símbolo do si-mesmo que não foi vinculado à dimensão ctônica do corpo. Abordando de forma poderosa a dimensão ctônica, a décima pintura mostra um homem de aparência selvagem que cortou os membros de outro homem, mostrados em sua condição desmembrada branca e avermelhada de sangue (figura 20). De forma notável, essa qualidade de sombra escura consegue o desmembramento do corpo rígido e da autoimagem psíquica. Essa figura representa a integração daqueles aspectos do nosso ser que são capazes de atos psicóticos que decorrem de uma identificação interna com a vida animal do inconsciente. Quando essa identificação é ativada, ou seja, quando não é sofrida e sacrificada conscientemente, mas em vez disso é colocada em prática de maneira grandiosa e delirante, essa sombra mostra a sua qualidade psicótica. Mas quando essa identificação se integra ao ponto de determinar uma fronteira que não se pode atravessar sem violentar a própria alma ou a de outra pessoa, e quando se sofre a frustração da falta de identificação com essas energias, então essa sombra torna-se mais criativa. O mais notável é que a sombra se torna então o sacrificador de estruturas rígidas, conduzindo à décima primeira pintura do *Splendor Solis*, na qual o corpo é transformado e o espírito é experimentado como ascendendo das profundezas do corpo (figura 7). Essa transformação representa a criação de um si-mesmo dentro de um reino de corpo sutil em que a matéria e o espírito não estão mais separados, mas ligados em um campo de nova capacidade perceptiva. O corpo sutil é um recipiente potencial para a paixão, e conseguir esse recipiente de maneira estável é o objetivo principal do processo de transformação na alquimia. O corpo sutil ou campo interativo evolui para estruturas que contêm a paixão em um aspecto essencial da fase *rubedo* das últimas dez xilogravuras do *Rosarium* em que questões de união, morte e paixão são consideradas com maior detalhe do que no *Splendor Solis*.

Figura 19 – Sexta pintura do *Splendor Solis*

Figura 20 – Décima pintura do *Splendor Solis*

A fase *rubedo* do *Rosarium* começa com a décima primeira xilogravura, "Fermentação" (figura 21). Essa xilogravura representa uma fase em que o campo interativo foi animado de uma nova maneira. Tanto a paixão quanto o espírito são os elementos animadores, embora o texto deixe claro que a fermentação é adicionada "um pouco, e depois um pouco novamente" (McLean, 1981, p. 69). A existência do campo é agora mais diretamente sentida e vista, como se depreende do fato de o casal, representando uma díade antes totalmente inconsciente, já não estar mais debaixo d'água.

Figura 21 – "Fermentação": décima primeira xilogravura do *Rosarium Philosophorum*

É importante reconhecer o poder transformador que acompanha esses campos, mas resistências intensas a tais campos, especialmente nos casos em que o tabu do incesto foi real ou emocionalmente violado por uma figura parental ou por um irmão, podem surgir e devem ser respeitadas. Certamente falhei em ter esse respeito pela resistência no caso que discuti neste capítulo. Em publicações anteriores, cujo conteúdo pode ser visto como refletindo a dinâmica de campo da décima primeira xilogravura, escrevi sobre essas interações clínicas. Em um caso particular (Schwartz-Salant, 1989, p. 144-157), quinze anos depois de uma sessão crucial em que o campo interativo animado se tornou um estímulo para um processo imaginário, a analisanda ainda considera que foi um acontecimento transformador em sua vida que lhe permitiu fazer mudanças significativas tanto internamente quanto nas circunstâncias de sua vida. A experiência imaginária do campo ligou-a tão profundamente ao seu inconsciente que ainda hoje ela pode recorrer a essa fonte inestimável. Nessa xilogravura, o campo está tão vivo quanto o inconsciente em uma imaginação vital e ativa, só que agora faz parte de um processo compartilhado com outra pessoa, o que lhe confere uma espontaneidade que pode ser duradoura.

Mas a natureza animada do campo também pode ser mal utilizada – inferida a sua existência como entidade útil antes de ter sido criada em resultado da sequência *coniunctio-nigredo* – como fiz no caso que abordei neste capítulo. Parti erroneamente do princípio de que a analisanda e eu partilhávamos um processo imaginário que podia conter a afirmação de que ela esperava que eu a visse como uma prostituta. Mas no outro caso mencionado, e no qual uma interação imaginária tem um resultado mais diretamente positivo, o campo interativo era um recipiente que poderia formar e conter declarações aparentemente chocantes que se revelaram criativas.

Na décima primeira xilogravura, a própria dinâmica do campo manifesta-se em uma inversão dos papéis de gênero: a mulher está agora no topo do masculino. As inversões de papéis entre homens e mulheres, culturalmente condicionadas, especialmente nas formas de ativo-passivo, são frequentemente evidentes nessa fase do processo, como mostra a décima primeira xilogravura (Schwartz-Salant, 1992). Cada pessoa pode "penetrar na outra" e pode fazê-lo de uma forma que pode ser surpreendente e fazer com que a pessoa saia de uma posição de poder e de conhecimento repetidas vezes. Tais compromissos só são bem-sucedidos se forem jogados contra a consciência de um campo com a sua própria dinâmica. Essa situação é paralela à imaginação ativa em que se dialoga com uma imagem no inconsciente. O campo ocupa o lugar do inconsciente, e a imagem é a díade inconsciente.

Os perigos das energias da paixão são agora diminuídos pelo fato de que uma autoestrutura psíquica foi alcançada na décima xilogravura (figura 18). Dentro da experiência proporcionada pela qualidade de campo da décima primeira xilogravura (figura 21), o analista e o analisando podem agora conhecer o ritmo da *coniunctio* em que é uma "terceira coisa" que pode ser sentida e relacionada imaginariamente como se uma visão estivesse presente. O processo é muito mais consciente do que na *coniunctio* da quinta xilogravura (figura 12), pois a experiência da *nigredo* resultou na assimilação de um material incestuoso e, portanto, compulsivo.

Claramente, um "lado sombrio" desse processo é sempre uma "análise selvagem" na qual tudo pode ser dito. Esse tipo de comportamento é normalmente uma defesa contra a ansiedade de uma ou outra pessoa e, por sua vez, pode muitas vezes esconder impulsos sadomasoquistas. Esses perigos existem para aqueles que não passaram pela fase *albedo* e, especialmente, pelo estado de limpeza do aumento do *mundificatio* (OC 16, § 502). A fase *albedo* do *Rosarium* cria um si-mesmo psíquico que é o centro orientador para a fase *rubedo*. Sem essa experiência do si-mesmo e da sua função como centro do ser, não se pode entrar com sucesso na fase *rubedo*, que, acredito, é uma parte essencial da sabedoria alquímica, como revelado nas quatro xilogravuras seguintes.

A paixão, que historicamente é sempre seguida de tragédia e morte (como se vê na obra *Love is the western world* de Denis de Rougemont [1983]), pode se tornar um fator criativo na *rubedo*. Mas, em uma mudança notável em relação à fase *albedo*, o estado de união não precisa agora conduzir imediatamente a uma *nigredo* devastadora. A imagem seguinte do *Rosarium* indica o caminho e a sabedoria desse processo.

As xilogravuras da décima segunda à décima quinta do *Rosarium* e os textos que as acompanham cumprem dois objetivos. Por um lado, ilustram maneiras pelas quais a consciência e a iluminação racionais solares podem ser destrutivas e como, às vezes, devem ser sacrificadas. Por outro lado, representam a mesma sequência *nigredo* vista na fase *albedo*, com a principal diferença de que o hermafrodita no sarcófago é alado. Assim como a *coniunctio* na décima primeira xilogravura é uma criatura aérea, também esses estados de *nigredo* são mais capazes de serem conscientes para os participantes e prontamente refletidos do que sofridos cegamente, como é frequentemente o caso na fase *albedo*.

Figura 22 – "Iluminação": décima segunda xilogravura do *Rosarium Philosophorum*

A décima segunda xilogravura, "iluminação", mostra o sol, significando iluminação e pensamento racional, morrendo no poço da Luna que representa o ser, a imaginação e a consciência emocional (figura 22). Em um processo analítico, o analista é muitas vezes o observador da consciência, adquirida, por exemplo, a partir de suas reflexões sobre a identificação projetiva ou a análise dos sonhos. Da mesma forma, o analista "sabe" muito a partir de um estudo ao longo da vida das formas de transferência e contratransferência e dos muitos casos que encaixou em um esquema diagnóstico. No entanto, essas formas de consciência, "formas solares" na metáfora alquímica, são facilmente mal utilizadas por um analista que se defende contra a retraumatização, ou seja, que se defende contra as suas primeiras feridas serem inflamadas pela interação com o analisando, e especialmente pela consciência do analisando.

Antes que a consciência possa ser sacrificada criativamente, como acontece na décima segunda xilogravura, é evidentemente necessário ter esse conhecimento analítico. O sol entra voluntariamente no poço, significando que o analista pode ter uma gama considerável de compreensão, e pode até ter uma capacidade solar-espiritual por meio da qual mantém imaginativamente uma consciência, mas nesse estágio a consciência é abandonada. Esse ato parece perigoso para o analista, pois ele fica sem defesa e em um estado de desconhecimento. Enquanto a sétima xilogravura (figura 15) força essa condição na fase *albedo*, essa condição é voluntariamente introduzida na décima segunda xilogravura.

Esse ato de sacrifício é o epítome de uma morte voluntária do narcisismo em favor da criatividade. É possível diferenciar um esforço criativo em formas narcisistas e mais autênticas. No primeiro caso, uma pessoa mostra essencialmente o que já sabe. No último, essa demonstração é conscientemente abandonada e o processo criativo procura o que não é conhecido. Embora esse sacrifício também desempenhe um papel na fase *albedo*, como em qualquer análise, é especialmente importante na fase *rubedo*, pois, ao lidar com a paixão, qualquer apego ao conhecimento é perigoso. Esse tipo de atitude narcisista é facilmente dominado pela paixão e pode levar a estados de fusão regressivos e destrutivos, nos quais a díade inconsciente é representada ou é dividida e a sua presença negada.

Assim, esse sacrifício precede as fases *nigredo* da décima terceira e da décima quarta xilogravuras (figuras 23 e 24), pois como resultado da natureza apaixonada alada e "vermelha" da díade inconsciente, o sofrimento da falta de ação e do desconhecimento pode facilmente ser contornado e o processo ameaçado. A consciência solar é ao mesmo tempo o sacrificado e o sacrificador: o analista e o analisando devem sacrificar conscientemente o que sabem para experimentar mais uma vez a morte e a falta de conexão, como na sexta e na sétima xilogravuras (figuras 14 e 15). A questão é que com a adição ou presença da paixão, esses estados de "ausência" ou desespero são facilmente contornados em uma espécie de comportamento maníaco que é o aspecto negativo da natureza alada do hermafrodita. Assim, na fase *rubedo*, a "morte" não é tão evidente e não é imposta à consciência do analista e do analisando, como acontece na fase *albedo*; antes, na fase *rubedo*, a natureza lunar da "morte" da ligação, sua consistência emocional, deve ser procurada por meio do sacrifício da consciência solar.

Agora que existe uma "base lunar" – uma estabilidade e acesso à visão imaginal – como visto na criação do Rebis, a fase *rubedo* funciona transformando as forças solares, retirando-as da sua forma negativa e compulsiva. Uma díade subjacente é sempre o foco, e por meio dessa díade ocorre a mudança: "O dragão morre com o sol e a lua, não apenas pelo sol ou pela lua". E com a morte do dragão – mais uma vez simbolizando a literalização das unidades de fusão – um si-mesmo individual que sobrevive ao calor da paixão eventualmente surgirá, ressuscitado de sua dissolução sob o impacto do desejo e da morte.

Assim como em seu paralelo, a sexta xilogravura, uma *nigredo* reaparece na décima terceira xilogravura, "nutrição", e essa morte faz parte da transformação do Sol (figura 23).

Figura 23 – "Nutrição": décima terceira xilogravura do *Rosarium Philosophorum*

Um texto de acompanhamento fala do enxofre vermelho digerido pela lua prateada. A condição do hermafrodita morto é chamada *nutrimentum* ou "nutrição". Em outras palavras, a fase *nigredo* é agora sentida de maneira mais consciente na sua função de transformar a natureza potencialmente invasiva e compulsiva da consciência. O desespero e a dor do abandono por si só não são mais o foco principal.

A importância da transformação da consciência não pode ser subestimada. O mundo moderno valoriza muito a realização e o "fazer" em detrimento do "ser". Para o analista, ter um estado genuíno de consciência sobre o processo do seu analisando – uma consciência adquirida, por exemplo, a partir da transferência ou da interpretação de sonhos – e sacrificar essa consciência está longe de ser uma questão simples. Tal ato de sacrifício é contrário aos valores coletivos e à valorização narcísica que tal ato de "conhecer" desperta. Além disso, sacrificar a consciência sobre o processo de outra pessoa pode levar a uma regressão a um estágio "aquoso", a menos que o analista saiba que está renunciando a algo que parece bastante precioso em prol de um objetivo ainda maior. Quando essa consciência está presente, o campo interativo é ainda mais animado e o mistério do relacionamento é tratado, um mistério no qual o analista sabe que pode tornar-se o receptor da consciência do analisando tão prontamente quanto é a fonte da consciência sobre o analisando.

Na décima quarta xilogravura, chamada "Fixação", o hermafrodita não é mais alado e, em vez disso, uma mulher nua sobe ao céu (figura 24). Na sétima xilogravura correspondente à fase *albedo* do *Rosarium*, a alma ascendente era masculina, e a capacidade de campo transmitia uma perda de qualquer capacidade sólida de penetração, deixando ambas as pessoas em um estado de vazio e morte. A décima quarta xilogravura significa o fim da vida totalmente lunar das qualidades de campo anteriores, especialmente da fase *albedo*, e indica o início de uma nova vida solar do hermafrodita. A consciência, com seu elemento potencialmente compulsivo e destruidor de almas, é transformada. O si-mesmo que eventualmente ressuscita requer essa transformação para a sua eventual estabilidade em meio à mudança.

Semelhante à oitava xilogravura (figura 16), a décima quinta xilogravura do *Rosarium*, chamada "multiplicação", apresenta uma descida de chuva do céu (figura 25). Na décima quinta xilogravura, conforme observa Fabricius, o enxofre solar não está mais "fermentando" na pedra ou "nutrindo-a", mas "fixando-a", "multiplicando-se" em sua terra. Essas xilogravuras são, portanto, todas transformações do elemento masculino, o "enxofre" ativo e agressivo que é penetrante, mas que também pode ser corrosivo. Os alquimistas viram que sofrer a consciência dessas qualidades negativas poderia resultar na queda de um orvalho, uma chuva que provoca um efeito multiplicador do produto, a pedra (Fabricius, 1976, p. 154).

Esse estado de multiplicação não é um desejo fantasioso, mas um resultado da experiência, pois quando existe uma forte qualidade do si-mesmo em uma pessoa, tem um efeito "multiplicador" nos outros. Na prática analítica, o si-mesmo do analista, se tiver sido forjado no calor de processos como o *Rosarium* descreve, terá esse efeito. Esse efeito pode ser chamado de "introjeção"; mas introjeção é apenas um termo abstrato para um processo malcompreendido. Em vez disso, está envolvido um mistério de transmissão, e o pensamento alquímico prospera em tais realidades.

O processo alquímico tenta, assim, criar uma autoestrutura que seja também uma qualidade de campo, uma essência de relações *per se* que tenha capacidade de penetração ativa e recepção ativa. Essas qualidades já não estão divididas como acontece nas atribuições culturais de uma para os homens e de outra para as mulheres. Transcender essa divisão é um objetivo claro do processo alquímico.

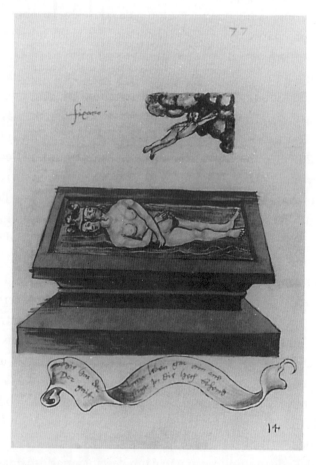

Figura 24 – "Fixação": décima quarta xilogravura do *Rosarium Philosophorum*

Transformação mútua da autoestrutura e do campo interativo

Semelhante à oitava xilogravura, a décima sexta xilogravura, denominada "Reavivamento", mostra a alma mergulhando de volta. O lema explica:

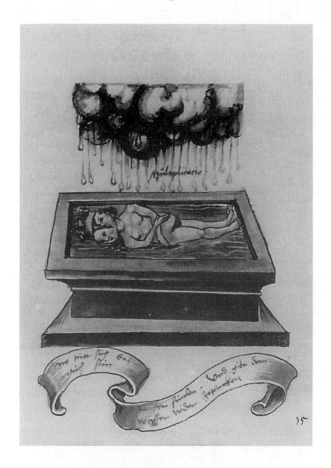

Figura 25 – "Multiplicação": décima quinta xilogravura do *Rosarium Philosophorum*

A metade feminina é reavivada na décima sexta xilogravura. Foi ultrapassada a fase em que a pedra atinge o seu "terceiro grau de preparação" e "o corpo é convertido em espírito" (Fabricius, 1976, p. 158). Um dos principais objetivos da fase *rubedo* é a incorporação do si-mesmo e de uma qualidade de campo, por meio da qual se busca a presença do corpo como veículo de percepção.

Assim, o *rubedo* passa por etapas de integração da paixão e do espírito, sacrificando as suas características orientadas para o poder, com o resultado de que um novo poder é acrescentado à "Pedra branca" da fase *albedo*. Uma qualidade espiritual mais forte e uma estrutura mais estável estão sendo forjadas. Essa fase é um objetivo que pode ser conhecido em qualquer relação de tempos em tempos, mas que normalmente desaparece à medida que o estresse e os conteúdos sombrios se tornam muito urgentes para as pessoas envolvidas. Para os alquimistas, esse estado é realizável como um campo interativo estável que se forma e continua a "avermelhar" à medida que se torna mais consciente e permite a visão espiritual e imaginária.

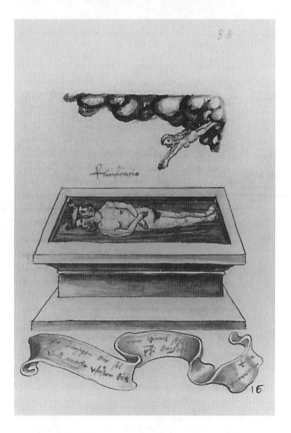

Figura 26 – "Reavivamento": décima sexta xilogravura do *Rosarium Philosophorum*

A décima sétima xilogravura, "Perfeição", mostra o que é conhecido como terceira conjunção, cujo resultado é o hermafrodita que se encontra agora na colina solar (figura 27).

Figura 27 – "Perfeição": décima sétima xilogravura do *Rosarium Philosophorum*

O Três e o Quatro estão unidos, simbolizando uma união consciente-inconsciente; mas agora o leão, símbolo do incesto, está em segundo plano, e a serpente de três cabeças está prestes a morrer. A xilogravura também mostra um processo autonutritivo do pelicano. O casal está triunfante. O aspecto incestuoso do casamento solar, representado pelo leão, aparece atrás do hermafrodita. O texto que acompanha o *Rosarium* diz o seguinte:

> Eu [Luna] sou a lua crescente, úmida e fria, e tu, ó sol, és quente ou úmido (ou então seco). Quando tivermos copulado em igual grau em nosso cavalo, o que não pode ocorrer exceto por meio de um fogo suave, carregando consigo um arfante [fogo], devemos nos aninhar nele e nos tornarmos como a mulher residente e seu marido de origem nobre...

O Sol responde a Luna:

Se fizeres isso e não me fizerdes nenhum dano, então meu corpo mudará mais uma vez; depois te darei um novo poder de penetração por meio do qual te tornarás poderosa na luta do fogo da liquefação e da purgação. E sairás disso sem diminuição e escuridão... e não serás combatida porque não serás rebelde (McLean, 1980, p. 101-102).

O sol reconhece o poder da Luna. A vida masculina e solar finalmente reconhece o poder do feminino não apenas para prejudicar, mas também para transformar. Além disso, a vida solar do masculino reconhece o quão vital é para a transformação do feminino. Esse reconhecimento é válido para homens e mulheres e também para esses poderes como opostos dentro de um indivíduo ou dentro de um campo interativo.

Um aspecto muito significativo representado na décima sétima xilogravura é que o hermafrodita está sobre a serpente de três cabeças, Mercurius, que agora está se transformando. Essa imagem representa uma qualidade de campo que não apenas supera os estados de fusão inconscientes que a paixão pode promover, mas também acaba com os enganos da identificação projetiva. Duas pessoas podem agora experimentar um campo em que existe paixão, em que os elementos paranoicos já não dominam e em que os papéis ativos e passivos mudam facilmente.

Na décima oitava xilogravura, "mortificação do matrimônio celestial" ou "leão verde que devora o sol" (Fabricius, 1976, p. 170), esse processo de transformação continua à medida que a vida solar da compreensão racional e espiritual é novamente sacrificada a serviço da criação de uma nova estrutura de campo (figura 28). O objetivo simbolizado por essa xilogravura é criar um campo que possa existir de maneira estável dentro das paixões representadas pelo mito Átis-Cibele. Essa estabilidade se expressaria em uma experiência do si-mesmo e do outro que não foge do corpo, que mantém a visão imaginária e que é estável sob o impacto das paixões e da visão espiritual. Para alcançar essa estabilidade, como observa McLean, o alquimista deve estar disposto a sacrificar tudo o que conhece, toda a estrutura e conhecimento que adquiriu. Deve arriscar encontrar o aspecto dissolvente e devorador do inconsciente, o Leão Verde (McLean, 1980, p. 129).

A décima oitava xilogravura representa uma fase em que um ou outro está disposto a sacrificar a segurança da consciência, aceitando motivos obscuros para atos que foram na verdade destrutivos. Aceitar a sombra, reconhecer o próprio comportamento prejudicial ou malévolo pode ser muito perigoso, pois a outra pessoa pode então causar danos reais. Por exemplo, a pessoa é vulnerável a todos os tipos de rejeição e desprezo, ferimentos narcísicos e abandono que ameaçam a estabilidade do si-mesmo. A décima oitava xilogravura representa uma qualidade de campo que conduz ao risco, embora exista a fé de que alguém pode sobreviver a tais ataques como um si-mesmo vital e corporificado. A questão é que alguém arriscaria seu si-mesmo solar, sabendo que esse risco seria uma forma de honrar a alma e a verdade. Somente enfrentando e superando os perigos do "Leão Verde" é que se pode evitar tornar-se rígido ou invulnerável no processo de negar ao "mundo dos objetos" o seu poder de ferir. Esse nível de força poderia experimentar as paixões representadas pelo impossível estado de fusão de Átis e Cibele sem ser emocionalmente dominado por essas paixões.

Figura 28 – "Mortificação do casamento celestial":
décima oitava xilogravura do *Rosarium Philosophorum*

Na décima nona xilogravura, "Assunção e coroação", a alma é retratada unindo-se à Santíssima Trindade (figura 29). A alma não é apenas coroada por imagens de pessoas maiores, mas em outras representações do *Rosarium*, a coroa é grande demais para a alma, o que significa que a pessoa deve reconhecer que a fonte de iluminação está fora do seu ser (McLean, 1980, p. 129). Essa questão é importante em termos das maneiras pelas quais o *numinosum* é experimentado. O *numinosum* sempre tem um aspecto transcendente, um si-mesmo que não pode ser incorporado, sentido interiormente, ao mesmo tempo que também é capaz de criar um si-mesmo imanente. Esses dois aspectos do si-mesmo, imanente e transcendente, são simbolicamente evidentes na décima nona xilogravura, junto com uma vida corporal sutil e lunar. A experiência mostra que os dois aspectos do si-mesmo têm uma semelhança substancial, mas essas fontes de bênção e significado são experimentadas em dimensões muito diferentes. Conhecendo essa diferença entre imanência e transcendência, o alquimista nunca deixa de conhecer o seu lugar no Cosmos, e a grandiosidade já não o tenta ou trai. Na vida espiritual dos relacionamentos, o mesmo nível de consciência é essencial.

Ao longo do *Rosarium*, o trabalho em um processo interativo promove a criação de um si-mesmo que é sensível aos modos "lunar" e "solar" de se relacionar e experimentar o *numinosum*. Embora experiências de transcendência que vão além das noções de campo conjunto sejam apresentadas no *Rosarium*, o processo de transformação que realiza os mistérios da fase solar do *numinosum* prospera continuamente dentro de um campo de relações.

A vigésima e última xilogravura do *Rosarium* representa a "ressurreição" do corpo glorioso e incorruptível de Cristo (figura 30). Embora esse seja o objetivo final, tenho visto essa imagem do corpo da ressurreição em sonhos, mesmo perto do início de uma análise. Uma dessas imagens me chamou a atenção por um homem que teve o seguinte sonho:

> *Estou – ou também me vejo – em um caixão. Estou coberto por camadas de uma mulher, livros e pedras. Vejo-me empurrando-os e, ao fazê-lo, vejo que tenho um corpo perfeitamente claro e luminescente. Está radiante e eu estou exultante com a visão.*

Na época desse sonho, a análise estava lidando com um grande trauma na infância desse homem, a perda do amor e da atenção de seu pai. Quando ele tinha 4 anos de idade, seu pai tornou-se retraído e deprimido, e essencialmente "desapareceu" depois de ele o ter conhecido como uma pessoa profundamente carinhosa. Seu pai então o "deu" a um tio para que cuidasse da sua educação. Ele perdeu a paixão e o interesse genuíno de seu pai; sentiu isso como uma terrível traição, pois o amava profundamente.

Toda a sua vida de relacionamentos com homens e mulheres sempre foi esquizoide, encoberta por intelectualizações (os livros do sonho), masoquismo (estar sujeito à pedras no sonho) e sedução (coberta pelo feminino no sonho). Na vida real, ou ele estava com duas mulheres durante um determinado período de tempo, ou estava com uma mulher em um esquema que podia "entrar e sair".

O corpo ressuscitado, o corpo luminoso do sonho permitiu que existisse entre nós um campo interativo no qual podíamos "usar-me" no sentido de Winnicott (1971) de "uso de objeto", ou seja, sem medo de me destruir. Ele podia ter as suas reflexões e eu podia ter as minhas, sem as distorções dos mecanismos projetivos e introjetivos. Esse estado esteve presente desde o início do nosso trabalho, apesar das muitas camadas do processo esquizoide que, de outra forma, negariam a existência do corpo luminoso. Nesse caso, a qualidade do campo apareceu logo no início, certamente na transferência, talvez indicando o potencial do nosso processo de recuperação da paixão que ele tanto precisava. Por vezes, o inconsciente mostra um objeto possível logo no início de um processo, e então é preciso trabalhar para alcançá-lo de maneira estável.

Figura 29 –
"Assunção e coroação": décima nona xilogravura do *Rosarium Philosophorum*

Envolver-se nas profundezas irracionais do relacionamento na fase *rubedo* é transformar a paixão de um perigo imanente para a alma em um fogo criativo de mudança em direção a uma maior intimidade e individualidade. No contexto de uma consciência espiritual que conhece tanto uma forma imanente quanto transcendente, o campo interativo entre as pessoas torna-se uma fonte de um si-mesmo que é ao mesmo tempo partilhado e individual, um estado que é um paradoxo bem-vindo que ajuda a ultrapassar o narcisismo que assola tanto as relações quanto toda a cultura.

Figura 30 – "Ressurreição": vigésima xilogravura do *Rosarium Philosophorum*

A vigésima e última xilogravura do *Rosarium* é diferente de todas as xilogravuras anteriores, pois "Ressurreição" retrata a saída do túmulo de um único ser humano (Fabricius, 1973). Antes dessa xilogravura, quando uma imagem como o "Rebis" da décima xilogravura (figura 18) define o campo interativo, a pessoa alcançou uma conexão entre o consciente e o inconsciente que existe em meio a ameaças de perda e abandono do objeto. Mas essa criação ainda não é uma autoimagem no sentido da vigésima xilogravura. Enquanto na décima e na décima sétima xilogravuras (figuras 18 e 27) a imagem hermafrodita surge como resultado de um processo de união e morte, a imagem da vigésima xilogravura representa sobretudo uma conexão. Seja como um elo entre o consciente e o inconsciente ou entre a mente e o corpo – em um indivíduo ou como uma qualidade de campo entre as pessoas – as realizações da décima e da décima sétima xilogravuras não são representativas de um centro orientador, do si-mesmo. Essa é a grande conquista da última xilogravura da série.

Existe também uma estrutura própria em todo o processo – por exemplo, os alquimistas insistem que é preciso ouro para fazer ouro – mas perde-se e ganha-se o si-mesmo à medida que se encontram os diferentes estados qualitativos do *Rosarium*. Na "Ressurreição", um novo tipo de estabilidade é finalmente alcançado, um si-mesmo que é simultaneamente imanente e transcendente. Se antes a orientação de uma pessoa podia resultar de uma conexão consciente-inconsciente ou de um campo compartilhado e interativo por meio do qual a conexão era forjada, agora existe também uma experiência qualitativa diferente. Agora, um "outro" interior é sentido e conhecido como o centro do ser de uma pessoa, mas também é sentido como "externo", como algo transcendente. Para a pessoa que experimenta essa qualidade do si-mesmo, as características duais de imanência e transcendência não são de maneira alguma contraditórias ou polarizadas. E o si-mesmo que é finalmente criado no *Rosarium* não é apenas uma fonte de identidade; é um guia permanente – sentido no tempo e no espaço, mais do que deduzido a partir de sonhos ou intuído – e é conhecido como a causa final da pessoa. O si-mesmo que emerge na "Ressurreição" é um guia para o destino que pode romper com as convenções coletivas, se isso for necessário. Esse si-mesmo é um centro e circunferência do ser que difere de maneiras significativas do si-mesmo do cristianismo ou de qualquer outra construção religiosa que favoreça uma vida espiritual em detrimento de uma vida corporal.

A última xilogravura do *Rosarium*, "Ressurreição", é assim o coroamento da *opus*. Enquanto no sistema cristão predominante de crenças a ressurreição é um ato de fé, na alquimia renascentista a ressurreição é uma experiência contínua, pessoal e interna. A autoimagem cristã é sobretudo uma construção espiritual, enquanto a autoimagem alquímica tem tanto um espírito quanto um corpo. Em vez de um si-mesmo que está confinado a questões espirituais e floresce apenas em uma atmosfera de repressão em que as paixões devem ser sublimadas e as relações entre as pessoas cuidadosamente proscritas, o si-mesmo alquímico é forjado tanto individualmente quanto no fogo da paixão e da loucura do relacionamento.

Passando por numerosas sequências de estados de união-morte e lutando com setores de loucura que levam sempre a pessoa ao limite de sua coragem e força, o processo alquímico conduz também na vigésima xilogravura, a uma consciência e a uma experiência contínuas do "reino intermediário" do corpo sutil. Sem o conceito de corpo sutil/campo interativo, a vida humana torna-se ou estéril – como quando está focada em um mundo de coisas materiais – ou espiritualizada em um mundo de divisão mente-corpo. Certamente a cultura ocidental esgotou essas opções.

A vigésima xilogravura do *Rosarium* significa a existência do reino sutil no qual o si-mesmo pode florescer, um si-mesmo que combina atributos espirituais e físicos e que se baseia no transcendente, bem como nas experiências mais intimamente pessoais. Uma vez que "Ressurreição" significa a criação de uma fé contínua na existência do si-mesmo dentro de um reino de corpos sutis, é um termo maravilhoso para essa fase final; na verdade, sinaliza uma fé acesa e sustentada pela experiência. O lema que acompanha a xilogravura diz:

> Depois da minha paixão e dos múltiplos tormentos, ressuscitei, sendo purificado e limpo de todas as manchas.

A *nigredo* deixa de ser catastrófica e, o que é mais significativo, esse desenvolvimento positivo ocorre não apenas dentro de um indivíduo, mas também de um relacionamento.

Manter uma estrutura própria é muito difícil quando alguém é confrontado com um ataque emocional de outra pessoa ou de atitudes coletivas. Os indivíduos envolvidos em um relacionamento que sofre de traição têm dificuldade em manter um sentido de identidade e consciência de suas experiências de campo. A autoestrutura da alquimia oferece estabilidade em meio a tais experiências caóticas, mas essa autoestrutura alquímica não é concedida pela graça, nem é o resultado de uma visão mística. Essa iluminação apenas acompanha o início do processo pelo qual o estado de "ressurreição" é criado. Em última análise, apenas a experiência de união e morte, forjada por meio do sofrimento, da visão e da coragem, pode criar o si-mesmo alquímico.

10
Apreciar o mistério da relação

A vigésima segunda e última pintura da grande obra alquímica, *Splendor Solis*, retrata uma cena mítica que simboliza a essência da compreensão alquímica da transformação, tanto individualmente quanto nos relacionamentos (figura 31). A imagem do sol poente, olhando para a sua esquerda com uma expressão sóbria e madura, domina a pintura. O primeiro plano da pintura contém tanto as árvores queimadas e quebradas de uma paisagem devastada quanto a vida vegetal emergente em crescimento. No fundo da pintura está uma cidade celestial elevada sobre uma colina com uma torre alta que surge do aglomerado de edifícios. Em frente à cidade há um lago com uma casa solitária na margem esquerda. O lago forma um riacho que flui para o primeiro plano da pintura. Essa pintura contém muitos elementos que simbolizam uma consciência transformada.

O sol poente, pronto para encontrar a terra em uma grande e final união, é um sol purificado, análogo à consciência transformada do processo alquímico (McLean, 1981). A paisagem queimada, resultado de muito fogo – como nas paixões que se tornam selvagens e destrutivas – é um lembrete de como a morte é essencial para o processo alquímico. A expressão sóbria e madura no rosto do sol reflete a experiência das provações e tormentos da mudança.

O encontro do sol com a terra é um paralelo da união dessa consciência transformada com a experiência cotidiana comum. Embora o sol represente a consciência, é também um símbolo importante do si-mesmo e da grande conquista da criação de um tipo particular de autoestrutura. O si-mesmo nascido alquimicamente do *Splendor Solis* não é apenas pessoal, mas também conectado ao transcendente. A vida nova foi forjada nos fogos alquímicos de coagulação e dissolução de antigas formas de ser que, para serem transformadas, têm de morrer, renascer e morrer de novo. Essa sequência de morte-renascimento no processo alquímico de transformação constitui a destilação contínua na qual uma consciência purificada e uma autoestrutura são finalmente criadas.

A sequência de um novo tipo de ordem e depois a morte dessa ordem é a dinâmica fundamental da transformação alquímica. O pensamento alquímico reflete o fato de que não importa quão exaltado seja o estágio de qualquer processo na vida, esse estágio vive dentro do contexto de qualquer desespero e fracasso que tenha acompanhado a sua criação. Assim, na última imagem do *Splendor Solis*, os dois estados – um si-mesmo criado e a sua consciência purificada – estão unidos não só à vida e ao corpo, mas também a uma história de desespero e fracasso.

Figura 31 – Vigésima segunda pintura do *Splendor Solis*

A combinação, no primeiro plano da imagem, de uma qualidade semelhante à morte com a vida vegetal emergente – significando novo crescimento – caracteriza uma consciência madura para o presente. O aqui e agora da existência não é idealizado em termos de "o que pode ser". Em vez disso, as experiências de fracasso, morte e perda de oportunidades nunca são esquecidas. Ao mesmo tempo, o novo crescimento que surge no aqui e agora também é reconhecido. À medida que as antigas formas de existência são superadas, a experiência da sua devastação e da sua utilidade anterior, ultrapassada, entretanto, impregna o presente de profundidade e maturidade. Por trás de todo o resto na imagem, e significando o que pode ser alcançado no anseio pela transcendência, está uma cidade celestial – o lar verdadeiro e transcendente do si-mesmo.

Os relacionamentos não são apenas formas de troca de energia e função entre as pessoas, mas também estruturas vivas que regulam o sentido de identidade e bem-estar de uma pessoa. Duas pessoas, ou uma única pessoa que faz um trabalho criativo, ou uma pessoa e uma organização coletiva criam inevitavelmente uma relação que tem seu próprio caráter e dinamismo. Uma vez iniciada conscientemente essa relação, a autonomia de cada pessoa é reduzida na medida em que os interesses e os sentimentos do outro devem agora ser considerados juntamente com os seus próprios. Essa entrada consciente em uma relação pode ser vivenciada como um ato de liberdade no sentido de uma intenção expressa de amar outra pessoa ou de ser leal a uma organização ou ao próprio processo criativo. No entanto, quando as partes envolvidas não têm um sentido suficiente de identidade individual para permanecerem separadas e viáveis por direito próprio, a entrada consciente em uma relação pode ser sentida como um perigo e uma armadilha, até mesmo uma forma de escravidão.

Enquanto formas vivas de troca, os relacionamentos fazem a mediação entre uma pessoa e sua psique inconsciente, realidade espiritual, sistema familiar, local de trabalho e vida cultural. Todas essas formas de troca são as bases de relacionamentos que abrangem um amplo espectro de experiências, desde o "profano" do comportamento compulsivo e automático, por um lado, até o "sagrado" da vida reflexiva e da preocupação com a alma, por outro. Se a forma de troca é principalmente aquela em que duas pessoas se exploram mutuamente para satisfazer exigências narcisistas, então a relação é reduzida a fornecer um palco para a realização de necessidades sexuais, agressivas e econômicas. No entanto, as relações podem também dignificar e modificar o comportamento de cada um em relação ao outro, formando estruturas invisíveis, mas poderosas, que são realidades vivas que podem transformar-se de estados que criam comportamentos compulsivos e irrefletidos em estados que criam e favorecem o cuidado da alma.

A contenção no relacionamento ajuda em uma variedade de propósitos, nem todos os quais encorajam e criam um novo crescimento nos parceiros participantes. Um relacionamento pode facilmente servir ao *status quo*, encorajando secretamente cada pessoa a evitar mudanças, criando assim um recipiente que se manifesta como uma estrutura fundida e codependente. Basicamente, as relações de codependência são formas de segurança que sufocam o crescimento, quer em uma relação pessoal, quer em uma relação corporativa em que um indivíduo faz parte de uma estrutura organizacional rígida e dominadora que, em troca da promessa de segurança, exige uma obediência quase total em termos de atitude e talvez até de pensamento. Tais relacionamentos codependentes, sejam pessoais ou corporativos, invariavelmente servem para facilitar qualquer variedade de comportamentos viciantes, habituais ou outros que matam a alma.

À medida que cada parceiro conspira com o outro, esse estado de colusão é um recipiente que permite a estagnação e incentiva o medo da mudança. Tais qualidades de contenção são extremamente sedutoras, pois qualquer relacionamento – mesmo um relacionamento destrutivo – é sempre experimentado como uma entidade maior do que qualquer um dos parceiros. Consequentemente, um relacionamento fundido tem um poder que se torna algo como uma imagem de Deus que é servida secretamente, com efeitos potencialmente devastadores, e pode exibir uma aparência de apoio muito unificada, ao mesmo tempo que alberga uma díade inconsciente sadomasoquista em que os parceiros se minam mutuamente de forma sutil, se não flagrante. Sair de um relacionamento codependente e procurar outros relacionamentos com qualidades positivas pode ser considerado perigoso e muitas vezes algo resistido com bastante tenacidade. De modo geral, ao proteger cada parceiro de conhecer a sua loucura, o relacionamento estático reduz a probabilidade de qualquer um dos parceiros ser verdadeiramente dominado por essa loucura.

Os indivíduos que alcançaram uma integração espiritual considerável em um caminho solitário podem, no entanto, descobrir-se bastante infantis ou extremamente defensivos quando entram em um relacionamento com outra pessoa. Por vivenciarem um relacionamento como perigoso e ameaçador, eles não se sentem mais seguros ou separados o suficiente como si-mesmos para se arriscarem a encontrar as profundezas e os poderes de sua vida espiritual interior. Precisam do processo de endurecimento da fase *rubedo* da transformação alquímica se quiserem evitar a tragédia de uma vida solitária vivida involuntariamente ou de uma vida criativa ou espiritualmente empobrecida vivida dentro de um relacionamento. Embora uma relação baseada no compromisso possa proteger os indivíduos de estados mentais perigosos e possa, por vezes, parecer adequada o suficiente para servir os seus propósitos, com o tempo essa relação rouba a determinação e o entusiasmo e encoraja a covardia perante as próprias profundezas e perante a própria vida.

Todas as pessoas precisam de um parceiro no esforço de individuação, se esse caminho integrativo incluir o amor, a agressividade e a vida corporal, juntamente com um foco espiritual de valores e objetivos. Raramente, ou nunca, uma pessoa pode entrar no caminho da criação e transformação de um si-mesmo sem o fogo e o desafio de um relacionamento contínuo. À medida que o caminho de uma relação passa por novas criações de experiências e aspirações, torna-se mais do que uma representação da história passada. Qualquer relacionamento profundo tem seus elementos de céu e inferno; mas quando se trata de um processo caracterizado por uma estabilidade de confiança e de significado, duramente conquistado por meio de muitas provações de traição e fracasso em satisfazer as exigências da intimidade, é criado um recipiente resistente que permite a cada parceiro viver melhor os tumultos, as tragédias, as alegrias e as dificuldades da vida. Quando os parceiros se conhecem e experimentam um ao outro por meio do caos e da destrutividade, bem como por meio da beleza e do crescimento, criam um recipiente que encoraja e apoia o processo de individuação e que se torna o bem mais sagrado de cada pessoa.

A menos que uma pessoa atenda às necessidades, demandas e consciência de outra pessoa na esfera interligada do relacionamento, ela sempre permanecerá em um nível de consciência excessivamente espiritualizado ou superficial. O relacionamento com outra pessoa inevitavelmente traz à tona o lado negativo – os anseios infantis e regressivos que fazem com que alguém sinta inconscientemente que seu parceiro é um grande perigo, uma força que tenta separar alguém de suas imagens maternas ou paternas internas. Um relacionamento profundo pode perturbar esses estados de fusão interna e forçar a pessoa a reconhecer aqueles aspectos regressivos de si mesma que não quer mudar e que muitas vezes são projetados no parceiro na tentativa de renegá-los. Quer uma pessoa esteja expressando sua raiva e ódio contra o parceiro por não incorporar imagens parentais idealizadas, quer esteja se comportando de forma a criar a ilusão do pai idealizado na experiência do parceiro, essa pessoa pode se esforçar para usar o relacionamento para embarcar no árduo trabalho de integrar esses lados sombrios e obscuros da personalidade do ego. A menos que uma pessoa conheça esses lados obscuros e destrutivos do seu ser, o ego estará sempre em uma condição enfraquecida, o que torna o relacionamento uma aventura perigosa. Assim, em vez de aumentar a consciência, o relacionamento obscurece a consciência e promove a regressão. No entanto, sem um relacionamento, analítico ou pessoal, é muito difícil chegar a um acordo com os aspectos sombrios do nosso ser.

Muitas pessoas fazem contato regularmente com um estado espiritual por meio da oração ou da meditação, mas esse estado pode de fato ser experimentado como uma realidade "externa" que é transcendente, e não como uma realidade interna que é corporificada. O estado corporificado exemplifica o si-mesmo da alquimia – por exemplo, o si-mesmo representado pela vigésima segunda pintura do *Splendor Solis* ou o si-mesmo da vigésima xilogravura do *Rosarium Philosophorum*. Tal espiritualidade corporificada requer uma consciência do mal, daquelas qualidades renegadas e antivida do nosso ser, que têm como principal objetivo destruir e minar a coragem de viver e crescer. Sem a integração dos elementos mais sombrios e destrutivos do ser, os aspectos espirituais de uma pessoa permanecem muitas vezes apenas uma realidade potencial. No entanto, quando transformados, esses elementos destrutivos fornecem um contrapeso fundamental de limitação à infinita dimensão espiritual da psique.

Como recipientes para a integração dos elementos da sombra, os relacionamentos são assim veículos importantes para a criação da consciência, uma presença invisível que guia e alimenta a alma. No entanto, para que esse estado exista, os próprios relacionamentos devem passar de estados de união precoce para formas mais maduras que tenham consciência do poder e da realidade de uma díade que define o lado inconsciente do relacionamento.

O estado de união que existe nos relacionamentos geralmente envolve os elementos inconscientes de cada parte e não os elementos mais conscientes. Conscientemente, duas pessoas podem parecer amorosas e cooperativas, mesmo quando a sua díade inconsciente, que pode ser o principal lugar da união entre eles, pode comportar-se de maneiras significativamente diferentes da imagem consciente e dos valores aos quais ambas as pessoas aderem. Pela sua natureza, o casal "escuro" subjacente ao casal "consciente" é estranho e geralmente desagradável. Por exemplo, o casal sombrio pode ser como dois animais ferozes presos em uma luta de vida ou morte, ou, como descrito na *Turba Philosophorum*, dois amantes presos em um abraço – um ser humano, o outro uma serpente. Infelizmente, as energias desses conflitos são muitas vezes tão intensas e tão rejeitadas pelos parceiros conscientes que são praticamente incontidas. Por conseguinte, infiltram-se sutil e progressivamente no ambiente, afetando os outros, nomeadamente as crianças de um sistema familiar. Adquirir a visão para ver as formas de sua díade inconsciente exige que os parceiros se esforcem para absorver a ferida narcísica envolvida em admitir a existência de tais qualidades cruéis e desagradáveis dentro de si, sem se rebelarem em defesa e acusação do outro.

Esse ato de crescimento e maturidade exige que ambos os lados sejam capazes de sofrer lesões narcísicas sem reagir com posições de poder de culpa, raiva ou afastamento. Ver a díade inconsciente e reconhecer o seu poder inicia um processo de descoberta de que temos agido de maneiras que são, de fato, inconscientes, motivadas e destrutivas, mesmo acreditando que exatamente o oposto é verdadeiro.

Os relacionamentos só podem amadurecer se mudarem; na verdade, apenas se englobarem um ritmo de morte e renascimento. Em conformidade, os relacionamentos seguem a mesma lógica do processo alquímico. Assim, a preocupação narcisista contínua de uma sociedade não só torna os estados de união e qualquer tipo de mudança inadmissíveis à vida consciente, mas tal preocupação narcisista também se opõe diretamente ao potencial transformador da experiência da morte da estrutura inerente aos relacionamentos. A cultura ocidental é, de fato, dominada não apenas pelo medo da morte, mas também pelo medo da morte dos relacionamentos. Por exemplo, a própria possibilidade de perder um emprego, um casamento, uma amizade ou uma ligação a uma organização profissional pode, por si só, tornar-se um fator de estresse terrivelmente poderoso.

As mesmas reflexões valem para os indivíduos e o local de trabalho. Um ambiente de trabalho sempre tem um tipo de cultura ou atitude que o distingue de outros ambientes semelhantes. Mas a cultura, especialmente de uma grande empresa, também tem um lado sombrio, um conjunto inconsciente de valores que não se destacam à luz da atividade cotidiana, como pode ser visto no lado particularmente negativo das empresas de tabaco que mentiram durante anos sobre os efeitos nocivos dos cigarros. Qualquer pessoa que trabalhasse para uma empresa desse tipo estaria envolvida em um relacionamento com um aspecto consciente, talvez repleto de lealdade e de bons sentimentos; mas também poderia estar sujeita a outro aspecto inconsciente, talvez uma díade muito obscura em que os poderes do mal estão presentes. Os relacionamentos entre duas pessoas ou entre pessoas e instituições só crescem e amadurecem por meio da tomada de consciência dos parceiros da existência e da relativa autonomia da díade inconsciente da qual são participantes, pois essa díade afeta sempre ambas as pessoas de uma forma semelhante à forma como as correntes mais profundas de um oceano afetam as ondas na superfície.

Tanto a díade inconsciente dentro de um relacionamento quanto os níveis em que as pessoas conhecem e vivenciam conscientemente seu relacionamento variam em intensidade. Por um lado, uma pessoa que se relaciona com uma grande empresa ou com o seu chefe pode não ter nenhum sentimento consciente de união com essa instituição ou pessoa em posição de autoridade. Em tais situações impessoais, mesmo que uma pessoa possa sentir-se quase insignificante no meio da massa de funcionários, ela pode ter uma forte ligação diádica inconsciente com colegas de trabalho ou com a própria instituição. Por outro lado, pode-se imaginar um vínculo muito forte entre pessoas ou entre uma pessoa e uma instituição caracterizada pelo amor, pela fidelidade e por uma variedade de outras emoções poderosas. Mas em todas as relações, independentemente do nível de consciência e intensidade, ambos os parceiros irão, em algum momento, inevitavelmente experimentar uma morte do estado de união, pois esse é o caminho da natureza, como diriam os alquimistas; e em vez de resistir a essa morte, a atitude alquímica acolheu-a como um veículo de crescimento e de mudança.

A união de diferentes estados, geralmente dominados por fatores inconscientes, seja dentro da psique de uma pessoa ou na união das psiques de duas pessoas, é caracterizada pela criação de algo novo que muitas vezes só é vislumbrado pela personalidade consciente como um momento fugaz e especial. Nessa epifania, as pessoas podem subitamente sentir-se em um estado incomum, como se o espaço e o tempo estivessem suspensos e um tipo diferente de energia e sensação de expansividade tivessem aparecido. Depois, essa visão geralmente desaparece tão rapidamente quanto surge. O fato de o estado criado ser mais do que uma amálgama das partes que se unem é um aspecto central do mistério da união.

Em um pensamento alquímico, o lugar para a transformação do si-mesmo é na profundidade e no mistério de uma relação envolvida em um campo interativo consciente e inconsciente, estruturado por uma díade inconsciente. Encontrar essa díade como uma "terceira área" entre os dois parceiros requer a renúncia ao controle do ego e o estabelecimento de confiança em um processo mútuo que é ao mesmo tempo assustador e estimulante.

A intenção é sempre a questão-chave na descoberta do mistério transformador do relacionamento e do si-mesmo. Estarão duas pessoas dispostas a entrar nessas águas turbulentas em que a individualidade e a consciência de cada um estão sujeitas ao poder de ampliação e à intensidade da "terceira área"? Embora tal compromisso com a transformação pessoal invariavelmente fira o narcisismo, esse sacrifício é indispensável para a criação de um relacionamento com um significado sagrado.

O sucesso na aventura de descobrir e experimentar uma "terceira área" é muitas vezes passageiro. No entanto, tal como o elixir alquímico, um olhar e um registro emocional ou físico da presença do campo têm um forte efeito.

Relacionar-se com as profundezas de uma "terceira área" é como observar o movimento de um animal ou de um pássaro em uma floresta – mal é visto, pode desaparecer. Ao caminhar na floresta e ouvir o canto de um pássaro, alguém pode olhar para uma determinada árvore e encontrar o pássaro, mas descobrirá que o canto desapareceu, talvez para reaparecer em outro lugar. Mas será que é o *mesmo* pássaro? Mesmo que a incerteza sempre paire, o fato de ter ouvido inquestionavelmente o "canto de um pássaro" mantém a pessoa conectada a essa experiência.

A arte de se relacionar com as "terceiras áreas" consiste em ouvir repetidamente, vislumbrar uma visão fugaz e confiar na imaginação. Geralmente, duas pessoas conseguem identificar a origem das imagens da "terceira área" melhor do que uma pessoa sozinha, pois uma pessoa reifica muito facilmente uma percepção e agarra-se a uma imagem ou ideia em vez de senti-la dissolver-se em confusão e desorientação. É mais provável que duas pessoas passem da pergunta "para onde foi o pássaro?" para a suspeita "talvez ele nunca tenha estado lá".

E é importante lembrar que mais do que criaturas aparentemente inofensivas espreitam na floresta. Para conseguir estabelecer a existência de uma "terceira área" com o seu próprio processo, duas pessoas devem entrar em um domínio em que a loucura é uma característica sempre presente. Todos nós temos áreas loucas, áreas de nossa personalidade nas quais nos comportamos de maneiras que matam a alma em relação a nós mesmos e aos outros. A loucura que surge em nossa psique e as estruturas narcisistas regressivas que se tornam dominantes em resposta a essa loucura são talvez os maiores obstáculos à mudança nos relacionamentos.

Compreender a existência de uma área louca da psique requer o mesmo estado de alerta e tenacidade exigidos à caça de animais raros. Mas no caso da psique, a caça não é por uma "coisa", uma imagem, por exemplo, mas sim pela atmosfera *em torno* da imagem. O objeto da caça – e a metáfora da caça ao leão é encontrada na alquimia – pode tornar-se invisível tão prontamente quanto aparece, de novo, como se fosse a primeira vez. De um ponto de vista alquímico, o valor de caçar uma "coisa" ou "animal" tão misterioso não está tanto na caça em si, mas na capacidade da atividade de diminuir a intensidade do foco para incluir o espaço em torno da percepção, em torno da "coisa" ou "animal" procurado. Nesse ato imaginário de diminuir o foco "solar" e criar, em seu lugar, uma espécie de visão "lunar", o próprio campo interativo torna-se objeto de atenção. Quando o espaço entre as percepções se torna a área explorada, a aceitação da confusão e da perda de foco torna-se uma parte natural do processo em curso.

Ao procurar a vida e o processo de uma "terceira área", é preferível seguir um caminho intermediário entre a objetividade do método científico e a subjetividade da imaginação, ou seja, um caminho entre lidar exclusivamente com projeções e lidar exclusivamente com campos interativos. Esse "duplo enfoque" exige que a pessoa esteja disposta a vislumbrar a vida da "terceira área" e a refletir sobre o seu processo caótico ou ordenado em termos de projeções refletidas em um esquema de desenvolvimento, e também com a imaginação centrada no próprio campo. Nenhum dos focos pode dominar o outro, pois ambos são necessários e têm o seu lugar. Mas se o foco colocado em uma relação consistir em penetrar no desconhecido, "olhar sem ver" ou "ver sem olhar", então a abordagem científica – enfatizando como as falhas no desenvolvimento e os "pontos de fixação" associados estão sendo repetidos no aqui e agora – pode ser limitada pela sua própria metodologia. O caminho científico, com a sua tentativa de certeza objetiva, pode funcionar como um escudo contra o trauma pelas projeções e visão do parceiro quando se recusa a reconhecer a validade de partes loucas da psique. Então, a forma alquímica de ver os estados internos do parceiro ou de imaginar a sua existência por meio da percepção imaginativa da própria interioridade torna-se o ponto focal de um esforço consciente para transformar "chumbo em ouro". No entanto, sem a abordagem científica, o caminho imaginário da alquimia degenera em generalidades que perdem a particularidade dos indivíduos envolvidos.

No processo de descoberta está contido tanto o ritmo do "científico" quanto do "imaginário", e se a natureza fugaz das percepções imaginais for confiável sem ser reificada, então duas pessoas vivenciam seu relacionamento como um recipiente que contém ambos. Ambas as pessoas que tentam vislumbrar o mistério da sua relação são, alternativamente, cientistas e alquimistas, percebendo por um lado com objetividade e por outro lado com a visão da imaginação.

Quando duas pessoas reconhecem que cada uma delas é simultaneamente racional e louca, estão preparadas para entrar na "terceira área" que tem o seu próprio mistério e que é muito maior do que ambas juntas.

Uma pessoa que lida com "terceiras áreas" tem de aprender a "ver" de maneira diferente, a ver através dos olhos do inconsciente e, especialmente, pela visão do si-mesmo. Se duas pessoas no seu processo interativo reconhecerem a necessidade de uma forma de visão mais abrangente, avançarão para a criação de si-mesmos que podem ver simultaneamente ambos os opostos.

Nos relacionamentos, duas pessoas podem aprender sobre a eficácia da paixão para encontrar um caminho entre esses opostos. A paixão pela criação da alma no relacionamento e a paixão pela própria criatividade são forças motrizes que podem transcender a loucura das comunicações duplas e a loucura em que as pessoas se escondem para evitar o desafio da individuação. O caminho alquímico de transformação, que abrange os perigos e as qualidades curativas da paixão, pode revelar tanto a covardia da timidez diante do desejo quanto a loucura que acompanha a representação da paixão com toda a sua energia criativa e destrutiva.

A sensibilidade à "terceira área" e aos seus processos é, portanto, a chave para o mistério do relacionamento. Acima de tudo, ambas as pessoas devem estar preparadas para lidar com suas partes loucas e distorcer e negar a realidade do outro. Entrar na realidade desconhecida do inconsciente e arriscar a experiência da loucura, seja a própria ou a do outro, é um ato de coragem muitas vezes recompensado pela consciência momentânea de uma energia numinosa dentro do campo partilhado. Isso pode ser duradouro para quem escolhe lembrar e, por meio da lembrança, renova a experiência.

Explorar e envolver a própria loucura em relação à loucura do outro no contexto de uma experiência de campo interativo é algo extremamente desafiador, tanto em relacionamentos analíticos quanto em não analíticos. O modelo analítico deve superar duas realidades fundamentais que podem limitar a profundidade e o alcance do relacionamento: primeiro, a desigualdade básica das relações devido à existência de uma diferença de poder inerente entre analista e analisando; segundo, as possibilidades de intimidade e compromisso em relacionamentos não analíticos que estão além da capacidade do modelo analítico. Apesar dessas limitações, a relação analítica ou clínica tem vantagens distintas sobre a relação não analítica ou pessoal em termos da sua capacidade de construir uma presença de contenção que seja sustentável no meio do conflito inevitável de culpabilização e contra-ataques que inevitavelmente ocorrem quando partes enlouquecidas de pessoas sãs são ativadas dentro do campo interativo.

A análise é a relação vista sob um poder de ampliação geralmente ausente do discurso diário; é também um relacionamento no qual os parceiros se encontram para trabalhar em direção ao objetivo de criar um si-mesmo por meio do aumento da consciência dos processos inconscientes e da função de Eros sobre a destruição. Um relacionamento analítico proporciona a segurança de limites e um interesse focalizado que permite a descoberta de, e a relação com, uma "terceira área". Uma relação não analítica não tem a mesma característica de contenção que tem a forma analítica em que tudo o que é dito é respeitado e refletido, ainda que sejam feitas declarações muito desagradáveis e acusatórias. Além disso, a relação analítica tem limites que não devem ser ultrapassados. O analisando e o analista não são amigos no mundo, e procedimentos determinados definem o seu encontro. Essa definição de limites dá uma sensação de segurança e confiabilidade que as relações não analíticas raramente alcançam.

O maior desafio em termos de fronteiras nos relacionamentos não analíticos é que cada pessoa deve respeitar o relacionamento o suficiente para evitar compartimentá-lo em certas áreas às quais serve, enquanto busca outros níveis de intimidade em outros lugares. Essas fronteiras soltas nunca criam um espaço suficientemente seguro para o ato de descoberta de um campo interativo comum. Mas mesmo que os limites do compromisso sejam seguros, vontade e desejo são necessários para explorar áreas sensíveis em que qualquer uma das pessoas pode estar emocionalmente fora de controle e, na verdade, louca. Embora um dos parceiros possa ser o foco da exploração, deve haver uma crença implícita de que tudo o que for descoberto sobre a sua psique inconsciente será em breve pertinente também para o outro parceiro. Só assim é possível que ambas as pessoas aprendam que vivem em um domínio mais amplo de relações.

Em certo sentido, as relações analíticas podem ser precursoras das relações pessoais. A relação analítica mais segura e restrita pode ser um campo de treinamento para outras relações. Embora seja possível que indivíduos dentro de relações pessoais tomem consciência e se envolvam na "terceira área" sem o benefício de uma experiência analítica, eles podem ter muito mais dificuldade em manter um sentido da sua própria identidade enquanto estabelecem a existência de uma "terceira área" na qual ocorre uma grande parte do processo mútuo.

As relações que não estabeleceram uma área de processo mútuo geralmente não conseguem aceitar estados de não ligação radical – nos quais a empatia genuína pela outra pessoa se mostra impossível – sem fazer juízos negativos sobre essa ausência e sem escrever roteiros imaginários de desastre para o relacionamento. A vantagem das relações analíticas é que o analista pode carregar a consciência do potencial significado e objetivo de tais estados mentais como o total não relacionamento. Com efeito, o analista pode "garantir que nada de ruim aconteça", ao passo que nas relações não analíticas é mais provável que ambas as pessoas fiquem submersas em sentimentos de desespero e abandono. Mesmo na relação analítica, o analista muitas vezes necessita da ajuda do analisando quando estão presentes estados terrivelmente difíceis, como uma total falta de conexão. Em última análise, o sucesso nos relacionamentos – analíticos ou não analíticos – depende da coragem e capacidade dos indivíduos envolvidos. Com coragem e capacidade adequadas, qualquer relacionamento dedicado a vivenciar a sua profundidade e o seu mistério pode potencialmente atingir níveis de comprometimento e foco iguais aos do esforço analítico.

A fim de construir um recipiente suficientemente forte para envolver a loucura pessoal e mútua que é invariavelmente ativada dentro do campo interativo, uma relação – seja analítica ou não analítica – deve observar os três passos seguintes. O primeiro passo exige que os parceiros levem a sério as percepções um do outro e reconheçam a verdade ou a falácia dessas percepções por meio de um sério processo de exame de consciência. Cada pessoa deve sentir-se livre para apresentar queixas específicas sobre ações e atitudes da outra que possam ser consideradas prejudiciais ou irresponsáveis; e cada um deve comprometer-se a ouvir atentamente as queixas sem reagir de maneira defensiva. Essa receptividade requer a vontade de ambos os parceiros de irem além da culpa e da criação de bodes expiatórios que tão facilmente podem ocorrer e de mergulharem nas profundezas do seu ser, a fim de descobrirem áreas da personalidade até então inimagináveis ou áreas que não acreditavam estar atualmente ativas. A menos que exista boa vontade para dar esse passo inicial, um relacionamento não pode se transformar de maneira criativa. Na verdade, nem todos os relacionamentos são viáveis.

Tendo alcançado a consciência das percepções que o outro tem de si mesmo, o segundo passo é perceber os próprios sentimentos em relação ao parceiro e articular essas percepções. A troca mútua de percepções com o parceiro pode levar à consciência de que uma díade imaginária pode ser construída a partir das percepções de cada um sobre o outro, como se essas percepções fossem mantidas por um casal inconsciente. O que quer que um parceiro acredite ver na outra pessoa pode, e de fato deve, ser seriamente considerado como parte da psique dessa outra pessoa. Cada pessoa deve estar disposta a assumir a responsabilidade pelo que seu parceiro percebeu. Esse ato de reflexão interna contribui para alcançar um estado de objetividade que permite um estado de fusão diminuído no relacionamento.

O terceiro passo exige que ambas as pessoas permitam que a díade que descobriram exista como uma qualidade de campo entre elas. Em outras palavras, devem reconhecer que partilham uma qualidade de campo definida pela díade que descobriram. Com esse movimento em direção a um estado de verdade interior, o relacionamento pode ficar limpo da defensiva narcisista. Uma "terceira coisa" da qual ambas as pessoas participam e que ambas podem sentir e imaginar permite ao casal sentir a realidade psíquica de seu relacionamento. Focar no campo em si é mais um ato de submissão. Para além de ser capaz de aceitar as percepções do outro, agora cada pessoa pode permitir-se estar sujeita à experiência do campo como uma "terceira coisa" animada. Nesse processo, foi permitido que a base metafórica de uma díade tivesse vida própria.

Assim, ouvir verdadeiramente as queixas de uma pessoa sobre a outra permite que os indivíduos deem um salto imaginário de reconhecimento para ver que o conflito entre eles é uma metáfora de uma díade inconsciente que cada pessoa pode experimentar. Cada pessoa pode então ver que pode *fazer parte* dessa díade. Em conformidade, assim que um dos parceiros acusa o outro de algum ato e, de fato, encontra essa acusação ouvida em profundidade pelo seu parceiro, abre-se subitamente o caminho para que o acusador reconheça que é capaz e pode muitas vezes ser culpado exatamente do comportamento que está sendo criticado. Muito mais do que um processo de projeção e de apropriação das próprias projeções, esse reconhecimento é uma janela para um terceiro domínio sutil. Por meio dessa janela, ambos os membros do casal podem vislumbrar, ainda que brevemente, a poderosa natureza metafórica da sua relação. A metáfora, disse Baudelaire, pode mover o mundo. Ao compreender a metáfora viva de uma "terceira área" do relacionamento, ambas as pessoas se tornam sensibilizadas para o seu significado mais amplo e para o seu poder de movê-las por caminhos que podem ser novos e assustadores, mas cheios de significado.

Essa realidade psíquica da "terceira área" é um recipiente que torna possível viver os muito difíceis estados de não relacionamento que assolam as relações. Somente quando o terrível vazio de amor e compaixão que caracteriza a ausência de relação pode ser entendido por ambas as pessoas como parte de um processo transformativo é que será possível surgir um sentimento de relação; e é exatamente esse sentimento de afinidade que irá alimentar, sustentar e fortalecer gradativamente tanto o casal quanto o próprio relacionamento. Esse processo de transformação só pode ser realizado por meio da fé, da educação e da imaginação. O poder penetrante da imaginação necessário para apreciar o potencial transformador da relação dentro de uma experiência de campo interativo é comparável à iluminação espiritual que é essencial para o processo transformador da alquimia.

A combinação do sol e da paisagem devastada na vigésima segunda e última pintura do *Splendor Solis* é fundamental para a compreensão alquímica da transformação das relações. Todas as relações, na verdade todos os processos interacionais, partilham a experiência de um estado de união em que são forjadas novas estruturas de relação consigo próprio e com os outros, seguido da experiência de morte dessa criação. Essa sequência *coniunctio-nigredo*, inspirada em uma lei fundamental da natureza, segundo a qual a vida nova não é possível sem a morte das formas antigas, é a essência da transformação no pensamento alquímico.

A morte de um estado de união pode assumir muitas formas, tais como o fim de um emprego, a traição em uma relação conjugal, a doença ou a morte de um parceiro, a conclusão de um trabalho criativo ou a incapacidade de terminar esse trabalho. Seja qual for o caso, os sintomas da *nigredo* incluem desespero, depressão, perda de autoestima e raiva. As tentativas de lidar com esses sintomas podem incluir fugas maníacas ou restauração da relação como era antes, a loucura do autoengano e da arrogância que nega quaisquer motivos ou significados sombrios, ou suposições grandiosas de que se o parceiro apenas mudasse de atitude o sentimento catastrófico de perda desapareceria. Tais preocupações narcisistas não apenas tornam os estados de união inadmissíveis à vida consciente, como também se opõem diretamente ao potencial transformador da experiência da morte da estrutura inerente às relações.

Como fulcro da transformação, a fase *nigredo* assume muitas formas diferentes quando surge nas relações. Pode aparecer, como que do nada, após um período intenso de paixão e proximidade, quando de repente e sem razão aparente, o interesse pelo outro diminui. Ou a *nigredo* pode surgir com o tempo, minando gradualmente a doçura da esperança e da conexão que antes existia. Em ambos os casos, uma experiência de morte ocorrerá em qualquer relacionamento que, para o bem ou para o mal, o transforme.

Essa transformação desafia seriamente os indivíduos envolvidos em uma relação a tomarem consciência da sua falta de ligação. O medo da *nigredo* muitas vezes leva o casal a forçar a aparência de estar conectado quando, na verdade, se ousarem olhar profundamente para dentro, cada um reconhecerá que não existe qualquer conexão. Os dois parceiros vivem em universos paralelos e podem muito bem estar falando línguas estrangeiras um com o outro. Para aqueles que sofrem a *nigredo* sem se culparem pelas questões de desespero, loucura e falta de relacionamento que parecem tão persecutórias e de abandono, uma nova vida pode então entrar no relacionamento.

A tendência da mídia de idealizar e caricaturar relacionamentos ou de promover a expectativa de que o sucesso nos relacionamentos é um produto a ser aprendido em *workshops* ou seguindo sistemas comportamentais ou de crenças simplistas torna ainda mais difícil para as pessoas aceitarem uma falta fundamental de conexão sem sentirem também uma humilhação avassaladora por esse "fracasso". No entanto, esse "fracasso" de relacionamento, ou mesmo a impossibilidade de se relacionar em determinados momentos de um processo, é uma parte indispensável do mistério e da transformação das relações profundas. Enquanto as abordagens científicas geralmente ensinam as pessoas a procurar alguma "nova solução" para negar a sua angústia e a encontrar formas de restabelecer o sentimento de ligação o mais rapidamente possível, sem sofrimento durante a fase *nigredo*, as abordagens alquímicas geralmente ensinam as pessoas a trabalhar no contexto da sua realidade, especialmente quando a ausência de ligação sentida é a qualidade dominante do campo interativo. Além disso, o caminho alquímico ensina que o desespero pertence ao relacionamento; o problema está em se desesperar com o desespero. A *nigredo* torna-se a função transformadora central se os parceiros na relação não apenas experimentarem seu sentimento individual de perda e desespero, mas também começarem a ver que a própria relação, tal como a conheciam, morreu – sempre um momento delicado e assustador.

Tal como a paisagem da vigésima segunda pintura do *Splendor Solis*, os estados mais sombrios de desespero, perda, fracasso, dor e sofrimento são importantes características criativas da vida. Enquanto o sol não transformado do narcisismo só conhece valores inflacionados ou deflacionados, o sol purificado representa um estado em que a idealização defensiva é transformada em compaixão pela própria imperfeição e pela imperfeição do outro. À luz da compaixão, a culpa, a ansiedade e a vergonha deixam de estar ligadas ao que os outros podem pensar de alguém. Em vez disso, vistas por meio da compaixão, essas emoções sinalizam ao ego a sua incapacidade de reconhecer e relacionar-se com as exigências do si-mesmo interior.

A capacidade de respeitar e de ver o outro, seja ele o si-mesmo transcendente ou o mistério de outra pessoa, pode assim ser criada. Assim como o sol encontra a terra, um si-mesmo espiritual é interiorizado. Uma vez que o "espelho" se encontra agora no interior da pessoa, a sua necessidade de "espelhamento" exterior não se torna uma preocupação incessante nem uma necessidade muito perigosa para ser reconhecida. Essa pessoa é capaz de expressar sua necessidade de ser vista por outra pessoa de maneira séria e profunda. Da mesma forma, é capaz de sentir empatia por outra pessoa. A capacidade para esses atos empáticos existe agora porque um "espelho limpo" interior – purificado de impulsos regressivos e narcisistas – foi criado. Essa pessoa pode agora espelhar outra, refletindo profundamente um si-mesmo interior, e o espelhamento deixa de ser apenas uma questão de "colocar-se no lugar de outra pessoa", o que constitui uma realização de grande valor. Em vez disso, surge um novo e mais autêntico tipo de espelhamento, que reflete a partir do ponto de vista espiritual do si-mesmo.

Por meio dessa *nigredo*, ambas as pessoas em um relacionamento podem começar a criar e a experimentar uma qualidade de relacionamento muito mais profunda e significativa. Por meio da morte da união, o relacionamento pode gradualmente assumir um caráter sagrado e simbólico. No fundo da vigésima segunda pintura do *Splendor Solis*, a cidade celestial (presumivelmente Jerusalém) com um campanário alcançando a esfera do sol ressoa como a contraparte terrestre do sol poente. A cidade celestial sugere a presença de uma atitude interior que indica que um "objeto de fundo" emergente carrega o tom de sentimento e a imagem da aspiração mais elevada de alguém – tornar-se um si-mesmo da maneira mais profunda e completa.

À medida que os indivíduos nos relacionamentos aprendem a tolerar as exigências do crescimento, incluindo experiências de humilhação e a morte da antiga estrutura da relação, as formas culturais podem ser afetadas. Em interação com as estruturas sociais, a consciência individual transformada tem um efeito multiplicador que pode levar outras pessoas a abrirem-se a um caminho transformador. Esse efeito multiplicador de uma vida transformada e reflexiva e de uma capacidade aprofundada de relacionamento é um valor central no pensamento alquímico.

Somente por meio da transformação metafórica do "chumbo em ouro" é que o mistério do relacionamento pode ser mais amplamente envolvido e experimentado. Somente por meio da transformação metafórica do "chumbo em ouro" é que as pessoas podem ser ajudadas a apreciar a profundidade incomensurável da relação, o seu papel sutil na promoção da individuação, a sua aceitação de estados mentais imprevisíveis e caóticos e a sua fundação na capacidade curativa do amor.

Referências

Adler, A. (1964). *The individual psychology of Alfred Adler* (H. Ansbacher & R. Ansbacher, orgs.). Harper.

Bateson, G. *et al.* (1972). Towards a theory of schizophrenia. In M. Berger (org.), *Beyond the Double Bind* (p. 5-27). Brunner Mazel.

Bion, W. (1970). *Attention and interpretation.* Maresfield.

Burkert, W. (1987). *Ancient mystery cults.* Harvard University Press.

Burland, C. (1980). *The Aztecs.* Galahad.

Cameron, A. (1981). *Daughters of copper woman.* Gang.

Castañeda, C. (1971). *A separate reality.* Simon and Schuster.

Corbin, H. (1969). *Creative imagination in the sufism of Ibn Arabi.* Princeton University Press.

Couliano, I.P. (1987). *Eros and magic in the Renaissance.* University of Chicago Press.

Damrosch, L. (1980). *Symbol and truth in Blake's myth.* Princeton University Press.

De Rola, S.K. (1973). *Alchemy: The secret art.* Thames and Hudson.

De Rougement, D. (1983). *Love in the Western world.* Princeton University Press.

Detienne, M. (1989). *Dionysos at Large.* Harvard University Press.

Edinger, E. (1985). *Anatomy of the Psyche.* Open Court.

Eigen, M.(1986). *The psychotic core.* Jason Aronson.

Fabricius, J. (1973). The symbol of the self in the alchemical "proiectio". *Journal of Analytical Psychology* 18(1), 47-58.

Fabricius, J. (1976). *Alchemy*. Rosenkilde and Bagger.

Ferenczi, S. (1938). Thalassa: A theory of genitality. *The Psychoanalytic Quarterly*.

Ferenczi, S. (1955). *Final contributions to the problems and methods of psycho-analysis*. Hogarth, Institute of Psychoanalysis.

Fordham, M. (1969). Technique and Countertransference. *Journal of Analytical Psychology 14*(2), 95-118.

Fordham, M. (1974). Jung's Conception of the Transference. *Journal of Analytical Psychology 19*(1), 1-21.

Freud, S. (1958). *The standard edition of the complete psychological works of Sigmund Freud*, vol. 12. Hogarth.

Green, A. (1975). The analyst, symbolization and absence in the analytic setting. *International Journal of Psycho-Analysis 56*, 1-22.

Green, A. (1993). *On private madness*. International Universities Press.

Grotstein, J. (1981). *Splitting and projective Identification*. Jason Aronson.

Grotstein, J. (1990). Nothingness, meaninglessness, chaos, and the "black hole"' I. *Contemporary Psychoanalysis 26*(2), 257-290.

Guntrip, H. (1969). *Schizoid phenomena, object relations and the Self*. International Universities Press.

Hillman, J. (1972). *The myth of analysis*. Harper.

Hillman, J. (1980). Silver and the white earth (part one). In J. Hillman, (org.), *Spring* (p. 21-31). Spring.

Hillman, J. (1981). Silver and the white earth (part two). In J. Hillman, (org.), *Spring* (p. 21-66). Spring.

Holmyard, E.J. (1990). *Alchemy*. Dover.

Hubback, J. (1983). Depressed patients and the coniunctio. *Journal of Analytical Psychology 28*(4), 313-327.

Huizinga, J. (1954). *The waning of the Middle Ages*. Doubleday.

Irigaray, L. (1987). Sexual difference. In T. Moi (org.), *French feminist thought* (p. 118-130), Basil Blackwell.

Jacobi, J. (org.) (1951). *Paracelsus*. Princeton University Press.

Jacoby, M. (1984). *The analytic encounter*. Inner City.

Jung, C.G. (1953). Symbols of transformation. Princeton University Press [OC 5].

Jung, C.G. (1954). The psychology of the transference [1946]. In *The practice of psychotherapy*. Princeton University Press [OC 16, § 165-323].

Jung, C.G. (1960). *The structure and dynamics of the psyche*. Princeton University Press [OC 8].

Jung, C.G. (1963). *Mysterium Coniunctionis*. Princeton University Press [OC 14].

Jung, C.G. (1967). *Alchemical studies*. Princeton University Press [OC 13].

Jung, C.G. (1968). *Psychology and alchemy*. Princeton University Press [OC 12].

Jung, C.G. (1969). *Psychology and religion: West and East*. Princeton University Press [OC 11].

Jung, C.G. (1973). *Memories, dreams and reflections* (A. Jaffe, org.). Pantheon.

Jung, C.G. (1988). *Nietzsche's Zarathustra* (J.L. Jarret, org.; 2 vols.). Princeton University Press.

Kerenyi, C. (1949). The myth of the divine child and the mysteries of Eleusis. In C.G. Jung, & C. Kerenyi (orgs.), *Essays on a science of mythology* (p. 101-151), Harper and Row.

Kerenyi, C. (1976). *Dionysos*. Princeton University Press.

Kirk, G.S., & Raven, J.E. (1969). *The Presocratic philosophers*. Cambridge University Press.

Kohut, H. (1971). *An analysis of the self*. International Universities Press.

Lacan, J. (1977). *Écrits*. Norton.

Lévi-Strauss, C. (1966). *The savage mind*. Weidenfeld and Nicolson.

Lindsay, J. (1970). *The origins of alchemy in Graeco-Roman Egypt*. Frederick Muller.

Mansfield, V., & Spiegelman, M. (1989). Quantum mechanics and Jungian psychology. *Journal of Analytical Psychology* 34(1), 179-202.

McGuire, W., & Hull, R.F.C. (1977). *C.G. Jung speaking*. Princeton University Press.

McLean, A. (1981). *The Splendor Solis*. Magnum Opus Hermetic Sourceworks.

McLean, A. (1991). *A commentary on the Mutus Liber*. Phanes.

McLean, A. (org.) (1980). *The rosary of the philosophers*. Magnum Opus Hermetic Sourceworks.

Mead, G.R.S. (1919). *The subtle body*. Stuart and Watkins.

Melville, H. (1962). *Moby Dick*. Hendricks House.

Monk, R. (1990). *Ludwig Wittgenstein: The duty of genius*. Penguin.

Ogden, T. (1982). Projective identification and psychotherapeutic technique. Jason Aronson.

Ogden, T. (1994). *Subjects of analysis*. Jason Aronson.

Otto, W. (1965). *Dionysos: Myth and cult*. Indiana University Press.

Ovídio (1989). *Fasti*. (Frazer, J.G., trad.). William Heinemann.

Paglia, C. (1990). *Sexual personae*. Yale University Press.

Patai, R. (1994). *The Jewish alchemists*. Princeton University Press.

Racker, H. (1968). *Transference and countertransference*. International Universities Press.

Reed, H. (1996a). Close encounters in the liminal zone: Experiments in imaginal communication – Part I. *Journal of Analytical Psychology 41*(1), 81-116.

Reed, H. (1996b). Close encounters in the liminal zone: Experiments in imaginal communication – Part II. *Journal of Analytical Psychology 41*(2), 203-226.

Reich, W. (1973). *The function of the orgasm*. Touchstone.

Rosen, S. (1995). Pouring old wine into a new bottle. In M. Stein (org.), *The interactive field in analysis* (p. 121-141). Chiron.

Ruland, M. (1984). *A lexicon of alchemy* [1612] (A.E. Waite, org.). Samuel Weiser.

Samuels, A. (1985). Symbolic dimensions of Eros in transference countertransference: Some clinical uses of Jung's alchemical metaphor. *International Review of Psycho-Analysis 12*, 199-214.

Sass, L.A. (1992). *Madness and Modernism*. Basic Books.

Schwartz-Salant, N. (1969). *Entropy, negentropy and the psyche*. Diploma Thesis, C.G. Jung Institute.

Schwartz-Salant, N. (1982). *Narcissism and character transformation*. Inner City.

Schwartz-Salant, N. (1984). Archetypal factors underlying sexual acting-out in the transference/countertransference process. In N. Schwartz-Salant, & M. Stein (orgs.), *Transference and countertransference*. Chiron.

Schwartz-Salant, N. (1986). On the subtle body concept in analytical practice. In N. Schwartz-Salant, & M. Stein (orgs.), *The body in analysis* (p. 1-31). Chiron.

Schwartz-Salant, N. (1988). Archetypal foundations of projective identification. *Journal of Analytical Psychology 33*, 39-64.

Schwartz-Salant, N. (1989). *The borderline personality: Vision and healing*. Chiron.

Schwartz-Salant, N. (1990). The abandonment depression: Developmental and alchemical perspectives. *Journal of Analytical Psychology 35*, 143-160.

Schwartz-Salant, N. (1992). Anima and animus in Jung's alchemical miror.' In N. Schwartz-Salant, & M. Stein (orgs.), *Gender and soul in psychotherapy* (p. 1-24). Chiron.

Schwartz-Salant, N. (1993). Jung, madness and sexuality: Reflections on psychotic transference and countertransference. In M. Stein (org.), *Mad parts of sane people in analysis* (p. 1-35). Chiron.

Schwartz-Salant, N. (1995a). The interactive field as the analytic object. In M. Stein (org.), *The interactive field in analysis* (p. 1-36). Chiron.

Schwartz-Salant, N. (org.) (1995b). *Jung on alchemy*. Routledge.

Searles, H. (1965). *Collected papers on schizophrenia and related subjects*. International Universities Press.

Segal, H. (1975). *Introduction to the work of Melanie Klein*. Hogarth.

Sheldrake, R. (1991). *The rebirth of nature*. Bantam.

Spiegelman, J.M. (1988). The impact of suffering and self-disclosure in the life of the analyst. In J.M. Spiegelman (org.), *Jungian analysts: Their visions and vulnerabilities*. Falcon.

Spiegelman, J.M., & Mansfield, V. (1996). On the physics and psychology of the transference as an interactive field. *Journal of Analytical Psychology 41*(2), 179-202.

Stolorow, R., Brandshaft, B., & Atwood, G. (1987). *Psychoanalytic treatment: An intersubjective approach.* Analytic Press.

Turner, V. (1974). *Dramas, fields and metaphors.* Cornell University Press.

Vermaseren, M.J. (1977). *Cybele and Attis.* Thames and Hudson.

Von Franz, M.-L. (1966). *Aurora Consurgens.* Routledge and Kegan Paul.

Von Franz, M.-L. (1970). *A psychological interpretation of the golden ass of Apuleius.* Spring.

Von Franz, M.-L. (1974). *Number and time.* Northwestern University Press.

Von Franz, M.-L. (1975). *C.G. Jung: His myth in our time.* Putnam.

Von Franz, M.-L. (1979). *Alchemical active imagination.* Spring.

Von Franz, M.-L. (1980). *Alchemy.* Inner City.

Waite. A.E. (org.) (1973). *The hermetic museum,* volumes 1 e 2 [1678]. Robinson and Watkins.

Westfall, R.S. (1980). *Never at rest: A biography of Isaac Newton.* Cambridge University Press.

Whyte, L.L. (1960). *The unconscious before Freud.* Basic Books.

Winnicott, D.W. (1971). *Playing and reality.* Tavistock.

Índice

A

Abandono
    sentimento 74, 159
Aceitação
    da limitação 92
    da nigredo 240
Adolescência 25, 66, 67, 68, 206
Agdistis 207, 208
Água 29, 64, 66, 117, 173, 174, 178, 181,
    207, 212, 217, 225, 226, 233, 246, 248, 256,
    266, 267, 280, 287, 304
    da vida 66, 256
Albedo 250, 258, 279, 280, 281, 284, 307,
    309, 311, 314
Albertus 257
Alienação 57, 101, 144, 187
Alívio de sintomas 169
Alphidius 72
Amor 17, 39, 55, 66, 67, 71, 87, 103, 104,
    105, 115, 200, 205, 206, 208, 217, 220, 222,
    227, 228, 233, 239, 244, 264, 293, 318, 329,
    333, 340, 343
Anima 49, 53, 233, 255, 281
Animus 49, 53

Antigo Testamento 218, 229
Apolo 175, 185, 188, 195
Aqua permanens 233, 280
Ar 29, 66, 105, 149, 234, 246, 290
Aristóteles 29, 63, 129
Assunção e coroação 317
Astecas 176
Átis 72, 205, 206, 207, 208, 209, 210, 211,
    212, 214, 217, 218, 219, 220, 222, 223, 224,
    225, 226, 228, 229, 235, 236, 237, 252, 293,
    295, 316, 317
Átis-Cibele 205, 210, 211, 212, 224, 229, 235
Atomon 30
Atrativo estranho 76, 104
Aurora Consurgens 50
Ausência 18, 21, 47, 53, 80, 85, 88, 93,
    105, 125, 137, 151, 160, 161, 185, 191,
    194, 228, 244, 262, 275, 299, 309, 338,
    340, 342
Autoestima 156, 341
Autoimagem narcisista 110
Autonomia 41, 42, 128, 211, 293, 327, 332
Axioma de Maria 58, 114, 145, 175, 176,
    241, 244

B

Bálsamo 210
Bateson, G. 196
Bem-estar 156, 327
Biblioteca Britânica 15, 31
Binarius 174, 255, 256, 257, 258
Bion, W. 129
Bizarra
    condição 208
Bizarrice 74, 81, 90, 95, 97, 99, 158, 162, 224, 229
Blake, W. 39, 192
Bolha narcisista 154, 155, 156, 157, 158
Bolo Demócrito ou de Mendes 28, 140, 241
Borderline
    · personalidade 21, 52, 53, 91, 223, 224
Burkert, W. 61, 62, 63, 64, 65

C

Casamento 208, 215, 291, 292
    simbolismo 215, 292
Castañeda, C. 192
Castração 206, 210, 220, 223
Céu 58, 66, 234, 235, 246, 257, 258, 277,
    280, 311, 313, 329
Chacra
    cardíaco 256
    frontal 257
China 28
Cibele 72, 205, 206, 207, 208, 209, 210, 211,
    212, 214, 217, 218, 219, 222, 223, 224, 225,
    226, 228, 229, 235, 236, 237, 238, 252, 293,
    302, 316, 317
Ciência moderna 11, 32, 37, 40
Cisão vertical 31, 192, 195
Coagulatio 51
Compaixão 18, 187, 340, 342
Compensação 145, 237, 238
Conexão 38, 84, 88, 104, 123, 124, 126, 129, 130,
    137, 151, 152, 153, 163, 187, 195, 215, 217,
    231, 255, 258, 272, 275, 281, 285, 286, 288,
    290, 296, 298, 299, 300, 309, 321, 338, 341, 342
Conexão entre o consciente e o inconsciente 321
Confiança 18, 104, 107, 126, 151, 153, 162,
    300, 329, 333

Conflito 5, 17, 18, 19, 23, 30, 32, 71, 89, 155,
    170, 179, 200, 201, 203, 211, 247, 337, 339
Coniunctio 51, 53, 88, 117, 120, 123, 124,
    125, 136, 137, 141, 145, 169, 204, 205, 208,
    210, 212, 213, 214, 215, 216, 218, 225, 228,
    229, 232, 233, 235, 240, 249, 252, 263, 264,
    266, 267, 269, 270, 273, 275, 279, 280, 281,
    283, 286, 287, 291, 292, 293, 294, 296, 297,
    298, 300, 306, 307, 340
Conjunção 142, 208, 259, 267, 281, 314
Consciência, desenvolvimento da 43, 206,
    218, 256
Contato da mão esquerda 259, 264, 281,
    294, 300
Contraprojeção 23, 141
Contratransferência 12, 23, 24, 48, 52, 53, 74,
    75, 76, 80, 81, 85, 93, 110, 114, 115, 124, 125,
    130, 136, 143, 144, 145, 150, 158, 161, 192,
    255, 275, 286, 290, 291, 292, 300, 301, 308
Corbin, H. 116, 281
Coroação 253
Corpo sutil 12, 32, 36, 39, 42, 54, 56, 114,
    128, 129, 130, 131, 132, 133, 142, 151, 168,
    169, 204, 250, 251, 253, 254, 256, 257, 261,
    272, 299, 303, 322
Couliano, I.P. 37, 129, 268
Crenças simplistas 342
Cristianismo 236, 237, 321
Cristo 233, 236, 240, 318
Ctônica
    dimensão corpórea ou 229
    natureza 189, 191
    nível ctônico 187, 189, 191, 195, 236,
        237, 238
    realidade 188
    vida 188, 189, 207
Cybele 207

D

Deméter 64, 236
Deméter-Perséfone 64
Depressão 60, 132, 341
De Rola, S.K. 232
Descartes 35, 38, 40, 269
Desconhecimento 55, 186, 244, 309

Desespero 46, 53, 74, 85, 124, 132, 146, 149, 160, 165, 179, 210, 223, 229, 239, 240, 275, 280, 292, 296, 309, 310, 326, 338, 341, 342

De Sulphure
    obra alquímica 140

Deus 37, 38, 58, 62, 93, 139, 146, 169, 207, 231, 234, 235, 262, 265, 328

Deusa 218, 229

Deutsch. H. 67

Díade mãe-filho 121, 236, 238

Dionísio 63, 84, 100, 175, 185, 186, 187, 188, 195, 204, 206, 207, 208, 224, 238, 256

Distúrbio narcisista 152

Dorn, G. 51, 140, 231

E

Edinger, E.
    Anatomy of the psyche 51

Egito 28, 140, 241, 246

Ego 22, 33, 34, 36, 37, 42, 43, 55, 57, 61, 66, 73, 78, 83, 92, 94, 107, 113, 122, 126, 127, 128, 132, 133, 134, 141, 144, 157, 167, 168, 169, 176, 179, 182, 189, 218, 223, 225, 234, 238, 239, 255, 257, 270, 285, 288, 293, 295, 301, 330, 333, 342

Eleusinos 64

Empatia 23, 39, 79, 85, 125, 139, 147, 158, 168, 258, 272, 294, 298, 338, 343

Enigma de Bolonha 142

Eros 71, 103, 104, 128, 170, 208, 337

Esculápio 176

Escuridão 64, 91, 133, 177, 188, 234, 243, 278, 282, 316

Espontaneidade 185, 187, 190, 306

Estabilidade 34, 41, 81, 93, 103, 136, 146, 182, 209, 240, 245, 250, 267, 273, 274, 309, 311, 316, 317, 321, 323, 329

Estado de suspensão 85, 91, 145

Estado de união 53, 120, 124, 125, 136, 137, 145, 205, 207, 213, 215, 232, 233, 240, 267, 272, 273, 279, 283, 286, 291, 292, 297, 307, 331, 333, 340, 341

Estados de transe 126

Estoicismo 34, 39, 129

Estoico

    pensamento 28

Estresse 90, 290, 314, 332

Estrutura
    da relação 343
    interna 12, 28, 35, 50, 68, 122, 133, 134, 135, 136, 139, 150, 152, 154, 240, 241
    morte da 71, 125, 267, 332, 341

Estrutura narcisista 157, 158, 193

Estruturas narcísicas
    aspectos destrutivos das 265

Estruturas narcisistas 170, 334

Estruturas sociais 343

Europa 28, 30

Eu-tu
    ligação 125

Experiência de morte 340

Extração e impregnação da alma 277

F

Fabricius, J. 51, 66, 67, 68, 72, 73, 170, 172, 226, 256, 264, 266, 276, 280, 311, 313, 316, 320

Ferenczi, S. 301

Fermentação 304

Filius macrocosmi 236

Filius philosophorum 226, 238

Fixação 311

Fogo 29, 66, 135, 136, 173, 212, 223, 229, 232, 246, 251, 315, 316, 320, 322, 325, 329

Fonte Mercurial 109

Fordham, M.
    Jung's conception of the transference 51

Freud, S. 21, 23, 26, 45, 46, 68, 189, 191, 281, 300, 301

G

Galileu 34

Geber 260

Grande Deusa 206, 218, 229, 238

Green, A. 47, 71, 195

Gregos 50, 57, 185, 208

Guntrip, H. 298

H

Henderson, J. 51
Heráclito 115
Hermes 29, 59, 176, 246, 278
Hillaria 209
Hillman, J. 51
    "Silver and the white earth" 51
Hogheland 140
Holmyard, E. J. 29, 30
Hórus 58, 61, 241, 245, 247, 249, 286
Hubback, J. 51
Humilhação 64, 88, 107, 132, 192, 229, 299, 342, 343

I

Idade das Trevas 30
Idade do Bronze 218
Identidade
    senso de 20, 118, 300
Iluminação 39, 42, 58, 60, 61, 65, 231, 232, 233, 251, 252, 258, 259, 280, 307, 308, 318, 323, 340
Imaginatio 32
Imersão no banho 266
Impregnatio 258
Inconsciente 140, 220, 236, 271, 295, 301, 306, 319
    compreensão de Jung 238
    da criança 270
    do analista 126
    psíquico 127
    somático 127
Inconsciente coletivo 23, 43, 48, 49, 113, 121
Inconsciente psíquico e somático
    e estado psicótico 127
Instituto Jung em São Francisco 51
Irigaray, L. 213
Ísis 58, 61, 64, 241, 245, 247, 249, 286

J

Jacobi, J. 51
Jacobsen, E. 67
Jacoby, M.
    The analytic encounter 51

Jaspers, K. 79
Jung, C.G. 5, 12, 22, 23, 24, 26, 48, 49, 50, 51, 52, 53, 54, 55, 65, 66, 68, 93, 113, 114, 116, 119, 121, 123, 126, 127, 128, 130, 131, 133, 135, 136, 139, 140, 141, 142, 160, 167, 175, 206, 218, 222, 224, 226, 231, 233, 236, 237, 238, 251, 253, 254, 256, 257, 269, 273, 275, 276, 278, 280, 281, 286, 287, 292, 296
    Mysterium Coniunctionis 140, 287
    Resposta a Jó 139
Júpiter 207, 208

K

Kant, I.
    Crítica da razão pura 269
Kepler, J. 34
Klein, M. 68
Kohut, H. 157
Kwakiutl, povo 177, 203

L

Lacan, J. 107, 164
Lapis philosophorum 174
Leão verde que devora o sol 316
Lindsay, J. 28, 30, 34, 57, 59, 60, 140, 176, 241, 242, 243, 246
Loucura
    aspecto apolíneo 196
    caos da 204
    experiência da 336
    fonte da 287
    forças arquetípicas e irracionais da, e
        relacionamentos 26
    poder destrutivo e transformador da 71
Lua 66, 216, 234, 250, 253, 257, 293, 310, 315
Luna 51, 136, 251, 259, 263, 264, 267, 271, 275, 308, 315, 316
Luz das luzes 271

M

Mahler, M. 68
Maier, Conde M. 226
Mansfield 54
Maxwell, J. C 53

McLean, A. 31, 51, 54, 58, 121, 135, 169, 170, 234, 251, 252, 256, 257, 260, 265, 271, 278, 304, 316, 318, 325

Mead, G. R. S. 56

Melville, H. 176

Mente-corpo 74, 99, 104, 130, 150, 165, 184, 191, 192, 195, 250, 251, 256, 257, 270, 284, 322

Mercúrio 176

Mercurius 87, 99, 101, 128, 130, 256, 280, 290, 316

Mito de Átis 205, 229, 235

Moisés 29

Monte Agdus 207

Morolles, Michel de 172

Morte 42, 50, 60, 61, 64, 71, 72, 83, 85, 105, 118, 123, 124, 125, 132, 133, 136, 137, 146, 149, 150, 163, 167, 173, 185, 187, 188, 191, 193, 195, 207, 208, 209, 213, 215, 216, 217, 220, 223, 226, 229, 231, 234, 235, 240, 241, 247, 250, 253, 267, 270, 271, 273, 275, 276, 277, 278, 281, 283, 284, 301, 303, 307, 309, 310, 311, 321, 322, 323, 325, 326, 327, 331, 333, 341, 343

Mortificação do casamento celestial 252

Mulher 49, 81, 82, 90, 91, 92, 107, 118, 123, 131, 147, 155, 156, 159, 160, 161, 162, 163, 165, 174, 182, 183, 184, 188, 189, 194, 200, 202, 203, 206, 209, 210, 211, 213, 214, 215, 216, 217, 222, 228, 247, 254, 260, 261, 262, 263, 267, 271, 306, 311, 315, 318, 319

Multiplicação 311

Mutilação 72

Mutus Liber 58, 172

Mylius 272

Mysterium Coniunctionis 49, 50, 140, 287

N

Nana 207

Narcisismo 123

Narciso 170, 209

Nell 96, 97, 98, 99, 100

Neolítica 218

Newton, I. 34, 35, 44, 52

Nietzsche, F. 193, 257

Nigredo 51, 53, 61, 123, 124, 125, 136, 138, 205, 207, 208, 209, 210, 225, 229, 232, 235, 240, 250, 267, 273, 275, 279, 280, 284, 286, 291, 292, 293, 294, 296, 298, 300, 307, 309, 310, 322, 341, 342, 343

Nijinsky, bailarino 79, 80

Numinosum 65, 68, 118, 121, 169, 170, 204, 218, 233, 252, 253, 257, 318

O

Objetos bizarros 107, 192, 193

Ocaso 171, 343

Ogden, T. 23, 47, 48, 118, 247

Olympiodorus 73, 286

Opostos 27, 30, 31, 39, 74, 76, 79, 82, 85, 86, 87, 88, 89, 91, 92, 93, 95, 98, 99, 103, 104, 114, 115, 118, 119, 120, 126, 129, 130, 131, 141, 142, 144, 145, 146, 150, 153, 154, 155, 157, 162, 164, 167, 168, 172, 173, 174, 176, 177, 179, 181, 182, 183, 184, 185, 187, 188, 191, 192, 195, 196, 197, 201, 202, 208, 227, 228, 235, 239, 244, 245, 250, 251, 254, 256, 257, 258, 263, 271, 272, 273, 276, 278, 280, 286, 287, 300, 316, 336

Oriente Médio 28

Osíris 64, 220, 240

Ostanes, axioma de 58, 140, 241, 243, 244, 245, 267

Ovídio
   Fastos 209, 210

P

Paglia, C. 187, 188

Paracelso 51

Patai, R. 27, 28

Patriarcado 229

Pedra branca 281

Pedra Branca 250, 251, 252, 258

Penteu 220, 224

Perfeição 314

Perséfone 64, 236

Petasious 73

Plenitude 22, 117, 148, 185, 188, 189, 195

Plutarco, P. 64

Poder 19, 25, 32, 39, 44, 71, 72, 77, 88, 93, 98, 101, 105, 109, 116, 119, 126, 135, 136, 139, 142, 152, 156, 164, 178, 186, 189, 199, 204, 208, 209, 222, 223, 231, 233, 240, 242, 247, 254, 257, 263, 264, 271, 285, 289, 293, 299, 305, 306, 314, 316, 317, 328, 331, 333, 336, 337, 340

Ponto bilateral 119

Pornografia infantil 239

Prima materia 30, 41, 65, 66, 67, 68, 69, 72, 77, 111, 165, 168, 184, 185, 204, 205, 206, 207, 208, 217, 218, 224, 225, 226, 228, 229, 231, 232, 233, 234, 235, 236, 249, 255, 256, 271, 279, 287, 295

Processo alquímico 55, 68, 174, 204, 205, 230, 235, 239, 261, 268, 279, 312, 322, 325, 326, 331

Processo de pensamento 127

Proclo 62

Produtos beta 129

Projeção 20, 21, 22, 23, 24, 25, 57, 66, 83, 102, 116, 121, 139, 140, 141, 142, 223, 224, 248, 254, 270, 271, 281, 293, 301, 340

Prostituta 226, 239, 285, 289, 290, 292, 293, 295, 306

Psique 19, 20, 23, 26, 28, 30, 34, 36, 38, 46, 50, 55, 59, 68, 72, 73, 77, 80, 86, 88, 93, 101, 102, 113, 115, 120, 121, 127, 133, 134, 135, 136, 137, 140, 162, 174, 181, 183, 187, 206, 220, 223, 225, 245, 255, 282, 291, 294, 327, 330, 333, 334, 335, 337, 339

Putrefação 61, 124, 135, 136, 173, 276

Q

Quatro elementos 29, 30, 278

R

Raiva 17, 19, 55, 74, 89, 90, 91, 96, 100, 102, 108, 124, 125, 129, 132, 134, 150, 162, 163, 164, 165, 179, 184, 187, 191, 198, 199, 201, 202, 206, 216, 260, 261, 262, 263, 271, 285, 293, 296, 330, 331, 341

Reavivamento 313

Rebis 250, 281, 299, 300, 301, 309, 321

Reed, H. 54

Reforma 31, 37

Reia 207, 238

Reich, W. 301

Relação consciente-inconsciente 301

Relação sujeito-objeto 163

Renascimento 30, 31, 37, 50, 60, 66, 128, 140, 240, 280, 326, 331

Ressurreição 320, 321, 322

Rosarium Philosophorum 30, 52, 58, 65, 109, 123, 135, 174, 185, 213, 216, 235, 240, 249, 250, 263, 271, 273, 330

Rosen, S. 142

Rougemont, D. 307

Rubedo 205, 250, 251, 252, 257, 258, 267, 279, 282, 283, 301, 303, 304, 307, 309, 313, 314, 320, 329

S

Sabedoria 14, 28, 32, 50, 58, 65, 174, 176, 186, 207, 209, 228, 239, 241, 249, 265, 274, 278, 286, 302, 307

Samuels, A. 51

Sangários 207

Sangaritis 209

Sangue 66, 79, 91, 178, 188, 207, 209, 210, 215, 217, 233, 250, 251, 281, 282, 302

Sass, L. 79, 144, 145, 193, 195
    Madness and modernism 79

Saturno 225

Schwartz-Salant, N.
    Narcissism and character transformation 52
    The borderline personality 52, 53

Searles, H. 73

Sentimento
    de catástrofe 94
    de vazio 85

Sequência coniunctio-nigredo 235, 240, 267, 273, 275, 283, 298, 306, 340

Serpente 174, 175, 176, 177, 178, 182, 226, 246, 255, 257, 276, 279, 315, 316, 331

Seth 247

Sheldrake, R. 136

Simbolismo alquímico 26, 31, 49, 50, 52, 114, 287

Símbolos da transformação
    de C.G. Jung 218

Sisiutl 177, 178, 179, 180, 182, 203, 204, 255

Socrática 193

Sofrimento 84, 101, 124, 137, 164, 190, 197, 208, 209, 210, 229, 240, 280, 299, 309, 323, 342

Sol 51, 67, 116, 129, 136, 170, 171, 173, 215, 216, 217, 234, 252, 257, 259, 263, 264, 267, 271, 275, 280, 293, 308, 309, 310, 315, 316, 325, 340, 342, 343

Solar 39, 189, 251, 252, 253, 256, 259, 275, 309, 311, 314, 315, 316, 317, 318, 335

Solutio 51

Solve et coagula
máxima alquímica em relação ao inconsciente psíquico e somático 134

Sorin 278

Spiegel, L. A. 67

Spiegelman, M. 53, 54

Splendor Solis 30, 31, 51, 54, 58, 121, 135, 170, 171, 218, 229, 232, 234, 263, 302, 325, 326, 330, 340, 342, 343

Stolorow, R. 47

Subjetividade 5, 23, 24, 32, 36, 38, 47, 48, 49, 54, 80, 113, 120, 137, 138, 199, 335

Sufi 192

Suicídio 72, 105, 163, 229

Sulphur 51

Supressão patriarcal do feminino 238

T

Tabu 194, 228, 262, 305

Tensão dos opostos 236

Teoria do Caos 42, 54, 75, 76, 104, 184

Terceira área 5, 12, 23, 24, 25, 26, 27, 40, 46, 47, 49, 72, 111, 113, 126, 163, 299, 333, 334, 335, 336, 337, 338, 340

Terceira coisa 12, 24, 115, 122, 142, 163, 208, 212, 214, 291, 307, 339

Terra 29, 66, 67, 178, 188, 226, 234, 235, 237, 246, 264, 277, 311, 325, 342

Terror 59, 61, 63, 64, 65, 72, 74, 81, 93, 105, 106, 132, 178, 180, 181, 192, 193, 195, 223, 224, 257, 288, 289

Textos alquímicos árabes 50

The hermetic museum 234

Tlaloc 176

Tomás de Aquino 50

Trabalho com o inconsciente psíquico e somático 133

Tragédia 65, 221, 307, 329

Traição 125, 205, 318, 323, 329, 341

Transcendência 237, 240, 253, 274, 318, 321, 327

Transferência 12, 21, 23, 24, 26, 49, 51, 52, 54, 73, 75, 76, 83, 84, 86, 93, 94, 95, 108, 114, 118, 123, 125, 130, 135, 136, 141, 148, 150, 152, 154, 155, 157, 158, 165, 184, 189, 190, 191, 192, 195, 215, 245, 255, 275, 278, 283, 285, 286, 288, 292, 295, 298, 300, 301, 308, 311, 319

Transformação 5, 11, 17, 20, 21, 24, 25, 27, 28, 32, 37, 42, 49, 56, 58, 59, 60, 65, 69, 99, 111, 114, 124, 133, 134, 135, 138, 158, 165, 169, 174, 185, 209, 210, 212, 216, 217, 218, 220, 221, 225, 230, 231, 232, 236, 239, 240, 241, 242, 245, 249, 250, 253, 255, 261, 268, 270, 271, 272, 273, 275, 276, 279, 281, 287, 300, 303, 311, 316, 318, 326, 329, 333, 336, 340, 341, 342, 343
alquímica e o si-mesmo 274
caminho da 250, 267, 273
compreensão alquímica da 325
da consciência 311
da Grande Deusa 218
da personalidade 185
das relações 340
de estruturas 159
dos metais 56
do sol 310
dos padrões de energia 114
metáfora alquímica 33
natureza da 236
putrefação como segredo da 136
recipiente da 141
simbolismo alquímico da 287

Transformação alquímica 329
dinâmica da 326

Transtorno de caráter narcisista 147

Trauma 35, 92, 120, 121, 126, 150, 151, 152, 158, 165, 217, 250, 318, 335

Tristia 209

Turba Philosophorum 123, 129, 214, 331

Turner, V. 262

U

União de opostos 124, 136, 173, 208, 222
Unidade 25, 28, 30, 37, 38, 39, 40, 54, 55,
57, 98, 114, 116, 117, 120, 145, 169, 174,
176, 182, 237, 282
    fundamental de todos os processos da
natureza 28
    sentimento 25
Unio mystica 61, 63, 251, 257, 264

V

Vaso hermético 140
Vento oculto 218
Verdade 60, 182, 288, 289, 338
Verdade nua 216
Vida interior 36, 41, 86, 92, 111, 139, 180,
187, 198, 254, 284
Violência 78, 108, 132, 270, 286
Volta para o inconsciente 87
Von Franz, M.-L. 48, 50, 54, 113, 114, 120, 237
    Alchemical active imagination 50
    Alchemy 50, 51

W

Westfall, R. 34
Winnicott, D. 47, 319
Wittgenstein, L. 192

Y

Yawheh 218

Conecte-se conosco:

f facebook.com/editoravozes

◎ @editoravozes

𝕏 @editora_vozes

▶ youtube.com/editoravozes

☏ +55 24 2233-9033

www.vozes.com.br

Conheça nossas lojas:
www.livrariavozes.com.br

Belo Horizonte – Brasília – Campinas – Cuiabá – Curitiba
Fortaleza – Juiz de Fora – Petrópolis – Recife – São Paulo

  Vozes de Bolso

EDITORA VOZES LTDA.
Rua Frei Luís, 100 – Centro – Cep 25689-900 – Petrópolis, RJ
Tel.: (24) 2233-9000 – E-mail: vendas@vozes.com.br